근대전환기 지식-권력장의 재편과 문화의 변용

숭실대HK+ 메타모포시스 인문학총서 16

근대전환기 지식-권력장의 재편과 문화의 변용

윤영실 외 저

보고사
BOGOSA

간행사

숭실대학교 한국기독교문화연구원은 1967년 설립된, 명실공히 숭실대학교를 대표하는 인문학 연구원으로 발전하여 오늘에 이르렀다. 반세기가 넘는 역사 동안 다양한 학술행사 개최, 학술지 『기독교와 문화』(구『한국기독문화연구』)와 '불휘총서' 30권 발간, 한국기독교박물관 소장 자료의 연구에 주력하면서, 인문학 연구원으로서의 내실을 다져왔다. 2018년에는 한국연구재단의 인문한국플러스(HK+) 사업 수행기관으로 선정되어 또 다른 도약의 발판을 마련하였다.

본 HK+사업단은 "근대전환공간의 인문학 – 문화의 메타모포시스"라는 아젠다로 문학과 역사와 철학을 아우르는 다양한 인문학 연구자들이 학제간 연구를 진행하고 있다. 개항 이래 식민화와 분단이라는 역사적 격변 속에서 한국의 근대(성)가 형성되어온 과정을 문화의 층위에서 살펴보는 것이 본 사업단의 목표이다. '문화의 메타모포시스'란 한국의 근대(성)가 외래문화의 일방적 수용으로도, 순수한 고유문화의 내재적 발현으로도 환원되지 않는, 이문화들의 접촉과 충돌, 융합과 절합, 굴절과 변용의 역동적 상호작용을 통해 형성되었음을 강조하려는 연구 시각이다.

본 HK+사업단은 아젠다 연구 성과를 집적하고 대외적 확산과 소통을 도모하기 위해 총 네 분야의 기획 총서를 발간하고 있다. 〈메타모포시스 인문학총서〉는 아젠다와 관련된 연구 성과를 종합한 저서나 단독 저서로 이뤄진다. 〈메타모포시스 번역총서〉는 아젠다와 관련하여 자료적 가치를 지닌 외국어 문헌이나 이론서들을 번역하여 소개한다. 〈메타모포시스 자료총서〉는 숭실대 한국기독교박물관에 소장된 한국 근대 관련 귀중 자료들을 영인하고, 해제나 현대어 번역을 덧붙여 출간한다. 〈메타모포시스 교양문고〉는 아젠다 연구 성과의 대중적 확산을 위해 기획한 것으로 대중 독자들을 위한 인문학 교양서이다.

이 책『근대 전환기 지식-권력장의 재편과 문화의 변용』은 근대 전환기 한국에서 전통과 근대, 동양과 서양의 앎(지식)이 충돌하고 융합하고 재구성되는 양상을 드러내고, 제국적 지식-권력과 식민지적 상황의 간극 속에서 대항적 앎이 모색되었음을 규명하는 논문들을 모은 것이다. 본 사업단의 연구 클러스터인 "개화기 학술지 읽기" 모임을 통해서 근대 시기에 간행된 잡지를 강독하고 이를 토대로 연구를 진행한 결과물이다. 〈메타모포시스 인문학총서〉 16권으로 기획된 이 책은 본 사업단의 연구 주제를 심화 확산시킨 점에서 의미가 크다. 본 저서가 근대를 읽는 한 사례로 학계에 기여하기를 기대한다. 열여섯 번째 인문학총서 간행에 힘을 보태 주신 필자 선생님들과 저자 대표로 애써 주신 윤영실 교수님께 감사드린다.

동양과 서양, 전통과 근대, 아카데미즘 안팎의 장벽을 횡단하는 다채로운 자료와 연구 성과를 집약한 메타모포시스 총서가 인문학의 지평을 넓히고 사유의 폭을 확장하는데 기여할 수 있기를 기대한다.

2024년 3월
숭실대학교 한국기독교문화연구원 HK+사업단장
장경남

머리말

1.

'개화기' 내지 '근대계몽기'라고 불리는 19세기 말~20세기 초의 근대전환기는 연구자에게 가장 매력적이면서도 난감한 시대다. 오늘날 우리가 살아가는 근대적 삶의 양상들이 이제 막 무서운 기세로 싹터 오던 시기이기에 매력적이지만, 한 '세계'의 파열과 또 다른 '세계'의 발생이 짧은 기간에 응축되어 일종의 아노미 상태를 띠고 있기에 분석적 접근이 쉽지 않다. 이 시기 매체에 나란히 등장하는 순한문, 순국문, 다양한 스펙트럼의 국한문체들이 뚜렷하게 가시화하듯, '비동시성의 동시성'이 가장 극적으로 구현된 시대라는 점도 매혹과 곤혹을 함께 불러일으킨다. 임화가 이 시기를 구시대도 신시대도 "확연한 내용과 독자의 형식에 의하여 통일된 개성"을 띠지 못했던 시기, "신시대의 탄생이나 구시대의 사멸이 모두 가능적"이었던 '과도기'로 지칭한 까닭이 여기에 있다.

식민지 경험을 공유한 다른 비서구 세계들과 마찬가지로, 한국 과도기의 카오스적 변신은 제국주의 열강의 외부적 충격에 의한 '식민지적 변형'(colonial transformation)이었다는 점도 간과할 수 없다. 이는 한국의 근대가 외발적, 타율적인 것에 그쳤음을 뜻하지 않는다. 1906~1910년 사이 집중적으로 간행되었던 학회지들이 보여주는 것처럼, 망국과 식민화를 향해가던 이 시기야말로 세계를 새롭게 인식하고 재구성하는 인민의 주체적 역량이 폭발적으로 분출되었던 때였다. '우승열패'의 시대 국망의 위기감 속에서 신·구 문화를 독특하게 융합하고, 앎의 배치를 능동적으로 재구성하며, '나-우리'의 역량을 강화함으로써 자아와 집단의 정체성을 새롭게 모색해가던 그 시대의 열기는, 빛바랜 근대계몽기 학술지들의 뭉개진 활자들을 흘러넘쳐 오늘날까지 어김없이 전달된다.

근대전환기라는 격동의 시대를 살아낸 평범한 이들이 삶의 습속과 문화적 환경과 앎의 배치와 주체의 정체성을 능동적으로 재구성했던 양상을 어떻게 포착할 수 있을까. 이 책(『근대전환기 지식-권력장의 재편과 문화의 변용』)에 실린 논문들은 이런 물음을 공유한 연구자들이 2021년 하반기부터 매달 한 번씩 온·오프라인으로 모여 근대초 잡지들을 함께 읽고 공부해왔던 기록이다. 각자 이런저런 방식으로 이 시기 매체들을 접해왔지만, 세미나를 통해 잡지 전체를 통독하고 문학, 역사, 종교, 과학사 등 다양한 분야의 배경지식을 나누는 과정에서 퍼즐 조각을 맞추듯 조금씩 한 시대의 전체적 윤곽을 그려갈 수 있었다. 배움은 끝이 없고 아직 가야할 길이 멀지만 이 책은 지금까지의 공부에 대한 중간 점검으로서 의미가 있을 것이다.

2.

'중화에서 만국공법의 세계로' 변화하는 질서에 따라 새로운 지식들이 쏟아져 들어오던 근대전환기에 학회와 학술지들은 그 창구 역할을 자처했다. 교육학, 법학, 국가학, 가정학, 위생학, 동식물학, 화학 등 근대계몽기 학술지들이 나열하는 백과사전적 지식들은 격변기의

지적 조급성과 피상성이라는 한계를 지녔으나, 신·구 지식이 충돌·
융합하고 앎의 배치가 근본적으로 변화하던 지적 풍경을 보여준다는
점에서 의의를 갖는다. 근대계몽기 학술운동이란 심화된 전문 지식의
전수보다는, 일종의 상식 내지 공통감각을 재구성하는 과정이었다.
1부 〈앎의 배치 전환과 상식(common sense)의 재구성〉에서는 이 거대
한 지각 변동을 살펴보는 세 편의 논문을 수록했다.

　전성규의 글(「지도시각화 기술 기반 재일본 조선 유학생 사회 타임라인:
1906~1910년 발간된 재일본 조선인 유학생 학보 자료를 중심으로」)은 지도
시각화 기술이라는 디지털인문학 방법론을 활용해 1900년대 후반 유
학생 사회의 공간적, 조직적 이합집산을 효과적으로 재현하고 있는
역작이다. 『태극학보』, 『대한흥학보』를 비롯한 총 8종의 잡지가 제공
하는 주소 정보 데이터를 수집하고 시각화한 노고는 물론이요, 이러
한 장소성을 매개로 유학생 사회의 동향을 통시적으로 재구성한 통찰
도 돋보인다. 윤영실의 논문(「근대전환기 사회문화의 변동과 학술운동: 안
수길의 『통로』, 『성천강』 연작과 『서우』, 『서북학회월보』와 겹쳐읽기를 통해
서」)은 〈서북학회〉 운동에 참가했던 안용호의 회고록에 기초한 안수
길의 연작소설과 〈서북학회〉 학술지를 함께 읽음으로써 한 개인의 삶
을 통해 당대의 사회문화적 변동과 앎의 배치 전환을 미시사적으로
분석했다. 소설의 구체성으로 역사를 보충하고, 역사의 실증성으로
소설의 사회문화사적 가치를 뒷받침함으로써, 근대전환기의 시대상
을 좀더 생생하게 드러내려는 시도다. 오선실의 논문(「과학 지식을 "국
민의 지식"으로: 『태극학보』의 과학기사 생산과 지식 가공을 중심으로」)은
『태극학보』에 실린 과학기사들을 분석해, 지식 수용의 최전선에 있던
유학생들이 서양의 새로운 지식체계인 과학을 인지하고 한국 사회에

이식하고자 했던 시도들을 분석한다. 비전문가인 역술자들이 생경한 과학지식을 국민의 상식으로 전환하기 위해 강담, 교안, 이야기 등 다양한 형식을 실험하고 있었음을 볼 수 있다.

3.

푸코는 '지식'이 가치중립적이고 객관적이라는 통념을 깨고 권력이 지식을 생산하는 동시에 지식에 의해 뒷받침되는 불가분의 관계를 '지식-권력'(le savoir-pouvoir)이라는 개념으로 표현했다. 에드워드 사이드는 푸코의 '지식-권력'론에 입각해 서양의 비서구에 대한 오리엔탈리즘적 지식 생산과 제국주의적 지배의 상관관계를 조명했다. 근대전환기 한국에 쏟아져 들어왔던 온갖 '지식'들, 특히 국제법적 세계질서, 국가와 사회, 인종과 민족에 대한 지식들 역시 서구중심적이며 제국주의적인 권력에 깊이 연루되어 있었다. 자강과 독립을 위해 서양발 '문명' 지식의 수용에 앞장섰던 '개화' 지식인들은, 점차 문명 지식과 제국주의적 권력의 내재적 관계를 깨달아갔다. 특히 일본의 보호국 통치 아래에서 전개된 근대계몽기 학술운동은, 제국의, 제국에 의한, 제국을 위한 지식을 '번역'해서 제국 권력에 대항하는 식민지 약소국의 무기로 삼으려는 역설적 기획이었다. 2부 〈제국주의적 세계질서와 대항적 앎의 생성〉에는 제국의 세계상을 담은 지식들이 한국에 번역되고 균열되고 마침내 대항적 앎의 모색으로 이어졌던 과정을 보여주는 3편의 논문들을 실었다.

정종원의 글(「『태서신사』의 국제정치론과 신법론」)은 1897년 한국에 번역된 서양사 서적 『태서신사』를 분석했다. 이 책이 담고 있는 자유주의적 국제주의, 민본-민주론과 자유무역론으로 대표되는 '신법'론

을 상세히 규명하는 한편, 이 책이 한국 지식인들에게 끼친 영향을
매체별로 꼼꼼히 추적한다. 근대초 개화지식인들은 『태서신사』가 담
고 있는 국제법적 세계상을 긍정적으로 인식했지만, 일제의 보호국화
나 헤이그 밀사 사건을 거치며 국제법 이면의 제국주의 지배질서가
좀더 또렷이 드러났다. 그 결과 제국 지식을 배우되 이를 균열시키고
변용하며 대항적 앎을 구성하려는 노력도 한층 다양해지고 심화된다.
손성준의 논문(「대한제국기 잡지로 보는 애국론의 갈래들」)은 대한제국기
잡지를 대상으로 '애국'론의 복수성에 주목했다. 고조된 국망의 위기
감 속에서 '애국'은 전통적인 '충군'론에서 이탈하거나 그 바탕 위에
서 동요하고, 량치차오나 고토쿠 슈스이의 번역에 기대 애국의 기초
로서의 국민-국가를 주장하거나 '반애국론'으로 나아가는 등, 다양한
정치적 모색들로 분기해갔다. 김현주의 논문(「계몽운동기 『조양보(朝陽
報)』의 정세인식과 약소국 동맹론」)은 잡지 『조양보』에서 제국주의 비판
및 약소국의 저항담론을 집중적으로 분석했다. 『조양보』는 종합잡지
로서의 다성성에도 불구하고, 고토쿠 슈스이의 제국주의 및 애국론
비판을 번역하고, 약소국의 망국 사례나 일본의 보호국론을 소개하
며, 약소국 동맹을 주장하는 등, 당대 반제국주의 담론의 한 첨점에
위치해 있었다.

　4.

　근대전환기는 전쟁, 계급투쟁, 식민화 같은 정치·사회적 격변과
앎의 체계 전체의 거대한 지각 변동뿐 아니라 다양한 층위의 문화변
동도 수반했다. '문화'가 포괄하는 범위는 인간 삶 전체와 맞먹을 만
큼 넓고도 깊다. 의식주와 관련된 물질적 일상문화, 음악, 미술, 문학

등의 예술문화, 과거의 민담부터 오늘날의 팝음악까지 민중 내지 대중이 생산과 향유의 주체가 되는 대중문화, 좀더 근본적으로 자연과 인간을 매개하는 상징 형식들 전체가 모두 '문화'의 영역으로 다뤄질 수 있다. 이 책의 3부 〈일상문화의 변용과 서사양식의 재편〉은 그 중에서도 시간, 종교, 서사라는 세 가지 요소에 각기 초점을 맞춰 근대전환기 문화변동을 살펴본 논문들을 모았다.

신승엽의 글(「포섭되는 사회, 포섭되지 않는 시간: 구한말과 식민지 초기 음양력 사용에 관한 담론과 충돌」)은 1896년 양력의 공식적 도입 이후에도 오랫동안 지속된 이질적 시간 질서들의 공존과 경쟁, 논쟁과 갈등을 분석한다. 위로부터의 근대화와 제국주의적 폭력에 수반된 문화의 식민지적 변형에도 불구하고, 음력으로 대표되는 전통적 시간성은 끈질기게 존속하며 국민국가나 자본/식민 권력의 균질적 시간에 저항하고 있었다는 분석이 흥미롭다. 오지석·이지성의 논문(「근대계몽기 학술지에 나타난 기독교 문화수용」)은 근대전환기 학술운동이 상당 부분 기독교라는 종교와 밀접하게 연동하고 있었음을 살펴본다. 근대전환기 한국의 문화 변동에 기독교가 끼친 광범위한 영향력을 신앙과 종교의 차원을 넘어 학술과 문화, 인적 네트워크의 측면에서 규명하는 연구로서 의의가 있다. 천춘화(「장응진의 문학적 글쓰기와 '서사 양식'의 실험」)는 근대초 학술운동에 기여했던 장응진의 글들을 검토하여 근대초 단형서사에서 근대소설로 전환해가는 미세한 계기들을 찾고자 한다. 장응진의 사실적 글쓰기, 몽유록, 고백체 같은 서사양식들의 실험은 근대문학의 계기들일 뿐 아니라, 근대적 '내면'의 생성과 같은 좀더 심층적인 문화변동을 반영하고 있었다.

5.

넓은 세상의 하고많은 일 중에 인문학 연구라는 길에 들어선 이들이 점차 드물고 귀해지는 요즈음이다. 그조차도 저마다의 연구 분야에 매몰되다 보면 공식적이고 의무적인 학술행사를 제외하고는 서로의 배움을 나누고 소통할 기회를 찾기 어렵다. 그런 점에서 이 책이 나오기까지 오랜 시간 함께 근대초 잡지들을 읽어온 동학들이 새삼 소중하게 다가온다. 이 책에 논문을 수록해준 모든 선생님들, 그리고 논문을 싣지는 않았으나 세미나를 통해 귀한 통찰들을 나눠주신 모든 선생님들께 깊이 감사드리며, 우리의 느슨하지만 끈끈한 공부모임이 앞으로도 얼마간 이어지기를 기대한다.

필자들을 대신하여 윤영실 씀

차례

제1부
앎의 배치 전환과 상식(common sense)의 재구성

지도시각화 기술 기반 재일본 조선 유학생 사회 타임라인
: 1906~1910년 발간된 재일본 조선인 유학생 학보 자료를 중심으로

[전성규]

근대전환기 사회문화의 변동과 학술운동
: 안수길의 『통로』, 『성천강』 연작과 서북학회 운동의 겹쳐읽기를 통해서

[윤영실]

제3부
일상문화의 변용과 서사양식의 재편

포섭되는 사회, 포섭되지 않는 시간
: 구한말과 식민지 초기 음양력 사용에 관한 담론과 충돌   [신승엽]

근대계몽기 학술지에 나타난 기독교 문화수용   [오지석·이지성]

장응진의 문학적 글쓰기와 '서사 양식'의 실험   [천춘화]

제1부

앎의 배치 전환과
상식(common sense)의 재구성

지도시각화 기술 기반
재일본 조선 유학생 사회 타임라인

: 1906~1910년 발간된 재일본 조선인 유학생
학보 자료를 중심으로

전성규

1. 어느 유학생의 도쿄 일상 지도(daily map)

이 글에서는 1906년부터 1910년 사이 발간된 학보 자료에서 제공하는 유학생의 사적·공적 주소지 정보를 통해, 지리학적 관점으로 유학생 사회의 성격을 살펴보고자 한다. 개인 단위에서 어느 한 유학생의 유학 결심, 도쿄에서의 일상의 변화를 따라가며, 점차 공동체와 사회에 접근하는 방법을 취하면서 종합적 성격을 파악해 보도록 한다.

아래 그림은 조소앙의 일본 유학 시절의 기록인 『동유약초(東遊略抄)』의 1904년 10월 9(양력) 일부터 10월 17일 사이의 내용을 바탕으로 도쿄로의 여정을 지도상에 시각화한 자료이다.

조소앙은 1904년 7월 황실 특파 유학생으로 선발되어 1904년 10월 인천항을 출발하는 배에 올랐다. 학부(學部)에서는 한일의정서 체결 이후 위기감 속에서 고관의 자제로서 관료가 될 만한 인재 48명을

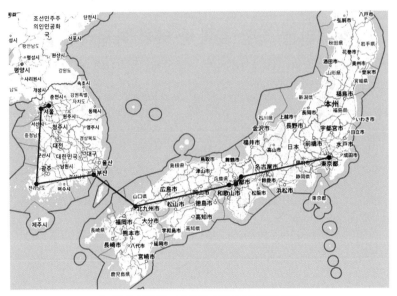

〈그림 1〉 1904년 조소앙의 도쿄 도착까지의 여정

선별하여 관비 유학의 기회를 주었다. 조소앙은 성균관에서의 수학한 바 있었고, 맏형 조용하(趙鏞夏)는 독일 주재 3등 서기관이었으며 종숙인 조원규(趙元奎)는 선발된 유학생을 인솔하는 영솔 위원으로 선임 되었던 만큼 정부의 신뢰를 받으며 유학생으로 선발될 수 있었다. 조소앙을 포함한 황실 특파 유학생 50명은 10월 9일 인천항을 출발해 10월 10일 목포항을 거처 10월 11일 부산항에서 시모노세키항(下關 港)으로 가는 배를 탔다. 10월 12일 저녁에 시모노세키항에 도착한 유학생들은 그곳에서 하루를 머물고 다음 날인 10월 13일 산요철도 (山陽鐵道)에 몸을 싣고 고베, 오사카, 교토를 거처 10월 15일 저녁 8시 도쿄에 도착하였다. 신바시역(新橋驛)에 내려 선도한 유학생들의 마중 과 환영 인사를 받으며 도착한 기념으로 히비야공원(比谷公園)을 유람 하고 도쿄에서의 첫날을 마무리한다. 이후 열흘 좀 넘는 기간 동안 고지마치구(麴町區)에 있는 공사관에 머물며 의복을 정비하고 주일공사를 만나고 사무를 처리하였다. 11월 2일에 이르러서야 조소앙은 동경부립제일중학(현 히비야 고등학교)에서 조선인 유학생들을 위해 지정한 기숙사에 들어가 본격적으로 유학생활을 시작하게 된다.[1]

〈그림 2〉 1904년부터 1912년까지 도쿄에서 조소앙의 일상 반경

위의 그림은 『동유약초』를 바탕으로 1904년부터 1912년까지 조소

---

1 조소앙의 일본유학시절 기본적인 이력은 김기승, 「조소앙의 사상적 변천 과정－청년기 수학 과정을 중심으로」, 『한국사학보』3·4(고려사학회, 1998), 167~202쪽을 참조하였고 여기에 『素昻先生文集』 하권(삼균학회, 횃불사), 1979에 실린 「東遊略抄」를 통해 내용을 보완하였다.

앙의 도쿄 내 주된 활동 반경을 시각화한 자료이다. 촘촘한 타임라인
이라고 말할 수는 없지만 조소앙의 일본 생활은 학교에서의 공부와
유학생 단체 활동, YMCA 활동이 주를 이뤘기 때문에 이를 기준으로
주요 장소에 점을 찍어 일상적인 활동 반경을 확인해 볼 수 있다.

1904년 황실 파견 유학생들은 모두 지정 기숙사에 수용되었다. 조
소앙은『동유약초』에서 이때 기숙사의 주소를 고지마치구 아이다쵸
6정목 17번지(麴町區飯田町6丁目17番地)로 기록해 놓고 있다. 위 그림
에서 3번에 해당한다. 2번이 동경부립제일중학이 위치했던 곳(현 히비
야 고등학교 위치로 마킹)이다. 대한제국 학부는 유학생의 교육, 기숙,
감독에 관한 사무를 중학교측에 일체 위임하였고 중학교에서는 한국
위탁생과를 속성과로 별도 개설하여 교육하였다. 교과과정은 수신(주
1시간), 일어(주 9시간), 일한 비교문법(주 3시간), 산물 및 이과(주 7시간)
외에 도화, 창가, 체조 등으로 짰다.[2]

조소앙과 함께 황실 특파 유학생으로 동경부립제일중학에 입학한
학생 중에는 최린(崔麟), 최남선(崔南善), 유승흠(柳承欽), 이승근(李承瑾)
등이 포함되어 있었다. 최린의『자서전』에 따르면 학교에서는 시험
성적에 따라 갑·을 2종으로 반을 나누고, 기숙사는 상·하층 2부로
구역을 나눴으며, 최린은 반에서 갑조 조장, 기숙사에서 상부 부장을
맡았다. 기숙사 생활은 군대식과 마찬가지로 모든 규칙이 대단히 엄격하
였다.[3] 하지만 몇 개월 후 1905년 1월 을사보호조약체결 소식이 들려오고

---

2 이계형,「1904~1910년 대한제국 관비 일본유학생의 성격 변화」,『한국독립운동사연
   구』31, 한국독립운동사연구소, 2008, 198쪽.
3 최린,「자서전」,『한국사상강좌』4, 일신사, 1962, 150쪽.

부립제일학교 교장 가쓰라 토모(勝浦鞆雄)가 조선유학생에게 고등교육은 무리라는 논지의 발언을 한 일이 공분을 사게 되어 조선 유학생들은 1905년 12월 동맹휴교를 결의하고 유학생 전원이 기숙사에서 퇴사한다. 황실 특파 유학생의 동맹휴학은 외교 문제로 번질 수 있었기 때문에 외무성, 문부성, 동경부 관계자들이 공사관에 회합하여 유학생을 불러 회유하는 과정이 있었고 이를 통해 대부분의 학생들은 복교한다. 조소앙도 복교하여 1907년 3월 동경부립제일중학을 졸업하게 된다.

  조소앙은 동경부립제일중학을 졸업한 직후 4월부터 대한유학생감독부 내에 설치된 보습과에 다니기 시작하였다. 1907년 당시 대한유학생감독부 내에는 광무학교가 설치되어 있었다. 대한유학생감독부는 1번에 위치해 있다. 1905년 을사보호조약 체결로 외교권을 박탈당하게 되자 주외사절(駐外使節)은 전부 철환(撤還)하게 된다. 주일공사는 유학생 감독을 겸하였는데 공사 귀국 후에 정부에서는 구주일공사관(舊主日公使館)의 서기관을 유학생 감독이란 이름으로 도쿄에 잔류하게 하였다.[4] 이때부터 조선공사관은 대한유학생감독부로 통용되며 다양한 방식으로 유학생 사회와 관계하였다. 후술하겠지만 1906년 이후 유학생 사회에서 대한유학생감독부는 매우 중요한 장소로서 역할한다. 대한유학생감독부는 고지마치구 나카로쿠반쵸 49번지(麴町區中六番町四十九番地)에 위치해 있었다.

  조소앙은 이곳 보습과에 다니던 시기 공수학회의 기관지『공수학보』를 발행하는 일을 맡아보았다.『공수학보』의 발행인으로 조용은(趙鏞殷)이라는 이름이 확인되는 것은 제3호(1907.7.31. 발행)부터이다.

---

4 최린,「자서전」, 위의 책, 153쪽.

이 시기 조용은의 주소는 고지마치구 히라카와쵸 4정목 7번지 장청관(麴町區平河町四丁目七番地長靑館)이었고 공수학회 사무소 주소는 그 근처인 히라카와쵸 6정목 1번지 복수관(平河町六丁目一番地福壽館)이었다. 히라카와쵸의 행적은 지도의 7번에 기입되어 있다.

조소앙은 1907년 9월까지 광무학교에서 6개월간 보습과 과정을 이수한 후 1907년 11월부터 세이소쿠영어학교(正則英語學校)에 입학한다. 세이소쿠영어학교는 간다구 니시키마치(神田區 錦町, 4번)에 위치해 있었다. 영어학교에 다니게 되면서 거주지를 간다구 니시키마치 17번지 명준관(神田區錦町目17番地 明浚館)으로 옮긴다. 이곳은 영어학교와 매우 가까웠고 이후 다니게 될 메이지대학하고도 근거리에 있었다. 지도에서는, 4, 5번에 해당하는 곳으로 거리가 워낙 가까워 중복 마킹되었다. 1908년 2월까지 영어공부에 매진한 후 1908년 3월 메이지대학 고등 예과에 입학한다. 1909년 9월부터는 메이지대학 법학부 본과에 입학한다. 메이지대학은 간다구 스루가다이미나미코카쵸(神田區駿河臺南町)에 위치해 있었다. 지도 6번에 해당한다. 메이지대학 예과 시절부터 조소앙은 대한흥학회 평의원, 편찬부장, 총무 등으로 활동하였으며 『대한흥학보』 제6호(1909.10.20.)부터 제9호(1910.1.20.)까지 편집장의 역할을 담당하였다.

『동유약초』의 1907년 기록을 보면 조소앙은 유학생감독부에서 열리는 각종 학회 토론회, 외국 저명 인사의 강의를 들으러 갔다. 또한 대한기독청년회가 주최하는 각종 행사들에 참석하였다. 대한기독청년회 회관은 9번(간다구 니시오가와쵸 2정목 7번지(神田區西小川町二丁目七番地))에 위치해 있었다. 또한 이 시기에 조소앙은 고토쿠 슈스이(幸德秋水)와 오스기 사카에(大杉 榮) 등이 조선과 중국 및 인도·필리핀·베트남

등의 식민지 유학생을 규합해 설립한 아주친목회(亞州親睦會 또는 亞州同盟會)에 참여하였다. 중국 혁명가 중에는 장지(張繼), 장타이엔(章太炎), 류스페이(劉師培) 등이, 베트남인으로는 『월남망국사』를 저술한 민족지도자 판보이쩌우(潘佩珠), 그리고 인도·필리핀의 혁명가들이 참여하였다.[5] 아시아 지식인들의 규합과 각종 모임은 도쿄 도심에서 주로 이루어졌다. 대표적으로 1907년 9월 류스페이와 장지 등이 중국 유학생을 상대로 사회주의강습회를 창설했을 때 제1차 개회 연설에서 고토쿠 슈스이가 연설자로 나섰는데 이때 강습회를 개최한 곳이 우시고메구 아카기모토정(牛込區赤城元町)에 위치한 청풍정(淸風亭)이었다.[6] 지도에서는 10번에 표시되었다. 1907년을 전후로 하여 아시아 지식인과의 교류, YMCA 활동을 통해 조소앙의 사상적 지평은 폭넓게 확대된다.

조소앙의 일본 유학은 1912년까지 이어진다. 그 사이 그는 공수학회, 대한흥학회, 재동경조선유학생친목회에서 꾸준히 활동하였다. 유학 기간이 짧지 않은 만큼 조소앙은 유학생 사회의 중심 인물로 여러 중요한 일을 맡아 보았다. 일례로 1912년 재동경조선유학생친목회가

---

5 황호덕, 「근대한문, 東亞同盟과 혁명의 문자-『판보이쩌우자서전(潘佩珠年表)』으로 본 아시아혁명의 원천들」, 『대동문화연구』 104, 2018. 『판보이쩌우자서전』에 의하면 1907년 10월 일본에 유학하고 있던 베트남 학생은 약 200여명 내외였으며 곤궁한 유학생활에 큰 뜻을 꺾는 사람들이 많아 판보이쩌우는 일본 및 도쿄에 있던 동아시아 출신 지역의 유력 인사들에게 도움을 요청하기도 한다. 장빙린(章炳麟), 장지(張繼), 징메이지우(景梅九), 조소앙(趙素昻), 오스기 사카에(大杉 榮), 사카이 도시히코(堺利彦), 미야자키 도텐(宮崎滔天) 등이 여기에 호응하였다. 이들은 중화혁명당, 일본사회당의 동지로 호명되며 동아동맹회(東亞同盟會)의 구성원이었다. 판 보이 쩌우(潘佩珠), 김용태 외 역, 『판 보이 쩌우 자서전』, 소명, 2022, 200~242쪽.

6 고토쿠 슈스이(幸德秋水), 임경화 역, 『나는 사회주의자이다-동아시아 사회주의의 기원, 고토쿠 슈스이 선집』, 교양인, 2011, 420쪽.

『학계보』를 발간하고자 했을 때 인쇄소 섭외에 난항을 겪고 있었는데 이 문제를 조소앙이 해결한다. 『학계보』는 재동경조선유학생친목회가 해산되고 출간된 잡지로 창간호만 발행되었다. 친목회의 존속과 기관지 발간이 녹록지 않았던 현실 속에서 학보 발행 경험이 풍부했던 조소앙이 돌파구를 마련한 것이었다.

조소앙은 인쇄소 섭외를 부탁받았을 때 곧바로 교문관인쇄소(敎文館印刷所)로 향한다.[7] 교문관인쇄소는 교바시구 긴자 4정목 1번지(京橋區銀座四丁目一番地)(지도 8번)에 위치해 있었다. 교섭은 성공적이어서 『학계보』 창간호는 교문관에서 인쇄된다. 교문관인쇄소는 『태극학보』의 인쇄소이기도 했으며 조소앙이 책임을 맡았던 『공수학보』를 인쇄한 곳이기도 했다. 한글 활자를 갖추고 있는 인쇄소였고, 공수학회 시기 잡지 발행인으로 일한 조소앙과도 교류가 있던 곳이었다. 교문관은 감리교 선교사가 설립한 인쇄소로 기독교와 관계된 서적을 주로 인쇄하는 곳이었다. 또한 훗날 오스기 사카에나 아라하타 칸손(荒畑寒村) 등이 발행한 『근대사상(近代思想)』을 인쇄한 곳으로(1913.6~1914.1) 관헌으로부터 위험시되는 출판물을 인쇄해주는 경향이 있었다.[8] 조소앙은 당시 상황에 비추어 조선인이 발간한 잡지 인쇄가 현실적으로 가능한 곳을 바로 짚어냈는데 이것은 그만큼 그가 당시 출판

7 관련한 『동유약초』의 기록을 보면 다음과 같다. "(1912년-인용자) 1월 5일 8시에 일어난다. 친목회에서 처음으로 학보를 발간하게 되어서 활판소와 교섭하라는 부탁을 받았다. 그래서 긴자의 교문관으로 가서 가능한지 대략 물어봤다. 감독부에 들러서 활판소의 존속에 대한 문제를 물어봤다." 번역은 오노 야스테루(小野容照)의 것이다. 「1910년대 전반 재일유학생의 민족운동-在東京朝鮮留學生親睦會」, 『숭실사학』 27, 숭실사학회, 2011, 238쪽.
8 오노 야스테루(小野容照), 위의 글, 240쪽.

시장의 상황과 분위기를 잘 알고 있었다는 의미가 된다.

조소앙의 1904년부터 1912년까지 도쿄에서의 활동은 개인적인 행적이기도 하지만 조선 유학생 일반의 행적과도 무관하지 않다. 약 8년간의 일본 유학 생활은 재일유학생 학회 운동의 역사와 상당 부분 겹쳐 있다. 또한 학회 운동을 상회하여 기독교 운동과 사회주의 운동으로 확장해 나간 많은 유학생들의 행적을 대표한다. 이것은 도쿄라는 매우 낯선 장소를 적극적으로 전유하고자 한 개인과 집단의 의지 없이는 불가능한 것이었다. 조소앙의 행적 속에서 확인되는 우여곡절들은 개인만의 어려움은 아니었다. 유학생은 특정한 장소에 모이고 흩어지기를 반복하며 응집력을 키웠고, 자기를 변화해 갔다. 그 과정에서 유학생들이 점유할 수 있었던 몇 안 되는 공간들은 의미와 모습을 바꿔가며, 혹은 다양한 의미를 중첩시켜가며 상징성을 띠어갔다. 일례로 1907년을 전후로 한 조소앙의 사상적 지평의 확대는 1905년 이후 복잡해진 유학생감독부라는 장소적 의미를 해석하지 않고서는 설명이 불가하다. 넓게 보면 이것은 고지마치구와 간다구를 중심으로 한 유학생 사회의 재편 과정 속에 포함되어 있는 것이다.

그간 문학 연구에서 주체의 실천과 수행에 대해서는 적극적으로 규명하려는 노력이 있어 왔다. 하지만 그가 놓여 있던 장소와 공간이 수행성과 어떤 관계를 맺어 왔는지에 대해서는 관심을 덜 기울여 온 것이 사실이다.[9] 집합적인 시각을 확보할 수 있는 지도자료를 구체적으

---

9 토포스에 대한 연구가 어느 정도 축적되었으나 개별 작가들이 남긴 기록과 작품을 중심으로 한 장소성에 대한 연구가 주를 이룬다. 보다 텍스트의 장소를 집합적으로 거시적인 시각에서 분석해 나갈 필요가 있는 것이다. 우미영, 「同度의 욕망과 東京이라는 장소(Topos)－1905~1920년대 초반 동경 유학생의 기록을 중심으로」, 『정신문화연구』

로 생산하거나 이를 바탕으로 도쿄라는 장소성이 변화하는 시간성을 규명하고자 하는 연구는 더욱 미흡한 편이다. 이 글에서는 배경에 머물러 있던 유학생 사회의 주요 공간과 장소를 중심으로 유학생 사회의 성격의 변화가 특정 공간을 생산하고 분할하며 점유하는 과정과 밀접한 관계가 있음을 보이고 이 관계를 시간성의 맥락을 통해 들여다보고자 한다.

2. 연구 대상과 방법

일본 유학생의 지리정보를 생산하고자 할 때 분석 대상이 될 수 있는 잡지의 목록은 다음과 같다. 여기에서는 1896년부터 1910년대 초반까지 발간된 잡지를 대상으로 유학생 주소지, 단체 사무소 주소지, 교육기관 주소지, 기타 시각화 가능한 주소지 정보를 데이터로 생산하는 것을 목적으로 하며, 향후 1920, 30년대 발간된 유학생 잡지

30, 한국학중앙연구원, 2007; 이경수, 「1910~20년대 재일본조선유학생 친목회지에 나타난 신여성 담론-『학지광』과 『여자계』를 중심으로」, 『한국학연구』 31, 고려대 한국학연구소, 2009. 정종현과 미즈노 나오키(水野直樹)는 유학생 연구에 있어 『학지광』의 편중성을 지적하며 『학지광』은 지역적 맥락에서 보면 '동경학우회'의 기관지라고 말한다. 정종현, 미즈노 나오키(水野直樹), 「일본제국대학의 조선유학생 연구(1)-경도제국대학 조선유학생의 현황, 사회경제적 출신 배경, 졸업 후 경력을 중심으로」, 『대동문화연구』 80, 성균관대학교 대동문화연구원, 2012; 허병식, 「장소로서의 동경(東京)-1930년대 식민지 조선작가의 동경표상」, 『한국문학연구』 38, 한국문학연구소, 2010; 강소영, 「식민지 문학과 동경(東京)-박태원의 「반년간」을 중심으로」, 『일본언어문화』 19, 한국일본언어문화학회, 2011; 서승희, 「도쿄라는 거울-이광수의 『동경잡신(東京雜信)』(1916)에 나타난 도쿄 표상과 자기 인식」, 『어문논집』 38, 이화어문학회, 2016 등. 권은은 지식인이나 문학가의 장소가 아닌 재동경 조선인 노동자들의 삶의 장소로서 동경을 주목하여 지리적 분할성에 주목한 바 있다. 권은, 「한국 근대소설에 타나난 동경(東京)의 공간적 특성과 재현 양상 연구」, 『우리어문연구』 57, 우리어문학회, 2017.

로 지속적으로 대상을 넓혀갈 계획이다.

〈표 1〉

잡지명	발행기관	호수정보	발간기간	비고
친목회회보 (親睦會會報)	대조선일본유학 생친목회	제1호~제6호	1895.11.30. ~1898.4.9.	차배근,『개화기일본유 학생들의 언론출판활동 연구(1)』부록으로 실린 『친목회회보』 1~6호 영 인자료, 현담문고 이미 지 자료 활용
태극학보 (太極學報)	태극학회	제1호~제26호	1906.8.24. ~1909.11.24.	아세아문화사, 1978 영 인본 자료 활용
공수학보 (共修學報)	공수학회	제1호~제5호 (제2권 제1호)	1907.1.31. ~1908.3.20.	아단문고 미공개 자료 총서 2012: 해외유학생 발행 잡지 자료(소명출 판) 활용
대한유학생회학보 (大韓留學生會學報)	대한유학생회	제1호~제3호	1907.3.2. ~1907.5.26.	아세아문화사, 1978 영 인본 자료 활용
동인학보 (同寅學報)	동인학회	제1호	1907.6.30.	아단문고 미공개 자료 총서 2012: 해외유학생 발행 잡지 자료(소명출 판) 활용
낙동친목회학보 (洛東親睦會學報)	낙동친목회	제1호~제4호	1907.10.28. ~1908.1.30.	아단문고 미공개 자료 총서 2012: 해외유학생 발행 잡지 자료(소명출 판) 활용
대한학회월보 (大韓學會月報)	대한학회	제1호~제9호	1908.2.25. ~1908.11.25.	아세아문화사, 1978 영 인본 자료 활용
대한흥학보 (大韓興學報)	대한흥학회	제1호~제13호	1909.3.20. ~1910.5.20.	아세아문화사, 1978 영 인본 자료 활용
학계보 (學界報)	재동경조선유학 생친목회	창간호	1912.3.28.	아단문고 미공개 자료 총서 2012: 해외유학생 발행 잡지 자료(소명출 판) 활용

잡지마다 제공하는 정보의 종류와 양이 다양하지만 판권장을 통해 인쇄인·편집인·발행인의 주소지 정보와 인쇄소·발행소의 주소지 정보를 확인할 수 있다.

●代金郵稅並新貨拾貳錢

編輯人兼
發行人 金 洛 泳
日本東京市芝區白金三光町二百七十三番地

印刷人 金 志 侃
日本東京市芝區白金三光町二百七十三番地

發行所 太極學會 事務所
日本東京市芝區白金三光町二百七十三番地

印刷所 明 文 舍
日本東京市牛込區辨天町二十六番地

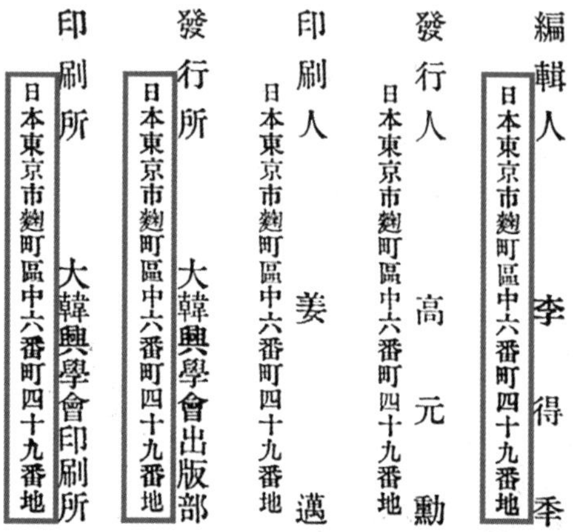

編輯人 李 得 季
日本東京市麴町區中六番町四十九番地

發行人 高 元 勳
日本東京市麴町區中六番町四十九番地

印刷人 姜 邁
日本東京市麴町區中六番町四十九番地

發行所 大韓興學會出版部
日本東京市麴町區中六番町四十九番地

印刷所 大韓興學會印刷所
日本東京市麴町區中六番町四十九番地

〈그림 3〉 예시)『태극학보』제26호 판권장에 실린 편집인·발행인·인쇄인·발행소·인쇄소 주소 정보

〈그림 4〉 예시)『대한흥학보』제11호 판권장에 실린 편집인·발행인·인쇄인·발행소·인쇄소 주소 정보

麴町區中六番町四十九番地

〈그림 5〉 1907년 제작된 고지마치구(麴町區) 상세 지도에서 조선공사관 주소지 정보 확인

〈그림 6〉 구글맵스를 통해 〈그림 5〉의 주소지 위경도값 추출

주소	위도	경도	주소정보
대한유학생회학보 발행인 유승흠 주소	35.69264	139.746	日本東京麴町區一番町四十四番地
대한유학생회학보 편집인 崔南善 주소지	35.69016	139.7378	日本東京麴町區中六番町四十九番地
대한유학생회 주소	35.69016	139.7378	日本東京麴町區中六番町四十九番地
공수학보 편집인 姜筌의 주소(제3호)	35.68932	139.7351	日本東京麴町區三番町六十七番地
공수학보 편집인 姜筌의 주소(제4호)	35.69016	139.7378	日本東京麴町區中六番町四十九番地
공수학보 발행인 趙鏞殷의 주소	35.69016	139.7378	日本東京麴町區中六番町四十九番地
공수학회사무소	35.69095	139.7423	日本東京麴町區上六番町二十六番地
대한학회사무소	35.69144	139.7367	日本東京市麴町區三番町六十九番地
대한학회월보인쇄인 高元勳 주소	35.69144	139.7367	日本東京市麴町區三番町六十九番地
대한학회월보편집인 柳承欽 주소	35.69144	139.7367	日本東京市麴町區三番町六十九番地
대한학회월보 발행인 姜筌의 주소	35.69144	139.7367	日本東京市麴町區三番町六十九番地
대한흥학보 발행인 高元勳의 주소	35.69144	139.7367	日本東京市麴町區三番町六十九番地
조선P(공사관, 유학생감독부)	35.69016	139.7378	日本東京麴町區中六番町四十九番地
대한흥학보 인쇄인 金源極의 주소	35.69016	139.7378	日本東京麴町區中六番町四十九番地
대한흥학회 출판부 주소	35.69016	139.7378	日本東京麴町區中六番町四十九番地

〈그림 7〉 지도시각화를 위한 데이터베이스 구축. 위경도 좌표값 설정

```
import folium as g
import pandas as pd
import numpy as np

[9]  size1 = df1[['개수2']].values[:len(df1)].tolist()

[10]  location=df1[['위도','경도']].values[:len(df1)].tolist()

[11]  japan_map=g.Map(location=[35.6812362, 139.7671248], zoom_start=5)

[12]  for i in range(len(df1)):
        marker02=g.CircleMarker(radius=size1[i], location=location1[i], color='black', fill='true', fill_color='red', fill_opacity=20)
        marker02.add_to(japan_map)
```

〈그림 8〉 위경도 값을 기반으로 Folium을 활용해 지도 마킹

〈그림 9〉 시각화 자료 생산

1895년 발간된 『친목회회보』에서부터 1906년에서 1910년 사이 발간된 『태극학보』~『대한흥학보』에 이르기까지 잡지 판권장이나 회원록 등에서 제시하는 주소지 정보를 수집한 다음, 잡지 발간 당시와 근접한 시기에 간행된 도쿄의 상세 지도를 구해 위치 정보를 확인하는 방식으로 데이터를 수집하였다. 여기에서는 1907년 제작된 도쿄 전도(全圖)와 주요 구(區)의 상세 지도가 활용되었다. 해당 자료는 국제일본문화연구소(國際日本文化硏究所)를 통해 초고화질 이미지 파일로 제공받을 수

있었다. 도쿄의 경우 일본 유학생들이 주로 거주한 간다구(神田區), 고지
마치구(麴町區), 우시고메구(牛込區), 아카사카구(赤坂區), 혼고구(本鄕
區), 시바구(芝區), 교바시구(京橋區), 고이시카와구(小石川區), 니혼바시
구(日本橋區) 등은 도시 구획이 현재까지도 크게 변동이 없어 1907년
지도상의 위치를 현재 지도에서 구현하는 데에 큰 무리가 없다. 위경도
정보값을 얻기 위해 1907년 지도상의 위치를 현재 지도에서 확인하고
구글맵스를 통해 해당 지점의 위경도 데이터를 얻는 방법을 활용하였다.
지도 시각화는 구글 Colab의 파이썬 환경에서 지원하는 지도시각화
라이브러리 Folium을 활용하였다. Folium은 위경도 값을 지도상에 마킹
해주는 시각화 툴이다. 많은 양의 위경도 정보를 하나의 지도 안에
간편히 마킹할 수 있으며 값을 주어 크기를 다르게 하거나 히트맵(heat
map)을 통해 밀집도를 시각화할 수 있다.

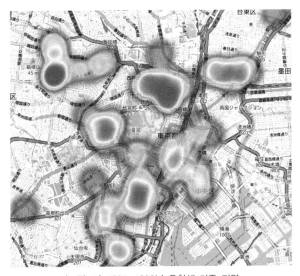

〈그림 10〉 1895~1898년 유학생 거주 지역

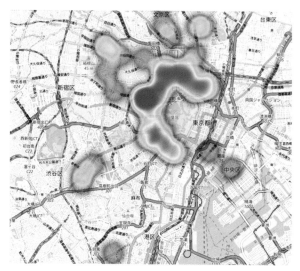

〈그림 11〉 1906~1910년 유학생 거주 지역

3. 유학생 감독부와 고지마치구(麴町區)

1890년대 근대적 의미에서 일본 유학이 처음 시작된 이래로 유학생들이 집중적으로 거주하던 지역의 성격은 여러 차례 변화하였다. 〈그림 10〉과 〈그림 11〉은 1895~1898년 친목회회원의 거주지역[10]과 1906~1910년 재일유학생의 거주지역을 히트맵을 통해 시각화한 자료이다.

1890년대 후반과 1900년대 초 장소성의 변화가 확연하다. 1890년

---

10 1800년대 후반 자료 구축에는 『친목회회보』가 주로 사용되었다. 1896년 대조선일본유학생친목회가 발간한 『친목회회보』에는 회원이 거주하는 숙소의 상세 주소 및 학교 정보가 상당한 분량(약 200여개 가량)으로 제공되고 있다.

대 후반은 시바구(芝區)와 아자부구(麻布區) 일대가 유학생의 거점지
였다. 이후 게이오의숙에서 보통과를 이수한 유학생들이 도쿄 각지로
퍼져나가면서 궁성을 둘러싼 주변 지역이 폭넓게 활성화된다. 우시고
메구(牛込區)에는 육군사관학교인 세이조학교(城成學校)가 위치해 있
었고 많은 학생들이 이 학교에서 수학했다. 간다구(神田區)에는 도쿄
상업학교, 도쿄법학원, 메이지법률학교, 전수학교, 준텐모토메고사(順
天求合社) 등 교육기관들이 밀집해 있었다. 친목회사무소 역시 1897년
시바구에서 간다구로 사무소를 이전한다. 이밖에 니혼바시구(日本橋
區), 교바시구(京橋區), 아사쿠사구(淺草區) 등에도 유학생이 고루 분포
하였다.[11]

　반면 1906년의 유학생 거점은 명실공히 유학생감독부가 있던 고지
마치구(麴町區)이다. 1890년대 후반의 지도가 확산적인 모습을 보인

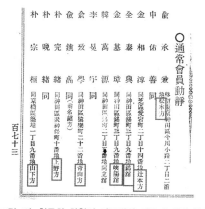

〈그림 12〉 친목회 회원이 머물렀던 거주지 상세 주소

11　『친목회회보』를 중심으로 한 1800년대 후반 유학생들의 장소성 연구에 대해서는 전성
　　규, 「지도 시각화 기술 기반 재일본 조선 유학생 사회 타임라인(1) - 대조선일본유학생
　　친목회 발간 『친목회회보』(1896)를 중심으로」, 『동방학지』 205, 연세대학교 국학연구
　　원, 2023.

다면 1906년 이후의 지도는 고지마치구와 간다구를 중심으로 응집된 모습을 보인다. 시바구는 이전의 장소적 중요성을 상실한다.

유학생감독부는 을사보호조약 이후 주일 조선공사관이 유명무실해지자 일본에 있던 조선 유학생의 감독관련 업무를 주로 담당하는 부서로 개편되었다. 주일공사 대신 주일공사관 서기관이 유학생 감독으로 일하게 되었는데 이전에 조선공사는 외교사절이기 때문에 일본 정부에 대하여 유학생에 대한 교섭권을 가지고 있었지만 유학생 감독은 공사가 가진 교섭권을 상실하고 유학생 사회의 전반적 동향을 관찰하고 이를 상위 기관에 보고하는 일 정도를 맡았다. 점차 열악해지는 유학 환경 속에서 교섭권이 없는 감독은 유학생에게 일개 "微官에 불과"한 것으로 인식되기도 했다.[12] 하지만 이러한 사정으로 유학생 집단은 유학 본국의 조처에 적극적으로 대처하고 자기 권리와 이익을 보호하기 위해 보다 조직화되고 자치적인 움직임을 꾀한다. 주일 조선공사관이 유학생 감독부로 개편된 후 감독부는 유학생 사회의 자치성이 강하게 투영된 공간으로 성격이 바뀌게 된다.

1907년에 제작된 동경 주요 구(區) 상세지도에서는 당시 고지마치구에 있었던 각국 공사관의 위치를 확인할 수 있다. 고지마치구에는 조선공사관 외에도 청국공사관, 러시아공사관 등이 위치해 있었고, 일본 내무성·외무성·육군성 등 주요 통치 기관이 자리하고 있었다. 조선인 유학생들이 매년 감독부에 태극기를 걸고 '대황제폐하'의 만세성절을 기념하고 민충정공 순절 추도회를 열었던 것[13]은 이곳이 단

---

12 최린은 「자서전」에서 이 시기 유학생 감독은 "일개 微官에 불과하였다."고 적고 있다. 최린, 앞의 책, 153쪽.

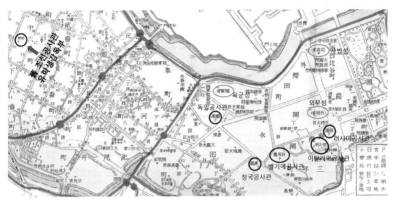

〈그림 13〉 동경 주요 구(區) 상세지도

순히 조선공사관이었던 장소라는 점을 넘어서 고지마치구가 갖는 정
치성을 인지하고 있었기 때문이었다.

　유학생 감독부는 공적 공간과 사적 공간의 성격을 모두 갖고 있었
다. 그리고 그 사이에 놓인 사회적 공간의 역할을 무엇보다 충실히
수행하였다. 학부(學部)에서 만들어진 「일본유학생규칙」이 감독부로
이송되어 이를 유학생 사회에 주지시키는 일을 비롯하여[14] 국가의 기
념일과 관련된 행사를 진행하였고, 조선에서 왕실인사와 관료들이 방
문했을 때 이들을 맞이한 공식적인 장소이기도 했다.[15] 반면 유학생

13　「회록」, 『대한유학생회학보』 제1호, 1907.3.3. 1906년 9월 13일 임시 총회록, 1906년
　　11월 4일 정기 총회록.

14　『공수학보』 제1호, 1907.4.30.

15　「잡록」, 『태극학보』 제19호, 1908.3.20. "본월 10일 건원절(乾元節)에 일반 유학생들이
　　감독부에 일제히 모여 경축예식을 거행하였다. 유학생 감독 신해영씨는 일반 유학생을
　　대표하여 황태자 전하께 나아가 알현하고 축하하였다. 황태자전하께서는 다과비로 금
　　화 50환을 하사하셨다." 1907년 12월 30일 『낙동친목회회보』에는 황태자 이은이 일본
　　에 도착한 상황을 자세히 기록하고 있다.

감독부 내에 기숙사를 마련하여 일본에 유학하는 고학생들에게 임시 거처를 제공하기도 했다. 평안남도에서 일본유학을 와서 약관의 나이에 병사(病死)한 김태연(金泰淵)은 월사금과 숙식비를 감당하지 못해 곤궁에 처하자 유학생감독부의 공실에서 거주하며 숙박을 해결하는 방식으로 유학 생활을 지속해 나갔다.[16] 또한 일진회에서 유학생들의 학비를 중단하였을 때 다수의 유학생들이 월사금과 월세 미납으로 학교와 하숙집에서 쫓겨날 위기에 직면하자 이들을 일시적으로 수용한 곳도 감독부였다.[17]

1906년부터 1910년까지 유학생 감독은 윤치오(尹致旿), 한치유(韓致愈), 신해영(申海永), 이만규(李晚奎) 총 4인이 임명되었다. 1907년 4월 부임하여 1909년 11월에 일본에서 졸서(卒逝)하기까지 2년이 넘는 시간 동안 감독으로 있던 신해영은 유학생과 여러 가지 의미에서 깊은 관계를 맺었다. 신해영은 이전 감독이었던 한치유(韓致愈)가 1907년 모의국회사건을 계기로 사직한 이후 감독직을 수행하게 되었다. 그 역시도 유학생들의 분노를 대변하기보다 일본측의 입장에서 중재적인 행동을 보여 유학생 사회로부터 공분을 사기도 했다. 당시 유학생들은 감독부에 쳐들어가 전화선을 자르기도 하는 등 격한 행동을 보였다.[18] 유학생들은 감독을 단체 회의에 동석시키거나 회의 내용을 통보하는 등 관리에 순응하기도 하였지만 때에 따라서는 첨예하게 대립하기도

---

16 金源極, 「吊金泰淵文」, 『태극학보』 제24호, 1908.9.24.

17 고지마치구의 여관 하나에서 고학생 27명이 모여 살다가 밀린 숙식비가 수백여원에 이르자 모진 대우를 받고 쫓겨나기도 했다. 『공수학보』 제1호, 1907.1.31.

18 甲秘第 38號, 「韓國留學生ニ就テ [留學生의 韓國公使館 參集]」, 『要視察韓國人擧動』 3, 국사편찬위원회, 2001, 173~174쪽.

하고 동류의식을 느끼기도 하면서 주도적인 역량을 강화해 갔다. 이
시기 유학생감독부라는 장소의 성격을 만들어 간 주체는 유학생들이었
다. 유학생 감독부에서 유학생들이 벌였던 토론회, 강연회, 친목회,
추도회 등 각종 행사를 시간순으로 나열해 보면 아래와 같다.

〈표 2〉 1906년~1912년까지 유학생감독부 특별행사 표

행사명	일시	주최	내용	장소	출처
대황제폐하 만세성절	1906년 9월 13일	- 유학생일동	대황제폐하 만세성절 기념식	감독부	『대한유학생 회학보』 제1호 1907.3.3.
故 호근명 (扈根明) 추도회	1906년 10월 7일 오전 8시	- 유학생일동	서울에서 유학 온 호근명은 방년 17세 나이에 유학을 와서 광무학교에서 공부하다가 폐렴에 걸려 회생병원에서 치료받는 중에 병사.	감독부	『대한유학생 회학보』 제1호 1907.3.3.
민충정공 순절기념 추도회	1906년 11월 25일 오후 1시	- 유학생일동	민충정공 순절기념 추도회	감독부	『대한유학생 회학보』 제1호 1907.3.3.
유학생 친목회	1907년 4월 10일 오후 6시	- 유학생연합 - 만국청년회 - 대한기독교 청년회	일반유학생이 연합친목회를 감독부 내에서 개최. 연설 金奎植, 時機라 金貞植, 東方固有한 禮義를 闡明함이 可하다	감독부 내 光武學校	『대한유학생 회학보』 제3호 1907.5.26.
고학생동맹단 결성	1907년 6월 18일	- 고학생일동	학자금 중단으로 중도에 공부를 폐하게 된 유학생들이 힘을 합치고 서로 돕기로 함.	감독부	『태극학보』 제12호 1907.8.5.

졸업축하식	1907년 7월 14일	- 유학생일동	明治大學, 中央大學 졸업 축하식 明治大學, 法科 졸업생: 李珍雨, 玄奭健, 朴溶台 中央大學, 法科 졸업생: 朴勝彬	감독부	『공수학보』 제3호 1907.7.31.
연설회	1907년 10월 5일	- 대한기독청년회	동양 감리교회 감독 해리스(Harris, Bishop Merriman Colbert) 박사 초청 연설회 통역: 이형우(李亨雨)	감독부	『태극학보』 제14호 1907.10.24.
연설회	1907년 11월 2일 오후 6시	- 대한기독청년회	미국 목사 데미트씨 연설회 통역: 최석하(崔錫夏) 연제: 교육의 목적	감독부	『낙동친목회학보』 제2호 1907.11.30.
토론회	1907년 11월 9일	- 대한기독청년회	주제: 혈성(血性) 남아가 지자(智者)보다 낫다	감독부	『태극학보』 제16호 1907.12.24
故 박의혁(朴宜赫) 추도회	1907년 11월 30일	- 유학생일동	전라도 진안에서 온 박의혁씨는 방년 17세로 동경으로 유학와 어학과 보통학을 공부하였는데 갑작스런 열병에 회생병원에서 치료받다가 사망.	감독부	『태극학보』 제16호 1907.12.24.
토론회	1908년 1월 4일 오전 9시	- 대한기독청년회	주제: 社會行動에 對하여 形式이 不如事實 右演議辯士: 尹台鎭, 劉泰魯 左演議辯士: 韓相愚, 趙鏞殷, 崔浩善	감독부	『낙동친목회학보』 제4호 1908.1.30.
토론회	미상	- 대한학회	주제: 한국의 장래 변사: 崔錫夏, 李恩雨, 李承瑾	감독부	『대한학회월보』 제2호 1908.3.25.
강연회	1908년 4월 11일	- 대한기독청년회	주제: 吾人의 二大義務 연사: 米國 牧師	감독부	『대한학회월보』

	오후 7시		카슈레		제3호 1908.4.25.
신입생 환영회	1908년 10월 11일 오후 1시	- 유학생일동	新來 유학생 환영회	감독부	『대한학 회월보』 제8호 1908.10.25.
각 회 청산보고	1909년 1월 11일	- 대한흥학회	대한학회 이풍재(李 豐載) 태극학회 김홍량(金 鴻亮) 공수학회 조용은(趙 鏞殷) 연학회 허헌(許憲) 각회 청산문부(淸算文 簿) 보고	감독부	『대한흥학보』 제1호 1909.3.20.
졸업축하식	1909년 1월 24일 오후 1시	- 유학생일동	경찰학교 학생 졸업 축하식 權潤, 南基允, 崔海弼, 崔浩承, 李大衡, 徐成 學, 韓浩錫, 權泰祐, 金裕平, 張世億	감독부	『대한흥학보』 제1호 1909.3.20.
5대학 연합 연설회	1909년 4월 18일	- 유학생일동	五大學選出辯士氏名 - 明治大學校 蔡基斗: 二十世紀의 將來 金晉庸: 法律은 我韓 의 急務 - 法政大學校 韓溶: 獨立心을 養成 하는 指南 金顯朱: 自由在於自得 日本大學校 金永基: 旭日靑邱 姜敬燁: 我等의 目的 은 不平을 正服함에 在함 - 早稻田大學 鄭廣朝: 未定	감독부	『대한흥학보』 제3호 1909.5.20.

			金昌洙: 國家興廢는 在於國民愛國心如何 中央大學 李恩雨: 人의 價値 洪淳亨: 國民의 聲		
故 신해영 (申海永) 추도회	1909년 11월 10일 오후 2시	- 유학생일동	유학생 감독 신해영의 추도회	감독부	『대한흥학보』 제7호 1909.11.20.
故 이항렬(李恒烈), 윤거현(尹擧鉉) 兩氏 추도회	1909년 11월 24일 오전 10시	- 유학생일동	이항렬: 서울에서 온 유학생이며 나이 20여세. 埼玉縣 養蠶學校에서 수학하다가 장질부사에 걸려 치료하다 병사. 윤거현: 曹稻田大學 政治科에서 수학, 위병(胃病)으로 치료 중 병사.	감독부	『대한흥학보』 제7호 1909.11.20.
한일합방 문제 긴급 소집회의	1910년 12월 8일 오후 1시	- 유학생일동	일진회의 한일합방문제에 대해여 내각에 장서(長書)와 일진회에 성토문과 십삼도에 포고문을 보낼 건	감독부	『대한흥학보』 제9호 1910.1.20.
신년 축하대회	1910년 1월 5일	- 유학생일동	金貞植 발기 韓日淸美四國 신사의 권면적 연설	감독부 내 基督靑年學院校場	『대한흥학보』 제9호 1910.1.20.
신임감독 환영회	1910년 1월 23일 오전 11시	- 유학생일동	신임 유학생감독 이만규(李晚圭)씨 환영회	감독부	『대한흥학보』 제10호 1910.2.20.
졸업생 축학회	1911년 7월 15일 오후 2시	- 유학생일동	졸업생축하회 사회: 趙鏞殷 (유학생 친목회 회장) 대표축사: 劉睦 내빈축사: 金貞植, 李晚圭 졸업생총대답사: 朴海克, 吉昇翊	감독부	『학계보』 제1호 1912.4.1.

재동경조선 유학생친목회 창립 총회	1912년 5월 21일	- 유학생일동	三南親睦會, 黃平親 睦會, 靑年俱樂部 등 이 회동하여 총단체 조직을 협의.	감독부	『학계보』 제1호 1912.4.1.

유학생 감독부는 정기 행사와 특별 행사들로 언제나 붐볐다. 대한 유학생회와 공수학회, 대한학회, 대한흥학회 등 대부분의 학회는 유학생 감독부를 학회 사무소로 사용했기 때문에 매달 열리는 임시 총회나 정기 총회뿐만 아니라 편집부, 출판부 등 학회 각 부서의 회의와 실질적인 운영이 이곳에서 이루어졌다. 또한 학회 회원이 아니더라도 감독부는 기본적으로 유학과 관련한 행정업무를 보는 곳이었고, 신입생 환영회, 졸업생 축하회, 귀국자 송별회 등이 열렸기 때문에 학생들이 수시로 드나드는 곳이기도 했다.

그러한 이유로 감독부 내에는 여러 개 학교가 설치되기도 했다. 위의 행사표에서 1907년 4월 10일 유학생연합친목회는 감독부 내에 있는 광무학교에서 열렸고, 1910년 1월 5일에 있었던 신년축하대회는 감독부 내에 있는 청년학원에서 열렸음을 확인할 수 있다. 일본으로 오는 유학생들의 어학 실력과 보통 교육의 정도를 증진하기 위해 당시 여러 학회는 학교를 부설하였다. 1907년을 전후로 하여 학회가 주축이 되어 설립한 학교들로는 광무학교, 태극학교, 동인의숙 등이 있다. 광무학교는 광무학회가 중심이 되어 감독부 내에 세워졌고, 태극학교는 태극학회의 부설기관으로 혼고구(本鄕區)에 위치해 있었다.[19] 동인의숙은 유전(劉銓), 민홍기(閔弘基), 김만규(金晩圭), 장홍식(張

---

19 「辯我留學生社會分合同異說」, 『대한유학생회회보』 제2호, 1907.4.7.

弘植), 한상기(韓相琦) 등 공수학회 및 동인학회 유학생들이 후도자(後渡者)를 지도하기 위해 설치한 기관이었다. 위의 선배들이 보통예비과 과목을 각각 담당하여 후배들을 가르쳤다. 동인의숙은 고이시카와구(小石川區)에 위치해 있었다.[20] 일본으로 유학을 온 학생들이 바로 일본 학교에 입학할 경우 어학과 기초적 지식에서 어려움이 많았기 때문에 중도 포기자가 적지 않았다. 이러한 문제에 도움이 되기 위해 학회는 자발적으로 학습기관을 세웠던 것이다. 학회 부설 학교가 여러 개 세워지자 많은 유학생들은 이곳들에서 어학과 기초교육을 수료한 다음 일본 학교에 입학하는 단계를 밟았다.[21]

　1907년 9월 즈음 도쿄에 있는 세 학교의 연합이 논의되기 시작하였다. 세 개의 연합학교를 청년학원(靑年學院)이라 새롭게 명칭하고 간다구 니시오가와마치 2정목 7번지(神田區西小川町二丁目七番地)에 위치한 대한기독교청년회관 내에 장소를 마련하였다. 갑·을 두 종으로 과목을 나누어 갑종 과목에는 영어, 일본어, 일본문법, 회화, 독본, 받아쓰기, 수학, 역사, 지리, 수신 등을 을종 과목에는 영어, 일본어, 문법, 받아쓰기, 독본, 회화, 수신, 산술 등을 편성하였다. 어윤빈(魚允斌), 임규(林圭), 한상우(韓相遇), 강대철(姜大喆), 윤태진(尹台鎭) 등 유학생 선배들이 돌아가며 교수하였다.[22]

---

20 「留學界時事」, 『공수학보』 제1호, 1907.1.31.
21 「회원소식」, 『태극학보』 제6호, 1907.1.24.
22 「회보」, 『태극학보』 제13호, 1907.9.24.

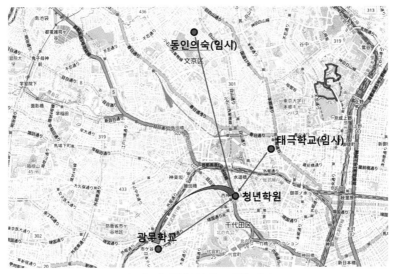

〈그림 14〉 학회부설 학교 위치 정보

위의 그림은 학회가 부설한 학교의 위치 정보이다. 『공수학보』에 따르면 동인의숙은 고이시카와구(小石川區)에 위치해 있었는데(제1호, 1907.1.31.) 그 이상의 정확한 주소 정보는 얻기 어려웠다. 다만 『공수학보』판권장을 통해 『공수학보』의 편집겸 발행인이자 동인의숙에서 교사로 일한 유전(劉銓)이 고이시카와구에 거주하고 있었고 그 주소가 제공되고 있어(小石川區原町二番地) 이곳을 임의의 위치로 활용하였다. 태극학교는 혼고구에 위치해 있었다. 이승근(李承瑾)이 쓴 한시 「江戸十五景」은 도쿄의 주요 구역의 명물을 소개하고 있는데 고지마치구(麴町區)에서는 야스쿠니신사(靖國神社)를, 혼고구(本郷區)에서는 태극학교를, 시바구(芝區)에서는 신바시역(新橋驛)을, 시타야구(下谷區)에서는 우에노공원(上野公園)을, 아사쿠사구(淺草區)에서는 료운가쿠(凌雲閣)을, 아카사카구(赤坂區)에서는 아오야마묘지(靑山墓地)를 소개한다.[23] 다만 태극학교 역시 그 이상의 상세주소를 구하기 어려워 『태극학보』 판권장을 통해 태극학회 사무소가 설치되었던 혼고구 갑무관 주소(本鄕區元町二丁目六十六番地甲武館)를 임의의 위치로 활용하였다. 이곳은 태극학회가 세 번째로 이전한 사무소였고 당시 『태극학보』의 인쇄인 김지간(金志侃)과 편집겸 발행인 장응진(張應震)도 여기로 주소지를 표시하고 있어 학회 활동에 중심이 되었던 곳으로 보인다. 광무학교는 원래 시바구에 위치하였다가 유학생이 많이 사는 고지마치구의 유학생감독부 내로 이전하였다. 혼고구에 위치한 태극학교와는 10리 정도 떨어져 있었다.[24] 이 시기 학회에서 세운 학교들이 곳곳에 분산되어 있어 다양한 곳에 거주하는 학생들이 학교에 다니기 용이한 측면이 있었다. 오히려 학교가 통합되어 청년학원이 세워지고 주변 학교가 없어짐으로서 불편함을 느끼는 경우도 있었다. 광무, 동인, 태극학교가 연합하여 세워진 청년학원은 대한기독청년회 회관에 설립되었다. 하지만 규모가 점차 커져 기독교청년회 공간이 협소해지자 1908년 6월에 유학생 감독부로 이전한다.[25]

위의 〈특별행사표〉에서 1906년부터 1912년까지 유학생 연합의 움직임은 크게 세 번 정도 일어났다고 볼 수 있다. 그 과정에서 유학생 감독부는 연합회 결성을 위한 장소로 이용하기 적절한 곳이었다. 1907년 4월 10일에 있었던 연합친목회 모임은 연합 운동의 시발점이 되었다. 이때 이후 유학생 사회의 단합이 각 학회에서 주창되었고[26]

---

23 李承瑾, 「江戸十五景」, 『태극학보』 제9호, 1907.5.7.
24 「辯我留學生社會分合同異說」, 『대한유학생회학보』 제2호, 1907.4.7.
25 「잡록」, 『태극학보』 제22호, 1908.6.24.
26 「회록」, 『낙동친목회학보』 제2호, 1907.11.30.

청년학원이 설립되고(1907년 9월 이후) 움직임은 더욱 활발해진다. 1908년 1월 11일 청년학원에서 대한유학생회, 낙동친목회, 태극학회, 호남학회 교섭위원들이 모여 연합위원회를 개최한 성과로[27] 대한유학생회, 낙동친목회, 호남학회를 중심으로 대한학회가 새롭게 결성된다.[28] 대한학회의 사무소는 유학생 감독부로 결정되었다.[29] 다만 연합의 과정에서 이탈이 발생하였는데 공수학회는 만국청년회(萬國靑年會)에 흡수되었으며[30] 태극학회는 연합 운동 초기에는 적극 참여하다가 이후 불합한 사정으로 연합론의 무효를 선언하고 선정하였던 교섭위원 또한 해임, 출회하여 연합 과정에서 빠지게 된다.[31]

----

27 「휘보」, 『낙동친목회학보』 제4호, 1908.1.30.

28 「회록」, 『태극학보』 제18호, 1908.2.24.

29 「회록」, 『대한학회월보』 제3호, 1908.4.25.

30 「휘보」, 『낙동친목회학보』 제4호, 1908.1.30. "共修會에서 合一問題에 對ᄒᆞ야 非不贊同이나 我韓同胞가 神意的 思想이 素缺ᄒᆞ니 凡我學生은 萬國靑年會에 一切參入ᄒᆞ야 宗敎에 依仰歸宿ᄒᆞ자고 各會에 輪函ᄒᆞ얏더라"

31 「본회의 역사」, 『대한흥학보』 제10호, 1910.2.20. "… 太極學會, 漢錫靑年會, 湖南學稧, 洛東親睦會, 共修會 等이 分立ᄒᆞ야 留學生總團體를 目的ᄒᆞᆫ 大韓留學生會ᄂᆞᆫ 事實上 一地方會에 不過ᄒᆞ엿ᄃᆞ니 光武ㅣ一年冬에 各會聯合說이 太極會로부터 發起되야 各會委員이 再次替見ᄒᆞ야 聯合에 對ᄒᆞᆫ 方針을 硏究ᄒᆞᄂᆞᆫ 中 太極會의 內情不合ᄒᆞᆷ을 因ᄒᆞ야 前日에 提出ᄒᆞ얏든 聯合論의 無效를 宣言ᄒᆞ고 前日에 選定ᄒᆞ얏든 交涉委員을 解任 或 黜會ᄒᆞ고 本會ᄂᆞᆫ 永永이 聯合의 意向이 無ᄒᆞᆷ을 表示ᄒᆞᄂᆞᆫ 同時에 共修會에셔도 亦此 機會를 乘ᄒᆞ야 聯合反對論을 提出ᄒᆞᄂᆞ 故로 共餘四會가 携手同盟ᄒᆞ야 隆熙二年春正月에 大韓學生會를 組織ᄒᆞ얏ᄂᆞᄃᆡ …"

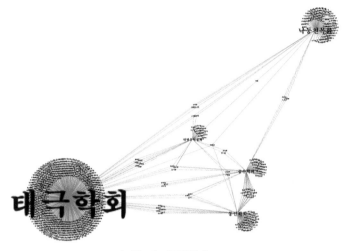

<그림 15> 태극학회의 규모

〈그림 15〉[32]에서 확인할 수 있듯이 태극학회는 당시 유학생 단체들 중 가장 많은 회원수를 확보하고 있었다. 그렇기 때문에 태극학회를 제외하고 연합단체를 꾸리는 것은 연합성이나 대표성을 충분히 확보했다고 말하기 어려운 부분이 있었다. 태극학회는 초기에 매우 적극적으로 연합단체 움직임에 가담했다. 하지만 돌연 연합 과정에서 이탈하고 이후 연합위원까지 탈퇴시키는 단호한 조치를 취한다. 또한 청년학원이 대한기독청년회에서 유학생감독부로 이전하는 1908년 6월을 전후로 하여 태극학회는 사무소를 고이시카와구에서 시바구로 멀리 옮김으로써 연합운동으로부터 거리를 가시적으로 드러낸다.

---

32   유학생단체 회원수와 단체 간 네트워크 그래프는 전성규,「근대 지식인 단체 네트워크 (2)-『동인학보』,『태극학보』,『공수학보』,『낙동친목회학보』,『대한학회월보』,『대한흥학보』,『학계보』,『학지광』 등 재일조선인유학생 단체 회보(1906~1919)를 중심으로」,『한국근대문학연구』 23, 한국근대문학회, 2022 참조.

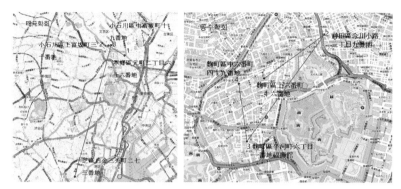

〈그림 16〉 태극학보 1번(1906), 2번(1907.10), 3번(1907.12), 4번(1908.5) / 〈그림 17〉 공수학회 1번(1907.1), 2번(1907.4), 3번(1907.7), 4번(1907.11)

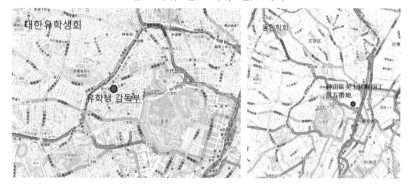

〈그림 18〉 대한유학생회 1907.3~1907.5 / 〈그림 19〉 동인학회 1907.6

〈그림 20〉 낙동친목회 1번(1907.10), 2번(1907.11) / 〈그림 21〉 대한학회 1908.2~1908.11

〈그림 22〉 대한흥학회 1909.3.~1910.5 / 〈그림 23〉 조선유학생친목회 1912.3

위의 표에서 확인할 수 있듯 1차 연합의 시점에 대부분의 학회는 유학생 감독부를 사무소로 사용하거나 다른 지역에 사무소로 정했다가도 유학생 감독부 근처나 이곳으로 이전하였다. 다만 태극학회는 고이시카와구에서 시바구로 옮겨 다른 학회와 다르게 유학생 감독부와 거리를 더욱 발생시킨다.(〈그림 16〉) 1908년 5월 12일 발행된 『태극학보』 제20호 판권장에서부터 마지막호 26호까지 태극학회 사무소를 시바구에 두었음을 확인할 수 있다.

시바구에는 당시 메이지학원(明治學院)이 위치해 있었다. 메이지학원에서는 조선인 유학생을 위해 어학과가 특설되고 이광수와 김홍량(金鴻亮)과 같은 선도한 유학생들이 선생으로 나서서 교수하는 상황이었다.[33] 또한 근처 아카사카구(赤坂區)에는 아오야마학원(靑山學院)이 있었다. 학회들이 고지마치구를 중심으로 밀집하면서 상대적으로 시바구나 아자부구 지역의 관리는 소홀해진 상황에서 태극학회는 방향

---

33 「잡록」, 『태극학보』 제25호, 1908.10.24.

을 바꿔 이곳에 사무소를 세움으로써 빈틈을 메우고 있다. 또한 『태극학보』가 어느 유학생 잡지보다 기독교 지향성을 짙게 띠는 매체인 점을 고려한다면[34] 단체연합 결렬 후 종교적 지향성을 더 강하게 띠는 방향으로 나아갔다고도 해석할 수 있다.

두 번째 연합의 움직임은 1909년 1월에 있었다. 1월 11일 감독부 내에서는 〈각회 청산보고〉가 열리는데 대한학회, 태극학회, 공수학회, 연학회의 담당자들이 모여 청산 상황을 공유하였다. 이전 연합 운동에서 빠졌던 태극학회와 공수학회가 힘을 합쳤다는 것이 보다 의미있는 것이었다. 1월 15일에는 감독부에 위 학회들의 모든 회원 및 기타 일반학생이 모여 연합전권위원장 한용(韓溶)의 사회 아래에서 대한흥학회가 발기되었다.[35] 대한흥학회의 사무소는 감독부 외에도 유학생들이 많이 거주하고 있던 간다구(神田區) 등이 고려되었으나[36] 결국에는 감독부로 정해졌다.

4. 대한기독교청년회관과 간다구(神田區)

1909년 1월 연합단체로서 대한흥학회가 출범하고 가장 먼저 착수했던 일 중 하나는 유학생이 주로 거주하는 도쿄 주요 도심에 사찰원

34 최호석, 「장응진 소설의 성경 모티프 연구-일본 유학 시절 작품을 대상으로」, 『동북아문화연구』 1, 동북아시아문화학회, 2010; 손성준, 「『태극학보』의 "역사담" 번역과 그 정치적 지향-개신교와 『태극학보』의 연관성 시론」, 『한국문학연구』 61, 한국문학연구소, 2019.
35 「회록」, 『대한흥학보』 제1호, 1909.3.20.
36 「회록」, 『대한흥학보』 제1호, 1909.3.20.

을 파견하는 일이었다. 사찰원은 회비를 걷는 일과 유학 생활의 편의
를 도모하는 일을 맡았다. 구역 사찰원은 유학생 수에 비례해서 선정
되었는데 간다구(神田區) 16인, 혼고구(本鄕區) 4인, 고지마치구(麴町
區) 5인, 아자부구(麻布區) 3인, 아카사카구(赤坂區) 1인, 우시고메구(牛
込區) 5인, 시바구(芝區) 3인, 고이시카와구(小石川區) 2인을 선출하도
록 하였다. 간다구는 16인으로 인원이 부족해 3인을 더 늘리기도 한
다.[37] 고지마치구에도 유학생들이 많이 거주하였지만 가장 많은 유학
생들이 살고 있었던 지역은 간다구였다.

　유학생들이 특히 많이 살았던 고지마치구, 간다구, 우시고메구 등
에는 학보 발간 관련자들도 집중적으로 거주했다. 대한흥학회가 사찰
원 제도를 마련하기 전부터 학회들은 임원을 각 구역으로 파견하거나
그곳에서 거주하는 자들이 학회의 임무를 맡도록 하는 방식을 취했을
가능성이 있다.

　간다구는 많은 유학생들이 살고 있었기 때문에 여러 학회가 집중적
으로 관리한 지역이었다. 간다구에 유학생들이 몰린 이유는 첫째로
주요 교육 기관이 밀집해 있었던 곳이었기 때문이다. 간다구에는 메이
지법률학교, 동경법학원, 동경상업학교, 준텐모토메고샤(順天求合社),
전수학교(專修學校), 준텐중학(順天中學), 메이지대학(明治大學), 주오대
학(中央大學), 니혼대학(日本大學), 세이소쿠영어학교(正則英語學校), 킨
죠중학(錦城中學) 등이 있어 유학하는 학생들 상당수가 진입하는 곳이
었다. 아래 조선인 유학생이 다니던 주요 학교들의 위치를 표시한 지도
를 제시함으로써 간다구의 교육적 중요성을 확인할 수 있다.

---

37 「회록」, 『대한흥학보』 제8호, 1909.12.20.

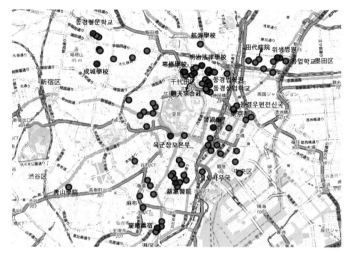

〈그림 24〉 1800년대 후반 유학생이 다니던 주요 학교들

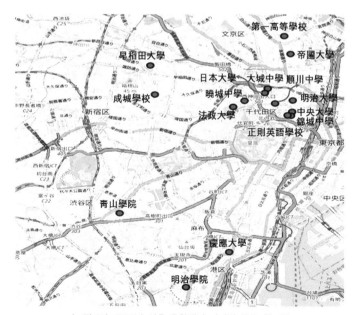

〈그림 25〉 1906년 이후 유학생이 다니던 주요 학교들

〈표 3〉 8개 유학생 단체 사무소 주소

1800년대 후반 교육기관	주소	1906년 이후 교육기관	주소
慶應義塾	東京芝區三田町	慶應義塾	東京芝區三田町
東京專門學校	東京牛込區早稻田町	早稻田大學	東京牛込區早稻田町
成城學校	東京牛込區原町	成城學校	東京牛込區原町
靑山學院	東京澁谷靑山南町	靑山學院	東京澁谷靑山南町
慈惠醫院	東京芝區愛宕町	日本大學	東京神田區崎町
鐵道事務局	東京芝區愛宕町	大城中學	東京神田區崎町
陸軍參謀本部	東京麴町區外櫻田町	順天中學	東京神田區仲猿樂町
順天求合社	東京神田區仲猿樂町	明治大學	東京神田區南甲賀町
東京郵便電信局	東京日本橋區本材木町	中央大學	東京神田區錦町
東京商業學校	東京神田區錦町	錦城中學	東京神田區錦町
東京法學院	東京神田區錦町	正則英語學校	東京神田區錦町
明治法律學校	東京神田區南甲賀町	法政大學	東京麴町區士見町
專修學校	東京神田區今川小路	曉城中學	東京麴町區田町
警視廳	東京麴町區八重洲町	帝國大學	東京本鄕區元富士町
航海學校	東京神田區猿樂町	第一高等學校	東京本鄕區向ケ岡弥生町
田代病院	東京下谷區練塀町		
衛生病院	東京神田區和泉町		
工業學校	東京淺草區御藏前片町		

간다구가 유학생들에게 중요한 장소로 자리매김했던 두 번째 이유
는 이곳이 한·중·일 YMCA가 위치한 곳이었기 때문이다. 1906년 이
후 유학생사에 있어 YMCA의 영향은 간과할 수 없다. 『태극학보』에
장응진이 쓴 김정식(金貞植)의 전기적 소설 「다정다한」이 실린 것이
1907년 1~2월의 시점이다. 김정식이 도쿄로 와서 기독교청년회를 발
족시킨 것이 1906년 11월 5일 경이니 「다정다한」에는 대한기독청년
회에 대한 높은 관심과 기대가 투영되어 있다고 볼 수 있다. 대한기독
청년회는 간다구 미토시로쵸 삼정목(美土代町三丁目)에 있었던 일본
YMCA 건물 2층방 하나를 빌려 발족하였다. 여기에는 중화기독교청

년회관[38]도 함께 있었다.[39] 일본 YMCA, 조선·중국·홍콩 YMCA는 상호 협조하였다. 예를 들어『태극학보』에서는 고학하는 유학생들이 일본인 선교사와 목사의 도움을 받아 공부를 이어나가거나 일자리를 갖게 되는 정황을 포착할 수 있다.[40] 그중에서 특히 조선, 중국, 홍콩 등 식민지화되었거나 그 과정에 놓여 있던 국가 출신의 YMCA 회원들은 연합체를 따로 만들어 더욱 긴밀한 관계를 유지하였던 것으로 보인다.[41] 정치적 역학이 YMCA 내부에서도 작용할 수 밖에 없는 상황 속에서 1907년 7월 한일 신협약은 긴장과 갈등을 더욱 높이는 계기가 되었다. 이를 반영하듯 1907년 8월 대한기독교청년회는 도쿄기독교청년회관에서 독립하여 간다구 니오가와마치(西小川町) 2정목 7번지로 이사를 하게 된다.[42] 『태극학보』에 따르면 대한기독교청년회 회관은 각 학회 회원들과 신도들이 회동하여 의연금을 출연해 설립한 것이었다.[43] 뿐만 아니라 여기에는 "중국, 한국, 홍콩 YMCA 연합"의 보조금이 상당 부분 사용되었다.[44]

갈등과 협력의 줄다리기를 하며 관계를 이어나는 중에 열린 가장

---

38 도쿄YMCA를 관장하는 일을 전담하고 있던 J.M.Clinton의 1907년 보고에 의하면 불과 일 년 전만 하더라도 동경에 있는 중국 유학생들 전체에서 기독교인은 십여 명에 불과했으나 1907년 가을에 접어들면서 기독교를 받아들인 유학생이 100여명에 이르렀다. 유동식,「재일본 한국기독교 청년회사」,『소금 유동식 전집6: 교회사』, 한들, 2009, 94쪽. 이것은 YMCA에서 선교사들이 영어교육프로그램을 운영했던 상황과도 관련이 있다. 영어 교수를 시작하고 회원이 급증하였으며 와세다쓰루마키쵸(早稲田鶴巻町)에 분교를 세우기도 했다. 고이시카와구(小石川區)에는 기숙사가 설치되었다. 高田幸男,「中華留日基督教靑年會について一同會『會務報告』を中心に一」,『明大アジア史論集』23, 明治大學東洋史談話會」, 2021, 310頁.

39 The Pioneer에서 사용한 보고서 양식에서 도쿄 YMCA, 중화 YMCA 주소를 확인할 수 있다. 미네소타대학 아카이브에서 확인. https://umedia.lib.umn.edu/

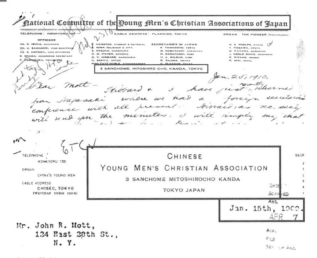

40 학자금 문제로 곤란한 상황에 처한 김영재(金英裁)라는 회원이 학회의 도움을 받아 일본인 다카타 코안(高田耕安)이 운영하는 동양내과의원에 연습생으로 채용되었다는 기사가 실린다. 「잡보」, 『태극학보』 제2호, 1906.9.24. 훗날 김영재는 중앙회당 목사인 히라이 츠네호(平嚴恒保)의 도움으로 치가사키(茅崎) 난고의원(南湖醫院)의 의술 연구 생이 된다.

41 도쿄 YMCA는 이를 예의주시하였고 대한기독청년회가 중국·홍콩 YMCA연합에 가입

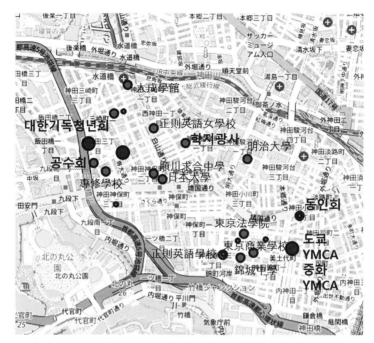

〈그림 26〉 간다구의 한·중·일 YMCA 및 주요 기관들 지도 정보 생산

큰 규모의 YMCA 연합행사는 1907년 4월의 만국학생기독교청년대회
였다. 여기에는 한·중·일을 비롯 각국이 중심이 된 세션도 있었던
것으로 보인다. 『태극학보』 10호에서는 대한기독청년회가 주관한 행

해 있는 것을 변칙적인 것이라고 보며 특히 조선 YMCA는 일본 YMCA와 같은 위원회
아래 있어야 한다고 주장하였다. 유동식, 앞의 책, 94쪽.

42 백남훈의 기록에 따르면 회관은 총 공사비 3만원의 건물로서, 응접실·식당·오락실
이상 3室을 통틀어 사용했는데, 약 1백여명을 수용하고, 그 밖에 사무실·욕실·하녀실
·하인실 등이 있으며, 2층은 기숙사로서 7室, 침대를 하용하게 되어 있었다. 백남훈,
『나의 일생』, 신현실사, 1973, 125쪽.

43 「恭賀太極學會」, 『태극학보』 제18호, 1908.2.24.

44 유동식, 앞의 책, 96쪽.

사에서 연설한 인도인 두 사람의 연설문을 번역하여 싣고 있기도 하다. 기사에 따르면 이 행사에 한·중·일·미뿐 아니라 인도, 영국, 러시아, 스위스, 스웨덴 등 동서양 26개국 대표자가 참석하였고, 조선인으로는 윤치호(尹致昊), 김규식(金奎植), 강태응(姜泰膺), 김정식(金貞植), 민준호(閔濬鎬) 등이 참여하였다. "유학생계에 평화의 복음을 전하기 위하여" 열린 행사였으며 며칠의 행사 동안 "참석자가 백여명 내지 수백명에 달했다"고 한다. 연설대회가 열린 장소는 간다바시(神田橋)에 있는 화강악당(和强樂堂)이란 곳이었다.

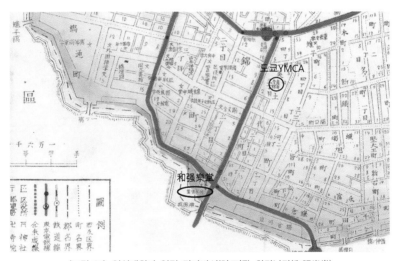

〈그림 27〉 연설대회가 열린 간다바시(神田橋) 화강낙당(和强樂堂)

화강악당은 1907년 제작된 간다구 상세지도에 위치가 표시되어 있다. 기사에서는 이곳을 "간다바시 바깥의 굉대한 연설장"이라고 묘사하고 있다. 여기에서 있었던 연설과 만남, 회합은 기독청년회의 활동에 활력을 불어넣는 계기가 되었다. 『태극학보』에는 인도 신사 '보스'

라는 사람과 인도순행총무(印度巡行總務) '에듸쉬우쓰'라는 사람의 연설을 번역해 소개한다. 윤치호와 김규식이 각각 번역을 맡았고 장응진(張膺震)이 이를 정리하여 회보에 실었다. "본인이 온 나라와 귀국은 지역이 비록 서로 떨어져 있으나 형편은 서로 같은 것이 있으니" 등에서 인도의 인사들이 조선의 지식인들을 따로 만나는 자리가 있었음이 확인된다. 번역해 실은 연설문에서는 "진정한 자유를 얻은 사람인 뒤에야 한 나라를 자유롭게 하고 진정한 자유를 얻은 국민인 뒤에야 그 국가의 자유를 얻게 할 수 있으니 자기 한 사람의 자유를 얻지 못하고 어찌 한 나라의 자유를 도모할 수 있으리오."와 같이 인도와 조선의 식민 상황에 대한 환기와 동류의식, 개인과 국민, 국가 차원에서의 자유권이 강조된다.[45]

1907년 4월 3일부터 7일까지 열린 세계학생기독교연맹의 동경대회는 아시아에서 열린 첫 기독교 국제 대회였다. 일본 정부는 청일전쟁과 러일전쟁에서 승리한 일본의 국제적 지위를 과시하고자 대회를 전폭적으로 지원하였다. 일·미·영의 지원을 받으면서 열린 대회였지만 아시아 청년들은 조국의 상황을 세계 각국에 알리고 약소국 연대를 모색할 수 있는 기회로 삼았다. 1907년 3월에 상해에서 중국·한국·홍콩 YMCA 연합위원회 대회가 있었고 바로 한 달 뒤에 개최된 행사이기도 하다는 점에서[46] 연대를 다시 한번 확인하고 강화할 수 있었던 매우 중요한 기회였다.[47]

---

45 印度國 紳士 쏜-쓰氏, 本國 신사 尹致昊氏 繙譯, 白岳子 筆記, 「인도의 기독교 세력」, 『태극학보』 제10호, 1907.6.3; 美國 에일大學校 學士 印度巡行總務 에듸 쉬우쓰氏 金奎植氏 翻譯, 白岳子 筆記, 「수신의 필요」, 『태극학보』 제10호, 1907.6.3.

46 유동식, 앞의 책, 82~85쪽.

1907년의 간다구는 위에서와 같이 복잡한 정치지형을 그리고 있었다. 유학생들은 조선의 정치상황에 매우 민감하였기 때문에 실제로 유학생 사회와 기독청년회의 교류 역시 1907년 8월 대한기독청년회가 일본 YMCA에서 독립하면서부터 활발해진다. 〈표 4〉에서 유학생 감독부를 빌려 치른 기독청년회 행사는 1907년 8월 이후 니시오가와 마치에 회관이 따로 설립된 이후 증가하며[48] 연합학원인 청년학원이 대한기독청년회관 내에 만들어지는 것도 1907년 10월의 시점이다.

기독교청년회는 유학생사회의 결속에 있어서도 중요한 역할을 하

---

47 재일본 조선인 발간 매체를 중심으로 연대의 담론자원과 반제국주의적 발화전략을 규명한 연구로 다음과 같은 논문을 참조할 수 있다. 정한나, 「재일본 조선인 잡지의 초국적 연대담론과 수사학 – 기독교, 사회주의, 아시아연대」, 연세대학교 국어국문학과 박사학위논문, 2020.
48 회보에 기록된 한·중·일 YMCA 회관에서 열린 행사목록은 다음과 같다.

〈표 4〉 유학생감독부에서 열린 기독청년회 행사

행사명	일시	주최	내용	장소	출처
만국학생 기독교 청년대회	1907. 4.3.~7.	도쿄 YMCA	아시아에서 열리는 첫 기독교 국제대회	도쿄 YMCA 및 和强樂堂 등	『태극학보』 제10호, 1907.6.3.
태극학회 통상회의	1907. 9.24.	대한기독교 청년회	통상회의	대한기독교 청년회관	『태극학보』 제13호, 1907.9.24.
태극학회 임원총회	미상	대한기독교 청년회	임원총회	대한기독교 청년회관	『태극학보』 제14호, 1907.10.24.
연설회	1907. 11.2.	대한기독교 청년회	미국 목사 데미트 통역 : 최석하 주제 : 교육의 목적	대한기독교 청년회관	『낙동친목회학보』 제2호, 1907.11.30.
연설회	1908. 4.12.	대한기독교 청년회	미국 명사 레버링 주제 : 종교신앙의 취미	중국 청년회관	『대한학회월보』 제3호, 1908.4.25.
졸업축하식	1909. 5.17.	대한기독교 청년회	졸업생축하식	대한기독교 청년회관	『대한흥학보』 제3호, 1909.5.20.

였다. 〈그림 26〉에서 확인할 수 있다시피 유학생 단체 중 동인학회와 공수학회는 간다구에 사무소를 두었다. 두 학회 모두 종교적 색채가 짙은 단체이다. 앞서 말한바 있듯이 공수학회는 연합운동 당시 만국청년회에 흡수되는 것을 선택하였고, 동인학회는 대한기독교청년회와 긴밀하게 소통하였다. 『요시찰기록』은 김정식이 동인회가 발행하는 『동인학보』를 통해 기독교를 확산시키고 있다고 보고한다. 김정식이 익명으로 『동인학보』에 글을 실어야 한다는 논의가 회의 내부에서 제기되었으며 실제로 동인회가 만국기독교청년회로부터 받는 보조금이 상당하다고 덧붙인다.[49] 『동인학보』는 1907년 7월 창간호를 발행하고 속간되지 못했다.[50] 하지만 1907년 9월의 『요시찰기록』을 확인할 때 회지 발행을 계속 준비하고 있었으며 단체의 방향을 지속적으로 논의했던 것으로 확인된다. 각주 48번의 표에서 확인할 수 있다시피 태극학회는 통상회의나 임원총회의를 대한기독청년회관에서 종종 열었다. 태극학회가 간다구에 사무소를 설치한 적은 없으나 대한기독청년회 회관을 사무소처럼 사용하고 있었던 것이다.

유학생 사회와 대한기독청년회의 관계는 시간이 흐를수록 점차 깊어져 갔는데 여기에는 기독교청년회가 제공하는 물질적인 기반이 매우 중요하게 작용하였다. 기독교청년회는 유학생 사회가 유지될 수 있는 필수적인 인프라를 매우 넓은 범위에서 제공하였다. 영어와 일본어 등 긴요한 기초 교육을 하는 학교, 기숙사를 설립하고, 오락을 향유하고 커뮤니티를 형성할 수 있는 환경을 제공하면서 유학생 문화

---

49 乙秘第1070號,「韓人金貞植ニ就テ」,『要視察韓國人擧動』 3, 1907.9.25, 219쪽.
50 최덕교,『한국잡지백년』 1, 현암사, 2004, 186쪽.

를 만들어가는 주축이 되었다.

유학생들은 유학 기간 내내 숙식을 해결하는 문제와 어학 문제로부터 자유로울 수 없었다. 기독교청년회는 정확히 이러한 요구를 파고들었다. 도쿄 YMCA 협력간사 클린턴(J. M. Clinton)이 1909년 7월 15일 국제 YMCA의 학생부 책임자였던 존 모트(John R. Mott)에게 보낸 17번째의 보고서에서는 조선인 유학생들이 YMCA에서 열리는 교육수업, 성경수업, 체육수업, 다양한 독서 및 오락 공간 사용, 대중강연 등 행사에 참여하면서 유학 기간 중 YMCA 회관을 들르거나 관련자를 만나는 일이 필연적으로 생기는 구조임을 강조한다. 클린턴은 이러한 환경을 만드는 것의 중요성에 대해 말하고 있으며 그에 대한 성과로 기독교인이 되기로 결심한 100여명의 유학생에 관한 소식을 전한다.[51]

클린턴의 보고서에 따르면 1909년 7월 당시 일본에는 약 700명 가량의 조선인 유학생이 있었다.[52] 클린턴은 1909년 1월의 보고에서 도쿄에 조선 학생의 클럽이 세 개가 있는데 이들이 진심으로 기독교

---

51 J.M. Clinton, Annual report #17, 1909.7.15.
   … of the total of 700 Korean students now in tokyo practically all have at some time during the year come under the influence of the association. the educational classes, bible classes, reading rooms, game rooms, athletics and popular lectures all ten to equip these men for real service to their country when they return. it is encouraging to know that 100 of them have decided to become christians since coming to Tokyo.

52 대한흥학회 회원 수를 계산하면 약 928명 가량이 된다. 그중 297명 정도가 본국의 지회 회원이었으므로 클린턴이 말한 조선 유학생 전수와 거의 일치한다. 전성규·허예슬·이여진·최장락, 「근대 계몽기 지식인 단체 네트워크 분석-학회보 및 협회보(1906~1910)를 중심으로」, 『상허학보』 65, 상허학회, 2022, 198쪽.

청년회와 협력하고 있다고 쓰고 있다.[53] 세 개의 클럽은 대한유학생회, 태극학회, 대한흥학회이다. 황성 YMCA 초대 총무였던 질레트(Phillip L. Gillette)가 제출한 또 다른 보고에 따르면 대한흥학회 유학생 중 과반 이상이 기독교 신자이며 회장, 부회장, 학보의 주필 등 주요 간부가 모두 크리스천이었다.[54] 1910년 2월 대한흥학회는 개정된 규칙 안에 일본에 유학 온 모든 학생을 회원으로 간주한다는 조항을 포함시킨다. 그전에는 입회 청원의 수속이 있었으나 이 과정을 생략하고 유학생 사회 전체를 회원으로 귀속하기로 결정한 것이었다.[55] 대한흥학회는 YMCA 기반을 가지고 있었고 일본으로 오는 모든 조선인 유학생은 대한흥학회의 회원이 되는 시스템이 만들어졌다. 상황을 감안하면 조선유학생 전체는 대한흥학회를 매개로 YMCA와 더욱 밀접한 관계를 가질 수 밖에 없게 되었다. 이렇듯 YMCA의 동화력에 기반해 대한흥학회는 최대 규모의 유학생 단체로 거듭날 수 있었다.

5. 잡지와 인쇄소들

『친목회회보』에서부터 『학계보』에 이르기까지 조선유학생이 발간한 잡지에서 인쇄소로 언급되는 곳은 네 군데이다. 수영사(秀英舍), 명문사(明文舍), 교문관인쇄소(敎文館印刷所), 대한흥학회인쇄소가 이에 해당한다. 수영사(秀英舍)는 『친목회회보』를 인쇄한 회사로서 1876년

---

53 유동식, 앞의 책, 100쪽.
54 유동식, 앞의 책, 101쪽.
55 「회록」, 『대한흥학보』 제10호, 1910.2.20.

에 설립되었으며 현재의 대일본인쇄주식회사의 전신이다. 수영사는 도쿄 교바시구 니시칸야쵸 26번지(東京京橋區西疳屋町26番地)에 위치해 있었다. 『친목회회보』가 수영사와 같은 대기업에서 인쇄될 수 있었던 것은 후쿠자와 유키치와 수영사의 사장 사쿠마 테이이치(佐久馬貞一)의 친분때문이었다.[56] 또한 수영사는『친목회회보』발간 일년 전쯤인 1895년 4월 유길준의 『서유견문』을 인쇄한 경험이 있었다. 한글활자를 가지고 있었으므로 『친목회회보』를 인쇄할 수 있는 여건을 갖춘 거의 유일한 곳이기도 했다. 수영사는『친목회회보』를 끝으로 조선인이 발간하는 잡지 인쇄에 관여하지 않는다.

1906년 발간되는 『태극학보』는 교문관인쇄소(敎文館印刷所)에서 인쇄되었다. 『태극학보』뿐 아니라『공수학보』(1907), 『학계보』(1912)도 교문관인쇄소에서 인쇄된다. 교문관인쇄소는 교바시구 긴자 4정목 1번지(京橋區銀座四丁目一番地)에 위치해 있었다. 『학지광』은 복음인쇄주식회사 동경지점에서 11호까지 인쇄되다가 12호부터 요코하마 야마시타초(橫濱市山下町百0四番地)에 위치한 복음인쇄주식회사에서 인쇄된다. 그리고 11호까지 인쇄한 복음인쇄주식회사 동경지점의 주소가 교문관인쇄소 주소와 일치한다. 앞서 조소앙이『학계보』의 인쇄소 섭외를 부탁받았을 때 교문관인쇄소로 가서 가능 여부를 타진하였다고 서술한 바 있는데 교문관인쇄소는『태극학보』나『공수학보』등 조선인이 발간한 여러 잡지를 인쇄한 경험을 가지고 있었고, 무엇보다 기독교 서적 관련한 출판 경험이 풍부하였기 때문에 대한기독청년회와 연계된 잡지 발간에도 관심을 기울인 것으로 보인다. 당시 일

---

56 오노 야스테루(小野容照), 앞의 글, 237쪽.

본에서 출판물을 발간한 학회 9곳 중 3곳이 교문관에서 간행물을 인쇄하였다.

〈그림 28〉 단체 위치와 학보 인쇄소

교문관인쇄소 외에 유학생이 발간한 학보 인쇄를 주로 맡은 또 다른 곳으로 명문사(明文舍)가 있다. 명문사에서 발간된 학보는 『대한유학생회학보』(1907년 3월), 『공수학보』(제2호, 1907년 4월부터) 『태극학보』(제13호, 1907년 9월부터), 『낙동친목회학보』(1907년 10월), 『대한학회월보』(1908년 2월)가 있다. 『공수학보』의 경우 제1호 인쇄는 교관문에서 하다가 제2호부터 명문사에 맡긴다. 『태극학보』 또한 제1호부터 제12호까지는 교문관에서 인쇄하다가 제13호부터 명문사에서 인쇄하게 된다. 1907년 3, 4월 정도부터 조선인 유학생 단체가 발간한 대개의 학보가 명문사에서 인쇄되는 것이다. 명문사는 우시고메구 벤텐쵸 26번지(牛込區 辨天町 二十六番地)에 위치해 있었다.

앞서 언급한 수영사, 교문관, 명문사의 위치를 맵핑하면 〈그림 28〉과 같다. 교문관인쇄소와 수영사는 모두 도쿄 교바시구(京橋區)에 위치해 있었다. 각각 니시칸야쵸(西疳屋町)와 긴자(銀座)에 주소지를 두고 있었고 두 곳은 매우 가까웠다. 명문사는 우시고메구(牛込區)에 위치해 있었다. 많은 단체들이 회보 인쇄를 명문사에 맡긴 것은 물리적 거리가 가깝기 때문이기도 했다. 학회 대부분이 고지마치구와 간다구에 사무소를 두었기 때문에 명문사가 보다 접근이 용이하였다.

그리고 대한흥학회는 자체적으로 인쇄소를 가지고 있었다. 『대한흥학보』 제1호 판권장을 확인하면 인쇄소는 "대한흥학회 출판부"이고 인쇄소 주소는 "麴町區中六番町四十九番地"이다. 유학생감독부 내에 대한흥학회 사무소와 인쇄소가 있었음을 확인할 수 있다. 조소 앙이 『학계보』 인쇄소 섭외를 부탁받았을 때 그의 머릿속에는 감독부에 위치한 대한흥학회 인쇄소도 선택지로 포함되어 있었다. 이로 보아 적어도 1912년까지 인쇄기기 등이 처분되지 않았음을 확인할 수 있다.

대한흥학회가 인쇄소를 만들 때 인쇄기기를 구입했던 곳이 바로 명문사였다. 인쇄기계 교섭위원 박병철(朴炳哲), 이한경(李漢卿) 등이 명문사와 교섭하여 인쇄기기 큰 것과 작은 것 두 개와 부속품을 사서 인쇄소를 꾸렸다.[57] 인쇄소에는 조선인 3명, 일본인 2명의 직원을 두었다. 대한흥학회출판부는 『대한흥학보』 외에도 『상학계』라는 실업 잡지와 임규(林圭)가 저술한 『日本語學音語編』을 출판하였다. 하지만 날이 갈수록 운영이 어려워 학보 면수를 감축하고 『상학계』 발간을 정지하고 결국에는 인쇄 기계를 일본인에게 넘기게 된다.[58] 이에 관한

---

57 明文舍 印刷機械 購買事는 前 全權委員會에서 選定흔 委員으로 仍爲交涉ᄒ야 貿入케 ᄒ기로 李恩雨氏의 特請으로 可決되다.「제1회 임시평의회 회록」,『대한흥학보』제1호, 1909.3.20; 出版部員 李漢卿氏가 印刷機械 大小并二座 及 其附屬品을 接受ᄒ얏다 報告「제1회 정기평의회 회록」,『대한흥학보』제1호, 1909.3.20.

58 文尙宇氏가 本會 維持方針에 對ᄒ야 提意ᄒ기를 本會 財政不足흔되 每朔 二百圓可量을 支出흔즉 現今 本會 財政으로 視察홀진되 每朔 右金額을 支出코ᄂ 到底히 本會를 維持키 難ᄒ니 學報 張數를 略六十頁로 ᄒ고 且 印刷機械를 職工의게 供給ᄒ야 本會에셔ᄂ 每朔 三十圓式 支出ᄒ면 本會 財政도 可保ᄒ고 機關報도 發行이 되기다 ᄒ의 金顯洙氏가 此에 對ᄒ야 動議ᄒ기를 若 學報가 六十頁로 減縮된 時ᄂ 商學界ᄂ 勢不得

논의가 『대한흥학보』 제5호 발행 시기에서부터 이루어지므로 적어도 일본인과 계약이 이루어지는 7월 이후에 출간된 『대한흥학보』는 같은 대한흥학회인쇄소에서 인쇄되었다고 하더라도 저간의 상황은 이전과 다른 것이었음을 짐작할 수 있다.

6. 결론

1906년 이후 유학생 사회는 도쿄를 중심으로 단체를 결성하고 활발한 교류를 이어나갔다. 교류의 폭은 단체가 가진 네트워크에 기반하여 지속적으로 넓어졌으며 네트워크의 성격은 조선인 유학생 집단, 조선인 관료, 정치인, 일본인 사회운동가, YMCA 선교사 등으로 확대되었다.

사실 기존 연구에서 지적된 도쿄 중심성은 1906년 이후 본격화된다고 말할 수 있다. 『친목회회보』를 통해 1890년대 상황을 살펴볼 때 유학생은 도쿄 중심부에 거주하는 경우도 많았지만 요코하마, 교토, 시즈오카, 사이타마 등으로도 넓게 흩어져 공부하였다. 하지만 1906년 이후의 유학생 단체들은 도쿄에 집중하였다. 특히 유학생감독부라는 장소를 상징적 거점으로 만들면서 강한 응집력을 확보하고자 하였다.

已 廢止될 模樣이니 文尙宇氏 議案딕로 決定될 時에는 商學界를 停止하자고 하미 李豊載氏 再請으로 問可否可決하다. 「제7회 정기평의회 회록」, 『대한흥학보』 제5호, 1909.7.20. 出版部 事件 交涉 委員 李昌煥文尙宇 兩氏 代理 朴炳哲氏가 交涉혼 顚末을 報告홈에 因爲承認하니 「本報 六十頁二千部 出版에 印刷費 七十圓을 每朔 支給하고 本會 使用하던 活版 機械 全部는 無代借用케 하고 出版處所는 本會 事務所內로 安定協約홈. 「회록」, 『대한흥학보』 제7호, 1909.11.20.

도쿄의 주요 도심 중 고이시카와구(小石川區)와 혼고구(本鄕區)는 1906
년 새롭게 활성화된 지역이라고 볼 수 있다. 반면 교바시구(京橋區)와
니혼바시구(日本橋區)는 1890년대에 유학생이 많이 거주하는 곳이었지
만 1906년에 이르면 규모가 많이 줄어들게 된다. 시바구 역시 1890년
대 가지고 있었던 상징성을 잃는다. 1906년 이후 유학생들은 도쿄의
북쪽으로 올라와 집중적으로 모여 살았다.

  『태극학보』에서부터 『학지광』 초기까지 단체들은 도쿄주요도심에
서 집중적으로 활동했다. 『학지광』은 10호를 넘어가면 도요타마군(豊
多摩郡)이나 에바라군(荏原郡) 등 외곽지역으로 근거지를 이전한다. 우
시고메구(牛込區)와 고이시카와구(小石川區)와 같이 와세다대학(早稻田
大學) 근처 도쿄 북서쪽 지역이 활성화되는 모습이다. 『학지광』과 『여
자계』가 특히 이곳을 근거지로 하여 발간되었다. 다만 『현대』, 『기독청
년』과 같은 잡지는 여전히 간다구가 중심이 되어 발간되었다. 1910년
중반 이후에는 그 이전까지의 지형들이 흩어지며 새로운 모습을 그려
가고 있음이 확인된다.

  많은 근대 작가들과 지식인들이 유학경험을 가지고 있다. 유학 생
활은 이들에게 조선에 있을 때와 전혀 다른 생활의 경험을 요구했다.
그것은 염상섭의 「숙박기」에서도 잘 드러나듯이 심리적인 어려움을
동반했다. 백남훈은 학자금이 떨어지자 유학을 이어나가기 위해 선교
사에 집에서 머물면서 허드렛일을 하였다. 유리창 닦는 일을 생전 해
본 적이 없어서 하녀에게 물어가며 일을 한다. 본국에서는 해본 적
없고 당해보지 않은 일들이 일상이 되어 갔기 때문에 유학 생활은
그들의 글쓰기에도 많은 흔적을 남긴다. 학보 자료 외에도 일기나 문
학 텍스트를 통해 이들의 심리에 자리한 다층적인 장소들을 확인할

수 있다. 지도생산은 개인 단위보다 집합적 단위의 이동에 대한 정보를 생산하므로 사회공간이 함의한 관계 양상을 보다 가시적으로 확인할 수 있게 한다. 다양한 종류의 텍스트를 통해 지리적인 스케일을 갖춤으로써 장소에 대한 집합적 심상을 그릴 수 있는 연구로 확장하고자 한다.

근대전환기 사회문화의 변동과 학술운동
: 안수길의 『통로』, 『성천강』 연작과
서북학회 운동의 겹쳐읽기를 통해서

윤영실

1. 근대전환기 사회문화의 변동과 『통로』, 『성천강』 연작

본고는 안수길의 소설 『통로』와 『성천강』[1]을 『서우』, 『서북학회월보』와 겹쳐 읽음으로써 근대전환기의 사회문화적 변동을 살펴보고자한다. 1968년에서 1974년 사이에 연재된 『통로』, 『성천강』 연작은 윤원구라는 인물의 성장서사를 중심으로 대략 1894년부터 1921년까지의 사회문화적 변화를 세밀하게 그려내고 있다. 전집 기준으로 1천여 쪽에 달하는 방대한 서사는 근대전환기 문화변동을 생생하게 담고있는 풍속지이자 근대적 인민의 탄생을 설득력 있게 보여주는 텍스트로서도 가치가 높다. 특히 원구가 〈서북학회〉를 매개로 근대계몽기

---

1   안수길, 『통로』, 『현대문학』, 1968.11~1969.11(안수길, 『안수길전집』 8, 글누림, 2011 수록); 안수길, 『성천강』, 『신동아』, 1971.1~1974.3(안수길, 『안수길전집』 13, 글누림, 2011 수록).

학술운동에 연루되며 근대의 정치적 주체로 성장해가는 과정은『서
우』,『서북학회월보』같은 학술지가 담고 있는 시대상을 한결 입체적
이고 풍부하게 이해할 수 있도록 돕는다.

　『통로』와『성천강』의 작품성에 비해 선행연구들은 그리 많지 않다.
안수길 연구가『북간도』와 만주 체험에 압도적으로 치우쳐 왔던 까닭
이다. 얼마간의 연구도 대개『북간도』분석의 연장선에서 이뤄졌다.
김윤식은『통로』연작이『북간도』가 담고 있는 환상으로서의 민족주
의와 가부장제를 계승하면서도, '한갓' 장사꾼의 사상과 교사의 사상
을 담아내는 데 그쳤다는 다소 박한 평가를 내렸다.[2] 최경호는『북간
도』후반부에서 역사적 사실의 지나친 개입으로 소설적 구조가 와해
된 반면, 개인을 통해 민족문제를 그려낸『통로』,『성천강』은 한결
구체성을 띠게 되었다고 평가한다.[3] 강진호는『성천강』을 근대 민족
주의자의 탄생 서사로 분석하는 한편, 소설에 담긴 근대전환기의 풍
속에 주목한 바 있다.[4] 김종욱은『통로』연작에서 윤원구 노인의 회고
록을 삽입함으로써 사실성에 대한 환상을 만들어내는 서술 구조를
분석하는 한편, 신계골-함흥-문명세계를 주변과 중심으로 구조화하
는 근대적 시공간 의식의 한계를 지적했다.[5]

2　김윤식,『안수길 연구』, 정음사, 1986, 245~271쪽.

3　최경호,「안수길론-『통로』,『성천강』을 중심으로」,『한국어문연구』2, 계명어문학회,
　　1986, 145~172쪽. 이 논의는 안수길 전반에 대한 다음 연구서로 확장되었다. 최경호,
　　『안수길 연구』, 형설출판사, 1994.

4　강진호,「근대 초기의 풍속과 민족주의적 열정-『성천강』(안수길)론」,『현대소설연구』
　　48, 2011, 한국현대소설학회, 171~196쪽.

5　김종욱,「관북지역과 변경의 상상력」,『안수길 전집』8, 글누림, 2011, 765~779쪽. 그
　　밖에도『통로』,『성천강』을 다루고 있는 몇 편의 석사학위논문이 있다. 서병국,「안수
　　길의 장편소설 연구」, 한국외대 교육대학원, 1985; 김창해,「안수길 소설의 공간모티프

본고는 『통로』, 『성천강』 연작이 개인의 삶을 통해 당대의 풍속과 역사를 풍부하게 그려냈다는 평가에 동의하면서, 이 소설들을 '인물을 통해 역사를 포착'(capturing history through a person)[6]하는 미시사적 텍스트로 적극 활용할 것이다. 소설이라는 '허구'적 텍스트를 통해 당대의 사회문화적 변동을 살펴볼 수 있는 근거는 다음과 같다. 우선 『통로』 연작이 안수길의 아버지인 안용호(安容浩)의 실제 회고록에 바탕을 두고 있다는 점이다. 안수길의 미망인 김현숙 여사는 소설의 소재가 된 안용호의 회고록이 실제로 존재했으며, 소설 내용도 회고록이 담고 있는 안용호의 가족사와 거의 일치한다고 증언했다.[7] 실제로 작품 속에서 원구의 만주 이주 시기(1921)와 안용호의 이주 시기가 같고, 원구의 맏아들 출생 시점도 안수길의 출생 연도(1911)와 일치한다. 『통로』, 『성천강』의 회고록과 그 안에 담긴 '회술레'(공개 처형) 장면이 안수길의 단편 「꿰매 입은 양복바지」[8]에서 다시 한번 중요한 소재로 활용되었다는 점도 회고록의 존재를 뒷받침한다.

연구-『통로』, 『성천강』을 중심으로」, 단국대 석사학위논문, 1995; 백진영, 「안수길의 장편소설 연구」, 숭실대 석사학위논문, 1998; 조수진, 「안수길 장편소설 연구」, 고려대 석사학위논문, 2003.

6 곽차섭, 「까를로 긴즈부르그와 미시사의 도전」, 『역사와 경계』 34, 부산경남사학회, 1998, 227~257쪽; 이시항을 통해 17~8세기 서북 지역 엘리트를 미시사적으로 조명한 연구로는 남호현, 「이시항의 삶을 통해 본 서북지역 엘리트의 '미시사적' 이해」, 『역사와 현실』 105, 한국역사연구회, 2017, 353~378쪽; Sun Joo Kim, Voice from the North: Resurrecting regional identity through the life and work of Yi Sihang(1672~1736), CA: Stanford University Press, 2013.

7 백진영, 앞의 글, 29쪽.

8 「꿰매 입은 양복 바지」에서 아버지의 회고록은 다음과 같이 묘사된다. "모필로 미농 괘지에 정성스럽게 쓰신 것을 노랑 헝겊으로 부배해 만든 뚜껑에다가 붉은 노끈으로 손수, 중후하고, 품위 있게 제책한 세 권" 안수길, 「꿰매 입은 양복바지」, 『문학』, 1966.5(『안수길전집』 2, 글누림출판사, 2013, 509쪽)

 무엇보다『통로』연작에는 1911년생인 안수길로서는 알기 어려운
근대 초기의 생생한 경험과 느낌이 담겨 있다.『통로』연작에서 풍속
묘사나 시대상의 재현은 식민지 말기에 근대초를 그린『봄』(이기영,
1940),『탑』(한설야, 1940~1941),『대하』(김남천, 1939)와 비교해도 오히
려 구체적이고 생생하다. 1911년생인 김남천의『대하』가 순전히 상상
적 구성물인 것은 물론이요,[9] 1895년생인 이기영, 1900년생인 한설야
가 그려낸 러일전쟁부터 병합까지의 시대상도 유소년기의 어렴풋한
기억에 의지한 데 불과했다. 반면『통로』연작은 러일전쟁 이후 거세
게 타오른 근대계몽기 학술운동의 과정을 매우 구체적으로 담아냈는
데, 이는 1911년생 안수길의 작가적 상상력을 넘어 청소년 시절 이를
체험했던 안용호(1890년생)의 회고록이 바탕이 되었기 때문이다.

 그렇다고 해서 본고가『통로』와『성천강』을 단순히 ‘사실들’의 집
적물로 분석하는 것은 아니다. 미시사 연구가 사료로서의 텍스트를
다루는 방식은 그 자체로 ‘문학적’이다. 미시사의 대표작인『치즈와
구더기』가 참조한 1차사료는 실제 인물인 메노키오에 대한 이단심문
관들의 재판기록이고,『마르탱 게르의 귀향』에서도『잊을 수 없는 판
결』이라는 판사 장 드 코라스의 회고록이 주요 사료로 활용되었다.[10]
그러나 이들이 사료로부터 서사 구성의 전략과 감춰진 의도, 서술자
가 침묵하는 행간들을 읽어내는 방식[11]은 문학적 서사 분석과 크게

---

9 김남천의『대하』는 1906년을 시대적 배경으로 밝혔으나, 실제로는 1910년 경의 사실
   들이 혼재되어 있다. 김종욱, 「김남천의『대하』에 나타난 개화풍경」,『국어국문학』
   147, 국어국문학회, 2007, 103~124쪽.
10 카를로 진즈부르그, 유제분 역,『치즈와 구더기: 16세기 한 방앗간 주인의 우주관』,
    문학과지성사, 2012; 내털리 데이비스, 양희영 역,『마르탱 게르의 귀향』, 지식의풍경,
    2000.

다르지 않다. 『통로』 연작 연구에서도 문학적 서사 분석은 중요하다. 예컨대, 소설 속에서 회고록의 작가인 윤원구 노인과 회고록을 바탕으로 서사를 재구성하는 서술자의 관점과 목소리에는 차이가 있다. 『통로』는 윤원구 노인이 "칠순 되던 해에 손수 쓴 회고록"에 대한 언급으로 시작되며, 이 회고록을 말줄임표(……)로 표시한 인용단락의 형태로 소설 속에 여러 차례 삽입한다. 때로는 동일한 사건이 윤원구 노인의 회고록과 서술자의 서로 다른 목소리로 서술된다. 서술자가 회고록에 대해 기억이 불확실하다거나 주관적 감상으로 윤색되었다는 식의 평가를 내리는 경우도 있고, 서술자가 역사적 맥락을 제시한 후 회고록을 인용해 체험 당사자의 심경을 전하기도 한다. 이런 중층적 서술방식을 통해 회고록 작가가 당대를 살아가는 자의 주관적 체험을 생생하게 기록한다면, 소설의 서술자는 후대에서 조망하는 자의 역사적 성찰과 분석을 더함으로써 개인의 체험을 집단의 역사로 확장하는 매개 역할을 한다.

서술의 두 층위를 섬세하게 구별함으로써, 한편으로는 윤원구(안용호)의 회고록에 바탕을 둔 『통로』 연작을 중심으로 근대전환기 사회문화적 변동을 가능한 생생하게 재구성하고, 다른 한편으로는 1960~70년대에 이 서사를 재구성한 작가 안수길의 서사전략을 파악할 수 있다. 안수길은 4.19와 「분지」 필화 사건을 겪으며 다져진 역사 인식을 바탕

---

11 카를로 진즈부르그는 '미시사'에 대한 개략적 설명에서 서사의 구성/분석과 미시사 연구의 관점이나 방법이 상통한다는 점을 주장하며, 톨스토이의 『전쟁과 평화』를 자신의 미시사 연구에 영감을 준 텍스트로 거론한다. Carlo Ginzburg et als., "Microhistory: Two or Three Things That I Know about It", *Critical Inquiry* Vol.20, NO.1(Autumn, 1993), p.24; pp.10~35.

으로『통로』연작을 구한말부터 3.1운동까지 근대적 정치 주체(통치
대상으로서의 '민(民)'을 넘어 정치적 자기-결정, 자기-통치의 주체로서의 '인
민')가 탄생·성장하는 과정으로 서사화했다.

논문의 분량상 작가의 서술 층위에 대한 분석은 별고에서 다루고
본고에서는 주로 소설에 재현된 근대전환기 사회, 문화적 변동에 초
점을 맞춰 분석할 것이다. 특히 윤원구가 본격적으로 신학문을 접하
고 근대적 주체로 성장해가는 과정에서 〈서북학회〉 활동이 중요한 계
기였다는 점이 주목된다.『서우』나『서북학회월보』같은 학술지와 안
수길의 소설들을 교차하여 읽음으로써, 소설의 구체성으로 역사를 보
충하고, 역사의 실증성으로 소설의 사회문화사적 가치를 뒷받침할 수
있기 때문이다.[12] 본고는『통로』연작에서 후경화된 역사적 맥락과 배
경을『서우』,『서북학회월보』및 당대의 사료들을 통해 좀더 상세히
보완하면서, 역사와 개인의 삶이 유기적으로 상호작용하는 양상에 주
목할 것이다. 이를 통해 근대전환기 한국, 그중에서도 함흥이라는 특
정 지역 '개화' 지식인들의 "삶의 방식, 신념, 태도를 결정하는 그 사
회 특유의 의미체계로서의 문화를 이해하고 해석"[13]하고자 한다.

본고는 구체적으로 다음과 같은 점들을 다룬다. 2장에서는『통로』

---

12 안수길의 다른 소설들 역시 역사를 보완하는 사료적 가치를 지닌 경우가 많다. 예를
들어 안수길의 단편「원각촌」은 안용호가 깊게 관여했던 용정 대각교(大覺敎) 농장을
그린 것으로, 대각교 연구의 중요한 자료로 활용된 바 있다. 한동민,「백용성의 만주
대각교 농장과 함양 화과원」,『大覺思想』28, 대각사상연구원, 2017, 77~127쪽. 안용호
가 1920년대부터 대각교 농장에서 핵심적인 역할을 했던 정황은 뒤늦게 소유권 분쟁
이 불거진 1938년의 몇몇 기사를 통해 엿볼 수 있다.「龍井 大覺敎會에 突然 解散
通告」,『東亞日報』, 1938.4.3;「龍井大覺敎に對し京城本部から解散命令」,『間島新報』,
1938.4.12.
13 내털리 데이비스, 양희영 역,『마르탱 게르의 귀향』, 지식의풍경, 2000, 229쪽.

가 그려내는 원구의 증조부, 조부, 부친의 몰락을 역사적 배경과 함께 살펴봄으로써, 원구 가문의 몰락이 청일전쟁에서 러일전쟁 시기 급격히 기울어가던 국가의 운명과 연결되어 있었음을 살펴본다. 특히 상인이었던 조부와 부친의 몰락 과정은 량치차오가 분석한 자본주의적 제국주의의 '멸국신법'(나라를 망하게 하는 새로운 방법)과 무관하지 않다는 점을 강조하고자 한다. 국가의 몰락에 개인들의 운명이 종속되었던 식민지적 조건은 후속논문에서 분석할 근대의 정치적 인민의 탄생이 왜 반제 민족주의라는 주류적 형태(form)로 표현되었는가를 이해하는 데 필수적이기 때문이다. 3장에서는 원구의 〈서북학회〉 활동을 바탕으로 지금까지 사료 부족으로 거의 알려진 바 없는 〈서북학회〉 함흥 지회 활동을 가늠해볼 것이다. 4장에서는 원구가 근대계몽기 학술운동을 통해 배운 '앎'이란 무엇이었는가에 초점을 맞춘다. 『서우』, 『서북학회월보』에서 제시되는 '앎'의 새로운 배치를 개괄하는 한편, 원구가 〈서북학회〉 시절 배운 앎의 핵심은 인민을 국가의 정치적 주체로 삼는 근대국가 사상이었음을 강조하고자 한다. 근대계몽기 학술운동은 무단정치기 각 지역의 풀뿌리운동으로 설립된 보통 및 중등학교를 통해 계승되었고, 정치적 주체로서의 인민을 배태해 마침내 3.1운동으로 이어졌음을 살펴본다.

2. 가문의 몰락, 멸국(滅國)의 신법(新法)

『통로』와 『성천강』 연작은 1894년부터 1921년까지의 서사시간 안에 윤원구의 유년기의 가족사부터 교육 과정, 교사로 재직하다가 갑산 지역 3.1운동을 주도하여 2년의 감옥살이를 하고 북간도로 이향하기까지의 과정을 담아내고 있다. 서사는 윤원구의 삶을 중심으로 전개되지만, 아버지와 할아버지, 숙부 혁찬에 대해서도 여러 정보를 제공하기에 일종의 가족사연대기로 간주될 수 있다. 서사시간에 대한 정보는 소설 곳곳에 산재되어 있고 때로는 서로 충돌하는 경우도 있으나, 가장 확실한 시간 지표들과 역사적 사건들을 기준으로 연대기를 어느 정도 재구성할 수 있다. 예를 들어 함흥민요는 1902년에 발생했고 이즈음 원구의 나이는 13살이었으니(1:5.1), 원구의 출생연도는 1890년으로 추정된다. 숙부 혁찬은 원구보다 10살(1:1.2) 내지 8, 9살 많다(1:5.2)는 서술로 보아 1880~1882년생으로 보인다. 원구 아버지는 1893년, 갑술생(1874)인 황태자의 20세를 기념해 실시된 갑술과에 나이를 한 살 적게 속이고 응시(1:2.4)했다는 점에서 1873년생임을 알 수 있다. 갑술과에 낙제한 부친이 무역상을 하던 원구 조부의 파산으로 과거 공부를 접었다는 것으로 보아, 원구 조부의 파산은 갑술과 실시 이후이자 과거제 폐지 직전인 1894년 초로 추측된다. 이때 그의 나이가 44~45세라고 했으니(1:2.2), 45세로 치면 1850년생이다.

　『통로』의 서사는 정월대보름 함흥 만세교 다리밟기에 대한 어린 원구의 추억으로 시작한다. 소설에서는 원구가 "세 살에서 대여섯 살 사이"라고 시점을 흐려놓았지만, 바로 그 날 할아버지의 파산 소식이 전해졌다는 점에서 1894년, 원구가 5살 때로 보는 게 타당하다. 장수를 기원하는 만세교 다리밟기는 작가인 안수길도 1910년대인 소년 시절의 추억으로 기억하고 있을[14] 만큼 지속적인 연례행사였다. 만세

---

14 안수길, 「망향기」, 『안수길 전집』 16, 글누림출판사, 2013, 67쪽. 안수길은 함흥에서

교 다리밟기 풍속 묘사에는 회고록 작가의 유년시절의 기억과 작가 자신의 기억이 포개져 있는 셈이다. 그렇기에 만세교 다리밟기를 소재로 한 서사의 출발점을 굳이 1894년으로 설정한 것은 다분히 작가의 의도적 선택으로 보인다. 1894년이라는 역사의 상징적 분기점과 윤원구 가문의 몰락을 겹쳐놓음으로써 구세계의 붕괴를 좀더 극적으로 드러내려 한 것이다.

> 증조부가 포청(捕廳)의 항수고, 조부가 큰 물산객주를 하고 있었다. 포청은 죄인을 잡는 관청, 항수는 그 우두머리, 좌수(座首)는 행정을 맡는 향청(鄕廳)의 책임자고 반수(班首)가 군사를 맡은 최고관. 원구의 증조부는 함흥의 삼수(三首) 중의 하나로 뚜렷한 존재였다. 거기에 국내외 무역상을 경영하는 실업가가 조부다. 아버지만 글방에 다니면서 과거 준비에 열중하고 있는 처지…… 조부가 증조부의 맏아들이고 아버지가 조부의 맏아들이고, 원구가 아버지의 맏이다. 장손룩인 것이다. (『통로』, 544쪽)

가문 성쇠의 역사는 포청의 항수(項首)였던 윤원구의 증조부까지 소급된다. 항수는 지방관아인 포청의 우두머리라고 되어 있으나, 정확한 직제나 신분적 지위는 불분명하다. 김윤식은 대대로 차별받아온 함경도 지역민인 증조부를 '포도청 항수'로 설정한 것은 일종의 가문 부풀리기이며, 실제로는 형방 정도의 아전 집안이었으리라고 단언한다.[15] '포청'

태어나고 근처 서호진 바닷가에서 5, 6세부터 살았으며, 14살에 북간도로 건너갔다. 「망향기」라는 수필에는 서호진에 살던 무렵 바다에서 놀던 일, 귀경대에 얽힌 전설, 매년 정월대보름 함흥까지 가서 만세교 다리밟기 하던 추억을 서술하는데, 작가의 이 추억들은 『통로』에서 윤원구 노인의 일화들로 융합되어 있다.

15 김윤식, 앞의 책, 254쪽.

을 중앙 관서인 포도청(捕盜廳)으로, 항수를 종2품에 해당하는 포도대장
으로 간주했기에 나온 평가다. 그러나 소설에서 언급한 '포청'은 지방의
치안을 담당했던 토포청(討捕廳)이며, 그 우두머리인 항수 역시 향리(鄕
吏)의 일종일 터이니 굳이 가문 부풀리기였다고 볼 수는 없다. 중요한
점은 향리가 향촌에서 실질적으로 누리던 권세였다. 향리는 원래 고려시
대 호족 집단에서 유래했으며, 조선 건국과 중앙집권화 과정에서 중인
계층으로 전락했지만, 지방행정의 실권자이자 여러 방식의 토색(討索)
질로 상당한 재산을 축적하기도 했다. 향리는 생원·진사시나 문·무과
에 합격할 경우 대대로 향역을 면제받을 뿐 아니라, 상급 지배신분인
사족으로 신분이 상승되고 양반 관직에 임용될 수도 있었다.[16] 향리의
일부가 재지양반층으로 편입되면서, 조선후기로 갈수록 향촌 '양반'의
범위는 두터워지고 경계 역시 모호해졌다.[17] 이런 사회적 맥락을 고려할
때, 원구의 증조부가 향리이고, 조부가 무역업을 하는 상인이며, 부친이
과거를 준비하다가 상인으로 돌아섰다는 설정은 상호모순이 아니다.
구한말의 신분 변동이 급격한 탓도 있지만, 향리 계층의 중인적 성격이
위로든 아래로든 이동에 열려 있었기 때문이다.

　　"이 간나새끼들아, 우리 하나방이 뉘긴 줄 아니? 항수다. 포청 대장이다.
　우리 하나방이 너어르 모두 잡아다가 목에다 칼을 씨운다……"
　　잠깐 아이들의 기세가 꺾이는 듯하더니, 처음 달려들던 아이가
　　"그래도 여기서는 네 하내비 항수가 앙이라 관찰새래두 소앵(소용)이

16 『신편한국사 25: 조선 초기의 사회와 신분구조』, 국사편찬위원회. http://contents.histo
　　ry.go.kr/front/nh/view.do?levelId=nh_025_0020_0040_0060.
17 미야지마 히로시, 노영구 역, 『양반』, 너머북스, 2014, 65쪽.

없다"(『통로』, 555쪽)

『통로』의 첫 장은 지방 향리로서 원구 가문이 누려왔던 위세가 꽤 큰 것이었지만, 19세기 말에 급속히 몰락해가고 있음을 보여준다.[18] 인용문은 정월대보름날 원구(5세)와 삼촌 혁찬(13~15세)이 만세교 다리 건너 원구 이모네를 찾아갔다가 동네 아이들과 싸우는 장면이다. 소설은 함흥읍성을 경계로 주로 사족, 향리, 상인들이 사는 성안과 농사짓는 촌민(村民)들이 사는 성밖이 구시대의 신분 질서로 위계화되어 있음을 시사한다. 신분적 위계와 이에 기댄 향반과 관료들의 토색질은 "성 안 사람들에 대한 다리 건너 사람들의 적개심"(559쪽)을 야기해왔고, 훗날(1902년) 함흥민요가 일어난 원인이었다. 1894년에 벌어진 동네 아이들과 혁찬의 싸움은 그 전조로서 구시대의 신분질서가 균열되고 있음을 보여주는 사건이었다. 혁찬은 자기 할아버지가 포청 대장임을 과시하며 겁을 주지만, 잠깐 흠칫 했던 성밖 아이들은 "네 할아버지가 항수가 아니라 관찰사라도 소용이 없다"라며 오히려

---

18 지역의 실질적 '양반'으로 군림하던 향리들의 위세가 신분제가 폐지된 이후에도 퇴락한 형태로 잔존하고 있었다는 점은 1902년 함경남도 덕원읍을 찾은 윤치호 일기에 잘 묘사되어 있다. "전국의 다른 지방처럼 (*덕원의 - 인용자) 지방관아는 엉망진창으로 절망적인 상태다. 지금 전혀 쓸모없는 작고 분리된 건물은 그 가치에 맞게 팔려야 한다. 하지만 딴 데 정신이 팔린 정부는 그 건물이 허물어지도록 내버려두고 있다. 그 건물의 기와, 돌, 문, 마루 등등은 점점 사라져서 마을의 가옥에서 다시 나타난다. 하지만 이 쓸모없고 지저분한 건물도 6명의 서기, 10명의 순경, 10명의 심부름꾼, 10명의 사동(使童, 使傭), 3명의 정리, 3명의 향장 향원(鄕長 鄕員)보다는 덜 불쾌하다. 이들은 명분은 고사하고 실제로 지방의 "양반들"이다 ···(중략)··· 이 지방관직은 그 지역의 특권층이 장악한다. 중앙정부의 고위 관직을 최고위 양반 계급이 독점하듯이 말이다. 양반으로서, 지방 특권층으로서 악덕과 온갖 권력 남용을 저지른다."『국역 윤치호 일기』, 1902.5.7. 국사편찬위원회 https://db.history.go.kr/id/sa_028r_0050_0030_0020.

몰매를 때린다. 구시대의 신분질서를 가볍게 무시하는 아이들에 비해 어른들은 아직 그 영향 아래 놓여 있다. 원구 이모는 사돈도령(혁찬)이 자기네 집에 다녀가는 길에 동네아이들에게 뭇매를 맞았다는 사실에 민망해하면서도, "만약 항수 영감이 노염을 낸다면 다리 건너 고역 마을 백성들이 편치 못할 것"(556쪽)을 걱정한다.

그러나 이 사건은 곧이어 일어난 원구 조부의 파산으로 조용히 묻혀버렸다. 조부는 개항 이후 발빠르게 무역상으로 성장한 인물이다. 평양 지방의 콩을 수매한 후 인천항을 통해 일본으로 수출하는 게 주된 사업이었다. 소설에는 그의 뛰어난 상술을 보여주는 일화가 여럿 있지만, "포청 항수인 원구 증조부의 힘"(563쪽)도 큰 뒷받침이 되었음을 시사한다. 조부의 치부는 조선후기 장자상속제에 따라 가문의 부를 온전히 물려받은 덕도 있을 것이다. 그런데 소설에 따르면, 조부의 성공을 뒷받침한 것도 결국은 파산에 이르게 한 것도 "완강한 대가족제도"였다. 일가친척들은 조부에게 "차례로 달려들어 용돈을 내라, 생활비를 달라"라고 주장했고, 사촌들은 "장손긁인 원구 조부가 치부한 데는 조상으로부터 내려온 재산도 밑천이 됐"으니 "그걸 좀 나누어 먹자"(564쪽)라고 요구했다. 조부가 사촌들을 직원으로 앉혔다가 손해본 일이 많았기에 대안으로 처제(처남)를 지배인으로 앉혔더니, 그가 몰래 빚을 잔뜩 져서 마침내 조부까지 파산에 이르게 만들었다. 때마침 돌아가신 증조부의 삼년상은 사업 재기를 위해 고향을 떠나려던 조부의 발목을 잡았고, 가문이 누려왔던 과거의 위세에 걸맞는 호화로운 장례식은 얼마 남지 않은 재산마저 탕진시켰다(2.4).

남다른 안목과 상술로 근대 부르주아지로 성장할 수도 있었을 조부의 좌절은 대가족제도라는 전근대적 제약뿐 아니라 한국의 근대화를 굴절시킨 식민성 때문이기도 했다. 조부가 파산후 홀로 부산에 내려가 맨손으로 일군 성공담은 그의 상업적 능력과 시대적 한계를 동시에 보여준다. 때는 한국에 기선이 현익환과 창룡환 두 척밖에 없던 1902년 무렵이었다. 경상도 일대의 상인들은 부산 객주집에 머물며 창룡환이 원산, 신포 등지에서 매집한 신태(새로 잡아 말린 명태)를 싣고 오기를 기다렸다. 그 상인들 틈에 끼어 물산객주로 일하던 조부는 창룡환의 도착이 차일피일 늦어지자 올해 명태가 잘 잡히지 않았음을 예상하고 미리 부산항의 구태(묵은 명태) 수량과 가격을 조사해뒀다. 그후 매일 절영도 최고봉에 올라 쌍안경으로 바다를 내다보다가 멀리서 들어오는 창룡환의 만선표(배 밑부분의 붉은 줄로 만선일 때는 물에 잠겨 보이지 않음)를 보고 바로 시장으로 뛰어가 구태를 모두 사들인다. 마침내 창룡환이 부산항에 도착해 신태 물량이 부족한 것이 밝혀지자, 구태 가격이 뛰어오르고 조부는 매점한 구태를 비싼 값에 팔 수 있었다.(4.3) 소설에는 이처럼 조부의 '비상한' 사업수완을 보여주는 비슷한 무용담들이 더 나온다. 그러나 박지원의 『허생전』이나 전근대 '화식전(貨殖傳)'류의 책들에도 종종 등장하는 매점매석의 수완은[19] 구시대에서나 유효했다. 적은 자본으로도 매점이 가능할 만큼 재화의 규모가 빈약하고, 교통과 물자 유통이 원활하지 않으며, 산지(産地)와 소비지 사이의 정보가 가로막혀 있던 시대에 가능한 치부책인 것이다.

원구 조부같은 소규모 물산객주들은 일본 식민 세력과 대자본이

---

19 이재운의 『해동화식전』(안대회 역, 휴머니스트, 2019)에서 진욱은 인삼을, 김극술의 부인 박씨는 감초를 매점해서 큰 돈을 번다. 이밖에도 치부의 방식으로 제시된 자린고비의 절약, 다산을 통한 노동력 확보, 이자놀이 등은 모두 자본주의 이전의 치부책들이다.

한국의 산업과 시장을 빠르게 장악하면서 도태될 수밖에 없었다. 어업 분야에서 일본 자본의 진출은 개항 이래 정부와 민간, 정책과 학술 차원에서 체계적, 조직적으로 진행되었다.[20] 자본과 기술에서 조선에 앞선 일본 어업계는 일본 정부의 법적, 제도적 뒷받침과 장려금, 다양한 민관 단체들의 조직적 지원, 조선 어업에 대한 방대한 '지식' 구축에 힘입어 급속하게 세력을 확장했다.[21] 한 예로 1907년 통감부 재정 감사장관으로 취임한 메가다 다네타로(目賀田種太郎)는 일본인을 향해 한국의 수산자원에 주목할 것을 주문하면서, 수산물 집산지인 부산 세관에 냉장고를 설치하는 등 "장래의 발전을 기획"[22]하기 위한 정책들을 내놓았다. 1908년 어업협정은 일본인이 통어세 없이 조선의 전 수역(水域)에서 조업할 수 있는 길을 열어놓았고, 일본측의 어획물을 부산시장에 판매하면서 조선상인들의 도산이 잇따랐다.[23] 한편 러일전쟁 이래 일본은 효과적인 식민통치를 위해 촘촘한 교통·통신망 구축에 박차를 가해, 1905년 경의선[24]과 관부연락선을 개통하고,

---

20 이근우, 「명치시대 일본의 조선 바다 조사」, 『수산경영론집』 43(3), 한국수산경영학회, 2012, 1~22쪽; 이영학, 「개항기 일본 정부의 조선 연해 수산업 조사」, 『역사와 현실』 129, 한국역사연구회, 2023, 263~307쪽.

21 일본 정부는 '조일통상장정'(1883), '조일통어장정'(1889), '원양어업장려법'(1897), '외국령해수산조합법'(1902) 등을 통해 일본어민의 조선 진출을 장려했으며, 〈대일본수산회〉(1882), 〈조선어업협회〉(1897, 부산), 〈조선해통어조합연합회〉(1900, 부산), 〈조선해수산조합〉(1903, 시모노세키) 등 다양한 민관 단체들이 조직적으로 세력을 넓혀갔다. 세키자와 아케키요(關澤明淸, 1843~1897)의 『조선통어사정(朝鮮通漁事情)』(1893)이나 『조선근해어업에 관한 연설(朝鮮近海漁業二關スル演說)』 이래로 조선 어업에 관한 방대한 실업적 지식들도 구축되었다.

22 「韓國의 利源」, 『서우』 12, 1907.11, 29쪽.

23 공미희, 「근대 부산에 침투한 일본어업자의 실태분석」, 『일본어문학』 91, 일본어문학회, 2020, 323쪽; 313~347쪽.

'일한통신기관협정'으로 우편, 전신, 전화 등 대한제국 내 통신기관에 대한 지배권도 장악했다.

이처럼 조직적, 제도적 차원에서 진행되는 식민자본의 유입에 밀려 원구 조부는 여러 차례 부침을 겪으며 점차 몰락해 갔다. 원구는 러일전쟁 직후 첫 번째 부산방문 때 이미 "일본 세력이 들이밀리고 있어 딴 나라에 온 것 같은 느낌"(『성천강』, 17쪽)을 받았다. 1909년 초에는 "하오리, 하까마의 기모노 차림에 게다를 신은" 일본 상인들이 전보다 부쩍 많아진 데다가 "제 고장인 양 활기를 띠고"(『성천강』, 269쪽) 있음을 느꼈다. 조부는 부산 상권이 일본인에게 잠식되는 상황에서도 고향의 가족과 원구에게 근근이 생활비와 학비를 부쳐주었지만, 1912년 9월 무렵에는 돌이킬 수 없을 정도로 몰락해 장사를 접었다. 숙부 혁찬도 원산의 거간군으로 잠시 자리를 잡는 듯 했으나 "국치 후에는 밀려드는 일본 상인들 때문에 언제 서사를 두고 거간 노릇을 했더냐 싶게 초라한 모습으로 되돌아가고 말았다."(『성천강』, 434쪽)

원구 증조부와 조부의 몰락이 시대의 추세를 따라 점차적으로 이뤄졌다면, 부친의 몰락은 좀더 극적인 양상을 띠었다. 그는 원래 원구 증조부의 권력과 조부의 재산 덕분에·과거 공부에만 몰두하던 선비였다. 1893년 21세 때 나이를 한 살 줄이고 갑술과에 응시했다가 떨어졌는데, 서술자는 이를 "민씨 일가에 연줄을 닿을 수 없는 함경도 시골 선비"인 때문이자 이미 조부의 사업이 쇠락해 "돈을 쓸 여력"(『통로』,

---

24 일본인이 쓴 것으로 보이는 다음 글은 경의철도 개통이 "한·일·청 세 나라 교통의 지대한 편리와 국민 계발"을 위한 것임을 내세우지만, 경의선 연로 개황에 대한 설명은 철도 개발이 일본의 군사적, 산업적 팽창 정책과 긴밀하게 연결되어 있었음을 잘 보여준다. 「京義鐵道의 沿路概況」, 『서우』 11, 1907.10.

575쪽)이 없었던 까닭으로 돌리고 있다. 원구 부친의 능력 여부는 차치하고라도, 서술자의 논평은 과거제의 혼탁함에 대한 당대인의 기록과 부합한다.[25] 서북지역민에 대한 피차별의식은 『서우』나 『서북학회월보』의 여러 글들에서 반복해서 표출되는 지역감정이었다.[26] 주필을 담당했던 박은식이 "수백 년 동안 서북인이 동일 종족 간에" 차별받아온 역사를 상기시키며, 오늘날 학문 진보를 이루지 못하면 "제2시대에도 또한 하등 민족의 대우를 면치 못할 것"[27]이라고 경고할 정도

---

25 갑술과는 1893년 2월 12일 황태자의 20세를 기념하여 열렸고, 문과 3명, 진사과 30명을 뽑았다. 한편 1894년 2월 20~22일에 행한 과거에서는 갑술생을 모두 합격시키라는 명이 내려 합격생이 200명에 달했다. 두 시험은 종종 혼동되지만, 원구 부친이 치른 갑술과는 전자로 추정된다. 1893년 갑술과에 대한 기록은 김윤식, 『면양행견일기(沔陽行遺日記)』(1893.2.18)와 박주대(朴周大), 『나암수록(羅巖隨錄)』(1893.2)에 보이며, 1894년 갑술생을 모두 합격시킨 과거시험의 혼란상에 대해서는 최봉길의 『세장년록(歲藏年錄)』(1894.2.20~22, 동학농민혁명사료총서 2권)을 참조할 수 있다. "20일… 늦은 저녁 무렵 과거시험장이 있는 동네를 들어갔다. 사립문이 열리자 무수히 많은 사람들이 난입하였는데, 유건(儒巾)을 쓴 사람은 거의 없고 심지어 떡과 술을 파는 장사꾼도 들어왔다. 과거시험장의 규정의 해이함이 하나같이 이 지경에 이르렀는가. 나도 모르게 한심한 마음이 든다.", "22일…갑술생(甲戌生) 과유(科儒)는 노론 소론을 가릴 것 없이 모두 방(榜)의 끝에 붙이라는 분부가 있었고 춘방(春坊) 계방(桂坊)의 자식 사위 동생 조카와 시임 원임 및 대현의 사손(嗣孫, 종손)도 또한 모두 방의 끝에 붙여 백명을 더 합격시켜서 합격자가 모두 2백명이 되었다. 지극히 공정하고 사사로움이 없어야 하는 복시의 시권을 뽑아내는 것이 이와 같단 말인가."

26 서북민들의 피차별의식이나 감정이 실제와 얼마나 부합하는가에 대해서는 논쟁의 여지가 있다. 그러나 적어도 대한제국기 서북지역에 기반을 둔 학술지 『서우』와 『서북학회월보』가 이런 피차별의식을 반복적으로 강하게 표출하고 있다는 점은 두드러진 사실이다. 조선 후기 이래 글쓰기의 장에 표출된 서북지역 로컬리티에 대해서는 다음 글들을 참조할 수 있다. 정주아, 『서북문학과 로컬리티』, 소명출판, 2014; 장유승, 『조선후기 서북지역 문인연구』, 서울대 국문과 박사학위논문, 2010.

27 "幾百年來에 我西北人이 同一種族間에 何等待遇를 受ᄒ얏는가 旣往은 勿說이어니와 從今以往으로도 我西北人士의 學問進步가 他道人士를 不及ᄒ면 第二時代에도 또ᄒ 下等民族의 待遇를 不免ᄒ리니…"謙谷, 「人의 事業은 競爭으로 由ᄒ야 發達홈」, 『서우』(『서북학회월보』로 게제) 16, 1908.3, 2~3쪽; 그밖에도 서북민의 피차별의식은 다

였다.

과거제의 혼탁함과 지역 차별이 아니더라도 원구 부친의 과거 공부는 어차피 지속될 수 없었다. 그가 1894년 원구 조부의 파산으로 공부를 중단한 후 얼마 되지 않아 과거제 자체가 폐지되었기 때문이다. 원구 부친의 연배 중에는 이처럼 변화하는 시세에 직면해 개화지식인으로 '전향'한 인물들도 있었다. 『성천강』에서 〈서북학회〉 함흥지회 설립에 주도적 역할을 하고 원구에게도 큰 영향을 끼친 인물로 나오는 이동휘는 원구 아버지와 동갑인 1873년생이다. 또 원구가 한성에서 만난 〈서북학회〉 지도자 이갑은 1877년생으로 과거에 급제했다가 근대 무관으로 전환했다.[28] 원구 부친 역시 이들과 비슷한 길을 걸었을 수도 있다. 그는 1902년 함흥민요때 성밖 농민들과 반대편인 성안 상인이면서도 민요의 취지에 동조하고(3.5~3.9), 1904년 초에는

음 글들을 참조할 수 있다. "嗚呼라 我西北諸道의 過去歷史를 追想ᄒ면 何如혼 地位에 在ᄒ엿쓰가 雖道德文章과 英雄才略이 有혼지라도 皆鬱而莫施ᄒ고 屈而未伸ᄒ야 沈滯坎坷가 幾百年于玆矣러니", 「會事要錄」, 『서북학회월보』 3, 1908.8, 8쪽; "國朝 五百餘 年間에 我西北의 歷史로 言ᄒ면 自國初로 至 中廟朝 以上은 將相이 不絶ᄒ고 名宦이 相望ᄒ더니 中廟朝 以下는 漸見枳塞ᄒ야 顯揚을 不得혼지라.", 「丁卯義士事略」, 『서북학회월보』 12, 1909.5, 39쪽.

28 이갑은 11세 때인 1888년 15세로 나이를 속이고 식년시(式年試)에 응시하여 진사 3등으로 급제하였는데, 평안감사 민영휘가 이를 빌미로 이갑 부친의 재산을 빼앗고 화병으로 숨지게 했다. 한동안 개인적인 복수심에 불타던 이갑은 〈독립협회〉 활동으로 정치의식에 눈뜨고, 나중에 민영휘를 압박해 되찾은 재산을 근대계몽기 학술운동과 독립운동에 헌납했다. 특히 〈서우〉학회 창립시 이갑은 매달 300환씩 3,600환을 기부해 학회 1년 경비 총액을 전담했다. ("志士 李甲氏가 捐金三千六百圜ᄒ야 一個年 經費의 總額을 專擔", 李奎濚, 「本會前途의 興替關係에 對ᄒ야 矢心注意홀 것을 互相警告라」, 『서우』 3, 1907.2, 23쪽) 1934년 잡지 『별건곤』에는 이갑이 (원구 아버지처럼) 갑술과(甲戌科)에 나이를 속이고 응시했다는 일화를 전하지만 잘못된 정보다. 多言生, 「秘中秘話, 百人百話集」, 『별건곤』 69, 1934.1, 18쪽.

숙부 혁찬과 함께 동학당(6.5~6.7)으로 활동하다가 일본군에게 죽임을 당할 뻔했다. 소설에서 상세히 설명되지는 않으나 원구 부친에게도 모종의 근대적 정치의식이 싹트고 있었음을 추측할 수 있다. 그러나 원구 조부의 파산으로 생계를 책임져야 했던 그는, 함흥 서문거리 상점 점원으로 시작해 잡화점 주인, 재봉사를 거쳐, 러일전쟁 중 대러무역까지 손을 뻗친 상인의 길을 걷게 된다.

원구 부친이 비명횡사하며 급격한 몰락을 맞게 된 것은 1905년 초였다. 러일전쟁 초반 원구네는 네 차례나 피난을 오가느라 가세가 더욱 기운 상태였다. 러시아군이 함흥에 진주해 있는 동안에는 원구 부친의 상점에서 군복을 납품하며 반짝 호황을 맞기도 했다. 그러나 전선이 만주로 이동하면서 원구 부친은 새로운 사업을 찾지 않을 수 없었다. 그가 착안한 사업은 전쟁으로 은값이 치솟은 러시아 해삼위(블라디보스토크)에 가서 한국의 은화를 팔고 거기서 받은 러시아돈을 원산이나 서울에서 되파는 일이었다. 우리 "은을 외국에 가져다 파는 것"이 "떳떳한 일이 못" 된다는 꺼림칙함도 있었으나 자금을 댄 사돈쪽 친척이 강하게 밀어 붙였다. "대신놈들이 나라르 팔아먹는 조약에다가 도장으 꽝꽝 찍는 판국에 은전으 죄금 가지구 장시로 하는 기 무시기 양심에 가책이 된다는 기오?"라는 반박이었다. 그런 대신들을 향해 역적이라고 욕하는 '애국지사'도 있겠지만, "우리들 장사꾼들이야" "나라와 같이 망해서야 쓰"겠냐는 것이다. "왜노무 새끼들한테 붙어먹는 것보다는 그래두 낫"다는 자기합리화도 있었다.(『통로』, 733쪽)

이 사건이 일어난 1905년 초는 대한제국 화폐사에서 중요한 분기점이었다. 1904년 8월 22일 제1차 한일협약이 체결된 후 일본은 가장 먼저 재정고문 메가타 다네타로(目賀田種太郎, 1853~1926) 주도로 화폐

정리 사업을 시행했다. 대한제국기 화폐제도의 부실함은 악명 높은
백동화를 비롯해 잘 알려져 있으나(이는 『통로』에서 1902년 함흥민요 발
생의 원인이기도 했다), 일본 주도의 화폐 개혁은 대한제국의 화폐 주권
을 박탈하고 장차 일본제국의 식민지 경제로 재편하기 위한 결정적
일보였다.[29] 탁지부는 1905년 1월 18일 화폐조례를 발표하여, 금본위
제 아래 신화를 발행하고, 6월 1일부터 구화를 일정 비율에 따라 신화
로 교환 또는 환수한다고 발표했다.[30] 이 결정은 민간에 제대로 공지
되지 못한 데다가 신구화 교환비율로 의혹과 혼란을 불러일으켰고,[31]
특히 위조 화폐가 많았던 백동화는 제 값을 받지 못해 한국 상인들에
게 큰 타격이 되었다.

은화를 러시아에 팔기로 착상했을 때 원구부친은 1차 한일협약("대
신놈들이 나라를 팔아먹는 조약")뿐 아니라 1905년 초에 발표된 화폐조
례를 염두에 뒀을 가능성이 크다. 특히 "구화 은 10냥을 신화 금 1환
에 상당한 비율"로 교환[32]한다는 칙령은 은 함량에서 신은화와 큰 차
이가 없는 구은화의 가치를 1/2로 크게 절하시키는 조치였다. 그 결과
구은화는 신은화와 교환되지 않고 퇴장(退藏)되는 경향이 강했다. 통

---

29 김혜정, 「재정고문 메가타 다네타로(目賀田種太郎)의 한국재정 인식과 재정정리
    (1904~1907)」, 『석당논총』 86, 동아대 석당학술원, 2023, 29쪽; 5~45쪽.
30 「官廳事項」, 『황성신문』, 1905.1.21; 「勅令第二號」, 『황성신문』, 1905.1.21; 「勅令第三
    號」, 『황성신문』, 1905.1.21.
31 일본 주도 화폐개혁이 초래한 민간의 의혹과 혼란은 다음 훈령을 통해서도 짐작할
    수 있다. "慮或 有未及周知ㅎ니 使此通貨之一大改革으로 一般 人民之疑惑을 到底히
    渙釋치 못홀 時는 經濟上에 不好흔 結果를 招致ㅎ며 或은 奸商輩로 民人의 無知홈을
    利用케 ㅎ야 其弊의 滋蔓홈을 堪치 못ㅎ리니…" 「度支訓令」, 『황성신문』, 1905.6.9.
32 "第二條 舊貨 銀十兩(銀二元도 亦同)은 新貨 金一圜에 相當흔 比額으로 政府便宜를
    依ㅎ야 漸次로 交換 或 還收할 事", 「勅令第四號」, 『황성신문』, 1905.1.21.

계에 따르면 대한제국기 은화 발행 총액 중 1905년 화폐조례 실시 후 환수율은 약 36%에 지나지 않았고, 그나마 대부분 궁내부에 축장된 은화를 환수한 것이었다.[33] 이런 상황에서 구은화를 축장한 소유자들에게 러시아와의 '돈장사'는 매력적인 대안이 되었을 터였다. 더욱이 1899년 발행된 1냥 은화, 그리고 1901년과 1902년에 대량 주조된 반냥 은화는 1898년 주러공사관내 한러은행에서 러시아 은화의 독수리 문양을 본떠 제조한 형태를 채택했다. 은 함유량 90% 이상에 러시아의 영향을 받아 주조된 대한제국 구은화가 은값이 비싼 러시아에서 팔릴 수 있었던 이유다.

　원구 부친이 1905년초 일본 주도 화폐개혁의 폐단을 발빠르게 예측하고 러시아에 은화를 파는 것이 "왜노무 새끼들한테 붙어먹는 것보다는 그래두 낫"다고 합리화할 수 있었던 데는 러시아에 상대적으로 우호적이었던 함경도 지역민의 정서도 영향을 주었을 수 있다. 함경도 보부상 출신인 이용익은 러일전쟁 이전까지 고종의 화폐·재정 정책에 중요한 일익을 담당했고 일본 주도 화폐개혁의 대척점에 놓여 있다가 1907년 러시아로 망명했다. 그는 백동화 남발 같은 실정으로 비판받기도 하지만, 청렴강직한 성품으로 고종황실에 충성하고 화폐

33　대한제국기 은화 발행 상황과 금액은 다음과 같다. (단위: 원. 10냥=1관=2원) 1892년 5냥(19,923원), 1냥(70,402원); 1898년 1냥(35,788원), 1899년 1냥(62,991원); 1901년 반냥(209,744원), 1902년 반냥(705,593원). 김희호·이정수, 「1865~1910년 국제 금본위제도와 근대 조선의 화폐량 추정」, 『역사와 경계』 108, 부산경남사학회, 2018, 231쪽 〈표2〉 참조. 한편 1905년 화폐조례 실시에 따른 은화 환수액은 1906년 궁내부 축장 은화 40만원 이외에는 1908~1909년까지 1,067원에 불과했다는 통계가 있다. 『(고대부터 대한제국 시대까지) 한국의 화폐』, 한국은행, 2006, 75쪽. 은화 환수율은 발행 총액 대비 환수 총액으로 계산하였다.

주권 확보를 통해 자주적 국방과 식산흥업을 도모했다는 평가도 공존한다.[34] 한편 안수길의 대표작 『북간도』에는 만주의 함경도 출신 이주민들이 러일전쟁 당시 이범윤의 영향 아래 사포대를 조직하고 러시아를 지원하는 모습이 그려져 있다.[35] 『통로』에서 함흥에 주둔한 러시아군과 지역민의 관계가 비교적 우호적으로 그려진 것 역시 이런 지역정서를 보여준다.

그러나 결국 원구 부친은 은화 거래를 포기하고 대신 러시아에 생우를 파는 일에 뛰어들었다. 당나귀에 은전을 싣고 청진까지 가서 블라디보스톡에 가는 배편을 기다리다가 생각이 바뀐 것이다. 전쟁으로 러시아에 소가 동이 나서 소장사가 제일이라는 말도 있었고, 너나 없이 돈장사에 뛰어들다 보니 러시아의 은 시세가 떨어졌다는 소문 탓도 있었다. "우리 은전을 아라사에 갖다 준다는 양심의 가책"(『통로』, 741쪽)이 해소될 수 있다는 것도 그에게는 중요한 이유였다. 러시아와 함경도간 소무역은 구한말부터 성행해서, 1900년대에는 최봉준이라는 대상인이 상권을 장악했다. 그는 1903년 4월 인천에서 420톤 규모의 기선 경기환(京畿丸)을 사들여 원산, 성진, 블라디보스토크 간 무역을 전개했고, 그 결과 1903년에는 원산과 성진항을 통해서만 1만 두

---

34 보조화인 백동화 남발은 당대부터 대한제국의 대표적 실정으로 비판되었다. "向者에 白銅貨를 濫鑄홈은 實價가 無혼 補助貨라 補助貨논 制限이 有ᄒ거늘 政府當局者가 貨幣制度에 暗昧홀 쑨 아니라 一時獲利만 貪顧ᄒ고 將來貽害를 不思ᄒ얏도다." 金河琰, 「貨幣의 槪論」, 『서우』(『서북학회월보』로 게제) 16, 1908.3, 30쪽) 이용익이나 백동화 정책에 대한 양면적 평가는 이윤상, 「대한제국기 내장원경 이용익의 활동과 경제에 대한 인식」, 『역사문화연구』 77, 한국외대 역사문화연구소, 2021, 69~71쪽; 임호석, 「대한제국의 백동화 발행과 식산흥업 정책」, 연세대 석사학위논문, 2021 참조.
35 안수길, 『안수길전집 5: 북간도』, 글누림, 2011, 2부 1장.

이상의 생우가 러시아로 수출되었다. 그런데 러일전쟁 기간인 1904년과 1905년에는 최봉준의 소무역이 중단되면서, 생우 수출이 각기 73두, 26두로 급감했다.[36] 원구 부친이 돈장사에서 소장사로 급선회한 것은 이 틈새를 노리기 위함이었다. 문제는 소를 제대로 다뤄본 적도 없는 그가 수십 마리 소를 끌고 항구까지 가는 데서 발생했다. 그가 우연히 벌어진 소싸움을 말리려다 소에게 들이받혀 그만 객사하고 만 것이다.

연작의 1부에 해당하는 『통로』는 원구 부친의 죽음으로 거의 마감된다. 청일전쟁과 러일전쟁 사이 급속히 기울어가는 나라와 원구 가문의 몰락이 시기적으로 겹쳐진 것은 단순한 우연이거나 작가의 작위적 설정이 아니다. 향리로서 양반과 같은 권세를 누렸던 증조부가 구질서와 함께 쇠락했다면, 근대 부르주아지로 성장할 잠재성을 지녔던 조부는 제국 자본과의 경쟁에 밀려 도태되었다. 개화지식인이 될 수도 있었을 부친은 가족의 생계를 위해 부단히 애쓰다가 우연한 사고로 죽고 말았지만, 그 배경에는 열강들의 제국주의 전쟁 틈바구니에 끼어있던 나라의 처지나 일본의 화폐개혁 같은 제국주의 정책이 짙은 그늘을 드리우고 있다.

평범한 개인들의 운명이 국가의 운명에 종속되는 상황은 근대 국민국가 체제의 가장 뚜렷한 특징 중 하나다. 한나 아렌트는 보편적이어야 할 인권이 국민(네이션)의 소속에 따라 차등적으로 분배되는 근

---

36 장윤걸, 「조선 동북부 생우 무역 환경의 변화」, 『한국근현대사연구』 86, 한국근현대사학회, 2018, 7~40쪽; 이정윤, 「19세기 말~20세기 초 대러시아 소 수출과 유통구조의 변화」, 『한국사연구』 189, 한국사연구회, 2020, 227~259쪽.

대 국민국가 시스템의 한계를 지적했고, 이는 오늘날 국민국가 체제의 한계나 인권의 역설을 둘러싼 정치철학적 논쟁을 새삼 야기시켰다. 그러나 제국주의 침탈로 국권과 이에 수반된 여러 권리들을 제약·박탈당했던 피식민자들은 국권/민권의 불가분함을 일찌감치 경험적으로 체득하고 있었다. 통감부 통치 하의 한국에서도 국가란 왕이나 왕가의 소유가 아니라 '국민'의 국가라는 근대적 자각이 싹트는 한편, 근대 제국주의가 약소국을 망하게 함이 그 나라 사람들의 존망도 위태롭게 한다는 인식이 퍼져갔다.

　1906~7년 사이 한국에 세 차례나 번역된 량치차오의 「멸국신법론」은 이러한 논리를 선명하게 보여준다.[37] 『황성신문』의 「멸국신법론」은 혼탁한 세상을 피해 깊은 산속에 은거하며 살고 싶은 희망과 그런 삶을 허락하지 않는 '멸국신법'의 시대 인식으로 시작된다. 과거에는 초패왕과 한고조가 흥망을 다툴 때 소평(邵平)이 초야에 묻혀 참외 농사로 생업을 삼고, 오호(五胡)가 나라를 어지럽힐 때 장한(張翰)이 고향 강가에서 농어나 낚으며 세월을 보내도, 오히려 풍진(風塵)에 몸을 더럽히지 않는 선비의 고결한 자세로 칭송받곤 했다.[38] 그러나 이는 나라를 왕이나 왕가라는 "한 사람, 한 가문의 나라로 삼았던" 과거에나 가능한 삶의 방식이다. 지금은 "학문과 이치에 크게 밝아져 나라는 국민의 공동재산"이 되었고, 한 "나라를 멸하려면 반드시 전

37　「멸국신법론」의 번역 사정과 『조양보』, 『월남망국사』 판본의 비교는 손성준, 「대한제국기의 「멸국신법론」 다중 번역 – 『조양보』와 『월남망국사』 판본을 중심으로」, 『국제어문』 95, 국제어문학회, 2022, 275~310쪽.
38　"楚覇漢高之興亡을 誰問於邵平之菰園이며 五胡風塵에 石勒劉淵之成敗가 何關於張翰之鱸膾완뒤", 「滅國新法論」, 『황성신문』, 1907.5.1.

국을 멸해야" 하는 시대가 되었다.[39] 무엇보다 '나라를 멸하는 새로운
방법'들이 도입되었다. 단지 칼과 군대로 적을 죽이는 것이 아니라,
차관을 도입하고 외국인을 재정고문으로 초빙하고 국고를 고갈시키
고 국채를 늘려 망하게 하는 방식, 여러 열강들을 각기 의지하는 이들
사이의 당쟁과 정치적, 종교적 내분을 이용하는 방식, 원주민을 제국
군대의 지휘를 받는 군인으로, 본국 군주나 추장을 꼭두각시로 삼아
간접 통치하는 방식, 외국인에게 채광권, 철도부설권, 조계자치권 등
을 줘서 자원을 탈취하고 나라와 인민을 궁핍하게 만드는 방식 등등.
열강들의 멸국신법들은 대한제국에 차례로 시행되었고, 마침내 일본
제국의 '보호국' 통치로 이어졌다.[40] 원구의 조부와 부친은 가족을 먹

---

39 "昔者에는 國으로써 一人一家의 國을 슴는 故로 …(중략)… 一人一家만 滅而國滅이라ᄒ
되 今也에 不然ᄒ야 學理大明홈으로 乃知國者는 一國人의 公産이오 其與一人一家로는
關係가 甚淺薄ᄒ니 苟滅人國者낸 必其全國을 滅ᄒ고 不與一人一家로 爲難ᄒ며", 「滅
國新法論」, 『조양보』 8, 1906.10.25.(이강석 외, 『원문교감 조양보』 2, 보고사, 2019,
70쪽; 현대어 번역은 양계초, 「멸국신법론」, 『완역 조양보』 2, 손성준 외 역, 보고사,
2019, 90~91쪽) 이하 멸국의 방법은 『조양보』 8~11호에 연재된 「멸국신법론」의 내용
을 요약함.

40 1906~7년 「멸국신법론」의 번역은 일본의 지도 아래 '문명개화'로 나아간다는 '보호국'
의 미망을 깨트리는 데 기여했다. 「멸국신법론」을 가장 먼저 번역한 『조양보』에는 일
본에 외교권을 내준 통감부 체제가 필연적으로 내정 간섭과 대한제국의 쇠망을 불러
일으킬 "노예정치"(「78세 노부인의 시국 생각」, 『조양보』 12, 『완역 조양보』 2, 427쪽)
라고 주장하는 글이 실리는가 하면, 열강 중심의 국제질서를 비판하며 「망국지사의
동맹」을 제창하는 급진적 글이 실리기도 했다. 재조일본인 잡지인 『한양보』에도 멸국
신법론의 논리에 따라 일본의 '보호국'론을 비판하는 중국 신문기사가 실린 바 있다.
"오늘의 멸국신법은 초기에 명분을 주권 존중이라 하여 그 개발 중인 상공업을 흡수하
고, 마침내 구실을 치안 보전이라 빙자해 자원을 가진 국가를 관리하는 권리 전부에
미치게 된다. 대개 주권을 존중한다고 하지 않으면 토인의 저항심을 가라앉힐 수 없고,
그 관리하는 권리를 빼앗지 않으면 완전한 성과를 기약할 수 없으니, 일본의 조선에
대한 책략과 프랑스의 베트남에 대한 정책을 관찰하면 그 조치의 차례와 완급을 충분
히 알 수 있다."(「일불협약과 지나 신문」, 권정원·신재식·임상석·최진호 역, 『한양

여살리기 위해 애쓴 충실한 가부장이자 상인의 감각으로 시세를 읽으
며 나름 기민하게 대처했던 인물들이지만, 결국 멸국의 신법이라는
역사의 큰 흐름에 휩쓸려 함께 몰락해갔다.

『통로』가 그려낸 조부와 부친의 삶에서는 아직 가족이나 가문을
넘어선 '애국'이나 '국민'의식, 심지어 유교적인 '충'의 가치도 찾아보
기 힘들다. 자신과 가족의 생계를 영위하는 생활인인 동시에 자신의
사적 삶이 나라와 민족의 운명에 직결되어 있음을 인식한 정치적 주
체로서의 자각은, 몰락하는 구세계의 껍질을 뚫고 막 소년으로 성장
하고 있는 다음 세대, 원구의 몫으로 남겨졌다. 원구 윗세대들의 삶에
초점을 맞춘 『통로』는 제목 그대로 다음 세대인 원구의 서사로 향해
가는 '통로'였다.

3. 근대계몽기 학술운동과 〈서북학회〉 함흥지회

『통로』는 아버지의 죽음 이후 신계리 시골마을에서 무료한 생활을
이어가던 원구가 배움을 찾아 고향집을 떠나는 데서 끝맺는다. 공교롭
게도 『통로』와 같은 시대를 배경으로 한 카프작가들의 『대하』, 『봄』,
『탑』 역시 모두 주인공의 가출로 끝났다. 그러나 이 소설들에서 주인공
은 아버지로 표상되는 전근대적 질서에 반발하며 '근대' 세계로 나아
가지만, 근대 자체의 식민성을 간취하지는 못했다. 일제말 검열과 사상
의 시대적 한계에 가로막힌 카프작가들은 근대성의 어두운 이면이

보』, 보고사, 1907.9.11, 158쪽)

식민성임을 재현할 수 없었고, 그 결과 주인공이 전근대의 폐습에 젖은 고향을 탈출해 막연한 근대적 이상을 향해 가출하는 데서 중도반단되고 말았다. 반면『통로』의 원구는 을사조약 후 함흥의 서당친구들이 우국지정에 불타 너도나도 배움을 찾아가는 모습에 자극받아 가출을 결행했다(9.5). 원구의 가출 서사 역시 표면적으로는 신계골과 함흥, 부산과 서울(한성), 더 넓게는 한국과 일본 및 서구열강들 사이의 공간적 위계를 띠고 있으나, 이는 단순히 낙후된 공간을 떠나 좀더 문명화된 공간으로 나아가려는 일방향적이고 맹목적인 욕망이 아니었다. 〈서북학회〉로 대표되는 근대계몽기 학술운동에서 문명 지식의 추구는 우승열패의 냉혹한 제국주의적 세계에서 '자강'(自强)을 도모하기 위한 방편일 뿐 그 자체로 목적은 아니었다. 근대계몽기 학술운동은 제국의, 제국에 의한, 제국을 위한 지식을 '번역'해서 제국 권력에 대항하는 식민지 약소국의 무기로 삼으려는 역설적 기획이었다.

　근대계몽기 학술지들이 위기의 시대를 헤쳐나갈 유일한 방편으로 오직 '교육'을 소리 높여 외쳤던 것처럼,『통로』후편인『성천강』의 방대한 서사는 원구가 무엇을 어떻게 배우고 가르쳤는가에 대한 이야기들로 오롯이 채워져 있다. 그 중에서도 1907년에서 1910년까지의 서사는 청년 원구가 〈서북학회〉를 매개로 근대계몽기 학술운동에 깊숙이 연루되면서 새로운 '앎'을 추구했던 과정을 생생하게 보여준다.

　그 본격적인 출발점은 원구의 함흥고등학교 진학이었다. 1907년 가을 헤이그 밀사 사건과 함경도 출신 이준 열사의 분사(憤死) 소식이 뒤늦게 함흥에도 전해지면서, 청년들은 위태한 시국을 헤쳐갈 배움을 찾아 더 큰 도시, 더 좋은 학교로 하나둘 떠나고 있었다. 원구 역시 이런 시대적 흐름을 좇아 결혼을 전후해서 함흥고등학교에 진학했다.

그러나 함흥고등학교의 사정은 그리 좋지 않았다. 1906년 8월 27일 고등보통학교령[41]에 따라 급조된 관립학교들이 흔히 그랬던 것처럼, 함흥고등학교 역시 여러 가지 면에서 부실했다. 교사(校舍)는 함흥 향교를 개조해 사용했고, 그나마 건물 일부는 측량학교와 나눠쓰고 있었다. 군수가 교장을 겸하고 있었으나 학교에 나오는 일이 거의 없었고, 밤에 학교에서 기생들과 술판을 벌여 학생들의 공분을 사기도 했다. 교사는 한문을 가르치는 노인 1명과 산술과 일어를 가르치는 일본인 교사 2명이 전부였는데 학생들과의 교감(交感)도 교사로서의 의욕도 없었다. 그나마 있던 일본인 교사들마저 군수(교장)와 학생들이 대립하는 상황에서 학교를 떠나고 말았다.[42] 학교는 4년제였으나 상급반 학생은 거의 없었고, 1, 2학년이 대부분이었다. 전교생이 5, 60명이지만 실제로는 20명 남짓, 많아야 30, 40명이 출석하는 게 전부였다. 짜여진 시간표도 없고, 정해진 교과 일정도 없어, 결석이 흔해 빠진 이름뿐인 학교였다.

『성천강』이 묘사한 관립학교의 열악한 상황은 역설적으로 민간의 학술운동이 거세게 일어난 원인이었다. 지역 기반 학회로 첫 깃발은 든 곳은 1906년 10월 15일 평안도와 황해도 지방 재경 인사들이 중심이 된 〈서우학회〉였다. 곧이어 1906년 10월 29일 함경도 지역 인사들이

---

41 고등보통학교의 수업연한은 4년으로 1년 단축 가능하며, 입학자는 12세 이상 남자로 보통학교 졸업자로 규정했다. 강명숙, 「일제시대 제1차 조선교육령 제정과 학제 개편」, 『한국교육사학』 31(1), 한국교육사학회, 2009, 7~34쪽.
42 통감부 시기 관립학교에 배치된 일본인 교사들은 식민권력을 충분히 행사할 수 없는 어정쩡한 위치에서 학생이나 지역사회로부터 소외되고 점차 식민교육의 '첨병'으로서의 열의를 잃어갔다. 나카바야시 히로카즈(仲林裕具), 「식민교육의 '첨병'의 우울함 – 통감부시기 보통학교 일본인 교원과 한국사회, 그리고 식민당국」, 『한국교육사학』 4(3), 한국교육사학회, 2022, 151~175쪽.

〈한북흥학회〉를 조직했고, 1908년 1월에는 양 단체가 통합되어 〈서북학회〉(이하 세 조직을 〈서북학회〉로 통칭)가 결성되었다. 학술운동의 주체들은 관립학교를 책임지는 군수들을 향해 고종황제의 조칙을 받들어 교육에 힘써주기를 당부하기도 하고,[43] 향교에서 백성의 고혈을 빨던 탐관오리들이 학교에 관여하여 상태가 엉망이 되었다고 비판하기도 했다.[44] 세계의 질서가 급격히 변동하고 앎의 배치가 근본적으로 변화하는 상황에서 세계 각국 역사, 일용 사물에 긴요한 산술, 오대주 명칭도 제대로 모르는 자들이 천자문과 사략통감만 가르치는 옛 교육[45]은 무용함을 넘어 해악이라고 비판되었다. 일본인 등 외국인에게 교육을 맡기면 자국정신의 양성이라는 가장 중요한 교육 목표를 해치게 된다는 비판도 있었다. 이런 상황에서 〈서북학회〉의 궁극적인 목적은 전통 교육이나 관립학교의 부족함과 부실함을 넘는 대안적 교육시스템을 구축하는 것이었다. 〈서북학회〉는 학회지를 발행하여 사회교육의 매체로 삼고, 각지에 학교나 야학을 설립하고, 속성 사범학교를 통해 교사를 양성·배출했다.[46] 또 각 지역에 지회를 설치해 해당 지역 교육 운동의 구심점으로 삼았다.

〈서북학회〉 함흥 지회는 1909년 3월 6일 월례통상회의에서 공식 승인되었다. 〈한북흥학회〉 회원이던 이찬재(李瓚在)의 동의(動議)와 〈서우학회〉 회원이었던 강석룡(姜錫龍)의 재청(再請)이 있었고 이동휘의 담보서가 뒷받침되었다.[47] 함경도의 서북학회 지회 총 13곳 중에

---

43 鄭在和, 「郡守는 宜專心於敎育」, 『서우』 4, 1907.3.
44 朴漢榮, 「警告關北一路」, 『서북학회월보』 3, 1908.8.
45 朴殷植, 「師範養成의 急務」, 『서우』 5, 1907.4.
46 서우학회의 각종 교육 활동에 관해서는 권영신, 「한말 서우학회의 사회교육 활동에 관한 연구」, 성균관대 박사학위논문, 2006 참조.

서, 함흥지회는 설립 청원자도 미상이고 설립 승인도 늦은 편이었다.[48]
함흥지회와 같은 날 지회로 승인된 개천군(价川郡)이나 귀성군(龜城郡)
의 경우 임원 명단도 함께 게재된 것에 비해 함흥지회는 구체적인
실상이 밝혀진 바 없다. 지회 설립 전후 〈서북학회〉에 가입한 함흥
지역 회원은 총 27명이었으나,[49] 자세한 인적 사항이나 활동상을 찾아
보기 어렵다. 그런데 『성천강』에는 원구의 〈서북학회〉 함흥 지회 활
동이 비교적 소상하게 그려져 있어 참고할 만하다.

　　그러더니 이상태는 더욱 정중한 어조로 변했다.
　　"윤 공이 알구 있는지 모르겠소마내두 여기에두 서북학회(西北學會)가

47　"咸興郡 支會 請願를 公佈ᄒ매 李瓚在氏 動議ᄒ기를 規則에 違反이 無ᄒ고 李東暉氏
　　擔保가 有ᄒ니 除視察 認許ᄒᄌ ᄒ매 姜錫龍氏 再請으로 可決되다." 「會事記要」, 『서북
　　학회월보』 11, 1909.4, 50쪽.
48　〈서북학회〉 함경도 지회 13곳의 개요는 조현욱, 「서북학회 길주지회의 조직과 활동」,
　　『문명연지』 3(2), 한국문명학회, 2002, 134쪽; 133~160쪽. 기록상 함경도 서북학회 지
　　회 중 가장 빨리 승인된 곳은 영흥지회로 1908년 5월 20일 장기흡을 청원자로 설립되
　　었다. 〈서북학회〉 지회 활동에 대해서는 다음 연구들을 참조할 수 있다. 조현욱, 「서북
　　학회의 관서지방 지회와 지교」, 『한국민족운동사연구』 24, 한국민족운동사학회, 2000,
　　123~188쪽; 「서북학회 의주지회의 교육진흥운동」, 『경기사학』 5, 경기사학회, 2001,
　　307~333쪽; 「안악지방에서의 애국계몽운동 – 안악면학회와 서북학회 활동을 중심으
　　로」, 『한국민족운동사연구』 28, 한국민족운동사학회, 2001, 29~76쪽; 「서북학회 길주
　　지회의 조직과 활동」, 『문명연지』 3(2), 한국문명학회, 2002, 133~160쪽; 「오산학교와
　　서북학회 정주지회」, 『문명연지』 3(1), 한국문명학회, 2002, 37~62쪽.
49　金觀錫(서북6, 1908.11, 1인), 李選鎬, 盧昊洙, 柳槙樂, 朱鍾述, 姜聖周(서북10, 1909.3,
　　5인) 文錫烈, 元和中, 盧起心, 文起玨, 韓溶夏,曹喜林, 李斗烈, 李增林, 朴孝謙, 元容珪,
　　韓槙周, 韓弘植, 都連浩, 金亨聲, 高炳默, 朴駿燮, 元教中, 韓溥景, 文述謨, 柳榮彬(서북
　　11, 1909.4, 20인), 李圭政(서북14, 1909.7, 1인) 한편 〈한북흥학회〉 시절 회원 중 함흥
　　과의 연고가 보이는 인물은 都近浩·韓相威·朱堣 3인이다. 조현욱, 「한북흥학회의 조
　　직과 활동」, 『한국독립운동사연구』 18, 한국독립운동사연구소, 2002, 59~101쪽의 회
　　원명부 참조.

들어와서 그 지회(支會)가 생기게 됐소."

……경의선의 교통 편의와 일찍 들어온 기독교의 영향으로 서북에서는 다른 지방보다 훨씬 신사조와 신학문이 왕성했던 평안도에서 안도산(安島山) 선생을 중심으로 애국자들이 서북학회를 조직했고 그 후에 함경도에 도 그 바람이 불어와 함흥에 그 지회를 설립하게 됐다. 지회장에는 숨은 애국자 이면진 선생이 추대되었다…… (『성천강』, 99~100쪽)

원구가 함흥고등학교 학도회장인 이상태로부터 〈서북학회〉 함흥지회 설립 소식을 들은 것은 1908년 봄 무렵이다. 함흥지회가 공식 승인된 것보다 약 1년 앞선 시점이다. 〈한북흥학회〉가 1906년 12월 함경도 25개 군에 지회 설립 계획[50]을 밝혔으나 실현되지 못하다가, 1908년 1월 〈서북학회〉로 통합된 이후 본격적인 지회 설립이 시작된 것으로 보인다. 『성천강』에서 〈서북학회〉 함흥지회장으로 언급된 "숨은 애국자 이면진 선생"은 〈한북학회〉나 〈서북학회〉 회원 명단에는 보이지 않는다. 소설에서 안용호라는 실존인물을 윤원구로, 그 가족이나 친구들도 다른 이름으로 바꿔놓은 것처럼, 서사에서 꽤 큰 비중을 차지하고 있는 서북학회 함흥지회장도 실존인물의 이름을 바꿔 놓았을 가능성이 크다.[51] 반면 이동휘, 이갑, 안창호 같은 유명 인사들은 이름을 그대로 사용했다. 특히 이동휘는 소설 속에 여러 차례 등장하면서 〈서북학회〉 함흥지회 건립에 큰 영향을 끼친 인물로 그려져 있다.

---

50 "漢北興學會에서 評議員金柱炳氏가 咸北二十五郡의 支會를 設ᄒ고 教育擴張의 方針을 着着進行홀 計劃을 議定ᄒ얏다더라.", 「北會議決」, 『대한매일신보』, 1906.12.30.

51 소설에서 허구화된 〈서북학회〉 함흥지회의 인물들과 활동상을 실증적으로 규명하는 것은 성격을 달리하는 별고를 통해 보완하고자 한다. 이는 이동휘의 함경도 지역 활동상, 신창리 교회 맥레 목사를 비롯한 캐나다장로회 네트워크와 애국계몽운동의 결합 양상, 『서북학회월보』에 발표된 함흥 지역 회원들의 면면에 대한 조사 등을 포함한다.

소설에 제시된 〈서북학회〉 함흥지회의 활동을 살펴보면, 먼저 1908
년 여름 신창리교회 '김권사' 집에 성재 이동휘가 다녀가면서 〈서북학
회〉 주최의 관북대운동회가 계획되었다(5.2). 실제로 1908년 10월 29일
함남 각 학교가 함흥에 모여 가을 대운동회를 개최했다는 기사가 있다.
51개 학교, 생도 6,100명, 관람객 21,000명이 참가한 대규모 행사였
다.[52] 소설에서는 원구가 이 운동회의 작문대회에서 우승하여 이동휘의
총애를 받게 되었다고 했으나, 신문기사는 작문 1등이 정평(定平) 협성
학교생도 김여학(金勵學)이라고 전한다. 소설적 허구이거나 혹은 '회고
록' 자체에 과장이 끼어든 것으로 보인다. 그러나 전체적 맥락으로
보면 가을 대운동회가 함흥 〈서북학회〉 활동에 중요한 계기가 된 것은
틀림없다. 이 운동회에서 이동휘는 애국심을 북돋는 연설을 했고, 신창
리교회 김권사는 단발을 권장하는 촌극을 공연했다.(5.5) 운동회 이후
다시 함흥을 찾은 이동휘는 이지부장 댁에 함흥고등학교 학도회 간부
들을 불러모아 단발운동을 지시했다(6.1). 소설은 1908년 가을에서
1909년 초봄까지 원구 등이 앞장 서 전개한 단발운동을 길고 상세하게
서술(6.2~8.5)한다. 1909년 2월경 함흥을 재방문한 이동휘가 이번에는
신창리 교회 예배당에서 애국심과 기독교 신앙을 버무린 설교를 하고
회원들의 단발운동 성과를 치하했다(9.2). 1909년 3월 6일 〈서북학회〉
월례통상회의에서 이동휘의 보증으로 함흥 지회가 사후 인준된 것은
이런 전사가 있었기 때문이다.

〈서북학회〉 함흥지부가 공식 인준될 무렵 원구는 관립 한성고등학
교에 진학하기 위해 함흥을 떠났다. 그러나 서울 유학 후에도 원구와

---

52 「運動盛況」, 『대한매일신보』, 1908.11.14.

〈서북학회〉의 인연은 꾸준히 이어졌다. 원구가 서울 유학을 위해 무작정 함흥을 떠날 때 서호진에서 부산까지 뱃삯을 대준 이가 서북학회 함흥지회장 이면진이었다(『성천강』, 265쪽). 그는 원구에게 도산 안창호를 찾아가 관북 지역에 꼭 들러주기를 부탁하라고 일렀고, 원구는 원동 이갑씨 댁에 머문 안창호를 방문해 이 부탁을 전했다(13.1). 여름방학 중에는 함흥에서 이지회장의 도움으로 주북면 연합운동회를 개최하기도 했다.(13.7) 병합 후 한성고등학교를 중퇴하고 실의에 젖어있던 원구를 정숙여학교 교사로 이끌어 낸 것도 함흥고등학교 학도회장 이상태를 비롯한 〈서북학회〉 인맥이었다. 나이든 부녀자들을 대상으로 한 정숙여학교 야학에는 이면진 지회장의 시집간 딸, 김권사의 누이동생들, 이상태의 모친이 앞장(『성천강』, 389쪽)섰다. 1911년 중반 원구는 임신한 아내를 두고 다시 서울 중앙학교 2학년에 편입했는데, 서울에 머물던 〈서북학회〉 동지 김명수가 이동휘의 감옥 수감, 안창호의 '거국'(去國) 소식을 전하고 그 자신도 독립운동을 위해 망명한 것이 큰 자극이 되었다.(15.11) 경제적 곤궁에도 불구하고 친구들의 도움으로 중앙학교를 무사히 졸업한 원구는 귀족 자제들이 다니는 정훈학교 교사이자 대신 자제들의 과외 교사로 일했다. 그러나 정훈학교 참관차 올라온 이지회장이 자신이 묵고 있는 연동예배당 목사댁에서 원구에게 정숙여학교 정식교사 자리를 제안한다. 원구는 주저 끝에 이 제안을 받아들였는데, 고향에 정착하라는 조부의 강권이 직접적 원인이었지만, 〈서북학회〉를 통해 배운 교육운동의 사명감에는 귀족학교인 정훈학교보다 고향의 정숙여학교가 더 걸맞는 장소였기 때문이다.(17.1~17.3) 후일 3.1 운동이 전개될 때도 원구를 비롯해 〈서북학회〉 활동을 같이 했던 함흥고등학교 학도회 구성원들이 함

경도 각 지역의 만세운동을 주도했다(23장~종장)

이상의 소설 내용을 바탕으로 함흥 〈서북학회〉의 대략적인 상황과 근대계몽기 학술운동의 시대적 분위기가 한 평범한 청년의 삶에 끼친 영향을 종합적으로 가늠해볼 수 있다. 우선 〈서북학회〉 함흥지회의 조직적 거점은 관립함흥고등학교 학도회와 함흥 신창리교회였음을 볼 수 있다. 이동휘는 1908년 8월 〈서북학회〉 함경도 지역 모금위원으로 파견되어 1909년 5월까지 함경도 각 지역을 순행하며 서북학회 지회 조직에 힘썼다.[53] 그 결과 함흥을 비롯해 덕원, 고원, 문천, 정평, 이원, 길주, 성진, 북청이 모두 이동휘의 담보로 지회를 승인받았다. 독실한 기독교 신자였던 이동휘는 순행중 각 지역의 교회를 거점으로 삼았고, 함흥에서는 신창리 교회가 〈서북학회〉의 구심점이 되었다. 함흥고등학교 학도들 중에도 신창리 교회 신도가 된 경우도 있었는데, 이들이 서울로 유학갈 때는 연동교회가 새로운 거점이 되었다. 신창리교회 맥레(Macrae, D.M., 馬求禮)와 연동교회 게일(James Scarth Gale)이 모두 캐나다장로회 출신 선교사라는 네트워크가 작용했다. 원구 역시 〈서북학회〉 활동 시기에는 기독교 신앙과 애국심이 미분화된 상태에서 교회가 교육 계몽의 구심점 역할을 하는 것을 자연스럽게 받아들였지만, 시간이 지남에 따라 종교적 갈등도 표면화되었다. 1917년 무렵 원구는 정숙여학교에 새로 부임한 〈서북학회〉 출신 오교장이 기독교 신앙을 강요하는 듯한 모습을 보이자 갈등을 빚다가 결

---

53 「會計員報告 第二十號」, 『서북학회월보』 3, 1908.8;「會計員報告 第二十一號」, 『서북학회월보』 4, 1908.9에 각기 이동휘의 파송 비용 30원, 20원이 지급되었음을 볼 수 있다.

국 서울의 불교포교소로 직장을 옮기게 된다.(18.2) 그에게는 동학이든 기독교든 근대로 향해가는 길목에서 일종의 사상적 지렛대 역할을 했을 뿐, 신앙 자체로서의 의미는 없었기 때문이다.

4. 앎의 배치 전환과 근대적 '인민'의 탄생

그렇다면 원구가 〈서북학회〉와 학술운동을 통해 배운 근대적 '앎'이란 무엇이었을까. 지식의 배치가 근본적으로 변동하고 새로운 지식들이 쏟아져 들어오던 근대전환기에 학회와 학술지들이 그 창구 역할을 자처한 것은 잘 알려진 바다. 『서우』와 『서북학회월보』에도 교육학, 역사, 법학, 국가학, 가정학, 위생학, 식물학 등등 수많은 분야의 지식들이 나열되어 있다. 근대계몽기 학술지들이 나열하는 백과사전적 지식들은 격변기의 지적 조급성과 피상성이라는 한계를 드러내기도 하지만, 앎의 배치가 근본적으로 변화하고 있음을 보여준다는 점에서 의의를 갖는다. 근대계몽기 학술운동이란 심화된 전문 '지식'의 전수보다는, 대중적 차원에서 일종의 공통감각(상식, common sense)을 재구성하는 과정이었다고 할 수 있다.

서당에서 전통 한학을 배우다가 뒤늦게 근대 교육을 접한 원구에게 상식의 재구성은 그 자체로 지난한 과정이었을 터다. 그중에서도 수학은 원구에게 번번이 좌절을 안겨주는 과목으로 여러 차례 상세히 서술된다. 17~8살 늦은 나이에 아라비아 숫자와 구구법을 '신'지식으로 익힌 후, 망해도(望海圖)와 구고법(句股法)으로 피타고라스 정리를 배울 때 첫 좌절이 찾아왔다. 원구에게 "재미는 있으나" 이해하기 어려워 "무거운 마음"을 안겨준 구고법과 망해도는 사실 동아시아 수학 전통 안에 이미 있는 것들이었다.[54] 한학의 전통에서는 일부 기술 관료들에게만 필요했던 주변적인 지식인 수학이 근대 학교교육에서 주요 과목의 하나로 급부상한 것이다. 그렇기에 한학의 전통에 머물던 원구에게 수학은 '신학문'으로 향해 가는 어려운 관문이었다. 한성관립고등학교에 입학했을 때도 가장 성적이 안나와서 고민했던 과목이 수학이었다. 원구는 부족한 수학 실력을 보충하려고 매일 방과후 보성전문학교 강습을 들으러 다니며 무리를 거듭하다가 신경쇠약에 걸리고 결국 병합 이후 학교를 중퇴하기에 이르렀다. 오늘날의 관점으로 보면 근대초 학술지에 나열된 '신지식'들 중 유독 낮은 수준에 머물러 있던 것도 수학이었다. 『서우』에 오래 연재된 「산학을 논하다」(「論算學」)[55]는 중후한 한문현토체로 숫자가 대상물을 손가락으로 세던 자연적 방식에서 유래했다는 장황한 설명만 반복하다가 끝난다. 이밖에도 학술지들은 식물학, 동물학, 화학, 천문학 등 각종 이과적 지식들을 대개 수학처럼 기초적인 수준에서 제공했다.

그러나 교육의 중요성과 긴급성을 호소[56]하던 근대전환기 학술운동이 이처럼 얕고 넓은 지식들을 소개하는 데 그쳤다면 그 의의나 효과는 그리 크지 않았을 것이다. 학술지는 더 깊고 넓은 학문으로 독자를 이끌기 위한 입문 역할을 했다. 좀더 심화된 전문지식의 습득, 그중에서도 '실학'적 전문지식의 습득은 국권 회복이라는 목표에

---

54 양성현, 「조선 후기 산학서에 수록된 망해도술(望海島術)의 내용 분석 및 수학교육적 활용 방안」, 『수학교육학연구』 28(1), 대한수학교육학회, 2018, 49~73쪽.

55 會員 李裕楨, 「論算學」, 『서우』 1~6, 1906.12~1907.5.

56 謙谷生, 「告爲人父兄者」, 『서북학회월보』 4, 1908.9.1, 1~4쪽.

좀더 효과적으로 이바지할 수 있으리라고 기대되었다. 실제로 이 시기 학술지들은 전통적인 앎의 배치에서는 지식으로 간주되지 않던 각종 실업 교육의 필요성을 주장하는 글들을 다수 게재했다. 량치차오의 「멸국신법론」이 보여주었듯, 자본주의적 제국주의의 침탈이 무엇보다 실업적 지식의 중요성을 일깨웠던 측면도 있다. 원구 조부가 무역상으로 성공했던 때와는, '부'의 의미도, '치부'의 방식도 근본적으로 변화했다. '부'의 단위는 개인이나 가문을 넘어 '국부'(wealth of nation) 관념으로 확장되었고,[57] 산업개발에 따른 생산력 증식과 "상업전쟁(商戰)"을 통한 '국부' 증대가 우승열패의 생존경쟁 시대에 '국력'의 근원이라는 인식이 자리잡았다.[58] 그에 따라 농상공을 아우르는 "실업교육이 급선무"임을 주장하고, 염직, 조사(繰絲), 부기전문과, 상업과, 농업과 등 59개의 실업전문과에 90명의 유학생을 파견해야 한다는 구체적인 제안도 나왔다.[59] 국부의 원천인 천연자원에 대한 조사나 농·공·임·어업 등 각종 산업 실태에 대한 보고서[60]와 식산흥업[61]의 방책들도 학술지에 종종 게재되었다. 대개 일본인의 조사를

---

57 "林業을 造成ㅎ며 農業을 大進ㅎ야 椅桐梓漆과 米穀絲麻를 天下에 輸出ㅎ야 社會需用에 供하니 此는 一私人의 利益뿐 아니오 國家의 富强을 增進ㅎ는 一大 基礎오…"玉東奎, 「實業의 必要」, 『서우』 8, 1907.7.1, 28쪽; "實業이 富强文明의 基因됨은 惟一無二ㅎ 法門"松南春夢 金源極, 「實業獎勵爲今日急務」, 『서북학회월보』 2, 1908.7.1, 5쪽.

58 "商戰이 優勝者는 其國이 必富ㅎ고 富則必强이라". 李達元, 「상전설(商戰說)」, 『서우』 3, 1907.2.1, 22쪽.

59 李承喬, 「實業論」, 『서우』(『서북학회월보』로 개제) 17, 1908.5.1, 27쪽; 洪淳五, 「切實意見」, 『서우』 6, 1907.5.1, 3~4쪽.

60 박성흠, 「我韓의 鑛産槪要」, 『서우』 4-5, 1907.3~1907.4; 「韓國工業 - 日文 京城報 譯謄」, 『서우』 7, 1907.6; 「韓國의 鹽業一斑」, 『서우』 11, 1907.10.1; 「我韓의 石炭」, 『서우』 12, 1907.11; 「韓國의 林業 - 日本林學博士 道家允之氏의 演說」, 『서우』 13, 1907.12 등.

61 「養豚實驗談」, 『서우』 13, 1907.12; 日本伊崎吟二郎 著, 全載億 譯, 「養鯉法」, 『서우』

역술한 것에 지나지 않았으나, 그 말미에는 한국의 부원(富源)을 외
국에 빼앗긴 상황을 개탄하고 제국의 '지식'을 활용해 한국의 '자강'
을 도모하자는 역술자의 결의가 덧붙여지곤 했다.[62]

국가학이나 정치학, 법학 등도 근대세계의 근본 질서(nomos)를 이
해하고 운용하기 위해 핵심적인 학문으로 부상했다. 국가 상실의 위
기 앞에서 역설적으로 근대 국가에 대한 지식들이 활발하게 번역, 소
개되었다.[63] "법률은 국가통치의 큰 근본"이며 무엇보다 열강의 제국
주의 침탈이 '법'의 형식에 기대고 있다는 인식에 따라 법학 공부가
한국의 가장 급무로 부각되었다.[64] 외국인의 공권이나 공법상 의무,
영사재판권, 국법상 국무대신의 지위를 소개하는 기사들은 보호국 통
치 하에 만연한 외국인에 의한 권리 침해나 친일 각료들의 의무 방기
를 법학에 기대 파악하려는 인식적 노력을 보여준다.[65] 민간의 삶과
직결된 민법 개요를 연재하는가 하면[66], 학술지 말미에 「기사」나 「관
보적요」(官報摘要) 같은 형태로 지방금융조합 규칙, 삼림법 등 주요 법
(령)의 제·개정 소식을 발빠르게 전하기도 했다.[67] 한편 「아동고사」(我

(서북학회월보로 게재) 15·17, 1908.2·1908.5; 柏軒 羅錫璡, 「林政爲富國之機關」, 『서
북학회월보』 1, 1908.6.1; 日本 塚本道遠 著, 宋榮泰 譯, 「牡蠣養殖法」, 『서북학회월보』
1, 1908.6.1; 山雲散▨, 「普成學校의 林業科」, 『서북학회월보』 2, 1908.7.1.
62 "此는 日本人目賀田種太郎의 論이라 我韓이 國權이 失墜ᄒ고 民智가 未開ᄒ야 此等利
權이 外人의手에 悉歸ᄒ야스니 寧不痛恨이리오 玆에 記ᄒ야 覽者의 目을 供ᄒ노라."
「韓國의 利源」, 『서우』 12, 1907.11, 30쪽.
63 「國家의 槪念」, 『서우』 16(1908.3), 17(1908.5), 『서북학회월보』 1(1908.6).
64 韓文彥, 「我韓의 最急이 法律에 在홈」, 『서북학회월보』 1, 1908.6.1.
65 會員 韓光鎬, 「領事의 裁判權」, 『서우』 7, 1907.6.1; 會員 蔡洙玹, 「國法上 國務大臣의
地位」, 『서우』 9, 1907.8.1; 東初 韓光鎬, 「外國人의 公權及公法上義務」, 『서우』 10,
1907.9.1.
66 會員 朴聖欽 譯抄, 「民法講義의 槪要」, 『서우』 7-9, 13, 1907.6~8, 12쪽.

東古事),「인물고」(人物考)같은 고정란에는 한국의 역사나 위인 등 '국학'적 지식들이 연재되었다.

『서우』나 『서북학회월보』에 소개된 다양한 지식 분야에서 『성천강』의 원구에게 흔적을 남긴 것은 수학과 일본어 정도에 불과했다. "동포 청년의 교육"이야말로 "국권을 회복하고 인권을 신장하는 기초"[68]라거나 "국운의 융성과 민지(民智)의 계발"이 오로지 "교육보급"에서 말미암는다는 〈서북학회〉 지도자들의 원대한 교육 목표와 원구가 당장 씨름하고 있던 수학 지식 사이에는 큰 간극이 있는 것처럼 보인다. 이 간극은 원구의 지식 수준이 중등교육 정도에 머물렀기 때문이라고 할 수도 있다. 원구 자신도 교육의 부족을 깨닫고 기회 있을 때마다 일본 유학을 도모하지만, 결국 보통학교 교사에 머물고 만다. 그러나 원구가 받은 교육이 중등교육 정도에 머물고 그가 베푸는 지식이 보통학교 수준에 그친다고 해서 무의미한 것은 아니다. 근대계몽기 학술운동이 다양한 전문 지식에 앞서 가르치고자 했던 가장 핵심적인 앎이란, '국가' 정신, 곧 인민이 국가의 주체라는 사상이었기 때문이다.

교육의 방향은 "훗날에 독립과 자유의 국민이 되게 하려는 것인지 아니면 일개 노예처럼 구속된 민족이 되게 하려는 것인지"[69]에 따라 크게 갈린다. '애국적 정신'을 먼저 환기시키지 않으면 외국어를 배운 자는 타국의 밀정이 되고 법학과 정치학을 배운 자는 자기 명예만 추구하고 공업을 배운 자는 적국에 봉헌하니 오히려 망국의 자료가

---

67 「記事-法令」, 『서우』 9, 1907.8.1; 「官報摘要」, 『서북학회월보』 4, 1908.9.1.

68 「本會趣旨書」, 『서우』 1, 1906.12, 1쪽.

69 "其設校之意가 果欲使靑年子弟로 灌注國家的 精神於腦筋ᄒ야 使之成就異日에 獨立自由之國民乎아", 朴相穆, 「敎育精神」, 『서우』 11, 1907.10, 18쪽.

될 뿐이다.[70] 〈서북학회〉설립일이 "대한제국 독립의 기초"임을 선언하고 〈서북학회〉의 목적은 "독립의 권리를 공고히 하고 자강의 능력"을 키우는 것이라고 단언했던 이동휘나 유윤선의 「축사」가 보여주듯,[71] 온갖 분야의 지식들은 오로지 독립이라는 지상목표에 봉사할 때 의미를 갖는 것이었다. 교육은 오늘날 인종간 생존 "경쟁의 승패가 지식의 우열로 판별"[72]되고 "교육 성쇠가 국가승패의 원인"[73]이 되기 때문에 요청되는 것이지, 지식의 습득 자체가 목적은 아니다. 국가간 경쟁은 지력의 전장이기에 학교는 군기창이요, 교사는 사관이요, 학생의 지력은 군기(軍器)라는 비유가 통용되기도 했다.[74]

이런 시대적 분위기는 원구의 진학 선택에도 고스란히 반영되었다. 함흥읍에는 관립 함흥고등학교 이외에도 측량전문학교와 일어만 가르치는 일신학교(日新學校)가 있었다. 완고한 촌민들 중에는 여전히 자제의 신학문을 반대하는 이들도 많았으나, 신학문과 '애국'의 열정을 한덩어리로 받아들인 청년들 사이에서는 관립 함흥고등학교야말로 이 지역의 유일한 정통 교육기관으로 여겨졌다. 똑같이 '신학문'을 배워도 측량전문학교와 일신학교는 실용 지식을 배워 호구지책으로 삼으려는 약삭빠른 자들이 가는 곳이라는 인식이 있었기 때문이다. 원구의 어릴 적 친구 최삼돌이 할아버지에게 억지로 끌려 측량학교에 들어가고 부끄러워하는 모습은 이런 시대적 정서를 보여준다(3.6). 반

---

70 松南春夢 金源極, 「教育方法必隨其國程度」, 『서북학회월보』 1, 1908.6.

71 李東暉, 「祝辭」, 『서우』 15, 1908.2; 劉允璿, 「祝辭」, 『서우』 15, 1908.2.

72 總校長 李道宰, 「敬告兩西士友」, 『서우』 6, 1907.5.

73 張道斌, 「教育의 盛衰는 國家勝敗의 原因」, 『서우』 16, 1908.3.

74 長吁生, 「智力의 戰場」, 『서우』 17, 1908.5.

면 함흥고등학교는 탄탄한 학생자치회가 〈서북학회〉와 연계하여 연설회, 토론회 등을 개최하며, 함흥 지역 계몽 운동의 중심점 역할을 하고 있었다. 함흥고등학교가 비록 교사와 교육 내용이 부실하고 통감부의 제약 아래 놓인 관립이라는 한계를 가졌음에도 불구하고, 함흥 〈서북학회〉의 근거지로서 '애국적 정신'을 배양하는 데 앞장섰음은 1909년 무렵의 다음 일화에서도 잘 나타난다.

> 이달 8일 大久保 군사령관이 함흥에 도착할 예정이므로 군수는 그 전날 각 사립학교에 마중 나갈 것을 명하였다. 그런데 당일 참석한 것은 공립보통학교와 일진회가 경영하는 선진학교(先進學校) 두 학교만으로 다른 곳은 모두 결석하였다. 특히 함흥고등학교와 같은 곳은 교사로부터 마중을 나가라고 말하였더니 생도들이 삼삼오오 틈을 엿보아 도망쳐 귀가하여 끝내 마중을 할 수 없었던 것이다.[75]

원구 역시 〈서북학회〉의 영향 아래 독립을 위한 교육운동의 길로 나아갈 수 있었다. 빼앗긴 나라를 되찾기 위해 무언가를 배우거나 가르쳐야 한다는 사명감은 원구의 삶을 추동하는 원동력이었다. 〈서북학회〉를 비롯한 단체들이 강제해산된 '병합' 이후에도 〈서북학회〉가 뿌린 씨앗은 여기저기서 계속 발아하고 성장하며 또 다른 씨앗을 퍼트리고 있었다. 무단정치기에 원구가 "거국(*정치적 망명)도 못하고 그렇다고 피나는 싸움도 하지 못하고, 방황하다가 겨우 학동을 가르치는 것에 희망을 걸고 스스로 위로하고 있는 자신이 창피"(『성천강』,

---

75 內部警務局長 松井茂, 「高秘發第二四九號」, 1909.9.21, 『統監府文書』 8, 국사편찬위원회, https://db.history.go.kr/item/level.do?levelId=jh_098_0080_0400.

697쪽)하다고 여기면서도, "그래두 아직두 교육에 희망 걸 수밖에 없다고 생각"(713쪽)하는 것은 어린 학도들에게 이런 정치 의식이 발현되고 있음을 본 까닭이다. 〈서북학회〉의 학생이던 원구가 정숙여학교에서 가르치고, 원구에게 배운 제자가 다시 정숙여학교의 선생으로 부임한 것처럼, 근대계몽기 학술운동은 무단정치기의 캄캄한 역사의 장막 아래에서도 성천강의 물줄기처럼 면면히 이어졌다. 원구같은 '무명의 영웅'들은 서로 배우고 가르치며 정치적 삶의 자기-결정권을 깨우치고 주장하는 정치적 주체로 성장해 가고 있었다. 『성천강』의 대미에 놓인 3.1운동은 이렇게 역사의 장막 아래 복류(伏流)하며 점차 커지고 강해졌던 인민의 역량이 분출된 사건이었다.

『통로』와 『성천강』 연작에서 작가 안수길은 원구라는 개인을 통해 그려진 근대의 정치적 주체의 탄생을 근대적 인민의 탄생이라는 집단적 경험으로 확장시킨다. 가문의 역사나 근대전환기 원구의 문화적 체험이 아버지의 회고록을 충실히 반영한다면, 원구의 삶의 갈피마다 중요한 역사적 계기들을 겹쳐놓아 개인의 삶을 정치적 인민의 탄생이라는 집단의 삶으로 확장시킨 것은 작가의 창작의도의 산물이다. 4.19와 일련의 필화사건, 「분지」 사건 특별변호를 거치면서 성숙된 작가의 역사의식이 반영된 것이다. 『통로』, 『성천강』에서 민중의 전설, 1902년 함흥민요, 1904년 동학과의 만남, 1907년 이래 〈서북학회〉의 학술운동이 1910년대 무단정치기 의 지속적인 교육 사업을 거쳐 마침내 3.1운동으로 이어지는 맥락을 짚어, 정치적 인민의 탄생 서사를 좀더 상세히 분석하는 것은 별고로 남겨둔다.

과학 지식을 "국민의 지식"으로
: 『태극학보』의 과학기사 생산과 지식 가공을 중심으로

오선실

1. 머리말

과학기술은 19세기 뒤늦은 개항과 함께 급속히 유입된 여러 서양 문물 중에서도 가장 새롭고 놀라운 것이었다. 서양 제국들이 침략의 도구로 앞세운 신식 무기, 여러 약물, 거대한 범선 등을 비롯해 전등, 전신 등 각종 서양의 문물들은 이전시기 동아시아에서는 찾아볼 수 없는 처음 보는 것이었거나 있었던 것이라도 더욱 크고 월등했다. 뿐만 아니라 그러한 뛰어난 문물은 만들어내는 서양의 과학기술지식도 기존 동아시아의 사유 방식과는 전혀 다른 낯선 것이었다. 이렇듯 서양의 과학기술에 압도된 채 근대화에 나선 한국에서 근대화란 곧 서양의 지식과 문화를 흡수하고, 나아가 서양식 생활 방식을 따르는 것을 의미했다. 특히 "보편적 문명"의 산물로서 과학기술은 서양 제국과 서양 문명을 빠르게 수용해 근대화에 성공한 일본 제국이 자신들과 아직 그러한 문명을 가지지 못한 미개한 이민족들을 구분하며 내세우는 일종의 통치 수단이었고, 동시에 개화기 조선의 엘리트 지식인들, 식민지 조선의 민족주의자들에게는 무지한 민중들을 빠르게 계몽하고 나아가 새로운 독립 국가 건설에 기초로 삼아야 할 지식이자 저항의 도구이기도 했다. 그러나 20세기 초 한국의 근대화 과정에 참여한 주체들이 각기 과학기술에 부여한 의미와 기대가 달랐던 만큼 과학기술지식은 곳곳에서 충돌하고, 각기 다른 방식으로 이해되었다. 그리고 그 과정에서 만들어진 무수한 변용과 혼종은 이후 과학기술지식이 식민지 조선에 토착화되는데 저마다의 흔적을 남겼다.

20세기 초 과학기술은 다양한 경로를 통해 유입되었다. 구한말 정부는 중국에서 이미 광범위하게 진행 중이던 서양과학기술 서적 번역 작업을 본받아 중국의 과학기술서적을 한역하는 작업에 직접 나서며 본격적인 지식 수용을 시작했다. 선교를 위해 한국을 찾은 선교사들도 저마다 과학기술서적을 유용한 선교 도구로서 직수입해오기도 했고, 관비 유학생들 필두로 점차 일본 유학생들이 늘어나며 일본을 통한 지식 수용이 확대되었다. 김연희는 이 시기 양적으로도 질적으로도 풍부했던 서적 유입을 통해 대한제국 시기 지식인들이 의미 있는 수준에서 서양 과학기술 지식을 수용하는 토대를 마련할 수 있었다고 평가했다. 이면우는 통감부의 노골적인 통제와 간섭이 지식인들로 하여금 과학기술 교육에 몰두하게 했고, 이 시기 활발하게 결성된 각종 학회를 통해 새로운 근대지식을 교류하고 학습하며 지식을 축적해 갈 수 있었다고 주장했다. 오지석은 선교사들이 세운 근대학교들에서 과학기술 교육이 중요한 학과의 일부로 시작되었음을 보여주었다.[1]

---

1   김연희, 『한역 근대 과학기술서와 대한제국의 과학 – 근대 과학으로의 여정』, 혜안, 2019;
      이면우, 「근대 교육기(1876~1910) 학회지를 통한 과학교육의 전개」, 『지구과학회지』,

　무엇보다 이 시기 과학기술지식은 기존 동아시아의 지식과는 완전히 다른 새로운 활동이자 체계로서 새롭게 정립될 필요가 있었는데, 구장률에 따르면, 서양 지식체계의 유입은 크게 네 단계로 나눠 볼 수 있다. 개항에서 1896년까지 관 주도로 시작된 각종 개혁작업이 점차 민간으로 확대되던 시기가 첫 단계라면 두 번째는 1896년에서 「대한국 국제」가 반포되던 1899년까지로 근대 미디어들이 등장하며 다양한 지식 담론들이 구축됐다. 세 번째 단계, 1899년에서 1905년까지는 광무정권으로 잠시 소강상태에 접어들었지만, 1905년 후반부터 1910년까지 네 번째 단계에는 러일전쟁 이후 각종 학회와 학술지들이 쏟아져나와 '지식혁명'이라 부를 만한 학문 전반의 급격한 재편이 이뤄져, 결국 전통 학문인 유학은 근대의 분과학문으로 대체되었다.[2]

　이렇듯 새로운 지식체계가 정립하는 과정으로서 과학기술지식의 수용은 단지 서양 언어 혹은 중국어, 일본어에서 한국어로 단순히 하나의 지시어에서 하나의 지시어로 번역할 수 있는 작업은 아니었다. 오히려 지식에 대한 취사 선택, 선별 가공이 이뤄지고, 나름의 합리성을 지닌 새로운 지역적 지식이 창출되는 과정이었다. 새로운 지식에 대한 기대와 희망, 기존 지식체계와의 갈등 혹은 혼재, 나아가 위태로운 대한제국의 정치 현실까지 다양한 요소들이 복잡하게 뒤섞여 대한제국의 과학기술 지식을 형성해가는 과정은 지식 수용자들 저마다 품고 있던 질문에 대한 복수의 해법을 찾아가는 과정이기도 했다. 따

　한국지구과학회, 2001, 75~88쪽; 오지석, 「근대전환기 기독교계 학교 과학교과서 이해-평양 숭실대학의 과학교과서를 중심으로」, 『인문사회21』 12-1, 2023, 361~374쪽.
2　구장률, 『근대 초기 잡지와 분과학문 형성』, 케포이북스, 2012, 14~24쪽.

라서 근대전환기 한국의 지식인들이 서양의 과학기술 지식을 얼마나 정확하게 혹은 체계적으로 이해하고 한국 사회에 이식했는가라는 질문은 온당하지 못하다. 하나의 지식의 새로운 사회에서 뿌리내리고 사회에서 나름의 힘을 발휘하는 그 사회의 유의미한 지식체계로 자리잡기 위해서는 충분한 시간이 필요했고, 이는 이제 막 새로운 지식을 접한 이들에게 기대할 수 있는 바도 아니었다.

　이 논문은 근대전환기 재일본 유학생들이 간행한 『태극학보』에 실린 과학기사들을 분석해, 지식 수용의 최전선에 있던 유학생들이 서구의 새로운 지식체계이자 새로운 문명의 힘으로서 과학을 인지하고, 한국 사회에 이식하고자 벌인 노력의 양상들을 추적한다. 『태극학보』는 근대전환기 새로운 지식을 빠르게 배우고 익히고자 출간된 수많은 근대 잡지 중에서도 매우 독보적인 위치에 있었다. 러일전쟁 이후 지식인들의 서양 지식 수용 욕구가 어느 때보다 높았던 1906년에서 1908년까지 한호도 빠짐없이 출판된 『태극학보』는 일본은 물론 국내에서도 가장 영향력 있는 잡지로, 국내에 지회까지 만들어져 교육 계몽운동을 위한 기초 자료가 되었고, 미국 내 한국인들이 다수 머무는 거점 도시로까지 배송되기도 했다.[3] 무엇보다 『태극학보』의 집필진들은 서양 지식을 빠르게 수용하고자 일본으로 온 유학생들로 그들이 서양 과학지식에서 무엇을 발견하고, 무엇을 전달하고자 했는지, 그리고 그를 위해 그들은 어떤 노력을 기울였는가에 대한 세밀한 추적은 실제 근대전환기 한국 사회에서 과학기술 지식이 어떻게 수용되고

3　전성규, 김병준, 「디지털 인문학 방법론을 통한 『서북학회월보』와 『태극학보』의 담론적 상관관계 연구」, 『개념과 소통』 23, 2019, 141~188쪽.

변용되었는가를 가장 잘 보여준다.『태극학보』는 발간사에서부터 "국민교육"과 "지식 개발"이라는 목표를 명확히 제시했던 만큼, 독자들에게 서양 지식체계를 전달하고 교육하기 위한 논설, 기사를 작성하는 데 중점을 두었다. 서양 학문을 배우고 익히는 학생인 동시에 이를 위태로운 대한제국에 전달할 교사라는 책임을 진 유학생 필자들은 비전문가라는 한계에 갇히지 않고,『태극학보』에 허용된 과학기사 지면을 실험공간으로 삼아 과학지식을 함께 학습하고, 다양한 방식으로 시험·가공해 "국민의 지식"을 창출할 수 있었다. 과학기사들은 초기 새롭고 신기한 지식을 단순히 나열한 데서 벗어나 차츰 중요도에 따라 각 분야를 개론한 강담의 형태로 정식화되었고, 보통학교 교사들을 위한 교안들도 적극적으로 개발됐다. 특히 어린이들에게 들려주는 이야기 형태의 서술된 과학자들의 전기는 유용한 도구 발명가라는 새로운 인간형을 제시했다.

2. 태극학보의 시대 인식과 과학의 임무

재일본 유학생 단체, 태극학회가 간행한 학술지,『태극학보』는 1906년 러일전쟁이 일본의 승리로 끝나고 일제의 침략이 노골적으로 드러나기 시작한 해, 어느 때보다 높아진 국권 상실에 대한 위기의식 속에서 국권 회복의 방책을 모색하고자 창간되었다. 무엇보다 태극학회의 회원들은 현재는 극렬한 생존경쟁의 시대로 인간도 우승열패의 법칙에서 벗어날 수 없는바, 승자는 번성하겠지만, 열자는 곧 국권을 상실하고 도태될 위기에 처하게 됨이 자연의 이치라는 생각을 공유했다.[4] 즉, "진화의 정도가 극에 다다른 금일에는 그 경쟁의 단위가 단체, 국가"인바 국가는 당장 생존에 적합한 성질, 즉 "국민이 사회 도덕을 실행하고 금일 정도에 적당한 인생생활에 필요한 범백사위(凡百事爲), 정치, 법률, 도덕, 군사, 교육, 농공상 등 일체를 연구하고 발달시켜"야 하고, 태극학회 또한 그러한 노력에 힘을 보태야 한다는 것이었다.[5]

세계 각국이 경쟁의 시대를 맞아 저마다 문명 개발에 힘쓰고 있는 이때, 대한제국도 적자가 되기 위한 길을 시급히 모색해야 했는데, 태극학회는 그 답이 실업과 각종 산업발달에 있다고 보았다. 모란산 인 김수철은 사회는 각종 산업이 긴밀하게 연결되어 서로를 진작하는 일종의 "활체(活體)"로 사회가 성숙하고 진보를 향해 나갈 수 있도록 그 토대가 되는 산업기반을 구축해야 한다고 주장했다.

산업을 크게 구분하면, 다음과 같이 네 가지로 나뉜다. 첫째 정치기관, 둘째 생산기관, 셋째 무비기관, 넷째 이상기관이 그것이다. … 지금 서양의 여러 나라들의 부강함이 세계문명의 으뜸이 된 이유는 오로지 이 네 가지 기관이 고르게 발달한 결과이다. 이는 서양의 근대사로 확실히 증험할 수 있다. 서양의 여러 나라 가운데 영국이 가장 진보한 나라이다. … 영국은 한편으로는 군주의 폭정에 항거하여 헌법을 제정하고 정리를 개량한 적도 있고, 한편으로는 해외에 진출하여 식민지를 개척한 적도 있으며, 한편으로는 증기기관을 발명하고, 한편으로는 직물기계를 제작하기도 하

---

4 태극학보의 문명 인식에 관해서는 박정심, 「태극학보의 '문명' 인식에 관한 연구」, 『한국철학논집』 79, 한국철학사연구회, 2023, 292~319쪽.

5 장응진, 「진화학상 생존경쟁」, 『태극학보』 4, 1906. 10, 『완역 태극학보 1』, 보고사, 2020, 241~264쪽. 이 논문에서 인용하는 『태극학보』 기사들은 모두 2020년 보고사에서 출판된 『완역 태극학보 1~5』에서 인용했다. 『태극학보』에 실린 과학기사의 분야별 정리목록은 김연희, 앞의 책, 287~311쪽에서 찾아 볼 수 있다.

고, 한편으로는 자유무역을 단행하기도 하고, 한편으로는 철도를 건설하
기도 하고, 한편으로는 문학을 진작하기도 하였다.[6]

이렇듯 산업과 사회, 문명의 진화가 선순환 구조를 만들어내기 위
해, 가장 먼저 할 일은 무엇보다 서양 문명이 가지고 있는 힘의 근간,
그 지식체계를 빠르게 흡수해 자생의 기반의 구축하는 것이었고, 그
것이 바로 일본 유학생 자신들의 과제였다. 일본 유학생들은 그간 일
본이 구축해온 서양 지식체계를 배우고 익히는 학생이자, 동시에 위
태로운 대한제국에 새로운 지식을 공급할 교사이어야 했다. 태극학회
의 초대회장 장응진은 『태극학보』 창간호 논설에서부터 지식 습득과
보통교육의 시급함을 천명하고, 일본 유학생들에게 항상 이러한 두
가지 과제를 동시에 추구할 것을 촉구했다.

　무릇 교육의 원대한 목표는 개인의 품격과 국가의 인격을 고상하게 발
　달시장에 있지만, 그 직접적 목적은 금일 생존경쟁에 처해 자활자존(自活
　自存)의 필요한 방책을 강구함에 있다. 이 20세기는 자못 무력의 경쟁
　시대가 아니라 지식의 경쟁이요 경제의 경쟁이요 권력의 경쟁이니 고로
　국가는 생존 활동에 목적을 정하지 않을 수 없다. 금일 이 세상에 처해
　상식을 닦지 않고 사회에 서고자 함은 무예를 닦지 않고 전장에 나감과
　다르지 않으니 이는 금일 문명 열국이 국민 보통교육에 주력하는 이유다.[7]

6   모란산인, 「최선의 문명개화는 각종 산업발달에 있다」, 『태극학보』 18, 1908.2, 『완역
　　태극학보 4』, 102~107쪽.
7   장응진, 「우리나라 교육계의 현상을 관찰하고 보통교육의 급선무를 논한다」, 『태극학
　　보』 1, 1906. 8, 『완역 태극학보 1』, 52~56쪽.

태극학보는 문명창달, 산업개발의 기초로서 무엇보다 서양의 새로운 지식체계, 특히 과학의 중요성 강조했다.[8] 그런데, 과학은 이성적 사유와 과학적 탐구를 토대로 실제 세계의 확실한 지식을 얻는 것으로, 옛 성현의 말을 중시하고 수양을 강조하는 동양의 사유체계로는 제대로 접근할 수 없었다. 김낙영이 역술한 「동서양의 수학사상」 논설에 따르면, 어떤 문명이든 생활상의 필요에 따라 수학 사상을 발달시키지만, 곧 두 번째 단계에서 각 사회는 지식체계에 대해 어떤 태도를 보이느냐에 따라 학문체계의 성장을 가로막거나 고취하게 된다. 즉 "통일방법"을 취한 동양에서 모든 학문은 종교, 철학의 교리 안에 흡수·통합될 수 있어야 했는데, 과학과 같이 잘 맞지 않는 분야는 이단으로 쫓겨나고 발달이 저해되었다. 반면, "분파방법"을 취한 서양에서는 각 분과학문이 제각기 성장할 수 있었는데, 이러한 환경에서 한때는 사술에 불과했던 연금술과 점성술도 화학과 천문학으로 발전할 수 있었다.[9] 그리고 이렇듯 각각의 실제 문제를 깊이 궁구함으로써 성장한 각 분과학문은 실제의 문제를 해결하는데도 탁월한 능력을 발휘했는데, 서양 사회가 물질적으로 발전하는 직접적인 힘을 제공했다.

---

8 "과학" 용어 성립에 대해서는 김성근, 「일본의 메이지 사상계와 '과학'이라는 용어의 성립과정」, 『한국과학사학회지』 25-2, 한국과학사학회, 2003, 131~146쪽, 태극학보에 나타나는 과학의 의미에 대해서는 노연숙, 「1900년대 과학 담론과 과학 소설의 양상 고찰」, 『한국현대문학연구』 37, 한국현대문학회, 2012, 35~42쪽; 김현주, 「계몽기 문화 개념의 운동성과 사회운동」, 『개념과 소통』 15, 한림과학원, 2015, 5~42쪽을 참고하라.
9 김낙영 역술, 「동서양의 수학사상」, 『태극학보』 10, 1907.5, 『완역 태극학보 2』, 339~342쪽.

　　과학은 곧 실학이니, 공리공론도 아니고 상상도 아니고, 실제의 학문이다. 이를 실제에 응용하면 국가와 사회의 각종 사업을 발달시키는 동시에 일반 국민의 상실을 발달시키는 기초가 될 것이다. 대개 과학이 발달하고 보급되면 개인적으로는 각자의 사업과 경영이 온전히 성행하게 되고 재력이 증가하여 견실한 사상적 발전을 도모하게 되니, 국가적인 사업에서는 현저한 진보를 이루어서 공고하고 풍부한 기초를 세우는 것은 자연적인 결과이다.[10]

　　즉 과학은 자연물과 자연 현상을 궁구하는 지식체계임과 동시에 실제 세계를 탐구하고 조작해 각종 산업발달의 토대가 되는 새로운 물질문명을 만들어내는 실제의 학문이었다. 그리고 이러한 실제의 학문은 수학이라는 과학의 언어로 이루어졌고, 수학을 토대로 한 분과 학문 체계로 구성되었다. 수학은 실제 세계의 "확실한 진리를 인식"하게 할 뿐아니라 "감각–오관으로 얻은 지각을 정당히" 할 수 있도록 해 단순히 경험만으로는 얻을 수 없는 "인과법칙을 적확히" 하며 이를 "엄밀하게 증명"해 "자연력을 제어·이용"할 수 있도록 했다. 이러한 수학을 토대로 자연에 대한 지식은 "물체가 운동하는 이치를 설명하는 물리", "분자가 화성하는 이치를 설명하는 화학", "일월성신의 이치를 설명하는 천문학", "동식물의 생존 이치를 설명하는 생리학" 등 여러 분과학문의 성장으로 뻗어 나갈 수 있었다. 장응진은 수학과 과학을 토대로 교수법과 교과를 완전히 새롭게 만들 때만이 작금의 "개화를 이해"하고, "실업의 발전과 물질적 진보"를 이뤄갈 수 있다고 주장했다.[11]

―――

10　김영재, 「과학의 급선무」, 『태극학보』 20, 1908.5, 『완역 태극학보 4』, 251~253쪽.

결국, 동양의 사유체계가 현재와 같은 열국의 위기를 초래했다면,
이 위기를 벗어나기 위해서는 서양의 새로운 지식체계, 과학을 빠르
게 흡수하고 체화해야 했다.[12] 그러나 이러한 분과학문을 바탕으로 새
롭게 지식체계를 쌓아가기 위해 당장 시급한 문제는 여전히 과학을
이해하고 설명 전달할 교수자가 부족하다는 것이었다. 서양 과학지식
은 개항 직후 관이 주도하는 한역 과학기술서 수집 작업을 통해 상당
량이 유입되고, 개화 관료들에 의해 설립된 근대식 학교에서도 이미
하나의 과목으로 자리 잡고 있었다. 더욱이 과거제 폐지 후 개편된
교육제도는 실용교육을 강조해 서양과학기술 지식을 적극적으로 수
용하고자 했고, 이를 위해 학부는 해외유학생 파견 사업을 시행하기
도 했다. 이러한 노력에도 여전히 서양 과학기술 지식의 수용과 전문
가 양성은 더디기만 했는데, 『태극학보』에 참여한 유학생 중에도 도
쿄 고등사범학교 수리과를 다닌 장응진 정도를 제외하면, 자연과학을
전공하려는 이는 찾아보기 힘들었다.[13] 실제 『태극학보』의 과학기사
들 또한 중학 정도의 학력을 가진 유학생들이 자신들이 배우고 익힌
바를 토대로 작성하는 실정이었다. 추성자는 당장 재주와 식견이 뛰

11 장응진, 「교수와 교과에 대하여」, 『태극학보』 14, 1907.10, 『완역 태극학보 3』, 193~
    197쪽.
12 분과 학문의 도입과 학지의 전환에 관해서는 구장률, 앞의 책, 13~91쪽; 조형래, 「학회
    지의 사이언스 - 사이언스를 중심으로 한 개화기 근대 학문체계의 정초에 관하여」, 『한
    국문학연구』 42, 한국문학연구소, 2012, 45~93쪽을 참고하라.
13 장응진은 수리과학 전공자였지만, 실제 태극학보에서 그의 과학 관련 기사는 1호와
    2호에 실린 「공기설」, 「화산설」 뿐이다. 장응진은 주로 교육을 강조하는 논설, 분과학
    문 체계를 소개하는 글, 문학 작품을 많이 남겼다. 물론 일찍부터 농학과 의학 분야에는
    유학생이 많았고, 그들도 농법이나 위생 관련 기사 작성으로 태극학보에 적극 참여했
    다. 이 글에는 과학기사의 대상을 자연과학, 이학 분야로만 한정해서 분석했다.

어난 자를 뽑아 외국에 파견해 유학시켜야 한다고 주장했지만, 그것을 기다리고 있을 수만은 없었다.

> 구두로만 말하는 격물치지 네자 뿐 … 오늘날 교육의 처음은 소학교부터인데, 수신·산술·지지·역사·독본·체조 등의 학문은 겉으로 보면 쉬운 것 같다. 평소 대강 한문을 읽은 자가 교사가 될 수 있을 것 같지만, 예전에 강론한 바가 전부 맹경이다. … 물리·화학·공학·농학·상학의 경우 옛사람이 발명하지 못한 바를 발명해야 한즉 실제 공부가 확실한 후에야 대강의 뜻을 알 수 있다.[14]

이렇듯 아직 과학지식의 토착화는 고사하고 과학 지식을 제대로 설명할 교사도 부족한 상황에서 『태극학보』는 과학기사들을 통해 국민에게 유용한 과학지식을 알기 쉽게 전달하고, 나아가 과학교습에 사용할 수 있는 강담 혹은 교안들을 마련함으로써 과학을 더 널리 전파하고자 했다. 초해생, 학해주인 등 다양한 필명으로 사용하며 학원 세션의 과학기사의 상당수를 작성한 김낙영이 대표적이다.[15] 김낙영의 생애 전반에 대해서는 알려진 바가 없지만, 태극학회를 중심으로 활동하던 시기와 이후 십여 년간의 행적을 신문잡지 등을 통해 추측해 볼 수 있다. 1905년 일본으로 유학을 떠난 김낙영은 1906년 9월, 일본공예학교 전기과에 입학했다.[16] 이후 1910년 3월 이보경(이

---

14 추성자, 「사범 양성의 필요」, 『태극학보』 26, 1908.11, 『완역 태극학보 5』, 391~395쪽.
15 손성준은 『태극학보』에 실린 기사들에 대한 문체 분석을 토대로 초해생, 학해주인, 숭고생이 김낙연의 필명임을 밝혔고, 연구생, 호연자, 양천자, 모험생도 김낙연의 필명일 것으로 추측했다. 손성준, 「『태극학보』의 "역사담" 번역과 그 정치적 지향−개신교와 『태극학보』의 연관성 시론」, 『한국문학연구』 61, 2019, 309~310쪽.

광수) 등과 함께 메이지 중학부를 졸업한 기록이 『대한흥학보』 12호
에 남아있다.[17] 김낙영은 태극학보 창간 때부터 줄곧 편집위원으로 활
동했고, 17호 발간 때부터는 부회장직을, 19호 발간 시부터 24호 발간
시까지는 회장직을 맡았고, 이후에는 다시 부회장직을 수행했다. 그
외 김낙영은 도쿄 조선기독교청년회 이사직도 맡았던 것으로 보인
다.[18] 1908년 여름에는 태극학회 회장의 자격으로 각 지역의 지회를
방문하기 위해 잠시 귀국했는데, 서북학회와 평양 일신학교가 그를
맞아 귀국환영회를 열어준 기록을 『횡성신문』에서 찾아볼 수 있다.[19]
이때 김낙영은 황해도 안악 지방에 기반을 둔 면학회와 김구를 주축
으로 설립한 양산학교가 공동으로 개최한 제2회 하기사범강습회에
강사로 참여하기도 했다.[20] 이후 김낙영의 행적을 몇 개의 신문기사를
통해 구성해보면, 1923년에는 "조선기독교청년연합회"가 주최한 강
연회에 김창제와 함께 강사로 참석했고, 1925년에는 재령지역 명신
고등학교의 교장으로 재직하며 명신학교 고등과를 고등보통학교로
승격시키기 위해 애썼으며, 1929년에는 재녕야학회를 설립하고 원장
으로 활동했다.[21]

---

16 초해생, 「미국에 유학하는 벗에게」, 『태극학보』 17, 1907.9, 『완역 태극학보 4』, 72쪽;
　「잡록」, 『태극학보』 3호, 1906.9, 『완역 태극학보 1』, 242쪽.

17 「회원동향-졸업자 명단」, 『대한흥학보』 12, 1910.4.

18 「동경조선기독교청년회」, 『한국민족문화대백과사전』, https://encykorea.aks.ac.kr/Art
　icle/E0016200.

19 「잡록」, 『태극학보』 23, 1908.7, 『완역 태극학보 5』, 186쪽; 「서북학회 귀국」, 『횡성신
　문』, 1908.7.19; 『횡성신문』, 1908.8.7.

20 「면학회」, 『한국민족문화대백과사전』, 「https://encykorea.aks.ac.kr/Article/E0018187.

21 「조선기독교청년련합회주최 강연회」, 『동아일보』, 1923.9.1; 「명신고등과를 고보교로
　승격 운동」, 『동아일보』, 1925.1.12; 「황해도 재령군 재령야학회 설립(학생 100명, 원장

즉 김낙영은 기술학교를 거쳐 일본의 중학교 교육을 마치고 소학교 교사로 활동할 수 있는 정도의 과학 교양을 갖춘 과학교사 혹은 과학 활동가로, 결코 과학 분야 전문가라 볼 수 없었다. 김낙영과 함께 『태극학보』의 주요 편집진으로 참여하며 여러 과학기사에 필자 혹은 역자로 이름을 올린 김홍량, 김현식, 박상락 역시 당시 메이지학원 중학부에 재학 중이었고, 뒤늦게 유학 온 박정의는 아직 공수학교에 다니고 있었다.[22] 따라서 이들에게 과학 전문가로서 과학연구 논문이나 과학 전반에 관한 전문적인 소견을 기대할 수는 없었다. 사실 그들도 자신들의 한계와 역할을 정확히 알고 있었는데, 호연자는 이과는 "과학을 교수하는"것이 아닌 "다만 자연물체를 재료로 이용해 성격의 양상과 일상생활상의 자급을 기약"할 뿐으로 그 범위를 한정했다. 그러나 그들은 소학교 교육에서부터 이러한 자연에 질서에 따라 실제 실물을 직접적인 감각으로 흡수하는 지식 활동의 방식, 과학적 탐구 방법을 배우고 익힘으로써 확실한 지식으로 나아가고, 새로운 문명창달을 꾀하는 토대가 될 것이라 기대했다.[23]

그렇다고 이들 유학생 필자들의 과학기사 작성 활동을 그저 학교에서 배운 과학지식을 충실하게 전달한 정도로 볼 수는 없는데, 태극학보의 과학기사들은 교과 범위를 넘어 과학계의 최신 동향까지 넘나

김낙영)」, 『동아일보』, 1929.1.17.

22 김홍량과 김현식의 메이지학원 중학부 졸업 소식은 「본회 회원동향」, 『대한흥학보』 2, 1909.4; 박상락의 메이지학원 중학부 3학년 입학 소식은 「회원소식」, 『태극학보』 20, 1908.5, 『완역 태극학보 4』, 304쪽; 박정의의 유학과 츠카치 공수학교 입학 소식은 「잡록 – 신입회원」, 『태극학보』 8, 1907.3, 『완역 태극학보 2』, 230쪽에서 확인할 수 있다.

23 호연자, 「이과 교수법 문답」, 『태극학보』 15, 1907.11, 『완역 태극학보 3』, 284~288쪽.

들고 있었고, 독자의 수준에 따라 관심과 흥미를 끌기 위한 다양한 서술 전략을 구가했다. 이들은 일본에서 유통되는 광범위한 서양 과학 문헌을 찾아 읽고, 토론하며, 과연 어떤 과학지식을 "국민의 지식"으로 개발하고 전파할 것인가, 즉 어떤 기준으로 과학지식을 선별하고, 어떤 형태로 가공할 것인가, 어떤 용어를 사용하고, 무엇을 강조할 것인가를 함께 고민했고, 이러한 고민은 태극학보가 과학기사를 다양한 방식으로 시험, 가공하는 토대가 되었을 것이다. 이들의 활동이야 말로 "때때로 연설과 강연 혹은 토론 등으로 학식을 교류하고 연마하여 뒷날 웅비할 준비를 게을리하지 않고 배우는 여가를 이용하여 각자 학습하는 바를 전문 또는 보편 수준으로 저술하거나 번역"한다는 『태극학보』「발간의 서」가 말한 취지에 그대로 부합하는 것이었다.[24]

3. 과학 지식을 "국민의 지식"으로 가공하는 실험공간

『태극학보』의 과학기사들은 다른 분과학문들과 마찬가지로 주로 학원 세션에 배치되었다. 1호와 2호에서 과학기사들이「공기설」,「수증기의 변화」,「석탄」,「석유」,「화산설」,「미균론」,「소금」등 제목에서도 볼 수 있듯이 설명수준에서 다소 차이가 있지만, 대체로 자연에 관해 새로 배운 각기 다른 지식을 하나의 지식체계로 체계화하지 못한 채, 각기 나열하는 정도에 불과했다. 그중 도쿄제국대학 농과에 재학 중이었던 김진초가 쓴「미균론」은 "현미경-시력을 강대히 하는

---

24 「발간의 서」,『태극학보』1, 1906.8. 『완역 태극학보 1』, 31~32쪽.

거울"을 통해서만 드러나는 이 세계의 "이상한 광경"을 전하고 있는
데, 구정물 한 방울 안에도 수를 셀 수 없이 많은 미생물이 활발하게
움직이고 있었다. 눈에 보이지 않으나 어디에나 있는 미생물들은 전
염병을 일으키고, 음식물을 부패시키지만, 미생물의 발효작용을 잘
이용하면, 좋은 술과 식초를 만들 수 있었다. 이렇듯 "우리 주위에
가득하여 큰 관계를 둔 미생물들을 우리가 불가분 연구해야 할 것"이
라는 김진초의 담담한 진술은 독자들에게 서양과학이 가진 물질적
기반과 그 효용과 힘을 보여주기에 충분했다.[25]

　과학기사들은 호당 2, 3건 정도로 줄어들 때도 있었지만, 꾸준히
지면을 차지했고, 점차 각 과학 분과별로 체계적으로 정리되고 논리
적으로 잘 정돈된 논문기사의 형태를 띠었다. 「화성에 관한 신학설」,
「우리가 토해내는 탄산가스」, 「두부(頭部)의 근육수」, 「개 짖는 소리가
들리는 거리」 같이 호기심을 자극하는 단편적인 지식 혹은 풍문들은
간혹 「잡록」 세션에서나 찾아볼 수 있었다.[26] 대표적으로 박정의가
『태극학보』 18호에서 22호까지 4차례에 나눠 실은 「화학별기」, 「화학
초보」는 "물질 조성의 여러 변화와 각종 물질의 성상을 강구하는 이
학의 한 분과"로 화학을 정의하고, 물리적 변화와 대비되는 다양한
화학적 변화들을 주요 물질들과 함께 제시했다. 박정의는 다양한 화
학 반응들을 소개하기에 앞서, 물질을 금속, 비금속 원소로 나누고,

25　도쿄제국대학 농과를 다니며 『태극학보』에 활발한 필진 중 한 명으로 참여한 김진초는
　　농업, 식목, 양계, 농업정책 등 전문적인 식견이 담긴 논설들을 실었다. 『태극학보』
　　22호 회원 소식란에서 그의 졸업을 확인할 수 있다. 김진초, 「미균론」, 『태극학보』
　　2, 1906.9, 『완역 태극학보 1』, 141~142쪽; 「회원소식」, 『태극학보』 22, 1908.6, 『완역
　　태극학보 5』, 98쪽.
26　「잡록」, 『태극학보』 13, 1907.9, 『완역 태극학보 3』, 156~158쪽.

화학 분과에서 물질과 반응을 기술할 때 사용하는 원소 기호 및 원자량의 의미와 화학 반응식 작성법을 자세하게 설명했다. 화학반응은 반드시 물질에 비율에 맞춰 일어나며 "만약 분량이 맞지 않으면 화합하지 못"하고, 반응이 일어난 전후에 "원량은 결코 증감이 없"는데, 이는 "화학상 대원칙"이었다.

박정의는 산소에서부터 시작해 질소, 수소, 탄소 등 우리 주변에 가장 흔한 물질들이 일으키는 대표적인 반응들을 제시하고, 그 다양한 화합물의 쓰임과 제조법 등을 설명했다. 초산은 각종 공업에서 가장 유용한 물질 중 하나로 다양한 질산염 제조뿐 아니라 화약, 폭발물을 만들 수 있는 원료로 "각 문명국에서는 무연의 화약을 발명하여 전쟁 시에 요긴하게 사용"하고 있었다.[27] 이러한 박정의의 과학기사는 비록 기초적인 수준이지만 유학생들이 스스로 배우고 익힌 새로운 학문 분야를 그 분야의 방법론에 따라 체계적으로 이해하고 논리적으로 설명할 수 있게 되었음을 보여준다. 그리고 이렇듯 잘 정리된 과학기사들은 곧 다른 유학생 혹은 고국의 독자들이 새로운 지식 분야에 쉽게 접근할 통로가 되었고, 지식 개발과 확산에 보탬이 되고자 한 유학생 잡지 본연의 목적에 부응할 수 있었다.

『태극학보』의 과학기사들은 유학생 필자들이 아직 배우는 과정에 있었던 만큼 대부분 중등 수준의 과학 지식을 다뤘다. 그렇다고 모두가 이미 오래전에 확립된 기초 지식이었다고 단언하기는 어려운데,

---

27 그 외 반응성이 가장 커 다양한 화학반응에 사용되는 할로겐 화합물들을 마지막 기사에서 다뤘다. 「화학별기」, 『태극학보』 18, 1908.2, 『완역 태극학보 4』, 141~144쪽; 「화학초보」, 『태극학보』, 19, 1908.3, 같은 책, 219~223쪽; 『태극학보』 20, 1908.4, 같은 책, 273~275쪽; 『태극학보』 22, 1908.6, 『완역 태극학보 5』, 77~80쪽.

예를 들어 학해주인이 작성한 「인조금」에 관한 기사는 원자 이론이 이제 막 태동하던 20세기 초 최신 물리학 이론들을 반영하기도 했다. 예부터 돌덩이로 금을 만든다는 연단술 혹은 연금술은 동서양을 막론하고 사람들의 관심을 끌었지만, 동양에서는 불로장생의 단약을 만든다는 음양술을 사술로 여겨 배척했고, 서양에서도 오랜 실험 전통이 화학 분야의 성장을 촉발했지만, 곧 "원소는 만물 궁극의 성분이요," 변화할 수 없다는 화학 법칙이 정립되며 거짓임이 판명되었다. 기사는 최근 물리학에서 "물질 성분에 대한 각종 의론이 있는 가운데 물질을 모두 극히 미세한 먼지로 이뤄졌다는 학설"이 유행하고 있고, 이를 바탕으로 "물질의 일원론"이 다시금 제기되고 있지만, 이는 "억설"에 불과하다고 평가했다. 이 기사가 작성된 1908년은 1897년 톰슨이 음극선관 실험을 통해 새로운 원자모형 - 원자는 더이상 쪼개지지 않는 입자가 아닌 양성자와 전자로 구성된 덩어리 - 을 제시한 후, 1911년 러더퍼드가 알파입자 산란실험으로 원자핵과 전자 궤도의 존재를 입증하기 전으로 새로운 원자 가설 논의가 활발하게 제기되던 시기였다. 즉 학해주인은 물리학의 최신 논의들과 그에 기대어 부풀려진 가설들을 나름의 방식으로 검토하고, 그간 자신이 익힌 화학에 관한 지식에 토대해 "한 종류의 원소를 다른 원소로 바꾼다는 것은 불가능"하다는 결론에 도달했다. 더욱이 이 기사는 흥미로운 이야깃거리이기도 한 연금술, 연단술을 시작으로 금속이론이 발달하는 과정을 간략한 화학사를 통해 살펴보고, 금속 분광학에 관한 최근 논의, 태양광 스펙트럼 연구 내용까지 폭넓게 다뤄 당시 유학생들의 지식 습득 폭과 깊이를 가늠해 볼 수 있다.[28]

이렇듯 『태극학보』의 과학기사들은 유학생 필자들의 학습이 깊어

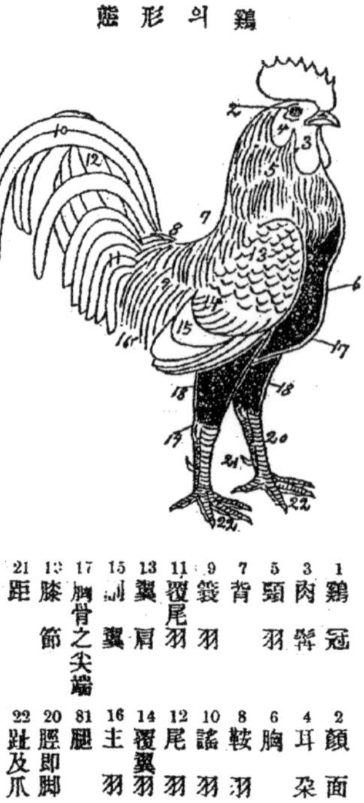

鷄 形 의 鷄

21 19 17　15 13 11　9　7　5　3　1
距　膝　胸　川　翼　覆　簑　背　頭　肉　鷄
　　節　骨　翼　之　肩　羽　羽　　　羽　等　冠
　　　　之　尖
　　　　翼　端

22 20 81　16 14 12 10　8　6　4　2
趾　脛　腿　主　覆　尾　諸　鞍　胸　耳　顔
及　即　脚　　　尾　羽　羽　羽　羽　　　面
爪　脚　　　翼　羽

〈그림 1〉 닭의 각부 명칭도

짐에 따라 논의가 풍부해졌음은 물론 설명 방식도 세련되고 다양해졌다. 몇몇 기사들에는 독자의 이해를 돕기 위한 그림이 삽입되기도 했다. 김진초의 「양계설」은 닭의 여러 품종에 대한 설명하며, 닭의 그림에 번호를 붙여 학술적으로 사용하는 닭의 각 부위 명칭을 세세하게 제시했다.[29] 그 외에는 주로 도르래, 사이폰, 축압기, 펌프 등 기계를 다루는 기사에서 기계의 모양과 그 작동 원리를 효과적으로 보여주기 위한 용도로 그림이 삽입됐다.[30] 자연과 사물을 탐구대상으로 하는 과학에서 그림은 설명을 보충하는 역할 뿐 아니라 과학의 내용 그 자체를 구성하기도 하는데, 적절한 그림은 필자와 독자 사이, 설명과 상상 사이에 간극을 줄이고 원활한 소통과 정확한 이해가 가능하도록 했다. 『태극학보』의 과학기사들에서 그림 사용은 아직 매우 제한적이었지만, 지식 확산을 위해 특히 과학 분야에서 중요한 설명 방식이 조금씩 시도되기 시작했음을 확인할 수 있

---

28 학해주인, 「인조금」, 『태극학보』 18, 1908.2, 『완역 태극학보 4』, 131~136쪽.

29 김진초, 「양계설」, 『태극학보』 14, 1907.10, 『완역 태극학보 3』, 215쪽.

30 김현식, 「물리학 강의」, 『태극학보』 23, 1908.7, 『완역 태극학보 5』, 148~150쪽; 포우생, 「사이폰·측압기·펌프」, 『태극학보』 24, 1908.9, 같은 책, 237~240쪽.

다. 태극학보에 수록된 그림의 목록은 〈표 1〉과 같다.

〈표 1〉 그림이 포함된 과학기사

저자	기사 제목	그림 내용	수록 위치
김진초	양계설	닭 각부 명칭도	14호
양천자	경기구 이야기	열기구 도해와 각부 명칭	15호
연구생	자석 – 세속에 이른바 지남철 이야기	항해용 나침판 도면	17호
김현식	물리학 강의	고정·움직·합성 도르래 4종	23호
김홍량	화학 강의	불꽃의 구조	23호
관물객	계란저장법	나선 양수기 기계	23호
포우생	사이폰·측압기·펌프	사이폰, 측압기, 펌프 도해	24호

　10호가 넘어가면서부터는 "강담"의 형태로 각 과학 분과들을 개론해 정식화한 글들이 다수 게재되었다. 천문학의 정의에서부터 태양의 구조와 운동, 태양계에 속한 행성들을 차례로 다룬 양천자의 「천문학 강담」 시리즈, 콜럼버스의 지리 발견으로 시작해 지구의 구조와 크기, 지구의 운동으로 전개되는 연구생의 「지문학 강담」 시리즈가 대표적이다. 이들 글은 항목에 번호를 매겨 체계를 만들거나 서론과 본론으로 구성해 논리적 일관성을 구축하려는 노력이 엿보이는데, 교과서 혹은 강의 교안을 염두에 두고 작성된 논설로 보인다.[31] 이러한 글들은 확실히 어떤 지식을 어떻게 보급할 것인가를 두고 유학생 필자들이 치열하게 고민한 결과물이었다. 유학생 필자들은 당장 과학교육을

31　양천자, 「천문학 강담」 14, 1907.10, 『완역 태극학보 3』, 210~214쪽; 『태극학보』 16, 1907.12, 같은 책, 345~347쪽; 『태극학보』 20, 1908.5, 『완역 태극학보 4』, 279~282쪽. 연구생, 「지문학 강담」, 『태극학보』 13, 1907.9, 『완역 태극학보 3』, 124~128쪽; 『태극학보』 14, 1907.10. 같은 책, 204~206쪽.

시행하기 위한 교과서 혹은 지침서도 제대로 갖춰지지 않은 상황에서
교육자들이 참고할 혹은 학생 스스로 과학학습을 시작할 기초 자료가
필요하다고 판단했고, 과학지식을 그에 맞춰 편집, 가공하고자 했다.
이와 관련해 흥미로운 점은 『태극학보』가 같은 필자가 같은 주제에
관해 다른 방식으로 서술한 기사들도 함께 싣고 있다는 것이다. 연구
생은 「땅속의 온도」 기사를 통해 땅속으로 깊이 내려가면 온도가 내
려가다 다시 올라가는 변이 구간들이 생기는데, 이 현상을 두고 지질
학계에서 혹시 지각 내부가 뜨거운 액체가 아닌가 하는 가설이 제기
되어 논쟁이 되고 있음을 소개하는가 하면, 「전세계 연구」라는 글에
서는 지각 활동을 설명하며 문명의 역사는 이집트가 가장 길지만, 사
실 지각의 역사에서는 중국이 가장 오래되었다며, 이렇듯 유사 이전
의 사실을 아는 것이 바로 "과학의 힘"이라 강변했다. 또한 「자석-세
속에 이른바 지남철 이야기」에서는 연못에 도끼를 빠뜨린 나무꾼 설
화가 사실은 지구의 자력에 도끼가 끌려가 생긴 현상일 수 있다는
자못 황당한 설명으로 자력에 관해 독자의 흥미를 유발하기도 했다.[32]

같은 주제를 다양한 수위에서 다양한 방식으로 기술한 일련의 과
학기사들은 필자가 필요에 따라 과학지식을 다양하게 가공하고 변주
할 수 있는 능력을 갖추게 되었다는 뜻이기도 하지만, 무엇보다 필자
들이 다양한 수준의 독자들을 염두에 두고 과학지식에 접근하는 다양
한 방식을 보여줌으로써 그들의 관심과 흥미를 유발하기 위해 노력했

---

32 연구생, 「땅속의 온도」, 『태극학보』 15, 1907.11, 위의 책, 270~274쪽; 「자속-세속에
  이른바 지남철 이야기」, 『태극학보』 17, 1908.1, 『완역 태극학보 4』, 62~64쪽; 「전세계
  연구」, 『태극학보』 18, 1908.2, 같은 책, 127~130쪽.

음을 방증하는 것이기도 하다. 교과서 혹은 강의 교안의 형태로 다소 딱딱하게 정리된 논설들과 일상에서 접할 수 있는 과학적 경험들, 과학에 대해 떠도는 풍문들, 과학 주변이 이야깃거리들은 서로 어우러져 과학 지식을 더욱 새롭고 흥미로운 지식체계로 만들어냈고, 독자들에게 과학지식을 풍부하게 이해할 기회를 제공했다. 즉『태극학보』의 과학기사들은 단순히 과학지식을 정확하게 전달하는 이상으로 다양한 층위에서 독자들의 과학 이해를 높이고 과학의 저변을 넓히는 역할을 수행하고자 했다. 일본 유학생 필자들은 당장 실험실을 만들고, 최신 과학논쟁을 시험하는 과학 활동을 시작할 수는 없었지만, 자신들이 배우고 익힌 바를 과학기사라는 형태로 만들어내는 나름의 과학 활동을 실천하고 있었다. 이러한 의미에서『태극학보』는 당장 과학 연구가 가능한 물적 기반을 형성하기 어려운 근대전환기, 대한제국의 현실에서 일본 유학생 필자들에게 과학지식을 다양한 방식으로 시험하고 가공해 "국민 지식"을 창출하고 미래를 기약할 일종의 실험공간을 제공했다. 그리고 그러한 실험공간 안에서 일본 유학생 필자들은 다양한 방식으로 과학 지식 확산을 실천하는 과학교사 혹은 과학 활동가로 성장할 수 있었다.

4. 과학 탐구방법과 발명하는 과학자

『태극학보』의 과학기사들은 서양 과학지식을 "국민의 지식"으로 개발해 근대전환기 대한제국의 국민에게 전달하는 역할을 넘어, 국민 스스로 과학을 가르치고 확산하는 과학교사가 되도록 조력함으로써

과학 지식을 한층 더 널리 전파하고자 노력했다. 호연자가 역술한 「이
과 강담」 시리즈는 "소학교 교원의 참고를 위해"라는 부재에서도 드
러나듯 과학 지식 전파자를 토착화해 지식 확산의 자생적 기반을 구
축하려는 시도를 잘 보여준다. 「이과 강담」 시리즈는 실험·관찰 실습
을 수업을 준비하기 위해 교사가 준비할 일들을 나열한 일종의 안내
문 성격의 기사인데, 마치 실험·관찰 활동을 통해 지식을 획득하는
경험을 한 번도 해보지 않은 사람에게 설명하듯 필요 이상으로 상세
하게 작성되었다. 특히 개구리 관찰, 식림 연구, 램프·양등 실험을
소학교 과학 실험·관찰 교안으로 선택·번역한 호연자는 교사가 학생
들에게 적절한 질문을 던짐으로써 학생들이 중요한 과학지식을 체득
할 수 있음을 강조했다.

먼저 개구리 관찰 교안은 소학교 교사들에게 주변에서 흔히 개구
리를 흘려보는 행동과 과학을 통해 개구리를 관찰하는 활동이 얼마나
다른가를 잘 보여줬다. 수월한 관찰을 위해서는 개구리의 일반적인
특징을 가장 잘 보여주는 황색 줄무늬 청개구리를 준비할 것이 권장
됐다. 무엇보다 개구리 관찰은 양서류라는 생물 분류를 염두에 두고
관찰계획을 세워야 하는데, 양서류의 특징을 가장 잘 드러내는 미끈
거리는 피부, 5개의 발가락과 그사이를 연결하는 물갈퀴막을 꼭 관찰
하도록 했다. 개구리의 먹이활동을 확인하기 위해서는 혀에 담뱃대
기름을 살짝 발라두어 기름을 씻어내려 개구리가 혀를 내미는 순간을
포착하라는 관찰 요령을 제공하기도 했다. 개구리를 관찰한 이후에는
학생들과 개구리가 곤충, 거미들과 달리 척추동물이라는 점, 같은 척
추동물이라도 어류, 조류와 다른 점 등을 충분히 이야기하고 척추동
물이 무척추동물보다, 새가 개구리 보다, 개구리는 어류보다 "고등함

을 발견"할 수 있도록 하라는 과제를 제시해 이 자연 관찰 활동의 목
표가 어디 있는지를 명확히 했다. 즉 과학의 주된 방법론으로서 관찰
은 단순히 보는 행위가 아니라 서양 과학지식이라는 새로운 학문체계
안에서 그 양식에 따라 이뤄지는 체계적인 활동이었고, 과학을 토착
화하기 위해 과학교사라면 어쩌면 과학지식보다 앞서 익혀야 하는
중요한 태도이자 사유 방식이었다. 그러한 방법을 통해야만, 개구리
라는 하나의 생물 종은 "진화"의 확고한 증거로서 과학지식 체계 안
으로 위치할 수 있다는 것이었다.[33]

두 번째 「이과 강담」은 식림의 중요성을 다뤘는데, 학생들과 직접
나무가 우거진 숲으로 가 여름 숲의 청량함, 겨울의 숲의 따뜻함을
"반드시 실제 체험케"함으로써 식림의 중요성을 인지하게 하라고 강
조했다. 또한, 산림을 베어낸 후 홍수가 난 지역이 있다면 반드시 묻
고, 학생이 모르면 자세히 설명할 것을 당부했다. 이 교안은 실제 한
반도에 심각한 민둥산 문제와 무분별한 벌목을 경고하고자 선택된
것으로 보이는데, 바로 앞 호에 실린 초해성의 「삼나무 식재조림법」
등 여러 기사에서 조림의 중요성이 계속 강조되고 있었다. 다만 식림
을 너무 강조하다가 자칫 농지에까지 나무를 심자는 주장으로 확산할
까 주의를 환기했는데, 밭두렁 사이 적은 공터, 잡초 무성한 산야를
그냥 두지 말고 적당한 나무를 심어 독일처럼 빽빽한 숲을 조성할
것이며, 이를 위해 특히 식림이 필요한 지역에서는 1주일에 3~4시간
씩 이 문제를 학습하라고 제안했다.[34]

---

33 호연자 역술, 「이과 강담(1)」, 『태극학보』 13, 1907.9, 『완역 태극학보 3』, 112~115쪽.
34 호연자 역술, 「이과 강담(2)」, 『태극학보』 14, 1909.10, 위의 책, 207~210쪽. 초해생,

마지막 소학교 교원의 참고를 위한 「이과 강담」은 램프의 연소 실험으로 연소를 제어하는 여러 조건 램프의 밝기를 비교함으로써 연소 반응을 이해하는 동시에, 불꽃을 보호해 밝은 빛을 만드는 램프의 구조적 특징을 파악하기 위해 설계되었다. 이 교안은 주로 두 번째 목적에 초점을 둔 것으로 보이는데, 완전연소를 유도하는 등피, 광원을 모아주는 전등갓을 각기 씌웠을 때와 제거했을 때의 빛의 밝기를 비교하는 실험을 통해 그 기능을 확인할 것을 강조했다. 실험 후에는 각 조건에 따른 결과를 기록해 결론을 도출할 것이며, 교사는 학생들에게 촛불, 등잔 등 오래되고 조잡한 조명기구가 더 밝고 정교한 기구로 발전해 왔으며, 최근에는 가스등, 전기등 등 더욱 진일보한 새로운 조명기구들이 등장하고 있음을 설명토록 했다. 이렇듯 램프에 불을 켜보는 실험은 다소 단조로운 듯 보이지만, 호연자는 학생들에게 직접 기구를 조작할 경험을 제공함으로써 서양에서 발달하고 있는 기구와 기계에 관한 관심을 유도하고자 했을 것이다. 특히나 이러한 작은 기구와 기계 도입과 제작은 근대전환기, 대한제국에 가장 시급히 필요한 과학기술 지식이기도 했다.[35]

『삼나무 식재조림법』, 『태극학보』 13, 1907.7, 같은 책, 115~122쪽.

35 이 교안에는 교실에서 어린 학생들과 시행하기에 다소 위험한 연소 실험을 안전하게 수행하기 위해 지켜야 할 안전 규칙들이 매우 세세하게 서술되어 있다. 호연자 역술, 「이과 강담(3)」, 『태극학보』 16, 1907.12, 위의 책, 348~352쪽.

〈표 2〉 아동을 위한 물리학 이야기 기사 목록

저자	기사 제목	기사 내용	수록 위치
초해생 김낙영	소년 백과총서 아동 물리학 강담 1	우리 지구 아르키메데스 이야기	11호
	아동 물리학 강담 2	뉴턴의 인력 발명	12호
	아동 물리학 강담 3	갈릴레오 이야기	13호
	아동 물리학 강담 4	대기와 토리첼리	14호
NYK생	아동 물리학 강화	갈바니 이야기	25호
	아동 물리학 강화	프랭클린 이야기	26호

　과학지식의 저변 확대를 위한 『태극학보』의 노력은 「아동 물리학」 강담, 강화 시리즈를 통해서도 확인해 볼 수 있다. 「아동 물리학」 강담, 강화 시리즈는 과학자들이 각기 중요한 물리학 발견에 이르게 된 과정을 간략한 전기 형식으로 서술한 글로 11호에서 14호까지 김낙영이 4차례 연재했고, 한동안 중단되었다가 NYK생이 이어받아 「아동 물리학 강화」라는 제목으로 25호와 26호에 두 차례 연재했다. 전체 6개의 기사를 연속된 기획물로 보면, 『태극학보』 전체 기사 중에서도 가장 오랜 기간, 가장 많은 분량으로 연재되었다. 「아동 물리학 강담」은 시리즈 첫 기사 첫머리에 밝혔듯 "내국 지방 이학 강론회"에 참석한 "청년들과 소학교·중학교 생도들"을 대상으로 물리학의 중요 이론을 과학자들의 흥미로운 일화와 덧붙여 설명함으로써 과학에 관한 이해와 관심을 높이기 위한 목적으로 작성되었다. 「아동 물리학」 강담, 강화 시리즈는 물리학사의 수많은 인물 중에서도 금의 비중 측정법을 고안하고 유레카를 외쳤던 아르키메데스, 시과가 떨어지는 모습을 보고 만류인력을 발견한 뉴턴, 자유 낙하 법칙, 진자의 등시성을 발견하고 망원경을 발명해 달을 관찰한 갈릴레오, 압력계를 개발해

대기압을 측정한 토리첼리, 전지 발명으로 전기 문화 창달에 공을 세운 갈바니, 뇌정 실험으로 번개와 전기가 같은 현상임을 밝힌 프랭클린, 이상 6명의 인물을 선택했는데, 그들이 물리학사에 중요한 업적을 남겼기 때문이기도 했겠지만, 그들의 이야기가 근대전환기 대한제국의 어린 후학들에게 전달하고 싶은 교훈을 더욱 선명하게 만들어줄 수 있다고 판단했기 때문이었을 것이다.

먼저 6명의 물리학자는 모두 나름의 고난과 어려움 속에서도 포기하지 않고 노력한 결과 훌륭한 과학자로 성장했다. 어려서 병약했던 뉴턴은 아버지가 돌아가신 후 학업을 중단할 위기에 처했고, 갈릴레오는 아버지의 반대에도 과학자의 길을 선택해 결국은 모두에게 인정받는 공을 세웠지만, 동료들의 시기와 질투를 감당해야 했다. 특히 과학자이자 정치가로 미국 건국의 아버지로 불리는 프랭클린은 어려서 가난 때문에 소학교도 제대로 다니지 못했다. 이러한 과학자들의 고난사는 상투적이고 진부한 이야기들이었지만, 과학발견을 극적으로 만들고, 어려움 속에 있는 후학들에게 용기를 불어넣기 위한 장치들로 여전히 유용했다. 어려움 속에서도 결국 자수성가한 프랭클린에 관한 기사 말미에는 "겨우 소학교를 마치고도 자구자독(自究自瀆)으로 유명한 철학자가 되었으니 어찌 우리가 존경하고 본받지 않을 수 있는가"라고 적시해 실제 많은 학생이 처한 현실이기도 한 학업 중단의 어려움을 투영했다.[36]

---

36 김낙영, 「소년 백과총서:아동 물리학 강담(1)」, 『태극학보』 11, 1907.6, 『완역 태극학보 2』, 409~413쪽; 「아동 물리학 강담(4)」, 『태극학보』 14, 1907.10, 『완역 태극학보 3』, 210~203쪽; NYK생, 「아동 물리학 강화」, 『태극학보』 26, 1908.11, 『완역 태극학보 5』, 411~413쪽.

　무엇보다 「아동 물리학 강담」 시리즈에서 눈에 띄는 특징 중 하나
는 6명의 물리학자를 모두 저마다 기계를 제작하거나 발명품을 만든
발명가로 그리고 있다는 점이다. 목욕탕에 넘치는 물을 보고 유레카
를 외치며 뛰어나간 아르키메데스의 일화를 소개하면서도, 그가 지렛
대를 개발한 일, 전쟁 무기를 만든 사례를 거론하며, "2천여 년 전
인지가 오늘날처럼 개발되지 못한 시절에 이렇게 유명한 현인이 있었
음을 항상 주의하여 더할 나위 없는 신발명가가 되기 바라오"라고 당
부하는가 하면, 만유인력을 발견한 뉴턴에 대해서도 그가 직접 프리
즘을 개발해 색체 이론 형성에 기여했다는 점, 갈릴레오에 대해서는
그가 지동설을 주장해 핍박을 받았다는 이야기는 건너뛰고 그가 진자
시계, 비중 온도계, 망원경의 발명가임이 강조했다. 전지 발명가 갈바
니의 이야기는 아예 "여러분도 부지런히 학업을 마치고, 기묘한 신발
명을 계획하시오"라는 부탁으로 끝맺었다.[37]

　이러한 논조는 「아동 물리학」 강담, 강화 시리즈의 저자가 과학적
사실의 발견과 기술, 기계 발명을 혼동했기 때문은 아니었을 것이다.
오히려 「아동 물리학」 강담, 강화 시리즈의 저자는 근대전환기 대한
제국의 현실에 시급한 혹은 실제 실행 가능한 과학기술 활동이란 새
로운 과학지식의 발견보다는 유용한 도구와 기계의 발명이었고, 어린
후학들에게 권장할 과학 활동 역시 그것이었다는 점에서 물리학자들
을 발명가로 호명하는 적극적인 각색, 가공을 기획했을 것이다. 이렇

37　김낙영, 「아동 물리학 강담(2) - 뉴턴의 인력 발명」, 『태극학보』 12, 1908.7, 『완역 태극
　　학보 3』, 45~50쪽; 「아동 물리학 강담(3)」, 『태극학보』 13, 1907.9, 같은 책, 107~111쪽;
　　NYK생, 「아동 물리학 강화」, 『태극학보』 25, 1908.10, 『완역 태극학보 5』, 326~328쪽.

듯 근대전환기 대한제국의 현실에 맞춰 편집·가공된 과학자들의 전기는 어린 후학들에게 역경 속에서도 과학 탐구를 게을리하지 않고, 유용한 도구와 기계를 발명함으로써 사회에 기여하는 과학자 혹은 발명가라는 새로운 인간형을 제시할 수 있었다. 포우생의 말마따나 "오늘날처럼 과학의 풍조가 극렬한 시대에 있는 우리는 자기의 결심과 근면만 있으면 충분히 전문의 과학을 어느 정도까지는 얻을" 수 있으며, 유용한 발명으로 사회에 보탬이 될 수도 있을 것이었다.[38]

5. 맺음말

재일본 유학생 잡지 『태극학보』는 창간에서 종간까지 매우 중요한 비중을 두어 과학지식에 관한 기사를 배치하고 한호도 빠짐없이 과학 관련 논설을 실었다. 이는 하루빨리 국권 상실의 위기에서 벗어나 문명창달의 해법을 찾고자 한 유학생 집단이 "보편적 문명의 산물"로서 과학에 걸었던 기대를 반영한 것이었지만, 물적 기반은 물론 인적 기반 어느 하나 갖추지 못했던 근대전환기 대한제국의 현실에서 과학이라는 실제 연구 활동을 구축하기란 요원한 일이었다.

지금까지 살펴본 바에 따르면, 『태극학보』가 제공한 과학기술 지면은 단순히 새로운 지식을 소개하고 교류하는 장을 넘어 과연 우리에게 필요한 과학지식은 무엇인가, 어떻게 과학지식을 효과적으로 전파할 수 있는가, 자생적 기반을 갖추기 위해서는 어떤 노력을 해야

---

38 포우생, 「스스로 교육해야 한다」, 『태극학보』 23, 1908.7, 『완역 태극학보 5』, 134~136쪽.

하는가를 끊임없이 질문했고, 유학생 필자들은 그 해법을 찾아 과학기술 지식을 편집하고 시험하고 가공해 "국민의 지식"으로 만들어냈다. 이러한 과정에서 서양 지식체계를 배우고자 일본에 온 유학생들은 스스로 배우고 익히는 학생이자 위태로운 대한제국에 새로운 지식을 전파하는 과학교사 혹은 과학 활동가로서 비전문가라는 한계에 갇힘 없이 나름의 과학을 실천할 수 있었다.

더욱이 유학생 필자들은 국민에게 전달하는 역할을 넘어, 국민 스스로 과학을 가르치고 확산하는 과학교사가 되도록 조력함으로써 과학의 자생적 기반을 마련하는 데까지 나아가고자 시도했는데, 이과 강담 형태로 정형화된 글들은 바로 그러한 노력의 결과물이었을 것이다. 『태극학보』의 과학기술 기사는 소학교 교사들로 하여금 학생들에게 중요한 과학지식, 과학적 탐구방법을 체득할 수 있도록 적절한 질문을 던지게 했고, 어린 학생들에게는 과학을 통해 유용한 도구와 기계를 만들어 사회에 공헌하는 발명가라는 새로운 인간형을 제시했다.

제2부

제국주의적 세계질서와
대항적 앎의 생성

『태서신사』의 국제정치론과 신법론

정종원

1. 서론

개항기에 한국은 서양 열강이 주도하는 국제정치에 편입되었다.[1] 한국을 둘러싼 국제질서는 중화체제에서 국제법체제로 전환되었으며, 한국은 불안정한 국제정세 속에서 국가의 생존을 도모해야 했다. 위기의 시대 속에서 한국은 국제질서를 주도하는 서양 열강에 대한 지식이 절실하게 필요해졌다.

그러나 대체로 1890년대 이전에 한국에 유통되었던 서양에 대한 지식을 담은 서적은 지리서가 대부분이었으며, 서양의 역사를 본격적으로 알려주는 서적은 거의 없었다. 지리서들은 서양에 대한 정보를 어느 정도 전달하기는 하지만 서양과의 외교와 내정개혁에 활용하기에 적합한 정보들을 제공하는 면은 부족했다. 서양이 부강해진 원인이나 서양국가들의 외교사에 대한 지식은 서양의 역사에서 찾을 수밖

---

[1] 『태서신사』가 발간되었던 1897년은 우리나라의 국호가 '조선'에서 '대한제국'(간략히 말하면 '한국')으로 변경되던 시기였다. 서술의 일관성을 위해 이 글에서는 국호를 '대한제국' 혹은 '한국'으로 지칭하고자 한다.

에 없었다. 그러므로 한국에서 출간된 서양사 서적은 한국의 개혁론과 국제정세 인식을 좌우할 수 있는 중요한 지식의 원천이었는데, 한국에서 서양사 서적이 출간된 것은 1890년대 후반의 일이었다.

마침 1890년대 후반은 서양사에 대한 지식의 필요성이 더욱 증대된 시기였다. 1894년의 경복궁 침략 이후 한국에서 주도권을 장악하고 있었던 일본은 1896년 2월의 아관파천을 거치면서 주도권을 잃게 되었다. 아관파천부터 러일전쟁이 벌어지는 1904년 2월까지 만 8년의 시간은 러시아와 일본이 한국에서 완전한 주도권을 잡지 못한채 세력균형을 이루던 시기(러일 세력균형기)였다. 그렇기에 한국은 제한적이긴 하지만 외교와 내치에서 자율성을 가질 수 있었고, 그 자율성을 효과적으로 활용할 수 있는 기반이 되는 지식이 필요했다. 이에 서양사에 대한 필요가 증가했고, 이 필요에 부합하여 여러 권의 서양사 서적들이 출간되었다. 그렇다면 러일 세력균형기에 출간되었던 서양사 서적은 무엇이 있었을까.

〈표 1〉 러일 세력균형기에 출판된 서양사 서적[2]

서적명	번역자	발행자 및 발행 연도
英國史要		한성신보사 1896
萬國略史	野野村金五郎(저자)	학부편집국 1896
태셔신사(上下)	학부편집국	학부편집국 1897
俄國略史	학부편집국	학부편집국 1898
美國獨立史	현채	황성신문사 1899
波蘭末年戰史	어용선	탑인사 1899
法國革新戰史		황성신문사 1900

---

2 이 표는 차하순의 저서에 실린 표인 '1895~1910년에 출판된 서양사서적'(차하순, 『서양사학의 수용과 발전』, 나남, 1988, 38~39쪽)을 일부 가감하여, 1896년 2월부터 1904년 2월 사이에 출간된 서양사 서적을 추출한 것이다.

위의 표에 등장하는 서양사 서적들 대부분은 영국, 러시아, 미국, 폴란드, 프랑스 등 국가별 역사를 서술한 것이었으며, 그 분량도 상대적으로 적었다. 그러나 『만국략사』와 『태서신사』는 서양사 전반을 다루는 책이어서 그 의미가 컸고, 분량도 다른 책들에 비해 상당히 많았다. 이에 필자는 『만국략사』를 분석했었는데, 『만국략사』는 대체로 일본이 한국에 주입하고 싶었던 세계인식을 담고 있었다.[3] 『만국략사』가 러일 세력균형기에 일본으로부터의 세계인식을 반영한다면, 『태서신사』는 같은 시기에 영미권으로부터 유입된 세계인식을 반영하는 것이었다.

『태서신사』에 대해서는 유수진에 의해 그 연원이 잘 밝혀져 있다. 『태서신사』의 원저(原著)는 로버트 맥켄지(Robert Mackenzie)가 1880년에 영국에서 저술한 『19세기: 역사(The 19th Century: A History)』이다. 이 책을 1895년에 중국에서 상해 광학회의 영국인 개신교 선교사 티모시 리처드(Timothy Richard, 李提摩太)가 『태서신사람요(泰西新史攬要)』로 번역했으며, 대한제국 학부에서 1897년에 『태서신사(泰西新史)』로 번역하면서 한문과 한글로 각각 간행하였다.[4]

중국에서 출간된 『태서신사람요』는 발간한 이래 3만 부나 인쇄될 정도로 인기를 누렸으며, 중국에서 신학(新學)을 말하는 사람들은 기본적인 사상서로 받들었을 만큼 중요한 서책이었다.[5] 『태서신사』는

---

3 정종원, 「『만국략사(萬國略史)』에 나타난 일본의존적 세계인식」, 『한국근현대사연구』 103, 2022.

4 유수진, 「대한제국기 『태서신사』 편찬 과정과 영향 연구」, 고려대 석사학위논문, 2011, 1~2쪽. 한편, 『태서신사』에 대한 주요 논문으로는 다음의 논문도 주목된다. 허재영, 「광학회 서목과 『태서신사람요』를 통해 본 근대 지식 수용과 의미」, 『독서연구』 35호, 2015.

중국만이 아니라 한국에서도 인기가 있었는데, 『독립신문』은 광학회에 대해 설명하면서, 티모시 리처드가 쓴 저서들 중에 대한제국에서 많이 팔린 책으로 『태서신사』를 거론하였다.[6]

『태서신사』는 이처럼 중국과 한국에서 인기가 있었던 서양사 서적으로서 그 편찬과정 및 한국에의 영향에 대해서는 연구가 어느 정도 진행되었다.[7] 특히 노관범은 『태서신사』가 단순한 역사책이 아니라 정치개혁의 메시지를 내포하고 있었으며, 그 요점은 국가가 신정(新政)을 실현하여 인민이 자주(自主)의 권리를 얻었고, 인민의 자주에 의해 국가가 발전했다는 것이었다.[8] 즉 『태서신사』는 서양사에 대한 역사 서술을 넘어서 강력한 정치적 메시지를 담고 있는 서적이었다.

필자는 한국에서 인기있는 역사서이자, 정치개혁의 메시지를 내포하고 있었던 『태서신사』의 내용이 어떻게 구성되어 있었으며, 이것이 한국의 지식인들에게 어떠한 영향을 끼쳤는지를 살펴보고자 한다. 즉, 이 글은 번역과정에서 지식이 어떻게 변형되었는가가 아니라, 한국사회에 유입된 변형된 지식이 어떠한 내용과 구조를 갖추었으며, 이것이 한국사회에 어떻게 영향을 미쳤는가에 초점을 맞추고 있다.[9]

그러므로 이 글은 번역과정에서 『태서신사』의 내용이 어떻게 변형

5　노관범, 「1875~1904년 박은식의 주자학 이해와 교육자강론」, 『한국사론』 43, 2000, 126쪽.
6　노관범, 위의 글, 127쪽.
7　노관범, 앞의 글; 유수진, 앞의 글.
8　노관범, 앞의 글, 127~128쪽.
9　이런 관점에서 이 글은 『태서신사』의 한문본과 언역본 중에 당시 한국인들이 더 쉽게 다가갈 수 있었던 언역본을 중심으로 분석을 진행하였다. 『태서신사』 언역본은 허재영이 주해한 『태서신사 언역본 주해』(허재영 주해, 『태서신사 언역본 주해』, 경진출판, 2015)를 저본으로 삼아 분석을 진행했다.

되었는지는 분석하지 않을 것이다. 다만, 이 글에서 분석하는 『태서신사』의 작성 주체를 파악할 필요는 있다. 이를 위해 『태서신사』의 일부분을 영어본, 한문본, 언역본으로 비교분석하면 다음과 같다.

For the hatred which his despotism evoked, and the vast combination of forces which it rendered necessary, united the people, and taught them to know their own strength. For a time the kings who had conquered him were irresistible. But his career had created and strengthened impulses in presence of which kings are powerless. Napoleon, himself one of the most selfish and remorseless of despots, made the overthrow of despotism and the final triumph of liberal principles inevitable in all European countries.[10]

拿破崙旣死 諸事皆敗於垂成 惟所立安民養民諸善法 人雖云亡而各國多則效之 目下歐洲各國中凡能多講求養民安民之法者國勢日臻興盛反是則日見衰弱 此法皇拿破崙之有益於歐洲也 故歐人至今樂道之[11]

나파륜이 이믜 졸ᄒᆞ매 모든 일이 일조에 다 업셔지고 오즉 안민ᄒᆞ고 양민ᄒᆞᄂᆞᆫ 졔반 조흔 법은 각국이 본바다 목하 구쥬 각국이 릉이 일신월셩ᄒᆞ야 흥왕ᄒᆞᄂᆞᆫ 즈이 만코 불연이면 날노 쇠약ᄒᆞ니 이ᄂᆞᆫ 법황 나파륜의

10 맥켄지의 책은 1880년에 출간되었는데, 필자가 확보한 판본은 1891년 판본이었다. 티모시 리처드가 『태서신사람요』를 발간한 것이 1895년인데, 1891년 판본이 티모시 리처드가 보았을 판본에 근접한 것이라 볼 수도 있다. Robert Mackenzie, *The 19th Century: A History*, London, THOMAS NELSON AND SONS, 1891, pp.63.
11 띄어쓰기는 필자가 힌 것이다. 중국 상해에서 출간된 것을 구할 수 없어서 1897년에 한국의 학부에서 발행한 한문본으로 내용을 확인하였다. 학부의 한문본은 상해 발간본과 내용상의 차이는 거의 없다고 생각된다. 馬懇西(英) 著, 李提摩太(英) 譯, 『泰西新史』 卷2, 學部編輯局, 1897, 11쪽.

공이라. 지금까지 구쥬 스롬이 칭찬 아니리 업더라.[12]

위에 인용한 내용은 영어본에서는 'Chapter II. Napoleon Bonaparte', 한문본에서는 '第二卷 法皇拿破崙行狀', 언역본에서는 '데이권 법황 나파룬의 행장이라'의 마지막 문단의 내용이다.[13] 이 부분은 나폴레옹에 대한 평가를 서술한 부분이다. 영어본의 내용을 보면, 나폴레옹에 저항하기 위해 유럽국가들의 인민이 단결하게 되었고, 이에 인민이 스스로 힘을 각성하게 되었다고 보았다. 그러므로 독재자인 나폴레옹이 오히려 유럽에서 전제주의를 전복시키고, 자유주의의 승리를 가져왔다는 내용을 담고 있다.

그런데 이러한 내용은 한문본에서는 크게 변형되었다. 영어본에 나온 왕과 인민의 대립, 전제주의와 자유주의의 대립이라는 내용은 '안민(安民)'과 '양민(養民)'이라는 민본주의적 언어로 변형되었다. 후술하겠지만, 이 '안민'과 '양민'은 굉장히 중요한 키워드로서 『태서신사』의 핵심적 내용을 구성하고 있다.

언역본의 내용은 한문본의 내용과 일부 차이가 있기는 하지만 근본적인 차이는 없다. 한문본의 내용 중에 중요치 않은 문구가 생략된 것에 가까우며, 중요한 내용과 개념어들은 거의 그대로 언역본에 반영되어 있다. 그러므로 이 글에서 분석하는 언역본 『태서신사』라는

---

12 다른 인용문은 현대 한국어로 번역하여 실었으나, 이 부분은 비교를 위해 원문을 그대로 실었다. 허재영 주해, 앞의 책, 104쪽.
13 이 부분을 중심으로 3개의 판본을 분석한 이유는 신법론의 핵심인 '안민'과 '양민'이라는 민본주의적 언어를 생산한 주체를 밝힐 수 있는 부분이기 때문이다. 이 부분의 비교를 통해 언역본 『태서신사』의 중요한 특징인 민본주의적 언어를 창작한 사람이 영어본의 저자가 아니라, 한문본의 번역자인 티모시 리처드임을 명확히 알 수 있다.

지식을 생산한 주체는 영어본을 한문으로 번역했던 선교사 티모시 리처드라고 보아야 할 것이다.

　이 글에서는『태서신사』의 내용 중에서 국제정치론과 신법론을 중심으로 분석을 진행하고자 한다.『태서신사』의 국제정치론과 신법론은 국제정치에서의 생존과 개혁의 필요성이 강하게 요구되었던 당시 한국에서 관심을 끌었을 것으로 생각되기 때문이다. 이에 2장에서는 『태서신사』의 국제정치론을 분석하며, 3장에서는『태서신사』의 신법론을 밝힐 것이다. 이어서 4장에서는『태서신사』의 영향이 한국의 언론들에서 어떻게 나타나는지를 살필 것이다. 이를 통해『태서신사』가 전파한 국제정치사상 및 개혁사상의 내용이 무엇이며, 그것이 한국에 어떻게 영향을 미쳤는지를 밝히고자 한다.

2. 『태서신사』의 국제정치론: 자유주의적 국제주의

1) 반전평화론

　『태서신사』의 국제정치론의 대전제는 국가간의 전쟁을 멈춰야한다는 반전평화론이었다. 이는『태서신사』의 18세기 서양사에 대한 평가에서 확인할 수 있다.『태서신사』는 본래 원제가 '19세기: 역사'인 만큼 프랑스혁명으로부터 시작하여 19세기사를 주로 서술하고 있었다. 그래서『태서신사』는 18세기에 대해 간략히 서술했는데, 그 내용은 다음과 같았다.

백년 이전 조선 정조대왕 때에 유럽의 상황은 오늘날에 비하면 인자함과 포학함이 가위 소양지판이라. 당시 각국 군주들이 다 전쟁을 일삼고 예의를 숭상하지 않았기 때문에, 유럽의 인민이 겨우 1억 7천만명인데 군인이 된 자가 400만에 이르렀으니 (…) 전쟁이 한번 일어나면 다행히 이긴자는 기뻐하여 노래를 부르고 군사를 시켜 노략질함에, 평상시에 상인과 농민들이 다 변하여 살인강도가 되고, 불행히 패하는 자는 애통비상하여 생계가 끊어지는지라. (…) 대저 유럽의 백년 이전의 병화는 천하만고의 제일이라.[14]

이 인용문에서 알 수 있듯이 『태서신사』는 18세기 유럽의 상황에 대해 전쟁의 참혹함이 '천하만고의 제일'이라고 보았으며, 전쟁으로 인해 평범한 사람들이 '살인강도'가 되어버린다고 지적했다. 『태서신사』는 반전론의 입장에서 서양의 18세기가 전쟁이 빈발했다고 보아 부정적인 시대로 서술하고 있었다.

『태서신사』는 18세기 서양에서 전쟁이 빈발했던 이유가 중대한 일이 아니었다고 보았다. 그저 왕들이 화목하지 못해서, 혹은 왕위를 다투느라, 혹은 약한 나라를 탈취하려고, 혹은 강대국을 억제하려고 한 것이었다고 서술했다. 그리고 이러한 이유 때문에 생명이 희생되었다고 안타까워하면서 이를 '참혹'하다고 평가했다.[15] 『태서신사』는 전쟁이 벌어지는 이유가 필연적인 것이 아니라고 보았던 것이다.

『태서신사』가 반전론을 주장하였던 이유는 크게 경제적 이유와 도덕적 이유로 나눌 수 있다. 『태서신사』는 전쟁이 한번 벌어지면 재물을 물쓰듯하여 빈궁하게 한다고 지적하였다.[16] 또한, 『태서신사』는 전

---

14 허재영 주해, 앞의 책, 44~45쪽.
15 허재영 주해, 앞의 책, 205~206쪽.

쟁의 위기 때문에 서양이 태평한 때에도 장정 수백만명을 군대에 들여놓아 음란한 일과 악한 일을 하게하고, 악습에 물들이게 한다면서 비판하였다.[17] 『태서신사』는 전쟁이 인간의 생명을 무고하게 희생시키고, 인간을 타락시킨다는 도덕적 관점과 재물을 허비한다는 경제적 관점에 기초하여 전쟁에 반대하는 시각을 가지고 있었던 것이다.

『태서신사』의 반전론은 역사 인물에 대한 평가에도 영향을 미쳤다. 『태서신사』는 나폴레옹이 프랑스를 유럽에서 가장 피폐하고 빈약한 나라를 만들었으며, 그 성격이 괴이하고 간사하다고 평가하였다.[18] 또한, 나폴레옹의 대규모 군대가 러시아 원정에서 실패한 것에 대해 '60여만 대병이 부질없이 한 티끌이 될 줄을 누가 알았으리요. 싸움을 좋아하는 자가 가히 생각할지어다.'라고 하였다.[19] 『태서신사』는 나폴레옹이라는 사례를 통하여 전쟁 자체를 비판하였던 것이다.

『태서신사』의 반전론은 미래를 향한 것이기도 했다. 『태서신사』는 발달한 기계문명이 미래에 전쟁무기의 발달을 불러와서 더 끔찍한 살육이 일어날 것을 걱정하였다.[20] 이에 『태서신사』는 전쟁을 그치자는 것이 아직 시행되지 않았지만, 언젠가 반드시 시행될 것이며, 공자가 거병(去兵)하라는 말을 쫓으면 백성이 다 함포고복할 것이라 하였다.[21] 『태서신사』는 미래에는 반전론이 실현될 것이라는 기대했으며,

16 허재영 주해, 앞의 책, 205~206쪽.
17 허재영 주해, 앞의 책, 210~211쪽.
18 허재영 주해, 앞의 책, 69쪽.
19 허재영 주해, 앞의 책, 94쪽.
20 허재영 주해, 앞의 책, 227~228쪽.
21 해당 구절에서 공자의 '거병'이라는 말을 인용한 것은 사실 공자의 원래 발언 취지와는 다르다. 공자는 자공과의 문답에서 정치에는 군대, 식량, 백성의 믿음이 필요하다고

그 연장선상에서 '거병', 곧 군비축소를 주장하였다.

특히, 『태서신사』의 군비축소론은 미국사에 대한 설명에서 다음과 같이 구체적인 내용으로 모습을 드러내었다.

> 그 나라는 원래 강토를 개척할 마음도 없고, 그 곁에 또한 강한 나라가 없는 고로, 수군과 육군을 양병할 것도 없고, 이에 한 대륙안에 안거하여 태평한 복을 누렸다. 당시 유럽 각국은 그렇지 않아서 (…) 이익이 되는 것은 허다한 군사비에 닳아 없어지고, 그 제왕된 자는 항상 타국과 전쟁을 일삼아 백성으로 하여금 무궁한 고초를 당하게 했다. 이는 모두 각국 제왕의 사심사욕이다. 미국에 비교하면 대단히 다르더라.[22]

『태서신사』는 위의 인용문처럼 미국이 영토를 확장할 마음이 없으며, 주변에 강대국이 없어서 군대를 확장할 필요도 없어서 태평한 복을 누린다고 서술하였다. 그러면서 유럽 각국은 군주들의 사욕 때문에 이익을 군사비에 써서 백성들을 고통스럽게 한다고 보았다. 『태서신사』는 군비축소론의 관점에서 미국의 사례를 유럽과 대조하면서 미국을 크게 칭찬하였던 것이다. 또한, 『태서신사』는 지금 강대국들은 매년 많은 돈을 군비확장에 허비하는데, 미국이 홀로 그러한 폐단을 고치니 그 정치가 가히 각국의 스승이 될 것이라고 하였다.[23] 『태서

말했다. 이때 자공이 만약 이 세 가지 중 한 가지를 버려야 한다면 무엇을 버려야할지 물었고, 이때 공자는 세 가지 중에 군대가 가장 우선순위가 떨어지니 군대를 버려야(去兵)한다고 대답했다. (『논어』, 「안연편」) 이는 정치에서 무엇을 중시할 것인가를 다룬 것이므로 국제정치에서의 평화와 반전의 문제와는 논의의 맥락이 달랐다. 그러나 『태서신사』는 위의 문답을 자신의 반전평화론에 활용하면서 사실상 군비축소의 의미로 사용하고 있었다. 허재영 주해, 앞의 책, 210~211쪽.

22 허재영 주해, 앞의 책, 479쪽.

신사』는 군비축소론의 관점에서 군사비가 적은 미국이야말로 다른
국가들이 본받아야할 모델이라고 주장했다.

이처럼 『태서신사』는 반전론의 관점을 강하게 가지고 있었고, 이
는 역사에 대한 평가에 영향을 끼쳤을 뿐만 아니라, 군비축소론으로
발전하고 있었다. 이에 더해 『태서신사』의 반전론은 군비축소론을 넘
어 전쟁 자체를 어떻게 없앨 것인가에 대한 논의로 나아가고 있었다.
『태서신사』는 결투를 금지한 조처를 칭찬한 대목에서, 개인 간의 결
투는 금지하면서, 왜 인간이 모여서 만들어진 국가들 사이의 전쟁은
계속되는가라고 하였다. 즉, 결투금지 조치를 전쟁에 대한 논의로 확
장시켰던 것이다. 그러면서 '타국이 흔단이 있어도 공평하게 처단하
게 하면 전쟁이 없을 듯 하도다'라고 하였다.[24] 즉, 국가 사이의 갈등이
있어도 공평하게 해결할 수 있는 방법을 만들어서 전쟁을 막아야 한
다는 주장이었다. 그렇다면 『태서신사』는 국가간의 갈등을 공평하게
해결할 수 있는 방법을 어떻게 제시하고 있었을까.

2) 국제법, 국제여론, 국제중재

상술한 바와 같이 『태서신사』는 반전평화론의 관점을 강하게 가지
고 있었고, 언젠가 전쟁을 반드시 없애야 한다고 보았다. 전쟁을 없애려
면 국가 간의 분쟁을 전쟁 이외의 방법으로 처리하는 방법의 등장과
이를 뒷받침해줄 국제사회를 필요로 했다. 『태서신사』는 이러한 요소
들을 제시함으로써 전쟁을 막을 수 있는 구체적 방안을 제시하였다.

---

23 허재영 주해, 앞의 책, 501~502쪽.
24 허재영 주해, 앞의 책, 135~136쪽.

(A) "만국이 이제 한 큰 판국을 이루었으니, 만일 일을 당하면 반드시 합하여 공의함이 각 성이 황제를 받듦과 각인이 왕법을 준행함과 같아서 교화를 서로 달리 알지 말고, 각항 세전을 한 법으로 준행하면 이는 합하여 편안한 도요, 또 각국이 서로 구애함이 없음에 다 자유자재하여 타국의 금제함을 받지 아니하면, 이는 나뉘어 각기 편안한 도이라. 대저 이같이 나의 도리를 행하다가 타국과 흔단이 있거든 가이 각국을 청하여 곡직을 평론하되, 만일 오히려 강한 것을 믿고 전쟁을 일삼는 자가 있거든 천하가 다 일어나서 그 죄를 성토하면 이는 영원히 병단이 없을 것이오."[25]

(B) "바라는 바는 천하 각국이 약장을 정하여 숙시숙비를 다 공론을 따라 행하고, 기계로 일삼지 말기를 천만 기다리노라."[26]

(A)의 인용문에서 『태서신사』는 만국이 하나의 큰 판국을 이루었으며, 일이 있을 경우에는 공의해야 한다고 주장하였다. 특히 국가들 사이에 분쟁이 생기면, 각국을 청하여 곡직(曲直)을 평론하고, 만약 강하다고 하여 전쟁을 일삼는 나라가 있으면 모든 나라들이 함께 그 죄를 성토하면 영원히 전쟁이 없을 것이라 하였다. 이러한 서술은 국가들이 하나의 사회를 이루고 있으며, 이 국제사회는 힘의 질서에 의해 움직이는 것이 아니라 일이 생기면 공의(公議)해야 한다는 것이었다. 특히 분쟁은 전쟁으로 해결하는 것이 아니라 여러 나라들이 의논하여 시비를 가리는 방식이 되어야 한다는 주장을 담고 있었다. 그리고 만일 이러한 규칙을 어기는 국가는 모든 나라들이 함께 대응해야 한다는 것이었다. 여기에는 국제사회를 움직이는 힘은 군사력이 아니

---

25 밑줄은 필자. 허재영 주해, 앞의 책, 23쪽.
26 허재영 주해, 앞의 책, 227~228쪽.

라 국제법과 국제여론이어야 하며, 전쟁으로 타국을 침략하는 국가는 국가들의 집단적인 행동, 곧 집단안보에 의해 제재가 이루어져야 한다는 생각을 담고 있었다.

(B)의 인용문에서 『태서신사』는 세계 각국이 '약장'을 정하여 국가 간의 '시비'를 '공론'에 따라 결정해야 하며, 기계(=무기)로 결정해서는 안 된다고 주장하였다. 이는 곧 국제법이라는 규칙을 정해 놓고, 구체적인 국가간의 갈등은 국제여론에 따라 시비를 가리자는 주장이었다. 『태서신사』는 국제사회를 국제법이라는 규칙과 국제여론과 집단안보라는 힘에 의해 규율되게 하여, 전쟁을 막자는 주장을 전개하였던 것이다.

『태서신사』는 국제법의 실현에 의한 전쟁의 억제를 위해 또 다른 방법도 제안했는데, 그것은 바로 국제 중재재판이었다. 『태서신사』는 국제 중재재판을 한 절로 다루면서 그 내용을 자세히 소개하였다.

제 18절 영미 양국이 시비를 공결하는 법을 창시함이라
근래에 국가들이 분쟁이 발생하면 정직한 사람을 청하여 곡직을 공결하는 법이 있으니, 그 의론을 시작함은 실로 영국과 미국 두 나라이다. 전에 미국의 남북전쟁이 일어났을 때에 영국인이 이익을 탐하여 (…) 수년이 지나도록 국서를 주고 받으며 서로 힐난하다가 (…) 이에 영미 양국이 각기 공정한 사람 몇 명을 정하여 조사하여 선고하기를 (…) 손해금 300만 파운드를 배상함이 옳다고 하였더라. (…) 이러한 사건은 전쟁이 있을 일인데, 화해하니 이는 만고 이래에 처음 일이다. 영미는 대국이다. 위력을 일삼지 않고 순리로 일을 행하니, 바라는 바는 이후 타국이 이런 일이 있어도 이를 따라서 판리함이 좋으리라.[27]

『태서신사』는 영국과 미국 사이에 분쟁이 생겼는데, 공정한 사람
에게 심판을 맡겼다고 설명했다. 이 중재재판에서 영국은 배상금 200
만 파운드를 배상하게 되었는데, 영국은 이 재판 결과에 따랐고, 미국
도 배상금의 액수를 따지지 않고 재판을 따랐다고 서술했다.[28] 『태서
신사』는 위의 인용문에서 드러나듯이 영국과 미국이 중재재판으로
국제분쟁을 해결한 것에 대해 매우 칭찬하면서, 다른 국가들도 이 사
례를 따라야 한다고 서술했다. 『태서신사』는 국제 중재재판을 처음으
로 실현한 영국과 미국의 사례를 다른 국제분쟁에도 활용해야 한다는
생각을 강하게 주장했던 것이다.

『태서신사』는 전쟁을 막기 위해 국제사회를 구성하고, 국제법과
공론에 의해 전쟁을 억제하기를 원했다. 그리고 구체적인 대안으로서
국제 중재재판을 강조하였다. 그렇다면 이러한 주장은 『태서신사』만
의 독자적인 주장이었을까. 『태서신사』의 원저가 출판되었던 영국의
주된 국제정치사상은 자유주의적 국제주의(Liberal Internationalism)였
다. 영국에서는 1830년대 중반부터 1914년까지 자유주의가 영국의
지배적인 정치사상이었는데,[29] 국내의 정치사상인 자유주의는 국제정
치에 대한 사상인 자유주의적 국제주의로 확장되었다. 자유주의는 자

---

27 밑줄 강조는 필자. 허재영 주해, 앞의 책, 209~210쪽.
28 참고로 『태서신사』가 언급한 이 사건은 영국과 미국 사이에 있었던 알라바마호 사건
(The Alabama Claims)이다. 사건의 발단은 미국의 남북전쟁 중에 영국의 조선소가
남부군에게 군함을 판매한 것에서 발생했다. 미국은 이를 중립위반으로 보아 영국에게
막대한 규모의 배상 혹은 캐나다의 양도를 요구하려고 했다. 전쟁으로 발전할 수도
있었던 이 사건은 영국과 미국이 중재재판으로 해결하기로 결정하고, 1872년에 영국
이 중재재판의 결과에 승복하여 미국에 배상금을 지급함으로써 해결되었다.
29 Casper Sylvest, *British liberal internationalism,* 1880~1930, Manchester, Manchester
University Press, 2009, pp.25~28.

유, 개인과 국가의 발전(진보), 법치에 기반한 정부와 같은 자유주의적 가치를 세계적으로 실현하기 위해 국내개혁의 경험을 국제정치로 유추하였다. 또한, 전쟁의 위협이 계속되면 자유주의 정치체제가 생존하기 어렵기 때문에 자유주의 정치체제가 생존할 수 있도록 국제질서를 개편할 필요성도 이러한 확장의 이유 중 하나였다.

자유주의적 국제주의의 목표는 국제정치에 질서를 수립하여 평화를 확보하고, 국제법을 중심으로 정의를 확립하려는 것이었다. 이는 국제정치가 무정부상태를 피할 수 없다고 보는 현실주의와는 크게 다른 것이었다. 자유주의적 국제주의가 이렇게 현실주의와 다른 구상을 할 수 있었던 이유는 인류의 도덕적, 정치적 진보가 가능하다는 자유주의적 사고방식이 전제되었기 때문이다. 요약하면, 자유주의적 국제주의는 국제정치에서 진보, 질서, 정의라는 세 가지 핵심목표를 추구하는 사상이었다.[30] 이러한 자유주의적 국제주의는 19세기 영국과 미국에서 지식인들의 주류적인 국제정치사상이었다.[31]

자유주의적 국제주의는 국제법을 매우 강조했다. 자유주의적 국제주의는 국제법을 성문화하고, 국가들의 분쟁을 전쟁이 아닌 국제법원에서 국제법으로 해결하자고 주장하였다. 이는 힘에 의한 질서가 아니라, 법에 의한 질서로 바꾸자는 것이었다. 이때 국제법이 적용되는 국제법체제의 일원이 되는 기준은 법치와 문명이었다.[32] 국제법, 그리

30 Casper Sylvest, op. cit., pp.3~16; pp.48~50.
31 Duncan Bell, "Victorian Visions of Global Order: an introduction", *Victorian Visions of Global Order*, Cambridge University Press, 2007, pp.9~10 ; Frank Ninkovich, *Global Dawn-the cultural foundation of american internationalism,* 1865~1890, Massachusetts, Harvard university press, 2009, pp.1~14.

고 국제법을 실행해줄 국제기구를 통해 국제정치에 질서와 정의를 세우자는 주장은 영미권에서 강하게 나타났다.

그러나 19세기에는 아직 국제법원과 같은 국제기구가 출현하지 않았다. 그러므로 19세기 자유주의적 국제주의는 국제법의 집행력을 국제여론에 의존하려고 했다. 국가간 교류와 통신의 발달 및 이성의 발전에 의해 국제여론이 국제법을 지키게 만들거라는 주장이었다. 국제여론이 국가의 이익을 떠나 문명과 국제법이라는 기준에 따라 형성될 것이고, 이렇게 형성된 국제여론의 힘을 개별 국가가 무시하기 어려울 것이라 보았던 것이다. 이에 울시(Theodore Dwight Woolsey)가 저술하여 미국에서 널리 사용된 국제법 개설서(『Introduction to the Study of International Law』)에서는 국제여론이 국제법 준수를 촉진하는 힘으로써 작동하며, 그 중요성이 계속 커지고 있다고 주장했다.[33] 19세기 자유주의적 국제주의는 국제법의 집행력을 국제여론에 의존하고 있었던 것이다.[34]

그러므로 『태서신사』에서 등장하는 국제법과 국제여론 그리고 국제중재재판은 자유주의적 국제주의라는 국제정치사상에 의한 것이었다. 다르게 말하자면, 『태서신사』는 자유주의적 국제주의가 한국으로 유입되는 통로의 역할을 하고 있었다.

---

32 Mark Mazower, *Governing the world*, The Penguin Press, 2013, pp.82~88.

33 Frank Ninkovich, op. cit., pp.303~305.

34 이상의 자유주의적 국제주의에 대한 설명은 다음의 논문을 참조한 것이다. (정종원, 「『독립신문』의 국제정치론 연구-19세기 자유주의적 국제주의의 영향을 중심으로」, 『한국사연구』 202, 2023).

3. 『태서신사』의 신법론

이상으로 『태서신사』의 국제정치론을 검토하였다. 그렇다면, 『태서신사』의 국내에서의 개혁사상은 무엇이었을까. 『태서신사』의 서문에는 다음과 같은 서술이 있다.

금일에 흥국하는 도에 단연히 없지 못할 것이 네 가지이니, 도덕과 학교와 안민함과 양민함이니, 무릇 이 네 법을 잘 행하는 자는 그 나라가 자연 타국에 으뜸이 되고, 만일 그 법을 온전히 행하지 않는 자는 사람의 뒤가 되며 더욱이 조금도 유심치 아니하는 나라는 또 그 뒤에 있을지라.[35]

이 인용문에서 『태서신사』는 국가를 부흥시키는 핵심수단으로 도덕, 학교, 안민, 양민을 제시했다. 여기서 도덕은 종교를 의미하며, 대체로 기독교, 특히 개신교를 믿어야 한다는 주장이었다.[36] 학교는 적극적인 교육정책을 의미했다.

그렇다면 '안민'과 '양민'은 무슨의미였을까. 두 용어는 『태서신사』가 서술속에서 여러차례 강조했던 '백성이 나라의 근본', 곧 민본론과 연결되는 것이었다. 후술하겠지만, 『태서신사』는 민본론에 근거하여 '민심을 따르는 정치'를 주장했는데, 이것을 표현하는 용어가 '안민(安

---

35 허재영 주해, 앞의 책, 23~24쪽.
36 『태서신사』는 영국 기독교인들이 인도에서 선교활동을 한 것에 대해 '도덕있는 선비'가 인도 혹은 중국에 가서 도를 전했다라고 표현한 비 있다.(허재영 주해, 앞의 책, 239쪽) 『태서신사』에서는 아예 기독교 선교의 역사를 다루는 장을 따로 설정하였고, 기독교의 종교성을 가진 경우를 도덕이 있다고 표현하였던 만큼 사실상 도덕은 기독교를 의미하는 것이었다. 이러한 기독교 중심적 관점은 번역자인 티모시 리처드의 관점이 투영된 것이었다고 볼 수 있다.

民)'이었다. 『태서신사』는 민심을 따르는 정치를 하면 정치가 안정되며 백성이 안거낙업한다고 하면서 민본론의 정치적 측면을 '안민'으로 규정하였던 것이다. 또한, 『태서신사』는 민본론에 근거하여 민생을 중시했는데, 민생을 기르는 것이 곧 '양민(養民)'이었다. 즉, 『태서신사』의 서술에서 민본론이 정치적으로 구체화된 것이 '안민'이고, 경제적으로 구체화된 것이 '양민'이었다.

노관범이 지적했듯이 『태서신사』는 신정을 주장하는 메시지를 담고 있었는데, 『태서신사』에서 이러한 의미로 자주 사용된 용어는 '신법(新法)'이었다. '신법'은 다양한 범주를 포괄하고 있었다. 정치영역에서는 의회, 인민의 참정권, 언론자유, 교육확대, 종교차별 철폐 등이 포함되었다.[37] 경제영역에서는 자유무역, 제조업의 신기술 등을 포괄했다.[38] 이 신법의 핵심내용은 서문에서 강조했던 4개의 키워드인 도덕, 학교, 안민, 양민에 해당한다고 할 수 있다. 그런데 『태서신사』는 이탈리아사 서술에서 '신법'의 핵심을 선거권(=참정권), 자유권, 자유무역으로 규정했다.[39] 이는 곧 민심에 따르는 정치인 '안민'과 민생을 기르는 경제정책인 '양민'에 해당한다. 신법론의 핵심은 정치경제 영역에서의 신법인 안민과 양민이었던 것이다.

그렇기에 『태서신사』는 나폴레옹에 대해 다음과 같이 서술하였다.

대저 나폴레옹이 창립한 전장법도가 국계와 민생에 유익함이 많고, 각국에 관계되는 것이 또한 불소한지라. 이제 각국이 그 법을 본받아 졸연히

---

37 허재영 주해, 앞의 책, 158쪽; 393~394쪽.
38 허재영 주해, 앞의 책, 114~115쪽.
39 허재영 주해, 앞의 책, 408~409쪽.

흥왕한 것이 많으니 나폴레옹이 진실로 인걸이더라. (…) 나폴레옹의 정돈함을 지남에 각국이 (…) 급히 법도를 고쳐 하민으로 하여금 곤경을 당하지 않게하여 차후로 오십년간에 **구라파의 흥왕함이 개벽이래 처음이 되니 그 내력을 말하면 나폴레옹의 공업이 아닌게 없음이라.** (…)

나폴레옹이 이미 죽음에 (…) 오직 **안민하고 양민하는 제반 좋은 법은 각국이 본받아 지금 구주 각국이 능히 일신월성하여 흥왕**하는 자가 많고, 그렇지 않으면 날로 쇠약하니 이는 프랑스 황제 나폴레옹의 공이라.[40]

이 인용문에서 『태서신사』는 나폴레옹이 민생의 유익함에 근거하여 제도를 개혁했으며, 그러한 개혁을 유럽 각국이 본받아서 '개벽이래' 처음일 정도로 발전하게 되었다고 본다. 그러면서 나폴레옹이 남긴 개혁의 내용을 '안민'과 '양민'으로 요약하면서, 안민과 양민의 법을 유럽 각국이 본받아서 크게 성장했으며, 그렇지 않았던 나라들은 쇠약했다고 서술했다. 즉, 『태서신사』가 강조했던 국가를 흥성하게 하는 개혁의 핵심은 바로 '안민'의 정치론과 '양민'의 경제론이었던 것이다. 그렇다면 그 구체적인 내용은 무엇이었을까.

1) '안민'의 정치론: 민본 – 민주론

『태서신사』의 기본적인 정치론은 민본론이었다. 『태서신사』는 나라의 근본은 백성이라는 주장을 여러차례 강조하였다.[41] 이러한 민본론에 기반하여 『태서신사』는 민생을 강조하였다. 앞서 살펴보았듯이 『태서신사』는 나폴레옹에 대해 부정적으로 보는 면이 있었지만, 나폴

---

40 강조는 필자. 허재영 주해, 앞의 책, 103~104쪽.
41 허재영 주해, 앞의 책, 109~110쪽; 146~151쪽; 515~516쪽.

레옹이 제정했던 법과 제도들이 민생에 유익하였고, 이것을 각국이
본받아 흥왕하였으므로 나폴레옹이 인걸이라고 평가했다.[42] 반면 나
폴레옹을 무너뜨리고 새로운 유럽의 국제체제를 의논하였던 빈회의
에 대해서는 군주들이 부귀만을 얻으려 하고, 나라의 근본은 백성인
데도 민생은 돌아보지 않았다고 비판하였다.[43] 『태서신사』는 민본론
에 기반하여 백성의 살림살이 문제인 민생을 강조하였고, 이 민생의
기준에서 역사적 인물과 사건을 평가하였던 것이다.

　이처럼 『태서신사』는 민본론에 입각하여 민생을 정치가 지향해야
할 궁극적 목적으로 여겼다. 그렇다면 어떻게 민생을 위한 정치를 실
행할 수 있는가. 『태서신사』는 이 문제에서 민심을 따르는 정치라는
개념을 민본론과 연결시켰다.

　　영국의 구제는 인군과 백성이 함께 다스리는 뜻이 있어서 상하 두 의원
　을 세워서, 인군과 세가는 상의원을 주도하여 하의원에서 올리는 바 의논
　을 받아 혹은 허하거나, 불허하니, 하의원은 민간에서 공거하였다. 그러나
　법이 오래되어 폐단이 나오니 변통치 않으면 백성을 구할 길이 없을지라.
　(…) (하의원이) 민간에서 천거한다는 것이 유명무실하니 (…) 하의원의
　의원은 상원에서 파견한 자가 6~70%에 이르렀고, 백성이 천거한다고 해
　도 (…) 선거권을 가진 자가 얼마 되지 않았다. (…) 그렇기에 세가가 말하
　기를 우리의 권세를 당할 수 없다고 하였다. (…) 맨체스터 같이 번화한
　항구는 인구가 극히 많으나 인민의 태반이 공장뿐이어서 하원 선거권이
　없고, (…) 국사를 의논할 때 시장의 모리배같이 시비곡직을 물론하고 (…)
　우스운 것은 당시에 의원을 천거하는 자는 백성이라고 하지만, 실제로는

42　허재영 주해, 앞의 책, 102~104쪽.
43　허재영 주해, 앞의 책, 110~112쪽.

다 국가의 왕족 아니면 세가가 하였다. (…) 백성의 곤궁함이 언제 소생하리오. 슬프도다.[44]

이 인용문에서『태서신사』는 영국의 옛 제도는 군주와 백성이 함께 다스리는 뜻이어서, 군주와 귀족은 상원을 주도하며, 하원은 민간에서 공거하는 것이라 설명하였다. 그런데 하원을 민간에서 천거한다는 것이 유명무실해져서 실제로는 왕족이나 귀족들이 천거권을 가졌다고 하였다. 그러면서 이러한 상황에서 백성의 곤궁함이 소생하기 어려웠다고 평가하였다. 즉,『태서신사』는 정치를 왕과 귀족들이 주도하기 때문에 민생이 해결되지 않는다고 보았던 것이다. 이에『태서신사』는 백성을 구하려면 먼저 선거제 개혁을 하자는 주장이 나타났다고 서술하였다.[45]

『태서신사』는 이처럼 민본론이 추구해야할 목표인 민생을 위해서는 정치제도의 개혁, 특히 권력을 왕과 귀족에게서 일반 백성들에게도 나눠주는 권력구조의 개편이 필요하다는 논리로 연결하고 있었다.

그리하여『태서신사』는 민본론을 민심에 따른 정치로 연결지었고, 그 구체적인 방법으로 선거권 개혁을 연결지었다.『태서신사』는 선거제 개혁 이전의 영국은 정치가 민심을 따르지 않는 상태라고 보았다.[46]『태서신사』는 영국의 여러차례의 선거제 개혁에 대해 설명한 다음 선거제 개혁의 결과 영국의 정치가 민심을 따르는 것을 위주로 삼으니 치국이 여반장(如反掌)이라고 평가했다.[47] 또한, 선거제 개혁의 결과

---

44 허재영 주해, 앞의 책, 139~141쪽.

45 허재영 주해, 앞의 책, 143쪽.

46 허재영 주해, 앞의 책, 138~139쪽.

적폐가 없어지고, 영국인이 안거낙업했다고 서술하였다.[48] 『태서신사』는 민심에 따르는 정치체제로 개편한 결과 민생이 안정되고, 정치가 좋아졌다고 평가하였던 것이다.

『태서신사』가 이처럼 민본론을 정치적 측면에서 '민심을 따르는 정치'로 연결시킨 것은 당시 한국의 독자들이 유교적인 민본론의 사고방식에서 이해할 수 있는 것이었다. 그러므로 여기까지의 민본론은 『태서신사』의 역사 서술이 유교적 민본론에 익숙한 중국인 및 한국인 독자들에게 친숙하게 다가갈 수 있는 지점들이었다.

그런데 『태서신사』의 민본론은 '민심을 따르는 정치'를 한단계 더 진전시켰다.

> 프랑스의 난이 비록 일시에 정돈되지는 못하였으나, 과거의 폐단은 영구히 혁제되었으니, 대저 과거에는 국가가 다만 권세만 믿고 백성이 이치로써 다툼을 허락하지 않고, 프랑스 황제 나폴레옹 1세도 본심은 비록 권세로써 백성을 억제하려고 하나, 오직 **유럽 각국이 항상 말하기를 백성은 나라의 근본이니 국사를 마땅히 백성에게 맡김이 옳다고 하니, 나폴레옹이 공론을 어기지 못하는 고로** (…) **나폴레옹이 패할 때에 이르러는 유럽 사람이 다 '민주'할 마음이 있고, 또 나폴레옹이 패하기 전에는 각국 군왕이 그 백성을 권하여 나폴레옹을 치고자 할 때 다 민심을 따르고 과거 압제하던 구습을 버리며, 백성도 또한 말하기를 우리가 응당 '자주 지권'이 있다하여 재상한 자가 감히 어기지 못하더라.**[49]

---

47 허재영 주해, 앞의 책, 179~182쪽.
48 허재영 주해, 앞의 책, 158쪽.
49 작은따옴표(' ')와 강조는 필자. 허재영 주해, 앞의 책, 515~516쪽.

이 인용문에서『태서신사』는 프랑스혁명이 비록 한번에 혼란이 정돈되지는 못했지만, 과거의 폐단을 영구히 폐지시켰다고 높게 평가하였다. 그렇다면 어떤 폐단을 고쳤다는 말일까.『태서신사』는 프랑스혁명 이후 유럽 국가들이 백성이 나라의 근본이니, 국사를 마땅히 백성에게 맡기는 것이 옳다고 여기게 되었다고 서술하였다.『태서신사』는 나라의 근본은 백성이라는 민본론을 민심을 따르는 정치를 해야한다는 주장으로 연결했고, 이것이 다시 국사를 백성에게 맡기는 것이 옳다는 주장으로 이어졌다. 즉, 백성의 참정권 및 백성의 정치에 대한 주도권 장악인 민주론을 정당화하는 논리로 민본론이 전화(轉化)하고 있었던 것이다.

민본론이 민주론으로 전화하는 과정은『태서신사』의 서술에서 꽤 긴 과정을 통해 은연중에 작동하고 있었다.『태서신사』는 상당한 분량을 영국의 선거제 개혁에 할애했는데, 이 선거제 개혁의 과정을 계속해서 민본론에 근거하여 민심을 따르는 정치로 나아가는 과정으로 그렸다. 그런데 민심을 따르는 정치의 역사적인 발전과정은 백성들에게 참정권을 확대하는 선거제 개혁으로 채워졌다. 즉, '민본론 → 민심을 따르는 정치 → 백성이 참여하는 정치'로의 논리적 연결이 간접적이면서도 지속적인 서술을 통해 관철되고 있었던 것이다.

다만, 위의 인용문에서 말하는 '민주'가 무엇을 의미하는지 살펴볼 필요가 있다. 19세기 서양에서는 현재 세계적으로 유행하는 정치체제인 민주공화정을 실시하는 국가가 얼마 되지 않았기 때문이다.『태서신사』는 군주국은 군주가 정사를 맡아서 명령하고, 백성을 돌아보지 않는 것이며, 민주국은 영국, 독일, 미국에 해당하며 백성을 나라의 근본으로 보는 것이라 설명하였다.[50] 여기에서도 민본론이 민주론으로 전화되는 모습을 확인할 수 있는데, 이때 지칭한 '민주국'에는 민주공화정인 미국만이 아니라, 입헌군주정인 영국과 독일을 포괄한 것이었다. 그러므로 『태서신사』의 '민주'는 군주제인가 공화제인가 여부를 떠나서, 입헌체제 및 국민의 참정권을 보장한 정치체제를 의미한다고 할 수 있다.

『태서신사』는 이처럼 민본론에서 시작하여 민주론까지 나아갔다. 그렇다면 『태서신사』의 민주론은 단지 서양의 국가들을 설명하는 장치에 불과한 것이었을까. 『태서신사』는 '의원은 국사를 의논하는 사람이니 각국에 다 있음이라'라고 설명하였다.[51] 이는 국민참정권의 핵심기제인 의회제를 보편적인 제도로 설정한 것이었다. 또한, 『태서신사』는 영국의 선거제 개혁이 성공한 이후, 영국인이 다 관원 천거권이 있기에 신중히 처신하고 스스로 학문에 힘쓰니, 이를 통해 보면 '사람이 국사를 의논할 권이 없으면 금수와 다름이 없는지라.'라고 주장하였다.[52] 즉, 『태서신사』는 인간의 본성의 하나로써 참정권을 규정하였다. 『태서신사』는 인간의 참정권과 의회제도를 보편적인 것으로 규정함으로써 사실상 민주론을 전세계 모두에게 적용되어야 하는 기준으로 설정하고 있었다.

그런데 19세기는 문명과 야만을 차별하는 문명론이 강하게 나타난 시기였다. 『태서신사』 역시 영국의 인도식민지배를 긍정적으로 묘사했던 점에서 문명론에서 벗어나지 못한 상태였다. 그러므로 『태서신

---

50 허재영 주해, 앞의 책, 146~151쪽.
51 허재영 주해, 앞의 책, 54~55쪽.
52 허재영 주해, 앞의 책, 146~151쪽.

사』의 민주론이 과연 아시아인들에게도 적용되는 것이었는지 의문을
제기할 수 있다. 이에 대해서는 영국정부에서 인도에 선거제를 도입
하려고 했던 것을 『태서신사』에서 서술한 바가 있으므로, 이를 살펴
볼 필요가 있다.

> 영국이 이미 백성을 허락하여 관원을 공천하게 함에, 생각하되 인도
> 관원도 그 백성에게 천거하라 하고자 하다가, 다시 생각하되 인도 인민이
> 아직 우매하니 혹 현명함과 그렇지 못함을 가리지 못할까 염려하여, 먼저
> 각 소읍부터 시작하여 점점 넓혀서 대소국사를 다 민간에서 흥판하게 함
> 이 옳다고 하였다. (⋯) 의연히 구습을 지켜서 권 가지기를 즐기는 자가
> 적으니, 대저 아시아 대륙 사람은 원래 그 법을 알지 못하다가 이제 하루
> 아침에 중임을 맡기니 자연 빨리 준행하지 못할지라. 그러나 다른 날에
> 그 이익이 있음을 알면 장차 (선거권을) 얻으려고 할자가 많으리로다.[53]

이 인용문에서 『태서신사』는 영국정부가 인도에서 선거제를 도입
하려 했지만, 인도인들이 '우매'하여 잘 시행되지 않았다고 주장했다.
그러나 『태서신사』는 인도가 영원히 선거제를 제대로 실시하지 못한
다는 주장으로 나아가지 않았다. 『태서신사』는 선거제 도입의 실패
이유를 갑자기 시켜서 그런 것이라고 하면서, 향후 선거제의 중요성
을 알게될 것이라 전망했다. 이런 점을 보면, 『태서신사』는 아시아인
들도 선거제의 중요성을 깨달을 것이라 서술함으로써 미래를 긍정적
으로 보았다. 즉, 문명론의 관점에서 아시아에 대한 편견을 가지고
있기는 하지만, 아시아인도 인간의 본성을 공유하고 있기 때문에, 미

53 허재영 주해, 앞의 책, 272~273쪽.

래에는 선거제를 정상적으로 운영할 것이라고 기대했던 것이다. 그러
므로『태서신사』의 민주론은 문명적 차별의식에도 불구하고, 아시아
를 포함한 전세계를 포괄하는 것이었다.

　『태서신사』의 정치론은 이처럼 강한 민본론의 성격을 가지고 있었
으며, 민본론을 민주론으로 전화시킨 것이었다.『태서신사』는 이러한
민본-민주론의 정치론에 입각하여 19세기 서양사를 서술하였다.『태
서신사』는 프랑스혁명의 혼란상에 대해서는 비판적으로 서술했다.
그러나 프랑스혁명의 결과 유럽 각국이 '민주'로 나아가게 되는 계기
가 되었다고 보고 프랑스혁명을 전체적으로는 긍정적으로 인식했
다.[54] 이는 나폴레옹에 대한 평가로도 이어졌는데,『태서신사』는 나폴
레옹이 전쟁을 자주 일으킨 것에 대해 매우 비판적이었지만, 나폴레
옹 이전에는 군주를 중심으로 정치를 하다가, 나폴레옹 이후에는 각
국이 민심에 순종하게 되었다고 보아 '천고의 영웅'이라고까지 서술
하였다.[55] 나폴레옹이 각국정부가 민심을 따르는 정치를 하게 된 계기
를 마련했다고 본 것이다. 이와 반대로 프랑스혁명 및 나폴레옹 전쟁
이전으로 돌아가려고 했던 빈회의에 대해서는 매우 비판적이었다.
『태서신사』는 빈회의가 군주의 이익만 생각하고 백성의 민생을 돌아
보지 않았다고 비판하면서, 군주와 백성이 서로 다툰 후에야 양법미
규를 만들었다고 서술하였다.[56] 즉, '민주'로 나아가지 않았기 때문에
불안정한 상황을 겪었다고 보았던 것이다.

54　허재영 주해, 앞의 책, 515~516쪽.
55　허재영 주해, 앞의 책, 103~104쪽.
56　허재영 주해, 앞의 책, 110~112쪽.

『태서신사』는 민본-민주론에 입각해서, 민주적인 정치체제를 갖춰야만 정치가 안정된다고 주장했다. 이는 『태서신사』의 19세기 프랑스사에 대한 평가에서 잘 드러난다.

프랑스의 변은 1789년부터 프랑스인이 다 스스로 원하여 민주국이 되는 날까지 81년이 걸린 후에야 비로소 평안하더라.

백년 전부터 프랑스인이 항상 말하기를, 우리 프랑스인은 자주지권이 없으면 평안하지 아니할 것이라 하고, 마침내 자주지권을 잡자 만고 이래로 오대주 각국에 처음있는 좋은 일이라 하더니 아깝도다. 그 조처를 잘하지 못하여 필경 그 권을 잃어버리고 나폴레옹의 노복이 되어 매우 바쁘게 지내다가, 나폴레옹이 세력을 잃자, 이후 두 황제를 쫓아버리고, 다시 윗사람으로 하여금 백성을 우습게보지 못하게 하고 민주국을 세웠더니, 불의에 루이 나폴레옹이 또 일어나 민권을 빼앗고, 독일과 싸우다가 사로잡히자 프랑스인이 그제야 나폴레옹의 결박함을 벗어나서 다시 민주국을 세우더라.

혹자가 말하기를, 프랑스인은 세계에서 제일 어리석은 사람이라. 다만 바꿀줄만 알고 중후하고 침착한 도리가 적어서 (…) 그러나 이외에 또 다른 이유가 있으니 프랑스인이 본래 민주국이 됨을 원하는 바이라. (…) 이는 모두 프랑스 한 나라의 허물이 아니라. 대저 유럽 각국의 제도가 태반이 수백년 전의 옛 제도라. 이 때에 시운이 변함에 구법을 그대로 행함은 결코 되지 아니할지라. 이제 프랑스인이 먼저 이 이치를 통하여 변하고자 하거늘 유럽 각국은 매번 방해하여 프랑스인으로 하여금 그 양법미규를 행하지 못하게 한 연고이라. (…)

지금 프랑스가 참 민주국이 됨이 분명하니 대란이 진정되어 이후의 흥함이 한량이 없고 (…) 프랑스의 제도가 이미 정돈하였는지라. 영화로운 이름은 이왕에 있었고, 대란을 또한 지내었음에 민주의 권이 변하지 아니하며, 장구하게 다스림이 안정됨을 가히 장래에 점치리로다.[57]

이 인용문에서『태서신사』는 프랑스가 1789년의 혁명 이래 1870
년에 '민주국'이 될 때까지 81년간 변이 있고 나서야 평안에 이르렀다
고 인식하고 있다.『태서신사』는 프랑스가 긴시간 동안 어려움을 겪
었던 이유에 대해, 프랑스인들이 정치체제를 자주 변동시키며 중후함
이 없기 때문이라는 주장에 일정하게 동의하면서도 다른 이유를 제시
하였다. 프랑스인들은 처음부터 민주국을 원했는데, 구체제를 유지하
고 있는 유럽 각국이 구체제를 변혁하려는 프랑스를 방해하여 장기간
의 혼란이 발생했다는 것이었다. 즉,『태서신사』는 19세기 프랑스의
장기간 혼란상태가 프랑스인들만의 잘못이 아니라, 구체제를 옹호하
려는 주변 유럽국가들 때문이기도 했다는 점을 지적하였던 것이다.

한편, 위의 인용문의 마지막 부분에서 보이듯이『태서신사』는 프
랑스가 민주국이 되었기 때문에 장래에도 안정될 것이라 예측하고
있었다. 이는 민주적인 정치체제를 갖춘 프랑스가 향후 안정된 정치
를 구가할 것이라는 생각을 담고 있는 것이었다. 이러한 서술은 프랑
스에 한정된 것이 아니었다.『태서신사』는 이탈리아가 선거권, 군민
공치(=입헌군주제), 교육, 언론자유 등이 있으므로 그 미래가 잘 될 것
이라 예측하였다.[58]『태서신사』는 이탈리아가 입헌성과 민주성을 모
두 갖추고 있으므로 그 미래를 긍정적으로 바라보았던 것이다. 또한,
『태서신사』는 1848년에 유럽 전역에서 일어난 혁명을 서술하면서, 오
직 영국은 민권을 넓혀서 백성이 크게 편안하여 반란할 뜻이 없었다
고 서술하였다.[59]

---

57 허재영 주해, 앞의 책, 359~361쪽.
58 허재영 주해, 앞의 책, 425~426쪽.

이처럼 프랑스, 이탈리아, 영국에 대한 서술을 보면『태서신사』는 민주적인 정치체제를 갖추면 정치적인 안정을 찾을 수 있다는 주장을 내포하고 있었다. 즉, 인간의 보편적인 정치체제로서 민주적인 정치체제를 설정하고, 그 방향으로 나아가면 안정을 찾고, 그렇지 않으면 혼란을 피할 수 없다는 정치론을 보여주었던 것이다. 그러므로『태서신사』의 '안민'의 정치론은 인민이 정치에 참여하여 '민주'의 정치체제가 만들어져야 인민이 안거낙업하고 나라가 평안하다는 것이었다.

2) '양민'의 경제론: 자유무역론

상술한 바와 같이『태서신사』는 민생을 강조했고, 이는 민생을 기르는 것, 곧 '양민'이라는 키워드로 집약되었다.『태서신사』에서 민생은 국가의 가장 중요한 목표였으며, 따라서 민생과 직접 관련된 양민도 국가정책의 우선순위에서 높게 설정되었다. 예컨대『태서신사』는 영국의 상공업 발달을 다룬 다음에, 타국에 위엄을 보이는 것이 '양민하는 신법'에 비해 이익과 손해가 어떠한가라고 되물었다.[60] 즉, 겉으로 보이는 국가의 영광보다는 민생을 기르는 양민이 더 중요하다는 주장이었다.『태서신사』는 양민을 매우 중요한 과제로 보고 있었던 것이다.

『태서신사』의 양민의 경제론이 가장 잘 드러나는 부분은 영국의 곡물법에 대한 서술이었다.

---

59 허재영 주해, 앞의 책, 520쪽.
60 허재영 주해, 앞의 책, 229쪽.

영국 의원 중에 법률을 가진 자는 다 밭이 많고, 곡식이 족한 사람이라. (…) 만일 타국의 양식이 들어오면 곡가가 낮아질 것이오, 곡가가 낮아지면 전답의 도지가 또한 따라서 낮아질 것이니 이는 우리가 부유함을 보전하기 어렵다고 하여 (…) (곡물법의 제정은) 이는 자기만 알고 인민은 모르는 것이라. 이 법 이후에 (…) 30년 동안 영국의 백성은 다 곤궁해짐이 비교할 데가 없더라. (…)

그 연고를 물으면 답하기를, (…) 외국이 무용한 식물을 가지고 나의 요긴한 금은을 바꾸니 얼마 안되서 부족해지지 않으리오. 나라가 구차할 진대 차라리 백성이 죽는 것이 옳다고 하고[61]

이 인용문에서『태서신사』는 영국의 의원들이 지주들이었기 때문에 외국으로부터 곡물의 수입을 제한하는 곡물법을 실시하여 영국 백성들을 어려운 처지에 놓이게 했다고 비판했다. 또한, 곡물법의 시행 논리가 외국의 무용한 식품과 자국의 요긴한 금은을 교환해서는 안 된다는 논리였으며, 이는 나라가 구차할 바에야 백성이 죽어도 괜찮다는 논리였다고 비난했다.『태서신사』는 곡물법 시행의 논리 안에 국가의 재정 수입을 중시하는 중상주의의 논리가 있었음을 지적하고, 중상주의적 보호무역이 민생을 보살피지 않는다고 비난하였던 것이다.

이처럼『태서신사』는 민생론에 근거하여 중상주의에 입각한 보호 무역을 공격하였는데, 이것은 곡물법에 한정된 것이 아니었다.『태서신사』는 곡물법과 함께 영국의 조선사업을 보호하기 위해 있었던 외국선박에 대한 과세, 영국 공장들을 위한 수입품에 대한 과세 등을 비판했다. 이러한 법들은 국가의 보호를 받아 이익을 챙기는 '보업법'

---

61 괄호 안의 내용은 필자가 기입한 것이다. 허재영 주해, 앞의 책, 116~117쪽.

인데, 이는 나라에 세금을 바치고 도고하는 것과 같다고 설명하였다.
그러면서 이러한 보업법에 의해 보호받는 자들은 부익부해졌지만, 빈
자들은 곤궁해졌다고 비판하였다.[62] 『태서신사』는 영국의 각종 분야
에서의 보호무역을 민생론의 관점에서 비난하였으며, 이를 독점적 이
익을 갈취하던 한국의 제도인 '도고'에 비유했던 것이다.

『태서신사』의 민생론은 보호무역을 비판하였기 때문에, 이는 자연
스럽게 자유무역론으로 연결되었다. 그렇다면 『태서신사』는 어떠한
논리로 자유무역을 옹호하였을까.

> 영국 법에 타국과 통상하기를 좋아하지 않아서, 타국에 팔고자 하는
> 물건은 반드시 값을 낮게 하며, 타국에서 사오는 물건은 값을 높게 하여
> (…) 백성 중에 보업하는 사람만 보호하고 〈보업은 세를 받치고 도고함과
> 같음이라〉 만민을 다 보호하는 법은 알지 못하더라. 그리하여 부자는 더욱
> 부유해지나 가난한 자는 더욱 가난해지며, 또 내 나라만 알고 타국을 알지
> 않으니 어찌 공평화목하다 하리요. (…)
> 1838년에 맨체스터 사람들이 회를 모아 이름하여 왈 천식회라고 하니
> 〈천식회는 음식 값을 천하게 한다는 말이라〉 (…) 천식회 영수는 콥덴이라.
> 오로지 사람을 구하기를 위주로 하니 (…) 무릇 세상 사람이 곤궁하여 기한
> 을 이기지 못하거늘 이 사람을 붙들고 도덕만 의논하면 그 사람에게 무슨
> 이익이 있으며, 가지는 또한 무슨 효험이 있느뇨. (…) 옛 사람이 말하기를,
> 의식족이지예절이요, 창름실이지영욕이라 하니, 내일 먹을 양식이 없고,
> 능히 안빈낙도하는 자가 세상에 몇사람 있으리오. (…) 풍속을 좋게 하는
> 방법은 민생을 후하게 함에 있으니, 사람이 배불리 먹고 따뜻한 옷을 입어
> 서, 편안히 지내며 무사하면 자연히 인심이 두터워지리라고 (…) 백성이

---

62 허재영 주해, 앞의 책, 150~151쪽.

구차를 면하지 못하면 양법미규가 있어도 쓸 곳이 없다고 하더라.[63]

위의 인용문에서 『태서신사』는 곡물법 반대 운동단체의 주장을 상세히 설명하고 있다. 그 내용은 대체로 자유무역을 옹호하는 논리인데, 자유무역을 옹호하는 논리는 민생과 예절 및 풍속을 연결시키는 전형적인 유교의 민본론을 차용한 것이었다. 즉, 곡물법을 폐지하여 자유무역을 실시하게 되면, 곡물의 수입가격이 낮춰지며, 이로 인해 민생을 두텁게 할 수 있다는 것이다. 특히 인용문의 마지막 부분의 내용에서도 알 수 있듯이, 그 무엇보다도 백성의 실제 삶을 구제하는 것이 가장 중요하다는 주장을 하고 있었다. 이 인용문에 이어서 『태서신사』는 자유무역 및 곡물법 폐지운동에 의해 수입품에 대한 관세가 크게 낮아졌다고 서술했다.[64]

여기에서 『태서신사』는 자유무역을 민생의 논리로, 특히 의식이 족해야 예절을 안다는 관중과 맹자의 논리로 설명하였다. 태서신사는 유교적인 민생론의 논리로 자유무역을 정당화했는데, 이러한 설명방식은 유교적 논리에 익숙한 한국인들에게 상당히 설득력있게 다가갈 수 있었을 것으로 추측된다. 『태서신사』의 양민론의 핵심은 자유무역론이었던 것이다.

『태서신사』는 자유무역이 실질적으로 민생에 도움이 된다는 점을 강조하였다. 곡물법 폐지에 대한 기사에서는 곡물법 폐지이후 영국의 무역총액이 크게 늘어났다면서 영국인에게 유익했다고 강조했다.[65]

---

63 〈 〉는 원문에 나와있는 내용이다. 허재영 주해, 앞의 책, 165~168쪽.
64 허재영 주해, 앞의 책, 165~169쪽.

이어서 태서신사는 수입세가 면세된 이후 백성들이 함포고복, 안거낙업했다고 서술하였다. 또한, 외국배에 물건을 싣는 것을 금지하는 법을 폐지하려고 하자 조선공들이 반대했지만, 그 법을 시행한 이후 오히려 조선공의 숫자가 늘었고 조선업의 이익도 커졌다고 하였다.[66] 태서신사는 보호무역의 폐지와 자유무역의 실시가 민생에 큰 도움이 되며 산업에도 도움이 된다고 주장하였던 것이다.

『태서신사』는 이처럼 자유무역을 옹호했지만, 자유무역이 실패한 경우도 함께 서술하였다. 『태서신사』는 영국정부가 설탕산업을 보호하다가 제도를 바꿔서 흑인노예를 해방하고, 설탕세를 조정하였다는 점을 설명했다. 이러한 조치들이 있은 다음에 영국의 설탕산업이 쇠퇴하여 원망하는자가 많았다는 점도 언급했다. 그러나 『태서신사』는 정부가 보호무역을 폐지한 것은 만민을 건지고자 한 것이므로, 작은 이익 보다 만민의 이해를 생각해야 한다고 주장하였다.[67] 즉, 『태서신사』는 자유무역이 산업의 쇠퇴를 가져오는 경우가 있어도 자유무역 자체는 국민 전체에 이익이 되기 때문에 굳게 지켜야 한다는 생각을 보여주었다.

『태서신사』는 자유무역을 '만국 통상하는 법'이라고 서술하면서, 자유무역 이후 무역이 번성하고, 백공이 생업이 있어서 분란이 없어졌다고 서술했다.[68] 이는 자유무역이 민생에 도움이 되며, 그렇기에 사회 안정에도 도움이 된다는 것이었다. 한편, 『태서신사』의 자유무역론은

---

65 허재영 주해, 앞의 책, 169~170쪽.
66 허재영 주해, 앞의 책, 170~171쪽.
67 허재영 주해, 앞의 책, 171~172쪽.
68 허재영 주해, 앞의 책, 191쪽.

국가간의 관계로도 연결되었다. 『태서신사』는 프랑스가 영국과 자유
무역으로 전환하였던 영불 통상조약 개정을 칭찬하였다. 그러면서 이
조약개정 이후 프랑스의 영국 수출액이 1700만 파운드에서 4600만
파운드로 증가하고, 영국의 프랑스 수출액이 500만 파운드에서 1500
만 파운드가 되었다고 하면서 '통상함의 이익이 이렇거늘 어찌하여
살피지 아니하는고'라고 평가하였다.[69] 『태서신사』는 자유무역이 국가
들 사이의 상호이익이 된다는 관점도 가지고 있었던 것이다.

　『태서신사』의 경제론에는 자유무역론만이 아니라 국내 경제에 대
한 자유주의적 경제론도 포함되어 있었다. 『태서신사』는 19세기 초
영국이 과도한 세금부담을 지고 있었다고 지적하면서, 당시 영국인들
의 상황을 '대불행'이라고 표현하였다.[70] 이는 대체로 세금을 비판적
으로 바라보는 자유주의적 경제관념이 투영된 것이라 할 수 있었다.
또한, 빈민문제에 대해서도 빈민을 공짜로 구제해주었더니 빈민들이
나라의 돈을 공짜로 여겨서 낭비했다고 비판하였다.[71] 그러면서 1834
년의 빈민구제법 개정에 의해 빈민들에게 노동을 시키고 돈을 주게하
였더니 빈민이 더 부지런해지고 노동자도 증가했다고 평가했다.[72] 『태
서신사』는 빈민을 단순히 구제하면 돈을 낭비하게 된다는 자유주의
적 경제관을 가지고 있었던 것이다. 또한, 러시아의 농촌공동체가 마
을단위로 농업생산과 분배를 했던 것에 대해, 이는 나태한 사람이 이
익을 얻고 근면한 사람이 손해를 입는 것이며, 따라서 러시아 농촌의

69　허재영 주해, 앞의 책, 331~332쪽.
70　허재영 주해, 앞의 책, 118~119쪽.
71　허재영 주해, 앞의 책, 121~122쪽.
72　허재영 주해, 앞의 책, 158~160쪽.

농업수익이 과거보다 크게 줄어들었다고 비판하였다.[73] 『태서신사』는 자유주의적 관점을 가지고 있었기 때문에 공동체주의적 생산관계에 대해 부정적으로 평가하였던 것이다.

그런데 『태서신사』의 자유주의적 경제관은 극단적이지 않았다. 『태서신사』는 14세기의 흑사병 이후 시행되었던 최고임금제에 대해서 국가가 부자만을 위하고 빈민은 돌아보지 않았던 것이라고 비판하였다.[74] 이는 하층민의 민생의 관점에서 최고임금제를 비판한 것이며, 아울러 국가의 경제개입 자체를 비판한 것이기도 하였다. 여기에서는 민생을 위한다는 생각과 자유주의적 경제관이 일정하게 결합되어 있었다.

이처럼 민생에 대한 계속되는 고려는 『태서신사』의 경제론에서 자유주의적 영향을 한정적으로 만들었다. 예컨대 『태서신사』는 19세기 아동노동에 대해 다음과 같이 서술하였다.

> 유럽에 전쟁이 있기 전에 포목이 많이 쓰이는 고로 직조창이 또한 날로 성하여 무수한 어린 아이들이 직조창에 들어가서 고용됨에, 매일 일하는 시간이 정해진 것이 없어서 혹은 13시간, 혹은 15시간씩 되니, 아린 아이가 무슨 지각이 있으리요. 몸이 피곤하여 기계를 의지하고 잠을 이루니, 무정한 기계가 그 생명을 해할지라. 이러하므로 직조창을 맡은 자가 아이가 조는 것을 보면 채찍으로 때리니 기계에 다칠까봐 염려함이라.
> 그러나 잠을 자지 못하여 정신이 손상되어 음식을 또한 먹지 못하고, 그중 어린 아이는 겨우 7세도 있으니 (…) 신체가 자라지 못할 뿐 아니라,

73 허재영 주해, 앞의 책, 440~442쪽.
74 허재영 주해, 앞의 책, 132~133쪽.

기혈이 또한 활발하지 못하여 모습이 고목 같으며 (…) 그 죽는 자는 말할 것 없고, 다행히 산다 하여도 충실하지 못하고 장수하기 어려우며, 또 글을 배우지 못하여 무식하게 되니 그 정경을 생각하면 눈물을 흘릴지라.[75]

위의 인용문에서 『태서신사』는 아동노동의 처참했던 실상을 적나라하게 묘사했다. 아이들이 13시간에서 15시간씩이나 노동에 시달렸으며, 잠을 제대로 자지 못해 공장에서 사고사를 당하는 일이 많았다는 점을 서술했다. 또한 살아 있을지라도 공부도 하지 못하고, 몸이 고목같이 되었다고 하면서 이 상황을 보면 가히 눈물을 흘릴 지경이라고 서술하였다.

『태서신사』는 이처럼 아동노동의 심각한 문제가 영국에 있었다는 점을 서술한 다음에, 정부가 법률로 아동노동시간을 제한했음을 설명하였다. 그러면서 이 법이 제정될 때 공장들이 외국과 경쟁하지 못하여 산업이 망한다고 했으나 오히려 더 번성했다고 주장했다.[76] 태서신사는 하층민에게 관심이 많았으며, 특히 아동노동의 보호에 관심을 가지고 있었다. 그래서 자본가들의 저항에도 불구하고 정부의 개입에 의한 아동노동 보호를 찬성하였다. 이는 『태서신사』가 민생이라는 관점에서 자유주의적 경제관과 배치되는 정부의 개입을 일정 정도 찬성하였음을 보여준다.

『태서신사』의 자유주의적 경제관이 제한적이었음을 보여주는 또 다른 사례로는 도지인하론을 들 수 있다. 『태서신사』는 곡물법 실시

---

75 허재영 주해, 앞의 책, 129~130쪽.
76 허재영 주해, 앞의 책, 155~156쪽.

이후, 곡물가격이 낮아졌음에도 도지(소작료)가 줄어들지 않았다고 비판하였다. 그러면서 농사는 근본이고, 장사는 말업이므로, 농민을 박대해서는 안된다고 주장하였다. 이어서 정부는 도지를 줄이고 농민을 보호해야한다고 주장하였다.[77] 여기에는 농업과 농민을 보호해야 한다는 생각이 담겨져 있으며, 이를 위해 정부가 나서야 한다는 관점이 포함되어 있다. 『태서신사』는 국가의 경제개입을 완전히 배격한 것이 아니라, 필요한 경우에는 개입해야 한다고 주장하였던 것이다. 그러므로 『태서신사』의 경제론은 국내경제의 부분에서 자유경제론에 완전히 경사된 것은 아니었다. 특히, 도지인하론의 경우에는 농본주의적 성향도 띠고 있는데, 이는 농본주의에 익숙한 한국의 독자들에게 친숙하게 다가갔을 가능성이 높다. 『태서신사』가 이처럼 자유주의적 경제관을 제한적으로 투영한 점은 『태서신사』가 한국인들에게 인기를 끄는 주된 이유가 되었을 것이다.

요약하면, 『태서신사』의 경제론은 '양민'이라는 키워드로 집약되며, 가장 핵심적인 내용은 자유무역론이었다. 그러므로 『태서신사』의 경제론은 자유주의적 경제관에 의한 것이었다고 할 수 있다. 그러나 국내 경제를 논할 때 『태서신사』는 아동노동이나 농민의 보호를 위해 국가가 개입할 것을 주장하였다. 『태서신사』의 경제론은 국내경제에 대해 자유주의적 경제관을 제한적으로 투영했으며, 그 결과 가장 핵심적인 주장은 국가들간의 자유경제인 자유무역론으로 집약되었다.

---

77 허재영 주해, 앞의 책, 237~238쪽.

4. 『태서신사』의 한국에의 영향

『태서신사』는 서론에서 밝힌 바와 같이 중국에서 먼저 번역되었고, 이를 한국의 학부가 다시 번역하여 1897년 6월에 발간하였다. 『태서신사람요』가 1895년 5월에 서술되었으며[78] 순한글로 번역하는데 일정한 시간이 필요하다는 점을 고려하면, 한국의 학부는 대체로 1895년 하반기 혹은 1896년에 『태서신사』의 출간을 계획했던 것으로 추론할 수 있다. 그런데 이 시기 한국의 학부는 정동파, 그 중에서도 친미개화파가 주도하고 있었다.

미국을 경험한 바 있었던 관료들, 특히 주미 조선공사관을 통해 성장한 관료들이 친미개화파를 형성하고 있었다.[79] 이들은 갑오개혁기에 일본의 전횡에 맞서 친러파들과 연합하여 정동파를 형성했다. 정동파는 갑오개혁기에 내각에 참여하고 있었으며, 특히 1896년 2월의 아관파천 이후에는 내각의 실권을 장악했다. 1897년 2월에 고종이 환궁한 이후 점차 러시아의 간섭이 강화되자 친미개화파는 이에 저항했으며, 1897년 10월에는 내각에서 쫓겨나 힘을 잃게 되었다. 그러자 친미개화파는 1898년에 활발하게 일어난 독립협회 운동에 참여하여 러시아의 내정간섭 저지와 의회개설운동에 힘을 기울였다.[80]

친미개화파는 서양을 경험했기 때문에 서양의 근대적인 교육제도

---

78 『태서신사』의 서문에는 티모시 리처드가 서문을 작성한 시점이 1895년 5월로 나와있다. 허재영 주해, 앞의 책, 26쪽.

79 주미 조선공사관에서 근무하여 친미개화파의 핵심이 되었던 인물들로는 박정양(1841~1905), 이완용(1858~1926), 이하영(1858~1929), 이상재(1850~1927), 이채연(1861~1900) 등이 있다. 한철호, 『친미개화연구』, 국학자료원, 1998, 36~38쪽.

80 한철호, 앞의 책, 73~107쪽; 125~147쪽; 211~262쪽.

도입 및 교육개혁에 지대한 관심을 가지고 있었다.[81] 친미개화파에서 가장 핵심적인 인물인 박정양은 1차 갑오개혁정부에서는 학무아문대신, 2차 갑오개혁정부에서는 학부대신에 임명되었다.[82] 이외에도 갑오개혁기에 이완용은 학부대신, 윤치호는 학부협판, 이상재는 학부참서관으로 참여하여 교육개혁에 주력하였다.[83] 고종이 러시아공사관에 머물고 있었던 1896년 2월부터 1897년 2월까지 학부의 대신 및 대신서리, 그리고 학부협판에 임명되었던 인물들 중 상당수는 이완용, 윤치호, 민상호 등 친미개화파의 인물들이었다.[84]

이처럼 학부를 중심으로 교육개혁에 나섰던 친미개화파는 외국문헌의 한글번역을 결정했으며, 특히 교과서 편찬에 적극적으로 나섰다. 이때 한글교과서 편찬이 추진되었는데, 학무아문 참의였던 이상재가 한글교과서 편찬의 책임자였다.[85] 『태서신사』가 친미개화파가 장악하여 교육개혁을 펼쳤던 핵심기관인 학부에서 출간된 점, 그리고 러일세력균형기 서양사 서적들 중에 유일하게 순한글로 번역된 책이라는 점을 고려해볼 때 『태서신사』의 발간에는 친미개화파가 깊이 관여했을 가능성이 높다.

그렇다면 친미개화파는 왜 『태서신사』를 발간하려고 했을까. 친미개화파는 아관파천으로 갑오개혁 정권이 무너진 이후에도 개화정책을 계속 추진하고 있었다. 그런데 갑오개혁 정권이 무너지게 된 원인

---

81 한철호, 앞의 책, 110쪽.
82 왕현종, 『한국 근대국가의 형성과 갑오개혁』, 역사비평사, 2003, 160~161쪽.
83 한철호, 앞의 책, 115쪽.
84 한철호, 앞의 책, 129쪽.
85 한천호, 앞의 책, 111~112쪽.

중 하나는 전국적인 의병의 봉기였다. 아관파천은 전국적인 의병봉기에 의해 감시가 소홀해진 틈을 타서 성공할 수 있었다. 전국적인 의병봉기는 갑오개혁 정권이 지나치게 급진적으로 개화정책을 밀어붙인 것도 한 요인으로 작용했다. 그러므로 갑오개혁 정권이 붕괴된 이후의 상황에서 개화정책을 계속 추진하기 위해서는 개화정책의 정당성을 한국인들에게 설득할 필요가 있었다.

한국인들을 설득해야 하는 상황에서 『태서신사』는 매우 유용한 도구가 될 수 있었다. 『태서신사』는 중국사회에서 서구화인 '신법'을 채택하도록 설득하기 위해 번역된 책이었고, 그 논리구조는 앞서 살펴본 바와 같이 민본론에 기초하고 있었다. 즉, 『태서신사』는 개화정책을 민본론의 논리구조로 풀어서 설명하고 있었으며, 이는 중국과 함께 민본주의를 공유하고 있었던 한국인들에게 설득력있게 다가갈 수 있었다. 따라서 갑오개혁정권의 붕괴 이후에도 개화정책을 계속 펼치려고 했던 친미개화파의 입장에서는 『태서신사』와 같이 개혁의 정당성을 설득해줄 수 있는 서적이 한국사회에 유통될 필요가 있었다.

그러나 『태서신사』를 발간한 지 몇 개월 뒤인 1897년 10월에 러시아의 압력을 받은 고종이 친러파 중심의 내각을 구성함으로써 친미개화파는 정부 내에서 정치적 영향력을 상실했다.[86] 또한, 친미개화파가 관여했던 독립협회 운동은 1898년에 치열하게 전개되었으나 끝내 실패했고, 1899년에 제정된 대한국국제(大韓國國制)가 보여주듯이 고종 중심의 친정체제가 더욱 강화되었다. 이러한 정치적 상황으로 인해 『태서신사』가 주장했던 국제정치론과 신법론은 한국 정부에 별다른

---

86 한철호, 앞의 책, 230쪽.

영향을 주지 않았던 것으로 추측된다.

그러나 정부와 달리 민간의 지식인들에게는 『태서신사』가 상당한 영감을 주었던 것으로 보인다. 『독립신문』이 티모시 리처드가 쓴 저서들 중에 대한제국에서 많이 팔린 책으로 『태서신사』를 거론하였던 점을 통해 보면,[87] 당시 여러 서양사 서적 중에서 『태서신사』가 한국인들에게 가장 큰 인기를 얻었던 것으로 추측된다. 『태서신사』를 실제로 읽은 것으로 확인되는 인물들로는 김구, 안중근, 박은식 등이 있다. 김구는 감옥에서 『태서신사』를 읽고, 개화사상에 눈뜨게 되었다.[88] 특히 『태서신사』를 읽고 "원숭이와 다름없던 오랑캐들이 도리어 나라를 세우고 백성을 다스리는 좋은 법과 아름다운 규칙들이 오히려 사람다웠다"고 생각하게 되었다고 한다.[89] 『태서신사』의 민본론적인 설득논리가 김구에게 감명깊게 다가갔음을 유추할 수 있는 대목이다. 이외에 안중근은 『태서신사』를 읽고 민족주의적 애국사상을 가지게 되었다고 술회하고 있으며,[90] 박은식은 1904년에 집필한 『학규신론(學規新論)』에서 『태서신사』의 내용을 전재하고 있었다.[91] 이처럼 『태서신사』는 친미개화파가 한국 사회에서 개화정책을 설득하기 위해 발간한 서적이었으며, 한국의 민간 지식인들에게 상당한 영향을 끼친 것으로 보인다.

---

87 노관범, 앞의 글, 127쪽.

88 최혜주, 「백범 김구의 신민회 시기의 교육사상과 교육운동」, 『백범과 민족운동연구』 5, 2007, 78~81쪽.

89 김구, 『백범일지』, 나남, 2002, 109쪽. (유수진, 2011, 앞의 글, 11쪽에서 재인용).

90 노관범, 앞의 글, 126~127쪽.

91 노관범, 앞의 글, 125쪽.

『태서신사』가 한국의 민간 지식인과 사회에 끼친 영향을 살피는데
가장 좋은 수단은 사회전체에 메시지를 전파하는 기관인 언론을 분석
하는 것이라고 할 수 있다. 마침 러일세력균형기에 한국의 민간사회에
서는 최초로 언론계가 탄생하고 있었다. 1896년에 『독립신문』이 최초
로 민간신문을 발간한 이래 1898년에는 『제국신문』, 『황성신문』 등이
창간되어 민간신문들로 구성된 언론계가 형성되었다. 언론계는 당시
한국 사상계의 축소판이었으며, 여러 사상계열이 참여하고 있었다.[92]

『독립신문』의 집필진은 미국에 직접 유학경험이 있으며 독립협회
운동에서도 주도적인 역할을 맡았던 서재필(1864~1951)과 윤치호
(1865~1945) 등 이었다. 『제국신문』의 집필진은 독립협회 운동의 급진
파이자, 미국 개신교 선교사들이 설립한 배재학당의 학생들이 중심이
었다. 『제국신문』의 집필진에서 대표적인 인물은 이승만(1875~1965)
이었다. 『황성신문』의 집필진은 독립협회 운동 당시 온건파이자 성리
학을 중심으로 서양학문을 배웠던 유학자들이 중심이었다. 대표적인
인물로는 장지연(1864~1921), 유근(1861~1921) 등이 있었다.[93]

이러한 언론계의 성향은 문명개화파와 변법자강파로 대별할 수 있
다. 『독립신문』과 『제국신문』의 집필진은 국제정치적으로는 자유주
의적 국제주의에 경도되어 있었고, 개혁론에 있어서는 서구문명을 제

---

92 다만 위정척사파는 언론 발간에 참여하지 않았기 때문에, 언론계는 당시 대한제국
　　사상지형의 일부를 반영하였다고 볼 수 있다.

93 노관범, 2007, 「대한제국기 朴殷植과 張志淵의 自强思想 연구」, 서울대학교 박사학위
　　논문, 172~218쪽; 문일웅, 2012, 「만민공동회 시기 협성회의 노선 분화와 『제국신문』
　　의 창간」, 『역사와 현실』 83, 272~274쪽; 박찬승, 1992, 『한국근대정치사상사 연구』,
　　역사비평사, 71쪽; 정종원, 「개화기 언론의 세계관과 국제정세 인식」, 한양대학교 박사
　　학위논문, 2022, 37~55쪽.

도만이 아니라 종교와 가치까지 모든 부분에서 모방해야 한다는 문명
개화파의 입장을 가지고 있었다. 반면『황성신문』의 집필진은 국제정
치는 힘의 질서에 따라 움직인다는 현실주의적 입장을 가지고 있었으
며, 개혁론에 대해서는 서구의 제도를 수용한다고 해도 유교의 정신
은 유지해야 한다는 변법자강파의 입장을 가지고 있었다.[94]

　이처럼 한국 언론계가 사상적으로 분화된 상황이었기 때문에『태
서신사』의 영향은 사상적 성향에 따라 다르게 나타났다. 자유주의적
국제주의의 영향을 받은『태서신사』의 국제정치론은 서양의 국제법
과 국제여론을 매우 강조하는 경향을 보였다. 이는 전면적인 서구화
를 달성하여 국제법체제와 국제여론이 한국의 독립을 지지하게 해야
한다고 주장하는 문명개화파 언론의 입장에 부응하는 것이었다.[95] 또
한,『태서신사』의 신법론은 자유주의적인 개혁을 주장하였던 문명개
화파 언론의 생각과 상응하는 것이었다.[96]『태서신사』에서 종종 보였
던 기독교 중심적 성격 역시 문명개화파 언론의 종교관에 조응하는
것이었다. 이러한 요소들로 인해 문명개화파 언론이었던『독립신문』
과『제국신문』의 집필진은『태서신사』의 논리를 빠르게 흡수했던 것
으로 보인다.

　반면,『황성신문』에는『태서신사』의 영향이 별로 두드러지지 않았
다.『황성신문』에 한국 학부가『태서신사』를 일선 학교에 내려보낸

94　정종원,「개화기 언론의 세계관과 국제정세 인식」, 앞의 글, 4장 1절~3절 참조.
95　문명개화파 언론이 자유주의적 국제주의를 적극적으로 수용한 이유에 대해서는 다음
　　을 참조할 것. 정종원, 앞의 글, 2023, 328~332쪽.
96　문명개화파 언론의 자유주의적 성격에 대해서는 다음을 참조할 것. 이나미,「『독립신
　　문』에 나타난 자유주의 사상에 관한 연구」, 고려대학교 박사학위논문, 2000.

기사가 보이며,[97] 『태서신사』를 높게 평가하면서 『태서신사』를 역사를 읽는 기준으로 삼아야 한다는 논설이 게재되기도 했다.[98] 이처럼 『황성신문』은 『태서신사』에 대해 상당히 우호적인 태도를 보였는데, 이는 『태서신사』가 가진 민본주의적 언어들 때문이었을 것으로 추측된다. 그러나 『태서신사』의 국제정치론과 신법론은 『황성신문』의 지향과 상이한 것이었기 때문에, 해당 주장들이 『황성신문』에 반영된 기미는 보이지 않는다.

그러므로 『태서신사』는 출간 직후인 1897년 10월 이후의 정세변화로 인해 한국정부의 정책에 반영되지 못했으며, 당시 한국의 사상지형에서 위정척사파나 변법자강파에게는 한정적인 영향만을 끼쳤다. 그러나 자유주의적 국제주의와 서구지향적인 개혁론을 가지고 있었던 문명개화파에게 끼친 영향은 컸으며, 이는 문명개화파 언론들의 기사들을 통해 반영되었다.

1) 국제정치론

상술하였듯이 『태서신사』는 강한 반전평화론을 가지고 있었으며, 국제사회를 국제법이라는 규칙과 국제여론과 집단안보라는 힘에 의해 규율되게 하여, 전쟁을 막자고 주장하였다. 이러한 주장은 『독립신문』과 『제국신문』에서 유사한 논리로 반복되었다.

『독립신문』은 국제사회에 대해 다음과 같이 분석하였다.

---

97 노관범, 앞의 글, 127쪽.
98 「夫士人이 史를 讀흠은」, 『황성신문』, 1899.7.29.

세계 상에 여러 나라들이 있는 것이 마치 한 동리에 여러 집들이 모여 사는 것과 같은지라. (…) 신의가 아주 없고, 거짓말이나 하고 동리를 소동시키는 지경이면, 남들이 그 집을 어떻다고 지목하리요. 필경은 그 동리 사람들이 공론하고, 그 집을 훼파한다던지, 내어 쫓는다던지 할 지경이니, 그리되면 부끄러울뿐 아니라, 어찌 패가망신 되지 아니하리요.[99]

이글에서 『독립신문』은 당시의 국제사회를 하나의 마을로 묘사하였다. 그리고 마을에서 처신을 잘못한 집안을 '공론'을 거쳐 훼가출동시키는 것에 비유하여, 잘못된 국가는 국제사회에서 쫓겨날 수 있다고 경고하였다. 이는 곧 국제사회가 국제여론에 의해 움직인다는『태서신사』의 서술과 상당히 일치하는 것이었다.[100]

그렇다면 『제국신문』은 어땠을까. 『제국신문』은 당대의 국제사회에 대해 다음과 같이 분석하고 있었다.

지금 세계만국이 육주에 벌려져 있는 것이 비유컨대 한 동리에 여러 집들이 모여사는 것과 조금도 틀릴 것이 없는지라. (…) 못된 악습을 할 지경이면 자연 동리에서 여러사람의 공의도 있을뿐 아니라 불평한 일이 생긴 후에는 필경은 여러 사람이 모여서 훼가출동시키는 일도 있을 것이오. (…) 그러한즉 어느 나라던지 공법을 어기거나, 타국의 국체를 손상하거나, 타국의 학대를 받아 내 권리를 행하지 못하면 자연히 여러나라의 공의가 있어 불평한 일이 생길 것이니 어찌 조심치 아니하리오.[101]

---

99 「여러 집이 사는 동리」, 『독립신문』, 1899.4.20.
100 『독립신문』의 국제정치관에 대한 상세한 분석은 다음의 논문을 참조할 것. 정종원, 앞의 글, 2023.
101 「지금 세계만국이 륙쥬렬강에」, 『제국신문』, 1901.4.17, 1면.

위의 인용문에서는 국제사회를 마을로 비유하면서, 국제여론에 의
해 잘못한 국가를 '훼가출동'시키는 강제력이 발동될 수 있다는 인식
이 나타난다. 이는 국제여론이 강제력을 가지고 있어서 하나의 개별
국가로는 대적할 수 없으며, 국제여론이 잘못된 국가에 대해 집단안
보를 실행한다는 개념을『제국신문』이 가지고 있었음을 의미한다. 이
외에도『제국신문』은 국제여론의 힘을 매우 큰 것으로 해석하고 있었
다. 예컨대『제국신문』은 '외국공론'으로 되려는 것은 안되어 본 적이
없으며, '세상공론'은 조령석개와 같지 않다고 지적했다.[102] 또한,『제
국신문』은 지금 세계는 부강한 나라라도 '각국공론'을 반대하고는 견
딜 수 없다고 주장했다.[103]

『제국신문』은『태서신사』와 같이 국제사회가 힘이 아닌 국제여론
에 의해 움직이며, 국제법을 어기는 국가에 대해서는 집단안보를 실
행한다는 개념을 가지고 있었던 것이다. 또한 국제중재재판에 대해서
도 긍정적으로 보도했다. 예컨대『제국신문』은 국제분쟁에 중재재판
을 도입하자는 논의가 있다는 것을 소개하면서, 이를 문명교화가 날
로 진보했기 때문이라며 긍정적으로 서술했다.[104]

이처럼 자유주의적 국제주의에 기초한『태서신사』의 국제정치론
의 핵심논리는『태서신사』의 발간 이후 간행된『독립신문』과『제국
신문』의 국제정치론에서 그대로 나타나고 있었다. 두 신문에 나타난
자유주의적 국제주의가 반드시『태서신사』를 통해서 들어왔다고만은

---

102 「오년이잠간이라」,『제국신문』, 1902.4.30, 1면.
103 「백△전△△」,『제국신문』, 1902.3.22, 1면.
104 「젼징 업시홀 의론」,『제국신문』, 1902.12.12, 1면.

볼 수는 없지만, 『태서신사』가 자유주의적 국제주의가 한국에 유입되는 주요 통로로서 역할을 했다고는 볼 수 있을 것이다.

2) 정치론

『태서신사』의 정치론은 민본론을 강조하면서, 이를 백성에게 권력을 공유하는 민주론으로 확장한 것이었다. 이러한 『태서신사』의 정치론에서 강조한 핵심적인 정치적 제도는 입헌체제와 의회제 그리고 선거권 확대라 할 수 있었다.

『독립신문』은 백성이 나라의 근본이라는 주장을 전환하여 백성이 나라의 주인이라고 주장했고,[105] 특히 백성의 참정권을 주장했다. 『독립신문』은 백성의 직무는 정부가 애군애민하는 정부인지를 밝히는 것이라고 주장했다. 그러면서 애군애민하는 정부의 명령은 그대로 시행해야 하지만, 정부가 그렇지 못하면 법률에 마땅하게 말하여 애군애민하는 정부가 서도록 하는 것이 백성의 직무라고 강조했다.[106] 또한, 『독립신문』은 백성이 임금에게 말할 권리가 있으며, 천하만국이 중의(아마도 衆意)에 따라 일을 한다고 주장했다.[107] 이는 민심을 따르는 정치를 강조하면서 사실상 백성의 참정권을 인정하였던 『태서신사』의 맥락과 맞닿는 것이었다.

그러나 『태서신사』와 독립신문 사이에는 하원에 대한 생각에서 차이가 있었다. 『태서신사』는 '민심을 따르는 정치'를 '백성이 주도하는

---

105 「졔슌씨편지」, 『독립신문』, 1898.11.16.
106 「나라이 흥ᄒ고 망ᄒᄂ것은」, 『독립신문』, 1898.1.11, 1면.
107 「유진률씨의 편지」, 『독립신문』, 1898.11.26, 1면.

정치'로 전환시켰다. 이것은 구체적으로는 하원에 대한 강조로 이어
졌다. 『태서신사』가 길게 서술했던 영국의 선거권 개혁도 결국 하원
의 선거권을 중심으로 서술되었다. 『태서신사』의 하원중시론은 프랑
스사에 대한 서술에서도 나타났다. 『태서신사』는 나폴레옹 3세가 만
든 정치체제가 하원 선거권이 국민에게 있긴 하지만, 하원이 권한이
별로 없고, 황제의 권한이 막강하여 사실상 프랑스 백성에게는 권리
가 없고 황제에게 모든 권력이 집중되었다고 비판했다.[108] 『태서신사』
는 영국과 프랑스에 대한 서술에서 모두 백성에게 권력을 주는 것을
긍정적으로 평가하였고, 그러한 관점에서 하원을 중시하였던 것이다.

　반면 『독립신문』은 민권을 강조하고, 국민의 참정권을 인정하면서
도, 국민이 모든 것을 다 주관해야 한다고 주장하지는 않았다. 『독립
신문』은 국가를 사람이라는 유기체에 비유하여 설명했는데, 정부는
머리이고, 인민은 이목구비와 사지이니 만약 정부와 인민이 서로 다
투면 여러나라가 와서 사지를 하나씩 차지할 것이라 경고했다.[109] 다
른 글에서는 백성에게 권리를 모두 주어 국사를 해서는 안되고, 관민
이 합심하여 정부와 백성의 권리가 상반되어야 한다고 주장했다.[110]
『독립신문』은 정부와 인민의 관계를 상호보완적 관계라고 설명하고
있었으며, 따라서 국민의 참정권 역시 제한적인 것이었다. 이렇듯 인
민의 참정권을 제한해야 한다고 보았기에 『독립신문』은 하원설치를
연기하고, 대신 상원만을 설치하자고 주장하였다.[111] 그러므로 『독립

---

108 허재영 주해, 앞의 책, 326~327쪽.
109 「사룸 생긴 것을 쟈셔히」, 『독립신문』, 1897.8.3, 1면.
110 「민권론」, 『독립신문』, 1898.12.15, 1면.
111 김현숙, 「문명담론과 독립협회의 정치체제, 그리고 러젠드르의 전제론」, 『한국사학보』

신문』의 정치론은『태서신사』로부터 일정한 영향을 받았지만, 그 영향은 한정적인 것이었다고 할 수 있다.

그렇다면『제국신문』은 어떠했을까.『제국신문』의 민권에 대한 사상은『독립신문』과 유사하였으나,『독립신문』보다 더 급진적인 경향이 있었다.『제국신문』의 민권론은 민권이 강해야 독립을 지킬 수 있다는 논리였으며, 이를 '민권이 즉 국권'이라는 말로 압축해서 설명했다.[112] 해당 논설에서 민권이 국권이라는 주장의 근거는 민권이 보장된 나라에서는 백성들이 자기 권리를 지키기 위해 나서기 때문에 외국이 군사력으로 압제할 수 없다는 논리에 기초해 있었다. 그런데『제국신문』의 이러한 민권론은 민주론으로 연결되고 있었다.

> **불가불 백성으로 뿌리를 삼아야 능히 부지하리로다.** (…) 서양 각국인즉 지금 벨기에나 네덜란드라 하는 나라들이 대한의 1/3 가량 되는 나라들로 구라파 각국 틈에 처하여 **능히 동등독립권리를 누리는 것은 다 그 백성으로 위주를 삼아서** 설령 정부에서는 나라 토지를 남에게 주고자 하는 마음이 있을지라도 백성이 못하게 하면 어찌할 수 없는 줄로 알기 때문에 당초에 경위 틀리는 일은 그 관인을 대하여 입을 열지 못하는 연고라.[113]

『제국신문』은 민권이 강하면 정부가 자국의 영토나 이권을 외국에 넘기려고 해도, 백성이 막을 수 있기 때문에 외세가 애초에 그러한 요구를 하지 못할 것이라 보았다. 즉, 인민이 정치의 주도권을 잡아서

66, 2017.
112 「민권이 즉 국권이라」,『제국신문』, 1898.10.6, 1면.
113 「국권보호방책」,『제국신문』, 1902.2.27, 1면.

('위주') 정부의 행동을 통제하기 때문에 외세가 이권을 요구해도 소용
없음을 알고 그만둔다는 것이었다. 이를 통해 백성을 뿌리로 삼아야
한다는 민본론을 백성이 정치의 주인이 되는 민주론으로 전환시키고
있었다. 이러한 논리적 전환은 『태서신사』와 매우 유사한 것이었다.[114]

　이처럼 민본-민주론을 가지고 있었던 『제국신문』은 하원에 대해서
도 적극적인 태도를 보였다. 『제국신문』은 『독립신문』이 하원설치 반
대론의 논설을 내었던 시기에, 오히려 하원설치 찬성론을 주장했다.
『제국신문』은 하원설치론은 '매우 학문있는 의론'이며, 한국에도 하원
이 있어야 나라가 잘 될 것이라 주장하였다.[115] 특히, 『제국신문』은 1901
년 6월의 기사에서 헌법을 설명하면서 "하의원을 설시하고 백성이 나
라 정사에 간예하는 법"이라고 하였다.[116] 『제국신문』은 입헌체제에서
인민의 참정권과 이를 실현하는 기구인 하원을 가장 핵심이라고 보았
던 것이다. 이처럼 하원을 중시하였던 『제국신문』은 백성의 참정권에
대해서도 매우 적극적이었다. 그래서 『제국신문』은 "정부란거슨 인민
의 총되요 빅성이란거슨 정치의 동물이라"라고 하였다.[117] 즉, 인간의
본성 안에 정치를 포함하였던 것이다. 이는 『태서신사』가 동물과 구별
되는 인간의 본성으로 정치를 들었던 것과 일치하는 것이었다. 그러므
로 『제국신문』은 『태서신사』의 정치론을 매우 적극적으로 수용하였고,

---

114 다만, 『태서신사』의 민본론에서 민주론의 전환은 주로 국내문제를 중심으로 하는데,
　『제국신문』의 전환은 주로 외국과의 관계를 중심으로 한다는 점에서는 일부 차이가
　있었다.
115 「일전에 황국협회에셔 박찬정」, 『제국신문』, 1898.10.20, 1면.
116 「憲法計劃」, 『제국신문』, 1901.6.12, 3면.
117 「정부란거슨 인민의 총되요」, 『제국신문』, 1899.1.24.

이는 급진적인 경향으로 이어졌다고 할 수 있다.

『제국신문』과『태서신사』의 관계가 매우 긴밀했음은 러시아의 정치에 대한 묘사에서도 확인할 수 있다. 『태서신사』는 러시아 황제의 권력은 법률이든, 관원이든, 교회든 간섭하지 못하고, 오직 러시아 황제의 주장대로 법률이 되고 인민이 봉행한다고 보았다. 그리고 이러한 상황에 대해 유럽 군주국들 중에 오직 러시아만이 정치를 경장할 줄 모른다고 서술하였다.[118] 『태서신사』는 러시아의 전제군주정이 심각할 정도로 권력 집중상태에 있으며, 이를 유럽에서 가장 개혁하지 못한 사례로 보고 있었던 것이다.

『제국신문』도 유럽의 근대적 시민혁명을 설명하면서 다음과 같이 서술하였다.

> 이에 태서각국 정치가에서 적비심력하여 천히와 인정의 어찌할 수 없는 줄을 깨닫고 **이에 헌법을 설시하여 기천년 전래하던 정치를 개혁하고 인민에게 자유권리를 허여하야 지금 서양 각국 중에 러시아밖에는 전제정치가 없음에 이것을 위지 문명국이라 개화국이라 칭하더라**[119]

이 인용문에서 『제국신문』은 유럽의 근대적 시민혁명의 흐름 속에서 헌법이 수립되고, 인민에게 자유권리를 허용했다고 서술했다. 그러나 오직 러시아만이 전제정치를 유지하고 있다고 하였다. 『태서신사』의 러시아에 대한 평가가 그대로 반영되어 있었던 것이다.

그런데 이처럼 한국 언론계의 두 신문인『독립신문』과『제국신문』

---

118 허재영 주해, 앞의 책, 447~448쪽.
119 강조는 필자. 『제국신문』1901.4.29~30 논설.

이 『태서신사』의 영향을 받기는 했지만, 『태서신사』의 모든 서술을
받아들인 것은 아니었다. 『태서신사』는 러시아 식민지 상태의 폴란드
가 통상, 농사, 백공이 날로 흥왕한다고 하면서 긍정적으로 서술하였
다.[120] 그러나 두 신문은 폴란드의 상황에 대해 서술할 때 대체로 부정
적으로 서술하였으며, 『태서신사』의 이러한 서술을 차용하지 않았다.
이는 당시 한국 언론들이 러시아를 매우 부정적으로 보고 있었으며,
특히 식민지가 되면 한국인들의 상황이 나빠진다고 이야기해야 했기
때문에 러시아 식민지 상태의 폴란드를 부정적으로 언급하기만 했던
것이라 할 수 있다. 한국의 독립을 지키기 위한 개혁을 해야한다는
것이 당시 한국 언론계의 화두였기 때문에, 식민지가 되어도 괜찮다
는 논리로 이어질 수 있는 『태서신사』의 내용은 보도되지 않았던 것
이다. 그러므로 『태서신사』의 서술은 한국 언론계의 성향과 일치하는
경우에 더 잘 받아들여졌고, 반대되는 경우에는 받아들여지지 않았다
고 할 수 있다.

3) 경제론

『태서신사』의 경제론은 민생을 중요시했으며, 민생을 위해서는 자
유무역이 필요하다는 것이 핵심 논리였다. 이러한 논리는 『독립신문』
에서도 발견된다. 먼저 『독립신문』은 세계 각국에서 문명개화를 하고
진보하려는 것은 나라에 의복과 음식이 흔해지게 만드려는 것이라
하면서, 의복과 음식이 넉넉하지 않은 나라는 남에게 수치를 받는다
고 하였다.[121] 『독립신문』은 문명개화의 목적이 인민의 생활의 일용품

---

120 허재영 주해, 앞의 책, 434쪽.

을 넉넉하게 하는 것이라고 하여, 사실상 민생을 두텁게 하는 것이 문명개화의 목적이라고 설정했다. 이는 『태서신사』가 경제정책의 목적을 민생으로 설정한 것과 맞닿는 것이었다.

『독립신문』은 자유무역도 적극적으로 옹호하였다. 『독립신문』은 역사를 보면 무역이 흥왕할수록 인민이 편리하고 국가가 부요해진다고 보았다. 그리고 이는 서양 국가들을 보면 알 것이라 하였다. 특히, 외국산이 수입되어 국내 생산자들이 피해를 본다고해도 전국인민의 유무익을 보아야지 몇 명의 생애에 해가 된다고 막아서는 안된다고 주장하였다.[122] 이를 살펴보면, 『독립신문』은 역사, 특히 서양사에 근거하여 자유무역이 국가를 부유하게 한다고 보았다. 또한, 『독립신문』은 외국산의 수입에 의해 국내 생산자들이 손해를 보더라도 전국인민에게 이익이 되기 때문에 자유무역을 고수해야 한다고 주장하였다. 국내 생산자가 손해를 보더라도 전국 인민에게 이익이 되기 때문에 자유무역을 해야한다는 논리는 『태서신사』에서 등장했던 것이었다. 게다가 『독립신문』이 서양의 역사를 보면 자유무역이 이익이 된다는 것을 알것이라 한 점은 『태서신사』가 『독립신문』의 자유무역론에 영향을 주었을 가능성을 크게 시사한다.

『제국신문』도 자유무역을 옹호하였다는 점은 『독립신문』과 유사하였다. 『제국신문』은 인도가 가난해진 이유는 자유무역을 하지 않았기 때문이라고 주장했다.[123] 또는 국제법의 본의가 문호를 개방하여

---

121 「사룸의 의복 음식은」, 『독립신문』, 1898.4.9, 1면.
122 「어느 나라 스긔를」, 『독립신문』, 1898.6.9, 1면.
123 「빈국론 젼호련속」, 『제국신문』, 1899.4.8, 1면.

자유무역을 하는 것이라고 주장하기도 했다.[124] 『제국신문』은 『태서신사』의 논리를 직접 차용하지는 않았지만, 자유무역을 긍정한다는 큰 흐름에서는 일치하고 있었다.

5. 결론

이 글에서는 개화기의 주요한 서양사서적 중 하나인 『태서신사』의 내용을 국제정치론과 신법론을 중심으로 분석하였으며, 이것이 한국사회에 끼친 영향도 살펴보았다.

『태서신사』는 본래 영국인 선교사 티모시 리처드가 중국사회에서 서구화를 '신법'이라고 칭하면서, '신법'의 채택을 설득하기 위해 만들어진 번역서였다. 그런데 신법론의 내용은 중국인들을 설득하기 위해 유교적인 민본주의의 언어로 재구성되어 있었다. 이러한 민본주의적 언어는 '민본'이라는 유교적 정치관을 공유한 한국사회를 설득하는 데에도 유용할 수 있었다. 이에 갑오개혁 정권이 무너진 이후에도 계속 개화정책을 추진하려고 했던 친미개화파가 학부를 통해 『태서신사』를 한국에서도 간행하였다.

그리하여 탄생한 『태서신사』의 국제정치론은 국제사회의 분쟁을 힘이 아니라 국제법과 국제여론에 의해 처리하게 하여 전쟁을 억제하자는 자유주의적 국제주의를 담고 있었다. 『태서신사』는 영미권에서

---

124 "만국공법에 본의가 텬하만국을 일쳬로 열어노아 바린디방과 폐흔물건이업도록 만들자 흠인즉", 「농업 발달의 쥬의」, 『제국신문』, 1902.5.6, 1면.

유행하고 있었던 자유주의적 국제주의가 한국으로 유입되는 통로 중
에 하나였으며, 이는 당시 문명개화파 계열의 언론이었던 『독립신문』
과 『제국신문』의 국제정치론에 깊은 영향을 주었다.

『태서신사』의 국내개혁론인 신법론은 '안민'과 '양민'이라는 민본
주의적 언어로 구성되어 있었다. 『태서신사』는 '안민'이라는 슬로건
을 통해 백성을 위한 정치를 하기 위해서는 백성이 정치에 참여할
수 있어야 한다고 주장했다. 민본주의의 언어를 동원하여 민본론을
민주론으로 전환시켰던 것이다. 또한, 『태서신사』는 '양민'이라는 슬
로건을 통해 민생을 위해서는 자유무역이 필요하다고 강조하였다.
『태서신사』의 이러한 신법론은 역시 『독립신문』과 『제국신문』에서
상당부분 수용되었다.

이러한 『태서신사』의 국제정치론과 신법론은 친미개화파의 몰락
으로 인해 한국 정부에는 별다른 영향을 미치지 못했다. 그러나 민간
의 지식인과 언론에는 상당한 영향을 미쳤다. 특히 대한제국의 사상
지형 안에서 서구문명을 모방하는 개혁을 추진하였던 문명개화파에
게는 깊은 영향을 미쳤다. 이에 문명개화파 계열의 언론이었던 『독립
신문』과 『제국신문』에서 『태서신사』의 국제정치론과 신법론의 논리
가 등장하게 되었다.

그러나 문명개화파 언론이라고 해서 『태서신사』의 모든 논리를 그
대로 수용했던 것은 아니다. 『태서신사』는 러시아의 폴란드 식민통치
를 긍정적으로 묘사했지만, 이는 한국의 식민지화를 배격하고, 독립
을 유지하려고 했던 문명개화파 언론의 생각과 맞지 않았기 때문에
수용되지 않았다.

이 글을 통해 그동안 분석되지 않았던 『태서신사』의 국제정치론과

개혁론이 분석되었으며, 『태서신사』가 한국사회에 어떻게 영향을 미쳤는지도 확인하였다. 특히, 한국의 주된 정치사상이었던 민본주의가 근대적인 민주주의로 전환되는 과정을 보여주는 사례로서 주목할 가치가 있다고 할 수 있다. 다만, 『태서신사』의 이러한 내용이 영어본, 한문본, 언역본을 거치면서 어떻게 만들어지게 되었는지에 대한 면밀한 검토는 미처 하지 못했다. 이는 후속연구를 통해 밝혀볼 예정이다.

• 부록 : 『태서신사』의 종교관

『태서신사』는 영국인 로버트 맥켄지(Robert Mackenzie)가 1880년에 영국에서 저술한 『19세기: 역사(The 19th Century: A History)』를 1895년에 중국 상해 광학회 소속 영국인 개신교 선교사인 티모시 리처드(Timothy Richard, 李提摩太)가 한문으로 번역하였고, 이것이 다시 한국에서 한문과 한글로 간행된 책이다.

『태서신사』를 번역한 광학회는 1887년에 상해에서 영국인 선교사들이 중심이 되어 조직한 것으로서, 중국에 서양의 지식을 확산시키기 위해 만들어진 단체였다.[125] 광학회는 12종에 달하는 종교서적을 출간할만큼 종교서적의 출간에도 힘을 기울였다.[126] 광서회의 번역 사업은 종교적 의미가 깊게 깔려있었다고 볼 수 있으며, 따라서 광서회에서 여러 서양의 역사서들 중에서 굳이 『The 19th Century: A

---

125 허재영, 「근대 중국의 서학 수용과 한국에서의 번역 서양서 수용 양상」, 『어문학』 144, 2019.
126 허재영, 앞의 글, 2019, 315쪽.

History』를 골라서 번역한 것은 광서회의 종교적 색채와 해당 저서가
맞아 떨어졌기 때문이었다. 실제로『The 19th Century: A History』에
서는 'CHAPTER IX-CHRISTIAN MISSIONS'라고 하여, 1개 장을 영국
의 주류종교인 개신교의 선교사업 서술에 할애하고 있었다. 즉, 영국
의 개신교 선교사들이 여러 서양의 역사서들 중에서『The 19th
Century: A History』를 선택한 이유는 해당 저서가 광학회의 선교사
들의 종교적 성격과 맞아 떨어지는 것이었기 때문이라 할 수 있다.

　여기에 더해『The 19th Century: A History』를 번역한 사람이 개신
교 선교사인 티모시 리처드였기 때문에,『태서신사』는 종교적 성격이
상당히 강하게 나타나고 있었다. 종교는 인간의 세계관에서 핵심적인
부분을 차지하기 때문에, 사상에도 많은 영향을 미친다. 특히, 종교의
영향력이 상대적으로 약화된 현대와 달리, 개항기 사상에는 종교의
영향이 상당히 강하게 나타나고 있었다. 그러므로『태서신사』가 한국
사회에서 어떠한 역할을 했는지 살펴보기 위해서는『태서신사』의 종
교관을 살펴볼 필요가 있다.

　『태서신사』에 표현된 종교에 대한 생각은『태서신사』의 서문에서
잘 드러난다.

　　금일에 흥국하는 도에 단연히 없지 못할 것이 4가지이니, 도덕과 학교
　　와 안민함과 양민함이니, 무릇 이 네 법을 잘 행하는 자는 그 나라가 자연
　　타국에 으뜸이 되고, 만일 그 법을 온전히 행하지 않는 자는 사람의 뒤가
　　되며 더욱이 조금도 유심치 아니하는 나라는 또 그 뒤에 있을지라.[127]

---

127 허재영 주해, 앞의 책, 23~24쪽.

위의 인용문에서 『태서신사』는 나라를 부흥시킬 수 있는 주요 방법을 도덕, 학교, 안민, 양민의 4가지라고 제시했다. 그 중에 안민과 양민은 앞의 본문에서 분석한 바 있다. 학교는 대체로 교육정책을 의미하며, 신식교육을 널리 보급해야 한다는 의미였다. 4가지 중에 남은 한 가지인 '도덕'은 바로 종교를 의미하는 것이었다. 이는 『태서신사』에서 선교사업을 벌인 개신교 선교사를 '도덕있는 선비'라고 지칭한 데에서도 확인할 수 있다.[128] 즉, 『태서신사』는 종교가 국가의 운명을 좌우하는 매우 중요한 요소라고 주장했던 것이다.

그렇다면 『태서신사』는 구체적인 종교들에 대해서는 어떻게 서술하였을까. 『태서신사』는 종교적 색채가 상당히 짙었기 때문에, 여러 종교들을 언급하였고, 각 종교에 대해 은근한 방식으로 논평을 행했다. 『태서신사』에 등장한 종교들을 구체적으로 나열해보면, 기독교(원문은 '구세교'), 유교, 이슬람교(회회교)가 있었고, 기독교 안에서는 개신교(야소교), 천주교(천주교), 정교회(희랍교) 등의 종파들이 등장하였다. 일단, 기독교와 여러 다른 종교들에 대한 『태서신사』의 대체적인 서술을 살펴보자.

　금일 치국하는 도가 겨우 세 가지 있으니 태서 각국 구세교와 중국 유교와 토이기 등 국의 회회교요 그중 교화가 가장 너른 것은 구세교이라. 그런고로 오대주 각국 남녀 인구 합 15억 중에, 구세교를 준행하는자가 9억여명이오, 유교를 준행하는 자가 4억여명이오, 회교를 준행하는자가 8천만인이오, 오대주 육지가 합하여 5억여 방리 중에 구세교의 관할이

4억 2천만 방리요, 유교의 관할이 4천만 방리요, 회교의 관할이 3천만 방리요.[129]

위의 인용문을 보면, 태서신사는 세 종교 중에 가장 널리 퍼진 종교가 기독교라고 하면서, 종교별로 인구와 영역의 크기를 비교하고 있다. 그리하여 가장 많은 인구와 영역을 가진 종교의 순서대로 기독교, 유교, 이슬람교를 호명함으로써 사실상 인구와 영역을 기준으로 하여 종교들을 서열화시켰다. 그러한 서열에서 가장 최고의 지위는 기독교에게 돌아갔다.

이처럼 기독교 중심적인 모습을 보인 태서신사는 하나의 장으로 따로 편성할 만큼 기독교, 더 정확히는 개신교의 선교사업을 중시하였다. 태서신사는 개신교의 선교사업이 세계에 무궁한 이익이 되며, 양법미규로 화민성속하는 것으로서 '절대 사업'이라고 했다.[130]

『태서신사』는 '절대사업'에 종사하는 사람들, 곧 선교사들을 매우 긍정적으로 묘사하였다. 『태서신사』는 영국인 선교사가 인도에서 선교사업한 것을 칭찬하면서, 나폴레옹보다 더 훌륭하다고 평가하였다.[131] 이는 반전론과 개신교 중심적 생각이 결합하여, 정복전쟁을 한 나폴레옹보다 개신교 선교가 더 훌륭하다는 평가를 하였던 것이다. 또한, 태서신사는 선교사들이 목숨을 걸고 가서 화목한 도를 가르치고, 이는 세상이 모두 교회의 이익을 받게 하려는 것이라고 칭찬하였다.[132]

---

129 허재영 주해, 앞의 책, 23쪽.
130 허재영 주해, 앞의 책, 239쪽.
131 허재영 주해, 앞의 책, 240~242쪽.
132 허재영 주해, 앞의 책, 242~243쪽.

『태서신사』는 선교사업이 시행된 지역으로의 사례로 인도, 아프리카 등 여러지역을 언급했는데, 하와이도 언급된 지역 중 하나였다. 『태서신사』는 하와이에서 미국의 선교사들이 25만 파운드의 비용을 들여 선교하였는데, 이 돈은 병선 한척 값이 안되는 돈인데도 그 돈으로 하와이 전체를 개명시켰으니 교회가 그만큼 훌륭하다고 서술하였다.[133] 이는 선교사업이 들인 돈에 비해 그 효과가 뛰어나다고 찬양하는 것이었다.

그렇다면 태서신사가 생각했던 선교사업의 최종 목표는 무엇이었을까. 태서신사는 개신교 선교 사업의 결과로 결국은 다 신종하게 될 것이라 예측했다.[134] 또한, 태서신사는 선교사업으로 인해 전세계가 형제처럼 태평한 복을 누릴 것이라 보았으며,[135] 선교사 파견의 뜻은 '보천지하가 다 교회의 이익을 받게 하고자 함'이라고 하였다.[136] 즉, 태서신사는 선교사업의 목표를 개신교가 세계의 보편종교가 되는 것으로 설정하였던 것이다. 이는 『태서신사』의 종교관이 개신교라는 하나의 종교만이 세계를 지배해야 한다는 일원론적 종교관이었음을 보여주는 것이었다.

그런데 『태서신사』에 등장하는 여러 선교사례들은 영국인 선교사들의 인도 선교 혹은 미국인 선교사들의 하와이 선교와 같이 개신교의 선교사업들만을 서술하고 있었다. 『태서신사』는 기독교의 세 종파들인 개신교, 천주교, 정교회를 직접 비교하면서 개신교의 우월성을

---

133 허재영 주해, 앞의 책, 243~246쪽.
134 허재영 주해, 앞의 책, 239쪽.
135 허재영 주해, 앞의 책, 249쪽.
136 허재영 주해, 앞의 책, 242~243쪽.

드러내놓고 주장하지는 않았다. 그러나『태서신사』는 개신교의 선교 사업만을 서술함으로써 개신교 중심적인 성격을 은연중에 드러내고 있었다.

이처럼『태서신사』가 개신교 중심적인 성향이 있었기 때문에, 다른 두 종파인 천주교와 정교회에 대해서는 부정적인 서술이 많았다. 특히 천주교에 대한 부정적인 서술이 많았다.『태서신사』는 프랑스사를 서술하면서 프랑스의 샤를 10세가 천주교 성직자들에게 정치를 맡겨서 폐단이 생겼고, 이것이 혁명을 부르는 원인이 되었다고 지적하였다.[137] 또한, 샤를 10세기 천주교 성직자들에게 정치에 대해 자문을 받았고, 천주교를 열심히 믿으라고 프랑스국민들에게 강요했기에 반발을 불러왔다고 서술하였다.[138] 1830년의 프랑스 혁명의 주된 원인을 천주교에 기댔기 때문으로 분석했던 것이다. 또한,『태서신사』는 나폴레옹 3세의 황후가 천주교 성직자를 신뢰하고, 천주교를 숭상한 것 때문에 프랑스 국민들의 미움을 받았다고 서술하였다.[139]

『태서신사』의 천주교에 대한 부정적인 서술은 특히 교황청과 관련된 서술에서 매우 강하게 드러났다.『태서신사』는 교황이 백성을 가르치지 않고, 백성이 무식해야 윗사람의 명령을 쫓을 것이라했다고 서술하였다.[140] 또한, 교황과 천주교 성직자들이 인민을 가르치지 않았기에 이탈리아인들이 우매해지게 되었는데, 1866년에 이탈리아에서 교회의 재산을 국유화하여 학교 경비로 사용하자, '헌송지성이 끊

137 허재영 주해, 앞의 책, 287쪽.
138 허재영 주해, 앞의 책, 288쪽.
139 허재영 주해, 앞의 책, 325~326쪽.
140 허재영 주해, 앞의 책, 403~404쪽.

이지 아니하더라'라면서 매우 긍정적으로 서술했다.[141] 즉, 천주교는 인민을 압제하고, 교육을 일부러 하지 않는 세력이었다는 비판을 하고 있었던 것이다.

『태서신사』가 이처럼 교황청에 대해 비난했던 이유는 19세기 전반기의 이탈리아 역사에서 교황청은 실제 영토를 가지고 있었던 하나의 국가였으며, 개혁에 맞서서 보수적인 경향을 띠었기 때문으로 보인다. 『태서신사』는 진보적이면서 자유주의적인 면이 강했기 때문에 천주교의 이러한 성격을 매우 비판적으로 바라보았던 것이다.

(가) 문명진보하여 한 세계를 바꾸었거늘 저 신법을 미워하는 교황은 항상 말하되 하늘이 신법 행하는 자를 벌준다 하고[142]

(나) 교황의 인민이 가장 고생을 당하고, 교황 부하 여러 신하들은 치국하는 법을 알지 못하여 국내 전토가 처처가 진황이 되고, 민궁재갈하여 견딜 수 없는지라. 이에 도적이 사처 봉기하여 (…) 신보관이 있어도 교황이 국사 의논함을 허락하지 않고, 또 사람이 학문을 통함과 어린아이 우두시키는 법을 금하여 글자 아는 자가 1천명 중에 겨우 1명이고, 만일 신법을 창개하려고 하면 다 금법이라 하고 (…) 제반 포학한 정사는 다 무식한 신부가 기단하여 만들었거늘, 교황이 편벽되게 치민하는 권을 신부에게 맡기니[143]

(다) 1846년이라. 이해 12월 8일에 교황이 칙지를 내려 (…) 세상의 가장 악한 자는 사람이 망령되이 교황을 의론함과 사람이 임의로 신법을 행함

141 허재영 주해, 앞의 책, 422~423쪽.
142 허재영 주해, 앞의 책, 503~504쪽.
143 허재영 주해, 앞의 책, 508~509쪽.

과 교를 자기 마음대고 쫓음과 신보관이 정사를 의논함이니 다 천하의
악한 일이라.[144]

위의 (가)와 (다) 인용문에서 나타나듯이, 교황청은 19세기 유럽에
서 '신법'을 반대하는 가장 강력한 세력 중 하나였다. 그렇기 때문에,
유럽이 '신법'에 의해 문명진보하게 되었다고 보는『태서신사』의 입
장에서는 좋게 서술될 수 없었다.

한편, (나) 인용문에서는 교황령의 통치에 대한 비판을 담고 있다.
구체적으로는 교황령의 잘못된 정치-경제 정책에 의한 경제적 피폐,
언론자유 금지, 학문 금지, 우두법 금지 등을 서술하고 있다. 그리고
이것들을 모두 포괄하여 '신법'의 금지로 보고 있다. 즉, '신법'과 '신
법'이라는 시대적 흐름과 진보에 대항하는 교황청이라는 대립구도로
서술하였으며, 교황청의 정책을 구체적으로 들어가며 비판했던 것이
다. 그리고 서술의 마지막 부분에서는 이러한 '포학한 정사'는 무식한
신부들이 권력을 맡았기 때문이라고 크게 비난하였다. 이는 교황청에
대한 큰 비판이며, 천주교는 무식하다는 비판이기도 하다.

『태서신사』의 교황청의 정치에 대한 비판은 다른 곳에서도 여러
번 서술되었다. 예컨대『태서신사』는 교황이 로마를 통치하고 있었는
데, 유럽 각국 제도가 교황보다 더 포학함이 없었다고 서술하였다.[145]
또한,『태서신사』는 러시아와 오스트리아가 정치가 밝지 못한 나라(=
신법이 늦은 혹은 실시 안되는 나라)라고 평가하고, 그런 나라들조차 교황

---

144 허재영 주해, 앞의 책, 510쪽.
145 허재영 주해, 앞의 책, 419~421쪽.

에게 개혁을 권고했음을 지적하면서, 교황청이 권세로서 백성을 압제하고, 포학했다고 비판하였다.[146]

결국 『태서신사』의 교황청과 천주교에 대한 비판의 핵심은 태서신사가 '신법'으로 표현하였던 개혁을 천주교 세력이 방해했기 때문이었다. 『태서신사』는 교황이 계속 신법을 방해했기 때문에 천주교를 믿는 자가 적다고 하면서, 이는 하늘의 운수를 거슬러 쇠패를 자취한 것이라 비판하였다.[147] 즉, 교황이 신법을 거스른 것은 하늘의 운수를 거스른 것이라 본 것이다. 신법이 하늘의 이치, 곧 세계의 이치에 맞으며, 이에 반대하는 것은 그와 반대된다는 진보적, 자유주의적 생각이 분명하게 드러나 있다. 그리고 교황은 이와 반대되기에 쇠패를 스스로 자처한 것으로 서술된다.

『태서신사』는 교황에 대한 서술의 마지막 부분에서, 레오 13세는 이전 교황들과 달리 개신교의 규칙을 본떠 행하면서 개신교와 화합하려고 하는데, 다만 화합시키는 법이 진선진미하지 못하다고 지적하였다.[148] 『태서신사』는 레오 13세의 개신교와의 화해추구에 대해, 천주교가 개신교처럼 변하는 것이라 보아 긍정적으로 서술하는 편이었다. 여기에는 개신교의 규칙이 천주교보다 더 우월하다는 생각이 깔린 것이기도 했다.

『태서신사』의 정교회에 대한 서술도 매우 부정적이었다. 『태서신사』는 러시아의 정교회 성직자들은 교회에 속한 학교에서 러시아인

---

146 허재영 주해, 앞의 책, 508쪽.
147 허재영 주해, 앞의 책, 511쪽.
148 허재영 주해, 앞의 책, 515쪽.

들에게 고대에 만들어진 종교서적만 읽게하여 시사를 알지 못하게
하는데, 이는 백성을 어리석게 하는 것이라 비판하였다. 또한, 정교회
에 대해 정교회의 또 다른 이름은 '동천주교'로서, 동서 천주교(곧 천주
교와 정교회)는 서로 규칙이 비슷하다고 서술하였다.[149] 상술하였듯이
『태서신사』는 개신교의 규칙이 천주교보다 더 우월하다고 전제하고
있었으므로, 이는 정교회의 규칙이 개신교보다 뒤떨어졌다는 생각을
반영한 것이었다.

　『태서신사』는 정교회의 성직자들에 대해서도 부정적이었다. 『태서
신사』는 정교회 성직자들이 사리에 밝지 못하고, 술마시는 것에 골몰
하여서 농부와 다름없이 악습에 물들어 있으니, '무엇을 가지고 교라
하는지 모를러라'라고 비난하였다.[150] 『태서신사』는 정교회 성직자들
에 대해 매우 강하게 비난하였으며, 이를 종교로서의 가치가 있는지
의심스럽다는 투로 서술했던 것이다. 대체로 『태서신사』에는 프랑스
사와 이탈리아사를 서술하는 과정에서 교황청과 천주교에 대한 부정
적인 서술이 정교회에 대한 부정적인 서술보다 양적으로 더 많았다.
그러나 천주교에 대한 비난보다 정교회에 대한 비난이 더 강한편이었
으며, 그 결과 정교회에 대해 종교로서의 가치가 있는지를 의심하는
정도의 강한 비난이 서술되었던 것이다.

　그렇다면 기독교 이외의 다른 종교들에 대한 인식은 어떠했을까.[151]

---

149 허재영 주해, 앞의 책, 445~446쪽.

150 허재영 주해, 앞의 책, 446쪽.

151 중국에 와있던 개신교 선교사가 작성한 태서신사의 서문에서는 주요 종교로서 유교가
　등장하지만, 태서신사의 서술 내용에서는 유교가 등장하지 않는다. 이는 태서신사가
　다룬 역사 내용이 서양사이었기에 원저에는 유교가 등장하지 않았기 때문으로 보인다.

『태서신사』는 인도에 대한 기독교의 선교사업을 언급하면서 불교에 대해 잠깐 언급하였다. 『태서신사』는 불교가 허무적멸하여 실용적이지 않았으며, 인도에서 기독교 선교를 하자 불교를 버리고 기독교로 개종하였고, 그 과정에서 악습을 다 고쳤다고 하였다.[152]『태서신사』는 불교를 허무의 종교이자 비실용적인 종교로 서술하였고, 악습을 내포하고 있던 종교로 서술하였던 것이다.

『태서신사』는 이슬람교에 대해서는 '비록 교라 자칭하나' 교육을 중시하지 않으며, 옛법을 지켜서 변통하지 못하여 우미하고 어리석다고 비난하였다.[153] 즉, 이슬람교가 교육적 효과가 없으며, 시대적 변화에 호응하여 발전하지 못하므로 종교라고도 볼 수 없다는 평가를 하였던 것이다. 이처럼 『태서신사』는 이슬람교를 매우 부정적으로 보았기 때문에 튀르키예에 대해서도 매우 부정적으로 서술하였다.

(라) 돌궐인은 (⋯) 회회교를 준행치 않는 사람은 다만 천히 여길 뿐 아니라, 또 원수같이 미워하니 (⋯). 그 나라에 생색되는 일은 기독교인이니, 리문아인(=아르메니아인)이니, 유태인이 다 그 국내에 있어서 은행을 개설하고, 희랍국인이 그 나라의 상고와 수수(뱃사람)이 되고 (⋯) 돌궐 종락은 다 게으르고, 사치하며, 그 음탕함이 또 말할 수 없고, 그 임식함은 다 농민의 힘을 자뢰하나, 그러나 기독교 중 농부를 천대하여 인류로 대접하지 아니하니[154]

(마) 돌궐이 백성을 자식같이 알지 않고, 원수같이 대접하니 그 국가의

---

152 허재영 주해, 앞의 책, 246~249쪽.
153 허재영 주해, 앞의 책, 461~462쪽.
154 허재영 주해, 앞의 책, 459~460쪽.

대정은 인군이 독단하여 백성의 신명과 재산이 다 인군의 가진 바요, 또 억지로 회교를 쫓으라 하며 (…) 대저 회회교의 제도는 다만 회교만 보호하고 타교는 보호하지 아니하며 (…) 유럽 사람이 다 말하되 돌궐은 치국함이 아니요, 살인강도하는 것이라. (…) 지금 천하에 세계에 돌궐같이 정치가 패리괴악한 나라도 없고, 또 이렇듯이 수백년을 지나도 하늘이 아직까지 머물러 두니 이상하도다.[155]

위의 (라) 인용문에서 『태서신사』는 튀르키예인들은 이슬람교를 믿지 않으면 원수처럼 대한다고 비난하고 있으며, 튀르키예인들은 게으르고 사치하며, 오스만 제국에서 실질적인 생산은 다른 종교를 믿는 사람들이 한다고 주장하고 있다. 이러한 서술에는 종교에 따라 게으름과 성실함이 결정된다는 생각이 투영되어 있으며, 이슬람교에 대한 경멸감이 반영되어 있다.

(마) 인용문에서도 『태서신사』는 튀르키예인들이 이슬람교를 믿지 않으면 원수처럼 대한다는 비난을 반복한다. 여기에서는 튀르키예의 정치를 서술하고 있는데, 튀르키예의 정치는 정치가 아니라 '살인강도'에 불과하다고 크게 비난하고 있다. 『태서신사』가 이처럼 튀르키예의 비이슬람교도들에 대한 차별을 강하게 비난하였던 이유는 무엇이었을까. 『태서신사』는 영국사를 서술하면서 공직임명에서의 종교 차별 철폐를 긍정적으로 서술한 바가 있었다.[156] 즉, 『태서신사』의 관점에서 보기에 튀르키예의 이슬람교도들은 다른 종교의 교도들에게 매우 비관용성을 가지고 있었으며, 이는 『태서신사』가 추구한 종교의

155 허재영 주해, 앞의 책, 462~464쪽.
156 허재영 주해, 앞의 책, 152~154쪽.

자유와 어긋나는 것이기도 했다. 그리하여 비판을 가한 것이라 할 수 있다.

이러한 관점들이 종합되어 『태서신사』는 이슬람교에 대해 교육에 힘쓰지 않으며, 발전이 없고, 다른 종교에 비관용적인, 그래서 종교가 아니지만 종교라 '자칭'하는 것이라고 볼 정도로 혐오에 가까운 인식을 표현하였다. 그리고 이처럼 종교적으로 매우 문제가 이슬람교를 국교로 하고 있는 튀르키예가 멸망하지 않고 존속한다는 것조차 이해할 수 없는 일이라고 보았다.

『태서신사』는 이처럼 이슬람교를 국교로 하고 있는 튀르키예의 존재 자체를 부정적으로 보고 있었기 때문에, 영국이 튀르키예를 구원한 것에 대하여 매우 강하게 비판했다.

> 영국의 인도 왕래하는 길이 막히어 영국에 해가 되리라하여, 이러므로 영국이 타국과 교섭 간에 항상 돌궐을 보호하여 타국이 침탈하지 못하게 하고 (…) 불과 지구상에 제일 무도한 돌궐인 100여만명으로 하여금 그 타족인과 다른 교의 사람 800만을 학대함이라.
>
> 오호라. 영국이 돌궐을 보호함은 실로 돌궐을 해함이요, 또 무궁한 옥토로써 황무한 땅을 만드니 대저 영국이 돌궐을 보호한다 함은 한갈 자기에 해 있을까하여 미리 방비함이어니와, 영국은 원래 사람에게 유익한 일을 행하더니 이제는 이 반드시 망하여야 옳은 나라를 보호하니 이는 무슨 뜻인지 모르리로다.
>
> (…) 멸륜패상한 돌궐국이라도 이미 영국에 이익이 있으니 마땅히 보호하자 함이라. 슬프다. 후세 사람이 이 일을 의논하면 반드시 영국이 국가 위엄만 돌아보고, 백성의 해는 생각하지 않는다고 할지니 천리와 공도가 어디 있는고. 비록 영국을 위하여 은휘코자 하여도 되지 못하리로다.[157]

　이 인용문은 영국이 인도로 가는 통로를 지키기 위해 튀르키예를 보호했던 것을 비판하는 내용이다. 여기에서는 튀르키예에 대해 '지구상에 제일 무도한' 혹은 '멸륜 패상한'이라는 수식어를 써서 매우 크게 비난하고 있다. 『태서신사』의 이슬람교에 대한 적대의식이 튀르키예에 대한 인식에 반영되어, 튀르키예에 대해 매우 부정적인 인식을 보이고 있는 것이다. 그 부정적 인식은 『태서신사』의 원저자와 번역자가 모두 영국인임에도 불구하고, 영국정부가 자국의 이익을 위해 튀르키예를 보호한 것을 매우 크게 비난한 것으로 이어지고 있다. 여기에서는 튀르키예를 보호한 것이 오히려 그 지역 백성에게 해를 끼친 것이며, 천리와 공도에 어긋난 것이라 주장하고 있다.[158] 튀르키예에 대한 서술에서 보듯이 『태서신사』는 국가간의 관계를 해석하는데 있어서 종교관을 중심으로 해석하는 경향이 상당히 강했다고 할 수 있는 것이다.

　종합해보면, 『태서신사』의 종교관은 개신교 중심의 종교관이었다고 할 수 있다. 태서신사는 국가를 살리는 네 가지 중에 하나를 '도덕'이라고 주장했는데, 이는 사실상 종교를 의미하였다. 즉, 『태서신사』는 종교를 국가의 흥망을 좌우하는 매우 중요한 것이라고 보았고, 그래서 선교사업에 대한 장을 따로 둘 정도로 많이 서술하였다. 이처럼

---

157 허재영 주해, 앞의 책, 465~466쪽.
158 이러한 주장에는 문명적, 혹은 종교적으로 문제가 있는 국가는 문명국 혹은 종교적으로 우월한 국가가 지배하는 것이 그 지역의 백성에게 이롭고, 천리와 공도에도 합치된다는 생각이 깔려있는 것으로 해석할 수 잇다. 이는 『태서신사』의 서술이 문명과 야만의 이분법적 인식을 가지고 있어서 후진지역에 대한 '강제적 문명화', 곧 침략을 정당화하는 방향으로도 나아갈 수 있었다는 점을 보여주기도 한다. 다만, 이러한 부분은 이 글의 주제인 종교관에서 벗어나는 부분인 만큼 추후에 다뤄보는 것을 기약해본다.

종교를 중시했던『태서신사』는 종교 중에는 기독교, 기독교의 종파들
중에서는 개신교를 중심으로 서술을 전개하였다. 그러므로 개신교 이
외의 기독교 종파인 천주교와 정교회, 그리고 기독교 이외의 종교인
불교와 이슬람교에 대해서는 부정적인 서술로 채워져 있었다.『태서
신사』는 상당히 종교적인 성격을 가지고 있는 역사서였으며, 특히 개
신교 중심의 종교관을 강하게 내포하고 있었던 것이다.

　　『태서신사』의 종교관이 한국의 사상계에 구체적으로 어떻게 영향
을 주었는지를 알기는 쉽지 않다. 그러나 한국의 여러 사상계열들 중
에『독립신문』의 편집진 및『제국신문』의 편집진은 개신교와 깊은 관
련이 있었으며, 편집진의 상당수가 개신교도였다.[159] 『독립신문』과
『제국신문』의 종교관은 개신교에 우호적이었다.[160] 이처럼 두 신문이
우호적이었기 때문에, 개신교를 옹호하는 주장이 두 신문에 자주 실
리고는 했는데, 특히『독립신문』에는 다음과 같은 기사가 실렸다.

　　옛 성현이 가라사대, 나라에 도가 있으면 정치가 흥왕하고, 나라에 도가
　없으면 사직이 위태하다 하셨으니, 그 나라의 성쇠는 반드시 교회의 유무
　로 인하여 미리 헤아릴지라. (…)
　　지금 세계상에 있는 인구 수효를 합하여 보건대 15억명이 더 되는데,
　구세주 예수를 믿는 사람들이 9억여명이 되고, 유불선 3교를 쫓는 이는
　합하여 4억여명이 못되고, 회회교를 믿는 이는 8천만명 가량이니, 교도의
　많고 적은 것을 보아도 교회의 대소와 성쇠를 알 것이오.[161]

---

159 정종원, 앞의 글, 2022, 37~49쪽.
160 정종원, 앞의 글, 2022, 155~167쪽; 217~229쪽.
161 「교회론」,『독립신문』, 1899.8.19, 2면.

위의 인용문은 독자의 투고라면서『독립신문』의 논설란에 실린 '교회론'이라는 글의 일부이다. 이 글에서는 종교가 국가의 성쇠에 중요한 영향을 끼친다고 하여 종교의 중요성을 강조한다. 특히, 세계의 인구 및 종교별 인구를 제시하여 기독교의 우월성을 강조하는『태서신사』의 논리구조를 그대로 가져오고 있다. 논리구조만이 아니라, 숫자까지 똑같이 가져왔다는 점에서『태서신사』의 기독교-개신교 우월성 논리가『독립신문』에서 그대로 되풀이된다는 점을 확인할 수 있다.

해당 기사는『독립신문』의 편집진들이 익명의 독자가 올렸다고 하면서 사실상의 논설을 올린 것일 수도 있다.『독립신문』은 때때로 민감한 내용은 편집진의 논설이 아닌 익명의 독자투고 형식으로 올리기도 했기 때문이다. 여하간 위의 인용문이『독립신문』편집진의 글이든, 아니면 개신교인 독자의 글이든 간에, 당시 한국 개신교인들 사이에서『태서신사』의 서술내용이 그들에게 영향을 미쳤으며,『태서신사』의 논리가 한국에서의 개신교 선교에서 그대로 활용되었다는 점을 알 수 있다.『태서신사』는 역사서로서는 상당히 강한 종교관, 특히 개신교 중심의 종교관을 가지고 있었으며, 그 내용과 논리는 개신교를 수용한 일부 한국인들을 중심으로 한국사회에서 점차 전파되어가고 있었다.

대한제국기 잡지로 보는 애국론의 갈래들

손성준

1. 다시 한번 '애국'에 대하여

오랜 시간, 근대인에게 국가란 결코 타협할 수 없는 가치에 가까웠다. 자기 자신과 동일시되거나 그 이상이었던 이 신성한 대상은 식민통치와 거듭되는 전쟁, 그리고 냉전체제를 관통하며 마르지 않는 피를 마신 결과 더욱 강력해졌다. 시선을 조금만 돌리면 우리는 지금 이 순간에도 벌어지고 있는 민족주의 전쟁을 목도할 수 있다. 탈근대 담론이나 포스트 식민주의 이론이 도달한 현재까지의 성과만으로 이 막대한 배경을 지닌 국민국가의 신화가 일거에 해체되는 일은 쉬이 상상하기 어렵다.

국민국가의 폐해에 대해서는 이미 많은 학자들이 '심판'을 내린 바 있다. 적어도 학문의 영역에서는 그러하다. 그러나 현실 세계에서 동아시아 내부의 국가주의 내지 민족주의는 여전히 힘이 강하다. 한국·중국·일본의 상호 역사 갈등은 거기서 파생된 대표적 현상이다. 역사 갈등은 대개 각국의 엇갈리는 역사 인식에서 기인하며, 그 인식을 형성하는 과정에 결정적 영향력을 행사하는 것은 자국사 중심의 교육

이념과 그것을 재생산하는 제도일 것이다. 그 이념과 제도 역시 특정한 역사적 흐름 속에서 형성된 것임은 두말할 필요도 없다. 국민과 국가의 이름으로 암묵적으로 승인하고 강화해온 그 자국 중심의 배타적 역사 인식의 근저에 놓여있는 것은 결국 근대기에 형성된 국가주의 및 민족주의, 즉 내셔널리즘이다.[1] 모두에게 익숙한 그 '주의'들은 여전히 힘이 강하다. 그것은 역사 연구의 차원에서도 마찬가지다.[2]

그렇다면 우리는 무엇을 할 수 있는가? 이 글에서 시도하는 한 가지 방법은 애국 담론의 기원적 시공간을 재탐색하는 데 있다. 오늘날 산견되는 내셔널리즘의 폐해가 '문제의 결과'라면 그 '원인'에 내재된 특질부터 제대로 규명해보자는 것이다. 어째서 '애국'인가? 애국 담론의 유행이야말로 근대 국민국가로의 이행을 가리키는 징후이기 때문이다. 애국은 근대의 네이션 빌딩(nation-building) 과정에서 구성된 것일 뿐, 지고(至高)하며 생래(生來)적인 가치일 수 없다.[3] 그것은 명확히

---

1 내셔널리즘의 개념적 문제에 대해서는 시오카와 노부아키, 송석원 역, 「제1장 개념과 용어법 – 정리의 한 시도」, 『민족과 네이션 – 내셔널리즘이라는 난제』, 이담북스, 2015, 19~54쪽 참조.

2 최근 기후 위기 및 팬데믹 사태를 겪으며 강화된 국제적 연대의 당위성과 관련하여, 배항섭은 여전히 국내 연구자들의 역사인식에 드리워져 있는 '반일 내셔널리즘'을 지적한 바 있다. 한국의 식민지 경험은 그 자체로 역사 연구의 글로벌한 전환 과정에서 인류 공동의 자원이 될 수 있는데, 반일 내셔널리즘이 그것을 가로막고 있다는 것이다. 배항섭, 「한국 근대사 이해의 글로벌한 전환과 식민주의 비판 – 기후변동과 역사 연구의 새로운 방향 모색」, 『역사비평』 145, 역사비평사, 2023 참조.

3 물론 여기서의 '애국'이란 과거의 한적(漢籍)에서부터 빈번하게 등장하던 愛國이 아니라 'patriotism'의 번역어로서의 '愛國'이다. 따로 강조하지 않아도 우리는 서구문화가 동아시아의 '애국' 개념에 깊이 개입되어 있음을 잘 알고 있다. 일본의 경우 니시 아마네, 후쿠자와 유키치(그는 '報國'이라는 표현을 고집했다), 우에키 에모리 등이 번역어 애국의 성립 과정에 비중 있는 역할을 하였다. 내셔널리티를 담지한 번역어로서의 '애국'에 대해서는 이즈하라 마사오, 「메이지 일본에 있어서의 '애국심'론의 형성

근대의 기획품이며 무엇보다 새로운 가치관을 내재한 구호였다. 즉, '애국'이라는 어휘는 이미 외부에 존재했던 국민국가 모델을 학습한 다음 모종의 내면화 과정을 거친 연후에야 등장할 수 있었다. 그렇기에 그 구호가 난립했던 시공간이야말로 근대적 내셔널리즘의 한국적 기원을 찾는 데 적합하다. '애국'이 처음 전경화된 삽화들을 채집하는 작업이 필요한 이유다.

다만, 다른 축의 변수도 고려해야 한다. 바로 과거로부터의 연속성이다. '충군(忠君)'의 가치체계 역시 큰 틀에서는 애국의 한 실천 방식일 수 있다. 'patriotism'에 대응하는 '애국'과는 간극이 커 보이는 '충군애국(忠君愛國)'은 『독립신문』이나 『친목회회보』는 물론이고 여러 대한제국기 잡지에서도 끊임없이 등장한다. 사실 이 표현은 『조선왕조실록』이나 『승정원일기』에서부터 이미 수십 차례의 용례를 확인할 수 있는, 당대 지식인들에게는 전혀 낯설지 않은 것이었다. 그런 이상, 국가 이데올로기로서의 내셔널리즘, 그리고 그 중핵으로서의 '애국'을 학습하고 전파하는 과정에서 전신자(轉信者)들이 겪어야 했을 곤경 역시 헤아릴 필요가 있다.[4]

그럼에도 불구하고 '국민'의 존재를 전제로 하거나 '국민'의 창출을 겨냥한 근대의 애국 개념은 그것이 향하는 대상 자체가 '국가'라는

과 전개」, 『한국문화』 41, 서울대학교 규장각한국학연구원, 2008 참조.
4 조선시대의 '충군애국'과 근대전환기의 '충군애국'은 완전히 동일한 개념일 수 없다. 전자의 '애국'은 앞의 '충군'과 중첩될 것이며, 후자의 '애국'에서는 기본적으로 앞의 '충군'과 병립하기 시작한 '국가' 그 자체의 가치를 의식하지 않을 수 없었다. 물론 이러한 추론 역시 일반화하긴 쉽지 않다. 동시기 발화자들의 '충'이나 '애국' 개념 역시 일종의 과도기를 관통하고 있었다. 이러한 맥락에서 충과 애국의 잡거(雜居) 상태와 분화 과정을 살펴보는 것 역시 이 글의 주안점 중 하나가 될 것이다.

점에서 같은 자리에 '군주'를 두는 종래의 '충군'과 분명히 구분된다.[5] 이 단절이 시사하는바, 이 글에서 주목하는 것 중 하나는 번역이다. 결국 애국이란 타자로부터 수용되고 변용된 지식과 연관되어 있기 때문이다. 전술했듯 그것은 기존의 토대와 화학작용을 일으켰겠지만, 무게중심은 통시성(通時性)보다 공시성(共時性)에 두어야 할 필요가 있다. 애국이 외래적이고 학습을 거친 공시적 산물이라면, 그 연원을 추적할 수 있으며 번역 경로에 있는 모든 텍스트를 상대화할 수 있다. 내부를 향한 '애국'이라는 가치의 전파를 위해 지식인들이 집중적으로 포섭했던 수단은 아이러니하게도 '외래'의 텍스트였다.[6] 계몽의 관건은 실천 모델을 보여주는 데 있었지만, 애국으로 문명개화나 부국강병에 다다른 사례는 모두 타자였다. 이런 측면에서 자국의 상황을 연상시키는 각국의 흥망사, 그리고 애국자의 다름 이름인 영웅들의 전기물이 대량으로 번역된 사정은 시사하는 바가 크다.[7]

5　'patriotism'에 대한 옥스퍼드사전의 정의는 "the quality of being patriotic; devotion to and vigorous support for one's country"이며, '애국주의'에 대한 한국어 사전들(표준국어대사전, 고려대한국어사전, 우리말샘)의 정의는 "자기 나라를 사랑하고 나라를 위하여 몸 바쳐 일해야 한다는 사상. 또는 그런 태도"로 통일되어 있다. 이러한 정의들은 대체로 '군주제적 조국애' 이후의 현상을 염두에 둔 것이며, 정치학에서는 '내셔널리즘으로서의 애국심'이 정착한 계기를 프랑스혁명으로 본다(정치학대사전편찬위원회, 『21세기 정치학대사전』, 아카데미아리서치, 2002, '애국심' 항목).

6　대한제국기 지식인들은 '애국'의 학습 과정에서 중국어 및 일본어 소스 텍스트를 모두 동원하였다. 예컨대 중국어 경로는 우림걸, 「20세기초 梁啓超 애국계몽사상의 한국적 수용-愛國思想과 新民思想을 중심으로」, 중한인문과학연구회 국제학술대회 자료집, 2002, 일본어 경로는 윤소영, 「한말기 조선의 일본 근대화 논리의 수용-'和魂'論과 '國魂'論의 비교를 통하여」, 『한국근현대사연구』 29, 한국근현대사학회, 2004 참조.

7　이러한 텍스트의 번역 문제를 분석하기 위해서는 늘 동아시아적 구도를 염두에 두어야 한다. 동아시아에서 서구의 역사와 인물, 혹은 애국 담론의 간접적 형성 요소가 되는 국가학이나 문명론 등을 가장 폭넓게 수용한 것은 일본이었다. 일본어나 중국어로

한국의 경우 근대적 애국 개념은 19세기 후반부터 지속된 국망의 위기 속에서 '나라를 구해야 한다'는 사유와 실천이 시대적 명분을 획득하며 정착하였다. 당시의 애국 담론은 곧 지식의 형태로 자리 잡아, 『한성순보』, 『독립신문』 같은 초기 미디어의 논설 및 서사 속에서도, 의병의 격문 속에서도 발견된다. 동학의 '보국안민(輔國安民)'도 실상 애국 개념과 맞닿아 있다. 따라서 근대의 애국론 전체를 재구하는 작업을 전제한다면, 응당 『한성순보』 같은 초기 미디어로부터 논의를 시작해야 한다. 실제로 1884년 2월 8일의 「中西關係論」, 동년 3월 27일의 「伊國日盛」 등 여러 기사에서 '애국'에 대한 『한성순보』의 용례를 확인할 수 있다. 그러나 본 연구의 초점은 애국이라는 개념어의 형성과정이나 한국적 수용사 전체를 정리하는 것보다, 전례 없는 출판물의 범람 속에서 여러 형태의 '애국'이 난립하였던 1905년 이후부터 국권 상실의 시점까지 출현한 복수의 애국론들을 조명하는 데 두고자 한다.

한국학계는 꽤 오랜 시간 이 시기를 '애국계몽기'로, 이 시기의 계몽적 실천을 '애국계몽운동'으로 명명해왔다. 을사늑약으로 가속화된 망국의 위기 앞에서 지식인들이 펼친 계몽운동이 그 어느 때보다 '애국'이라는 가치에 집약된 시기였다고 판단했기 때문일 것이다. 하지만 당대 역사의 정치적 위기감 가속과 반작용으로서의 '애국계몽운동'이라는 단선적 구도는, 유례를 찾기 힘들 정도로 지식문화가 전변

된 지식을 다시 활용한 한국은 동아시아 내 중역(重譯) 경로에서 '종착지'에 해당한다. 이 과정에서 양산된 경계를 넘나드는 텍스트들은 보편적 지식 네트워크로서의 동아시아를 역으로 구성해 낼 수 있는 거점이 될 수 있다. 손성준, 『중역(重譯)한 영웅-근대전환기 한국의 서구영웅전 수용』, 소명출판, 2023 참조.

했던 그 시대를 이해하는 데 제약으로 작용하기도 했다. 연구자들은 애국 담론의 유행을 정치적 위기가 초래한 자연스러운 현상으로만 간주하고 그 현상을 상대화하는 작업에는 크게 주의를 기울이지 않았다. 선행연구들은 대개 '애국'의 존재를 기정사실화한 상태에서 선험적으로 애국계몽서사, 애국계몽문학, 애국계몽기, 애국계몽사상, 애국계몽운동 등의 이름을 붙인 채 수행되었을 뿐,[8] 애국 담론 자체를 구성된 객체로 파악하거나 그 복수성(複數性)에 주의를 기울인 경우는 희소하다.[9]

　'애국'은 언중에 의해 합의된 지시적 개념이 아니라 주로 정치적 구호와 함께 전유되는 추상어다. 각기 다른 상황에서 다른 목적을 위해 복무하는 전제이자 명분이며 때로는 귀결로서 광범위하게 사용된

8　이를테면 이송희, 「한말 서북학회의 애국계몽운동(상)」, 『한국학보』 31, 일지사, 1983; 이송희, 「한말 서북학회의 애국계몽운동(하)」, 『한국학보』 32, 일지사, 1983; 성현자, 「愛國啓蒙文學에 미친 晩淸文學의 影響」, 『개신어문학회』 5·6, 개신어문학회, 1988; 우림걸, 「20세기초 梁啓超 애국계몽사상의 한국적 수용-愛國思想과 新民思想을 중심으로」, 중한인문과학연구회 국제학술대회 자료집, 2002; 조상우, 「애국계몽기 한문소설 〈魚福孫傳〉 연구」, 『국문학논총』 18, 단국대학교 국어국문학과, 2002; 신용하, 『한말 애국계몽운동의 사회사』, 나남출판, 2004; 표언복, 「양계초와 대한제국기 애국계몽문학」, 『어문연구』 44, 어문연구학회, 2004; 서여명, 「중국을 매개로 한 애국계몽서사 연구-1905~1910년의 번역작품을 중심으로」, 인하대학교 박사학위논문, 2010 등.

9　드물긴 하나 기왕의 연구에서도 이 시기 애국론의 분화나 복수성에 주목한 바 있다. 가령 이헌미는 1900년대 한국에서 '애국'과 '계몽'이 결합한 특수한 사정을 고찰하였고 (이헌미, 「민주주의와 내셔널리즘의 내적 긴장-애국계몽운동 재고 시론」, 『한국문화』 41, 서울대학교 규장각한국학연구원, 2008 참조), 김소영은 수신서의 활용을 둘러싼 친일 대 반일 구도의 애국 논쟁을 중점적으로 다루었으며(김소영, 「한말 지식인들의 '애국론'과 민족주의」, 『개념과 소통』 16, 한림대학교 한림과학원, 2015 참조), 필자는 근대 동아시아의 『애국정신담』 번역을 사례로 프랑스·일본·중국·한국에서 각기 다 변화되는 애국의 기획과 중층성을 드러낸 바 있다(손성준, 「근대 동아시아의 애국 담론과 『애국정신담』」, 『개념과 소통』 16, 한림대학교 한림과학원, 2015 참조).

개념인 것이다. '國을 愛한다'는 '애국'의 구도에서 공통기반은 단지 '國'일 뿐 실천의 영역인 '愛'의 내용과 방식에는 합의된 것이 없었다. 그런즉 '애국'은 대한제국기 공론장 내에서도 그 의미와 맥락이 여러 갈래로 분화될 수밖에 없었다. 실제로 당대의 목소리를 경청해보면, '애국'을 둘러싼 입장은 결코 단일하지 않았다. 애국이 특정한 가치를 강조하거나 실천을 유도하는 과정에서 나왔던 정치구호에 가까운 이상, 대한제국기와 같이 망국이 임박한 혼란기에 하나의 애국론만이 주창되는 것 자체가 어불성설이다. '애국계몽기'의 애국론을 좀 더 열린 시각으로 재구될 필요가 있다.

2. 대한제국기 잡지의 다층성과 동시적 발화

선행연구들이 일종의 상수(常數)처럼 간주해온 당대의 애국론은 사실 제한된 자료만으로 구성되는 경우가 많았다. 그간의 한말 내셔널리즘 연구는 『독립신문』, 『황성신문』, 『제국신문』, 『대한매일신보』 등의 신문 매체는 적극적으로 다룬 편이지만,[10] 신문보다 훨씬 다양했던 잡지 매체들은 총체적인 분석의 대상이 되지 못했다. 아울러 이 시기의 '번역 텍스트'를 연구의 우선순위에서 배제해온 종래의 태도 역시 지적할 수 있을 것이다. '애국'이 그 시대의 지식문화에 내포된 역동

---

10 대표적으로 박노자, 『우승열패의 신화』, 한겨레신문사, 2005; 앙드레 슈미드, 정여울 역, 『제국 그 사이의 한국 1895~1919』, 휴머니스트, 2007; 김영작, 『한말 내셔널리즘-사상과 현실』(개정증보판), 백산서당, 2006; 한홍구, 『도전과 응전의 한국민족주의』, 도서출판 옥당, 2015 등. 물론 이 연구서들이 신문 자료만 활용했다는 게 아니라 그들의 미디어 자료군에서 신문이 상대적으로 많다는 뜻이다.

성을 구성하는 데 큰 지분을 갖고 있었다는 사실 자체는 견고하다. 그러므로 만약 새로운 연구 방법을 새로운 자료군에 적용할 수 있다면 '애국'은 변함없이 이 시대를 입체적으로 드러내는 마중물이 될 수 있을 것이다.

대한제국기 잡지는 '새로운 자료군'으로서 더없이 적실하다. 최근 잡지 매체를 중심으로 한 대한제국기 미디어 연구는 새로운 단계에 진입하였다.[11] 다만 다양한 연구성과의 축적에도 불구하고 그 시대를 아우르는 핵심어인 '애국'의 문제에 일관성 있게 천착한 시도는 아직 제출되지 않았다. 1906년부터 3, 4년 사이에 동시다발적으로 출현한 수십 종의 학회지, 기관지, 종합잡지들은 저마다 당대의 주류 담론이었던 '애국'의 문제를 끌어들였다. 각 매체의 애국론에는 응당 공통점과 차이점이 있었으며, 단일 매체라 해도 하나의 애국론만 생산했으리라 단언할 순 없다. 분명한 사실은 이 문제에 접근하기 위해 우선 각 잡지의 다층성을 시야에 넣을 필요가 있다는 것이다.

이 잡지들의 성격을 구분할 때 유용한 것 중 하나는 간행 주체와 출판 공간이라는 기준이다. 당대 잡지의 간행 주체와 출판 공간은 크게 두 갈래로 나뉜다. 하나는 국내의 지식인들이 국내에서 간행하는 경우고, 또 하나는 유학생들이 일본에서 간행한 유학생 단체의 기관

---

11 예컨대 점필재연구소에서는 최근 『완역 조양보』(전 2권, 보고사, 2019), 『완역 태극학보』(전 5권, 보고사, 2020), 『완역 서우』(전 3권, 보고사, 2021), 『완역 소년한반도』(보고사, 2021), 『완역 한양보』(보고사, 2021), 『완역 대조선독립협회회보』(보고사, 2023) 등 대한제국 말기의 국한문체 잡지를 현대어로 완역하는 작업을 꾸준히 수행하고 있다. 자료에 대한 진입 장벽을 허무는 이러한 성과는 근대기 학자들뿐 아니라 지식문화의 근대적 전환을 연구하고자 하는 조선후기 역사학자나 한문학, 고전문학 연구자들에게도 큰 의미를 갖는다.

지이다. 두 진영은 주요 필진의 사회적 배경이나 연령대부터 상이하여 같은 문제를 다루더라도 문제의식이나 접근 방식이 엇갈릴 공산이 크다. 게다가 게재 기사의 원 출처 및 번역의 경로도 차이가 있어서 별도의 검토가 불가피하다. 대신 이들을 동일한 연구방법론 속에서 한데 모아 분석할 수 있다면, 국내 간행 잡지만을 분석하는 경우나 유학생 학회지만을 분석하는 경우 발생할 수 있는 논점의 편향성을 경계할 수 있다. 우선 국내 간행 잡지의 일부를 예로 들어본다.

〈표 1〉 대한제국기 잡지의 예(1) : 국내 간행

매체	간행기간	통권	성격
『조양보』	1906.6~1907.1	12	정론과 교양을 포괄하는 종합잡지
『야뢰』	1907.2~1907.7	6	
『소년』	1908.11~1911.5	23	
『서우』	1906.12~1908.5	17	대표적 계몽운동 단체의 기관지
『서북학회월보』	1908.6~1910.8	25(결호 3)	
『대한자강회월보』	1906.7~1907.7	13	
『기호흥학회월보』	1908.8~1909.7	12	
『대동학회월보』	1908.2~1909.9	20	
『소년한반도』	1906.11~1907.4	6	친일 성향의 시사·교양 잡지
『한양보』	1907.9~1907.10	2	

〈표 1〉은 국내 간행 잡지 중 비교적 중요도가 높은 잡지를 중심으로 10종을 택하고 다시 세 가지 성격으로 분류해본 것이다. 이 정리는 단지 잡지들의 기본적인 정체성이 다양했다는 점을 보여주기 위해 범박하게 정리한 것에 불과하다.[12] 성격 분류는 이보다 더 세분화될

---

12 부분적으로나마 성격을 구분해두기 위해 이러한 방식을 택하였지만 애초에 그 경계는

수 있을 것이며,[13] '애국'이라는 기표는 그 자체로 정치성을 내재하고 있기에 관련 내용을 모두 추출하여 총체적으로 분석한다면 역으로 매체의 성격을 재정위할 가능성도 열려 있다.

〈표 2〉는 일본에서 간행된 유학생 학회지들이다. 잡지 종류가 국내 간행 잡지보다 적어, 시대적 분위기가 달랐던 『친목회회보(親睦會會報)』(1896.2~1898.4, 통권 6호)를 제외한 전부를 제시해둔다.[14]

〈표 2〉 대한제국기 잡지의 예(2) : 일본 간행

매체	간행기간	통권	성격
『태극학보』	1906.8~1908.12	26	동경 지역 유학생 단체 태극학회의 기관지
『공수학보』	1907.1~1908.2	5(계간)	황실유학생 단체 공수학회의 기관지
『동인학보』	1907.7	1	유학생 단체 동인학회의 기관지
『낙동친목회학보』	1907.10~1907.12	3	영남 출신 유학생 단체 낙동친목회의 기관지
『대한유학생회학보』	1907.3~1907.5	3	유학생 통합 단체의 기관지
『대한학회월보』	1908.2~1908.11	9	
『대한흥학보』	1909.6~1910.8	13	

엄밀하지 않다는 점을 강조해 둔다. 가령 『소년한반도』는 상단의 '종합잡지'로 분류될 수도 있고, 『대동학회월보』를 간행한 대동학회는 친일 논란이 있어 하단의 '친일 성향' 으로 분류될 수도 있다.

13 대한제국기에는 이미 『가정잡지』, 『수리학잡지』, 『공업계』처럼 목적이 뚜렷한 전문 잡지들도 간행된 바 있다.

14 『친목회회보』의 간행 기간 중 대한제국이 수립되긴 했지만, 이를 '대한제국기 잡지'로 볼 수 있을 것인가에 대해서는 논란의 소지가 있다. 이와 별개로 『친목회회보』는 한국 의 초기 애국 담론의 한 형태를 증언해주는 중요한 자료임에 틀림없다. 『친목회회보』 의 애국론에 대해서는 김소영, 「재일조선유학생들의 '국민론'과 '애국론' – 『親睦會會報』(1896~1898) 내용 분석을 중심으로」, 『한국민족운동사연구』 66, 한국민족운동사학 회, 2011 참조.

간행 잡지와 일본 간행 유학생 학보들의 애국 담론은 일치하지 않을 가능성이 크다. 게다가 상기 표들을 통해 알 수 있듯 대한제국기 잡지에는 각 학회의 기관지들이 가장 큰 비중을 차지한다. 그런 만큼 표면적으로는 애국의 기치를 높이 들었다 하더라도 그 어휘에 투영된 정치성에는 크고 작은 편차가 있었으리라 보는 것이 타당하다. 무엇보다 이 잡지들은 동시다발적으로 등장하고 사라졌다. 여러 통로에서 한번에 쏟아져나온 이 목소리들이 단일대오를 형성하고 있었을 리는 없다. 이하에서는 〈표 1〉의 세 분류에서 각 한 종씩인『조양보』,『서우』,『소년한반도』와 〈표 2〉 중 핵심적인 잡지라 할 수 있는『태극학보』를 사례로 들어 분석해보고자 한다.

3. 애국론과 반(反)애국론의 공존:『조양보』

『조양보』는 시사와 정론을 포괄하면서도 분과학문 및 정치사상에 대한 번역 기사가 큰 비중을 차지한다. 창간 취지서에는 '알기 쉬운 국한문체를 써서 동문(同文) 권역의 선비들과 소통한다'는 대의의 조목이 등장한다. 여기서 동문은 지금의 한자권 내지 한자문화권과 통하는 개념으로서, 이는 곧 당대 지식인들이 국가 위기에 대항하여 한자·한문에 근거한 국제적 네트워크 속에서의 실천을 타진했음을 방증한다. 그만큼 이 잡지는 중국과 일본의 다양한 문헌과 함께 사무엘 스마일즈·고토쿠 슈스이(幸德秋水)·량치차오(梁啓超) 등의 이론을 이념적 참조물로 소개하였고,「반도야화(半島夜話)」(1호, 3호) 등에서는 중국 지식인과의 직접적 교류를 그려내기도 한다. 시모다 우타코(下田歌子)의『신선

가정학(新選家政學)』을 장기 연재하여 가정과 여성이 주요한 논제가
되어가는 현상도 주목할 만하다. 『조양보』는 자강이라고 통칭할 수
있는 당대의 대안이 국제적 시야 속에서 확보된 양상을 보여주는 자료라
고 할 수 있다. 이 매체에 게재된 애국 관련 논설이나 서사 역시 동아시아
번역장을 경유한 것들이었다. 몇 가지 사례를 표로 정리하면 아래와
같다. 〈표 3〉의 각 서지는 저본과 역본으로 연쇄되어 있다.

〈표 3〉 『조양보』의 애국 관련 주요 기사들과 그 번역 경로

논애국설			
구분	제목 및 출판서지	필자(역자)	연도
일본	『二十世紀の怪物帝國主義』, 警醒社	幸德秋水	1901
중국	『二十世紀之怪物帝國主義』, 廣智書局	趙必振	1902
한국	「論愛國心」, 『조양보』 3호~7호	미상	1906

갈소사흉가리애국자전			
구분	제목 및 출판서지	필자(역자)	연도
미국	The Life of Louis Kossuth, Derby and Miller	P. C. Headly	1852
일본	「ルイ、コシスート」, 『近世世界十偉人』, 博文館	石川安次郎	1900
중국	「匈加利愛國者噶蘇士傳」, 『新民叢報』	梁啓超	1902
한국	「噶蘇士匈加利愛國者傳」, 『조양보』 9호, 11호	미상	1906
	『匈牙利愛國者噶蘇士傳』, 중앙서관 ※비교 사례	이보상	1908

애국정신담			
구분	제목 및 출판서지	필자(역자)	연도
프랑스	Tu seras soldat:histoire d'un soldat français, A. Colin	Émile Lavisse	1888
일본	『愛國精神譚』, 偕行社	板橋次郎·大立目克寬	1891
중국	『愛國精神談』, 廣知書局	愛國逸人	1902
한국	「愛國精神談」, 『조양보』 9호~12호	미상	1906~1907
	「愛國精神談」, 『西友』	미상	1907
	『愛國精神』, 중앙서관(국한문)	李琛雨	1908
	『애국정신담』, 중앙서관(순국문)	李琛雨	1908

위의 기사 중에서 『조양보』의 〈논설〉란에 3호부터 7호까지 연재된 「논애국심(論愛國心)」의 일부분을 인용해본다.

　살펴보건대 대개 동서고금의 애국주의라 함은 오직 적을 증오함으로써 목적을 이루므로 토벌에 종사하여 이를 곧 애국심이 발양한 것이라고 자칭하니, 나는 감히 찬미할 수가 없다. 이로써 오늘날 일본 인민의 소위 애국심이라 하는 것 또한 배척하지 않을 수 없는 것이다.

　나는 전일 일본의 고토 쇼지로(後藤象次郎) 백작의 일 하나를 들어 말해보고자 한다. 그는 무릇 당시 전국 인민의 애국심을 부추겨 큰 소리로 외쳐 말하되, "국가가 위급 존망의 때를 당하여 감히 좌시할 수 없다" 하고 돌연 일어났다가 옷자락을 끌며 조정에 들어가니, 대동단결하던 당시 애국지사가 순식간에 춘몽과 같이 흔적이 없어졌다. 사실을 궁구하건대 당시 일본의 소위 애국심이라는 것은 기실 백작을 사랑하는 마음[愛伯心]이었으니, 그런가, 그렇지 않은가. 만약 백작을 사랑한 것이 아니라 하면 번벌(藩閥)정부를 증오한 것이니, 소위 애국심이란 바로 증오심이라 말할 수 있을 것이다. (중략) 일본인의 애국심은 청나라를 정벌하던 싸움에 이르러 일찍이 없었을 정도로 끓어 솟구쳐 올랐다. 그들이 청인을 증오하여 모멸하고 질시하던 상태는 말로 형용하는 것이 불가하다. 그러나 대략을 보면 백발의 노인부터 삼척동자에 이르기까지 4억의 생명을 섬멸한 후에야 만족하겠다는 기개를 지니고 있었으니, 고요히 생각해보면 정녕 미치광이와 같지 않은가. 굶주린 호랑이와 같으며 야수와 같았으니 어찌 비극이 아니겠는가. 그들이 과연 일본 국가 및 국민 전체의 이익과 행복을 희망하여 진실로 동병상련의 감정과 뜻을 갖고 있어 그러했는가. 단지 적을 많이 죽이는 것을 기뻐하고 적의 재산을 많이 빼앗는 것을 기뻐하고 적의 땅을 분할하는 것을 기뻐하여 그 국민의 탁월한 야수의 힘을 세계에 과시하고자 함이 아닌가.[15]

보아 알 수 있듯 이 글은 '애국'을 제목에서부터 내세우고 있지만, 실제로는 애국의 폭력성을 신랄하게 비판하는 '반애국론(反愛國論)'에 가깝다. 4차례나 연재되었던 이 기사는 동서고금의 다양한 사례를 들어 사실 애국심이야말로 국가가 범죄를 정당화하고 민중을 동원하기 위한 '악의 근원'이라 규정한다. 많은 이들이 '애국계몽기'로 명명해온 시기였음에도 불구하고 이처럼 당시의 애국론은 단지 애국의 가치를 고양하는 것에만 매몰되어 있지 않았다. 물론 일반적으로 애국 담론은 '국가가 위기에 처했으니 너도 애국자가 되어 희생하고 헌신해야 마땅하다'는 메시지가 주류를 이룬다. 심지어 상기 기사를 실었던 『조양보』만 해도 「愛國精神談」이나 「噶蘇士匈加利愛國者傳」과 같은 기사들이 큰 틀에서는 「논애국심」과 대척점에 있는 애국 담론을 생산하고 있었다. 가령 후자인 헝가리의 공화주의자 코슈트[噶蘇士] 전기에는 다음과 같은 대목이 등장한다.

---

15 「論愛國心(續)」, 『조양보』 제7호, 1906, 손성준·신지연·이남면·이태희 역, 『완역 조양보 2』, 보고사, 2019, 30~31쪽. 원문은 다음과 같다. "吾鑒夫東西古今의愛國主義컨딕오즉敵人을憎惡함으로써目的을作흠으로討伐에從事흐야是卽愛國心의發揚흘빈라自稱흐니吾所不敢贊美者也로라是以로今日本人民의所謂愛國心이라흠을亦不能不排斥흐노라 吾試以日本前日의伯爵後藤象次郎의一事로擧言之흐리니盖當時全國人民의愛國心을煽揚흐야大聲疾呼日國家危急存亡之秋를當흐야不敢坐視라고突然而起흐야曳裾廊庙흐야大同團結흐든當時愛國士가翛然如春夢之無痕흐니究其事實컨딕當時日本之所謂愛國心이其實은爲愛伯心이니是耶아非耶아若否則非愛伯也라憎藩列政府也니其所謂愛國心이直是憎惡心이라可謂흘지로다 (중략) 日本人의愛國心者가至征淸之役흐야其發越坌湧이振古所未曾有者흐니彼等이淸人을憎惡흐야侮蔑疾視흐든狀態는實非言語로所能形容者나然이나其大概則白髮의翁媼으로自흐야三尺의嬰孩에至흐도록咸有殲殺四億生靈而後에甘心之慨흐니靜言思之컨딕寧非類狂이라如餓虎然흐며如野獸然흐니寧不悲哉아 彼等이果然日本國家及國民全體의利益幸福을希望흐야眞個同情相憐의情義를抱含而然歟아否則惟以多殺敵人으로爲快흐고多奪敵財로爲快흐고多割敵地로爲快흐야其國民의獸力의卓越을世界에誇揚코져흠이아닌가" 이하 원문은 생략한다.

19세기의 헝가리 역사에서 3걸(傑)이 났으니, 앞에는 세체니(Istvan Széchenyi) 백작이 있었고, 가운데는 코슈트가 있었으며, 나중에 데아크(Ferenc Deák)가 있었다. 이들은 모두 국민의 구주(救主)요, 역사의 밝은 별이었다. 코슈트가 세체니가 양성한 국력에 기대어 일명경인(一鳴驚人)하였고 그것이 좌절된 후 남은 일은 데아크가 맡아 공을 세웠다. 그러므로 코슈트를 위하여 전기를 쓴다 해도 전후의 2걸을 함께 논할 수밖에 없다.

헝가리에는 본래 국회가 있었다. 다만 신성동맹 이후 메테르니히의 전제정책은 날로 심해져 헝가리인이 왕성해지기 전에 그것을 잘라버려야겠다고 생각하여 7년간 국회를 열지 않았으며, 금인칙서(헝가리 헌법)의 명문을 유린하여 군사비용 증가시키고 조세를 증액하였으니, 저 의협의 헝가리인이 이 배은(背恩)과 비례(非禮)의 행위를 어찌 가만히 앉아서 보고만 있었겠는가. 이에 국론이 떠들썩하여 오스트리아의 예의 없음에 분노하니, 왕이 어쩔 수 없이 1825년에 국회를 개설하였다. 이때 국회의 상의원(上議院)에 한 호걸이 났으니 세체니가 바로 그 사람이다.

국회의 옛 규칙에는 헝가리어를 허용하지 않았다. 그러나 <u>세체니 백작은 엄청난 애국의 혈성(血誠)을 내뿜어 국회에 간 어느 날 헝가리어로 대성질호(大聲疾呼)하며 헝가리인 고유의 권리를 분명히 밝히고 프란츠 1세의 실정(失政)을 차례로 세어 바다가 파도를 한번 울리니 그 소리가 천지에 가득한 것과 같았다.</u>[16]

이 전기물의 주인공은 코슈트지만 위 대목에서만큼은 세체니 백작이 더 강하게 조명된다. 그는 코슈트보다 먼저 헝가리의 독립운동을 위해 투신하여 코슈트가 활약할 수 있는 길을 예비한 인물이었다. 그것을 가능케 한 원동력이 바로 애국이다. 열혈 애국자 세체니 백작은 오스트리아의 폭정 앞에서 당당했으며 그로 인해 "이로부터 15년간

---

16 「噶蘇士匈加利愛國者傳」, 『조양보』 제9호, 1906, 손성준 외 역, 앞의 책, 195~196쪽.

세체니 백작은 실로 헝가리 전국의 대표가 되었다."[17] 이어지는 대목
은 세체니가 헝가리 국민의 눈을 뜨게 하기 위해 집필한 책의 일부분
을 인용한 것이다.

　　오호라, 우리 동포여. 예전에는 영광이 찬란하던 헝가리가 지금은 전락
　　하여 이에 이르니, 내가 어찌 슬퍼하지 않을 것인가. 그러하나 공들은 슬
　　퍼하지 말 것이다. 애국의 마음을 분발한다면 언젠가 영광이 찬란한 새로
　　운 헝가리를 만드는 것이 어찌 어려운 일이겠는가.[18]

　이와 같이 애국심을 강조하는 세체니의 말을 빌린 후, 또 한 번
세체니의 실천에 대한 동조와 극찬이 이어진다.[19] 주인공이자 제목에
서부터 애국자로 명명된 코슈트의 활약이 시작되기도 전에 '선배 애
국자'를 상찬하고 애국이라는 덕목 자체도 만병통치약처럼 묘사된 것
이 「갈소사흉가리애국자전」이었다. 앞의 「논애국심」과 나란히 두고
보자면, 현대인의 시각으로는 쉽사리 이해되지 않는, 다시 말해 상호
충돌하는 애국 담론이 하나의 매체 속에서 공존했음을 알 수 있다.
그러므로 「논애국심」과 같은 텍스트가 있다는 것만으로 이것이 『조
양보』의 최종적인 입장이라고 단순화할 수 있는 것은 아니다.[20]

17　위의 책, 196쪽.
18　위의 책, 196쪽.
19　"무릇 모든 국민의 지혜를 열며 공익을 증진시키는 일에 힘을 다하지 않는 것이 없어
　　국회를 열어 음성과 기운을 통하고 고등학교를 세워 인재를 양성하고 신식 극장을
　　열어 민기(民氣)를 진작하고 우편선과 철로를 넓혀서 교통을 편하게 하고 수리(水利)
　　를 진흥하며 해안을 쌓아서 민재(民財)를 크게 하여, 온화한 수단으로 풍속을 고치고
　　바꾸어 실력을 기르니 소위 노성모국(老成謀國)이란 진실로 이와 같아야 할 것이다."
　　위의 책, 196~197쪽.

환기해둘 것은 「논애국심」이나 「갈소사흉가리애국자전」이 모두 번역 기사라는 사실이다. 전자의 경우 저본은 중국인 자오비전(趙必振)이 쓴 『二十世紀之怪物帝國主義』(廣智書局, 1902) 중 「愛國論」이라는 챕터였으며, 해당 중국어 텍스트의 저본은 일본의 급진주의자 고토쿠 슈스이(幸德秋水)의 『二十世紀の怪物帝國主義』(警醒社, 1901)였다. 당시 애국 담론 형성에 관여한 지식은 대개 이처럼 동아시아 번역장을 관통한 텍스트를 거점으로 삼고 있었다. 역설적으로, 가장 '내셔널리즘'적 정체성과 직결되어 있을 법한 애국 담론은 사실 '인터내셔널리즘'적 텍스트에 천착할 때 제대로 된 조명이 가능하다. 시야를 넓혀 보면 「논애국심」와 같이 주류적 애국 담론에 포섭되지 않는 기사들은 당시 미디어의 곳곳에 등장한다. 나아가, 애국 담론의 양상은 '애국 대 반애국'의 양극단으로만 존재한 것도 아니다. '애국'의 얼굴이 다양했던 만큼, '반애국'의 논리 역시 다변화될 가능성은 충분히 열려 있었다.

4. 량치차오발 애국론과 일본이라는 대타항: 『서우』와 『소년한반도』

대한제국기 미디어에서 가장 '주류적' 애국론의 진원지는 아마도

---

20 또 다른 예를 들 수도 있다. 「논애국심」 자체로 보자면 '국권' 견제의 의미가 담겨 있었지만, 『조양보』가 량치차오의 「新民說」 중 「論權利思想」를 번역하여 실은 「人々 當注意於權利思想」(6호, 7호)에는 오히려 '민권' 부분이 축소되어 있었다. 임상석, 「『조양보(朝陽報)』와 『신민설(新民說)』 - 「인인당주의어권리사상(人人當主義於權利思想)」의 역술과 이념의 모색」, 『한국문학연구』 73, 동국대학교 한국문학연구소, 2023, 201~202쪽 참조.

량치차오의 문장들일 것이다. 많은 연구가 지적했듯 당대 인쇄 미디
어에서 확인되는 량치차오의 영향력은 그야말로 전방위적이다. 예컨
대 안자산은 1922년에 발표한 『조선문학사』에서 대한제국기 잡지 몇
종을 언급하며 "이들 잡지의 글은 다 『음빙실문집(飮氷室文集)』에서
번역해 낸 것이 많고 그 사상도 역시 그 시상을 화출하니 이는 중국의
사정과 조선의 시세가 동일한 형편에 열한 까닭이요, 겸하여 당시 문
사가 한학가(漢學家)에서 많이 나와 구미 및 일본 문학을 직접으로 수
입하지 못하고 중국의 손을 매개로 수입한 모양이라. 실상 『음빙실문
집』은 당시 문단을 크게 도운 선생이러라."[21]라고까지 명언한 바 있다.
량치차오가 한말 애국사상에 미친 영향에 대해서도 구체적인 논의가
있었던 것은 물론이다. 그 가운데서도 대표적인 논설이 바로 「애국
론」이다. 이 텍스트는 대한제국기 미디어에 최소 4차례에 걸쳐 번역
되거나 비중 있게 활용되었다. 서지사항은 다음과 같다.

〈표 4〉 대한제국기 미디어의 「애국론」 번역 양상

구분	제목 및 출판서지	필자(역자)	시기
중국	「愛國論」, 『淸議報』	량치차오	1899.1
한국	「愛國論」, 『황성신문』	미상	1899.3
	「愛國論」, 『독립신문』	미상	1899.7
	「愛國論」, 『서우』 2호	박은식	1907.1
	「擧梁啓超氏辨術論ᄒ야 通告全國人士」, 『황성신문』	미상	1909.3

「애국론」은 '애국'을 표제로 삼은 대한제국기의 논설 중 가장 널리
읽힌 사례 중 하나일 것이다. 잡지 중에서는 『서우』가 이 글을 직접

번역하여 실었다. 『서우』는 주로 관서지방 출신 인사들이 조직한 서우학회의 기관지로서, 1908년에 함경도 출신 인사 중심의 한북학회와의 통합 기관지 『서북학회월보』로 계승된다. 『서우』는 전체 대한제국기 잡지 중에서도 가장 적극적으로 량치차오의 논설들을 소개한 매체였다. 「애국론」의 번역자는 『서우』의 주필을 맡고 있던 박은식이었다. 일부를 인용해 본다.

> 무릇 애국이라는 것은 그 나라가 강하기를 바라는 것이다. 그러나 나라는 저절로 강해질 수 없는 것으로, 반드시 민지(民智)를 개발한 연후에 강해질 수 있고 반드시 민력(民力)을 모은 연후에 강해질 수 있다. 고로 애국의 마음으로 말미암아 나오는 조리(條理)는 그 실마리가 한둘이 아니나 요컨대 반드시 연합과 교육, 두 가지 일을 기점으로 삼아야 할 것이다. 한 사람의 애국심은 그 힘이 매우 미세하지만 여러 사람의 애국심을 합하면 그 힘이 매우 커질 것이니, 이것이 연합이 요긴한 바이다. 빈말로 하는 애국은 나라를 구할 수 없다. 만약 나라를 구하고 싶으면 반드시 인재에 의지해야 할 것이니, 이것이 교육이 긴요한 바이다. 오늘날 해외에 있는 이들이 애국을 가장 잘 아는 사람이니 먼저 해외에 말을 청할 것이다.[22]
>
> (중략)
>
> 애시객이 말한다. 아! 국가의 존망과 종족의 성쇠가 비록 천명이라고 하나 어찌 인간의 일이 아니겠는가. 동서의 나라들은 어찌 왕성하게 날로 흥하며 우리 지나는 어찌 힘들게 날로 위태로워지는가. 저 국민은 나라를 자신의 나라로 여기어 국사를 자신의 일로 여기며 국권을 자신의 권리로 여기고 국치를 자신의 치욕으로 여기며 나라의 영광을 자신의 영광으로 여기거늘, 우리 국민은 나라를 임금과 재상의 나라로 여기어 그 일과 그

---

22 애시객, 박은식 역, 「애국론1」, 『서우』 제2호, 1906, 권정원·신재식·신지연·최진호 역, 『완역 서우1』, 보고사, 2021, 136쪽.

권리와 그 영광과 그 치욕을 모두 시지도외(視之度外)의 일로 여긴다. 아
아! 백성이 없으면 어찌 나라가 있으며 나라가 없으면 어찌 백성이 있으리
오. 백성과 나라는 하나이자 둘이요, 둘이자 하나다. <u>오늘날 우리 백성은
나라를 자신의 나라로 여기지 않으니, 사람들이 스스로 나라를 지니지
않으면 이 나라는 망할 것이다.</u> 나라가 망하면 인권이 망해 인도(人道)의
고통을 물을 수 없다. 서양인이 "지나인은 애국의 성질이 없다."고 하니,
아아! 우리 4억만 동포 백성은 이 말을 거듭 유념하며 이 말에 한 번 설욕
할지어다.[23]

위 인용문의 전반부에는 우리가 애국에 관해 일반적으로 이해하는
내용이 서술되어 있다. 애국의 핵심이 국민의 힘을 모으는 데 있다는
것, 그것을 위해 교육이 필요하다는 것 등이다. 하지만 후반부('중략'
이후)에는 『조양보』의 「논애국심」과는 또 다른 결을 가진 급진론이
펼쳐진다. '애국'의 가치는 결국 국가의 주인을 국민으로 선언할 때에
야 그 효용성을 극대화할 수 있다. 국민이 나라를 "임금과 재상의 나
라로 여기"는 이상 "지나인은 애국의 성질이 없다."는 폄훼를 반박할
근거도 사라지는 셈이다. 이 발언은 곧 '충군'으로부터의 이탈을 정당
화하는 것과 다르지 않다. 불변의 가치로 여겨졌던 '충'의 국가관 자
체가 부정의 대상이 되는, 달리 말하자면 '군주제'의 한계를 직시하고
새로운 정치 패러다임을 제안하는 사유가 공식화된 것이다.

　량치차오가 이 논설을 쓴 것은 변법유신에 실패하고 일본으로 망
명한 직후인 1899년이다. 이 시기 그는 서태후로 대변되는 청조 정부
를 향해 서슬 퍼런 혁명적 언설들을 쏟아냈다.[24] 1906년의 『서우』가

23　위의 책, 139쪽.

이 대목을 고스란히 전재할 수 있었던 것은 을사늑약 직후의 국가적
위기라는 명분이 존재했기 때문이다. 〈표 4〉에서 확인할 수 있듯이
량치차오의 「애국론」은 『청의보』에서의 발표에서 불과 몇 달 떨어지
지 않은 시점인 1899년 3월과 7월에도 각각 『황성신문』과 『독립신
문』에 번역된 바 있다. 1899년의 두 차례 번역은 모두 발췌역의 형태
였는데, 이 중 『독립신문』의 번역에서 위 인용문의 후반부가 누락되
어 있다는 것은 의미심장하다. 번역 대상에 내재된 체제전복적 성격
을 경계한 셈이기 때문이다. 그러나 1906년 『서우』의 「애국론」 번역
은 새로운 국체(國體)에 대한 갈망을 보다 전경화했다. 급진적 성향을
띠던 시기에 발표된 량치차오의 논설들이 대한제국기의 마지막 4, 5
년을 앞두고 신문·잡지·단행본 할 것 없이 집중적으로 소개된 이유
도 같은 맥락이라 하겠다.[25] 『서우』 외에도 앞서 다룬 『조양보』, 그리
고 각 매체의 주필이었던 박은식과 장지연이 모두 적극적으로 참여한
『대한자강회월보』 등, 량치차오의 글을 다수 가져온 매체들은 '충군
애국'의 덕목을 거의 내세우지 않는다는 공통점을 보인다.[26]

---

24 요시자와 세이치로는 무술변법에서 신해혁명에 이르는 20세기의 첫 10년 동안을 근대
중국의 애국주의가 등장한 시점으로 보며, 여기에 핵심 역할을 한 인물로 량치차오를
꼽고 있다. 요시자와 세이치로, 정지호 역, 『애국주의의 형성-내셔널리즘으로 본 근대
중국』, 논형, 2006, 39~46쪽.

25 특히 대한제국기 미디어에 다발적으로 출현한 량치차오의 「멸국신법론」은 지식인이
군주가 다스리는 자국 정부를 가장 높은 수위로 비난하는 전형을 보여주는 텍스트이기
도 했다. 손성준, 「대한제국기의 「멸국신법론」 다중 번역-『조양보』와 『월남망국사』
판본을 중심으로」, 『국제어문』 95, 국제어문학회, 2022 참조.

26 박은식과 장지연의 애국주의 형성에 량치차오가 미친 영향에 대해서는 여러 논의가
있었다. 이를테면 최근 임상석은 『대한자강회월보』의 정신적 가치를 대변하는 논설
「자강주의」와 량치차오의 「신민설」의 상관성을 실증적으로 분석하기도 했다. 임상석,
「장지연의 「自强主義」와 『新民說』-차용으로 이루어진 자강」, 『동양한문학연구』 65,

한편, 군주제의 폐해를 지적하는 『서우』의 입장은 량치차오의 글을 활용한 기사에서만 나타나는 것이 아니다. 다음은 『서우』 제7호에 실린 안창호의 연설문 중 일부다.

또 무릇 사람의 지극정성으로 구제되지 않는 일이 없다. 내가 고향에 있을 때에 이웃에 한 늙은 과부가 있었는데, 항상 다리 병을 근심하여 그 근처에 있는 하천 위의 교량을 지나는 것을 항상 두려워하여 감히 건널 엄두를 내지 못하였다. 그런데 하루는 그 자식이 하천에 빠졌다는 소식을 듣고 평상시에는 두려워 감히 건너지 못했던 교량을 자기도 모르는 사이에 용감하게 곧바로 건너가서 자식을 구출했으니, 이것은 자식을 사랑하는 정이 절실하고 지극하여 자신의 위태로움을 돌보지 않고 이룬 것이다. 그렇다면 우리 한국 인민이 나라 사랑하기를 마치 그 자식을 사랑하듯 한다면 어찌 머뭇머뭇 소극적으로 하여 감히 착수하지 못할 생각이 싹트겠는가? 오호라! 우리나라는 수천 년 이래로 나라와 백성 사이에 서로 간극이 있어 백성이 나라 보기를 다른 한 개인의 소유로 인식하여 전 왕조 시대에는 "왕씨의 나라다."라 하고 본조에 들어서는 "이씨의 나라다."라 하여 그 흥하고 망함이 자기와는 무관하다고 했다. 나라는 백성 대하기를 어육(魚肉)으로 간주하여 대어가 중어를 먹는 식으로 가죽을 벗기고 살을 베어내어 침탈하는 것을 하나의 능사로 삼았다. 비록 천지가 뒤집히는 변화의 기미가 닥쳐와도 어리석게도 돌아볼 생각도 하지 않다가 마침내는 노예 문권을 선급(繕給)하는데 이르렀으되, 오히려 옛날의 상태로 자리만 차지하여 밥만 축내고 하나의 일도 제대로 하지 못하며 다만 남의 눈치만 우러러 살피다 이를 자기의 기쁨과 근심으로 삼으니, 천리(天理)의 인정이 어찌 이와 같음을 용납하겠는가?
그런즉 국가는 한 사람의 소유가 아니다. 우리 어깨 위에 '대한' 두 글자를 각각 짊어졌으니, 원컨대 전날의 생각을 계속 가지고 있지 말라. 아!
뒤집어진 둥지 아래에 원래 온전한 알이 없고, 한 손가락에 난 상처로
온몸이 모두 아프다. 국가는 곧 한 몸이니 한 몸의 오장육부와 팔다리
몸통 사이에 병든 곳이 있어 뛰는 맥이 끊어지면 몸 전체가 따라 죽게
되는 것이니, 한 나라 속에 뛰는 맥이 끊어진 곳이 있다면 국민 된 자가
자신의 생명을 어찌 홀로 보존할 방도가 있으리오. 그런즉 나라를 사랑하
는 것을 마땅히 내 몸을 사랑하듯 해야 하는 것이 아닌가?[27]

안창호가 『음빙실문집』을 탐독하고 그가 세운 학교의 교재로까지
권장했다는 사실은 널리 알려져 있다. 상기 인용문에서의 논조가 량
치차오의 「애국론」과 유사한 것은 이 때문일 지도 모른다. 하지만 중
요한 것은 그가 번역이라는 방식이 아니라 자신의 계몽의 언설로 표
현했다는 데 있다. 이는 『서우』의 애국론이 일정한 지향성을 가지고
있었음을 방증한다. 국민국가를 향한 문제의식은 때로는 번역을, 때
로는 직접적 발화를 통해 유포되고 있었다.

그런데 이 글의 2장에서부터 『서우』와는 이질적인 매체로 분류한
『소년한반도』 역시 군주제의 독단에 대해서는 강력하게 견제하는 면
모를 보여준다. 가령 『소년한반도』 제5호에 실린 「국가학」의 경우,
필자 이각종(李覺鍾)의 논조 자체는 상기 안창호의 글과 별다른 간극
을 보이지 않는다.

대개 누구나 '국가, 국가'라 하기는 참으로 쉽다. 다만 그 진의(眞意)의
소재에 대해서는 도리어 무지하여 늘 군주의 일신만 가리켜 국가로 칭하

27 안창호, 「연설」, 『서우』 제7호, 1906, 권정원·신재식·장미나·최진호 역, 『완역 서우2』,
보고사, 2021, 127~128쪽.

는 지경이 되었다. 오호라! 전제관념(專制觀念)이 인류의 두뇌에 깊이 각인됨이 어찌 이 지경이 될 정도로 극에 달하였는가. 국가는 인민도 아니고 토지도 아니고 통치권을 대표하는 군주도 아니라, 이 몇 가지 이상에 무형으로 독립된 통치권의 주체인 인격체이니, 단지 인민과 토지를 근거로 성립된 것이다. 따라서 설령 그 인민과 토지의 증감이 있어도 그 국가의 무형적 인격체 됨에 무방함은, 마치 우리 신체를 조직하는 세포가 신진대사해도 인격체 됨에 전혀 상관이 없는 것과 같은 것이다.

  그러나 국가는 무형의 인격체라 의사가 없는 까닭에 부득이 이를 대행할 자를 요하니, 이것이 군주가 존재하는 이유이다. 그렇다면 군주란 단지 국가로 칭하는 인격체를 대표하는 것이다. 그러므로 군주의 사망과 계승 혹은 황실의 변경이 있어도 그 주체인 국가에 전혀 영향이 미치지 않는 것이니, 군주 자신이 곧 국가도 아니고 국가가 곧 군주 자신의 국가도 아님이 분명하다. 제국은 자고로 일정한 학리적(學理的) 주의(主義)가 있다. 즉 '백성에 대한 학대를 그치지 않는 군주는 역사에 기록될 수 없는 줄 전혀 모른다' 하여 도암(桃菴)·매산(梅山) 등 당시 학자들의 언론이 일어나서, '국가의 중점을 인민에게 둠과 동시에 군주 자신의 국가가 아님을 인지해야 정의가 분명히 드러난다'고 하였다. 하지만 아직 어떤 나라의 경우 여전히 이 구별을 분명히 알지 못한 탓에 비상한 정치적 해독을 초래하고 있으니, 참으로 가련한 일이다.[28]

  소년한반도사의 사장이자 『소년한반도』의 주필 양재건(梁在謇)이 기획한 매체의 정치적 지향은 "'전제권을 견제하되 체제 혁명의 방식 역시 명확하게 부정하는 입헌군주제'에 있었으며, 그 현실적 대안은 메이지 일본"[29]이었다. 즉, 공화주의적 지향을 보여주는 량치차오의

---

28 이각종, 「국가학」, 『소년한반도』 제5호, 1907, 권정원·신재식·신지연·전민경·최진호 역, 『완역 소년한반도』, 보고사, 2021, 347~348쪽.

「애국론」과는 결이 다르지만 적어도 전제군주제에 부정적이라는 공통점은 존재했던 것이다.

한편 『소년한반도』는 일본을 모델로 삼는다는 점에서 '친일적 행보'를 보여준 셈이기도 하다. 이는 또 다른 의미에서 앞서 살펴본 『조양보』나 『서우』 등의 지향성과는 다른 것이다. 다만 당시의 모든 지식운동을 '항일(반일)'과 '친일'의 이분법으로 구획할 수는 없다는 사실도 상기해야만 한다. 국체가 소멸되지 않은 시점에, 더욱이 이것이 '나라를 위한 길'이라고 굳게 믿었다면 양재건의 실천 역시 '애국계몽운동'으로 수렴될 수밖에 없다. 『소년한반도』가 애국운동을 위장하고 있었다거나 그들의 지식 계몽이 애국운동과 연결되지 않았다는 견해는 연구자들 다수가 애국계몽운동을 통일성의 산물로 상상하고 있었다는 증좌일지도 모른다. 다음은 『소년한반도』 첫 호의 첫 기사인 「취지」의 일부이다.

소년한반도여, 소년한반도여! 2천만 동포의 둥근 두뇌와 모난 발의 인류여! 천하의 성덕 대업으로 그 무엇이 애국자보다 나은가? 애국자여, 이 어느 날이며 이 어느 때인가. 글로 쓰면 '오호라! 우리 역사에서 구사회를 혁명하는 날로, 곧 20세기에 소년한반도가 탄생한 날이라' 하겠다. 이제 구사회의 혁명을 위해 흐르는 눈물을 닦고 떨어지는 피를 씻으면서 속마음을 다 토로하고 포복 분주하면서 우리 혈성(血性)과 영예(榮譽)가 있는 2천만 동포에게 고하노라.

구사회는 이미 지난 것이거니와 우리 신성한 소년한반도는 진실로 구애받지 않고 자유롭게 하는 것이다. 우리들이 각기 고상하고 순결한 애국심을 나타내어 이 세상을 세우고 우리의 자유를 보존하면 감히 단언컨대,

29 손성준, 「대한제국기 잡지의 정치성과 애국운동의 접변-『소년한반도』를 중심으로」, 『한국근대문학연구』 42, 한국근대문학회, 2020, 230쪽 참조.

'비록 모두 18층 아비지옥(阿鼻地獄)의 수많은 마귀들이 와서 서로 습격한다 해도 저들이 우리 소년한반도에 무엇이든 할 수 있는 것은 없을 것이다. 우리의 자유를 보존할 수 있고 우리 소년한반도를 배양할 수 있기를 바란다고 하니, 이것이 바로 고상하고 순결한 애국심 덕이다.

애국이란 무엇인가? 진정한 애국자는 나랏일 외에 한 발짝을 움직일 때도 자신의 감정을 개입시키지 않아서, 나랏일을 빼고는 좋아하는 것도 없으며, 나랏일을 빼고는 분노도 없으며, 나랏일을 빼고는 희망도 없으며, 나랏일을 빼고는 다툼도 없다. 그 나랏일을 살핌에는 이른바 어려움도 없고 험난함도 없으며 이미 충족된 것도 없다고 하니, 진정한 애국자는 나라 사랑을 실행하는 방법도 반드시 같지는 않다. 즉 혹은 혀로써 하고 혹은 혈성(血誠)으로서 하며 혹은 기신(機神)으로써 하며 혹은 검기(劍氣)로써 하며 혹은 필간(筆諫)으로써 하여서, 앞에서 선창하면 뒤에서 화응함에 활을 잘 쏘는 자가 활을 당기면 그 수하가 뒤를 따르는 것처럼 그 과녁을 향해 쏠 때마다 반드시 명중하는 것과 같다.

지금 세계 나라에서 일일이 분명하게 셀 수 있지만, 용맹스럽고 절로 씩씩한 자들은 열에 하나에 지나지 않는다. 그러나 그 창건하게 하고 고무하게 하고 장엄하게 하는 것 중에 그 무엇도 한 둘의 애국자의 마음과 힘과 두뇌와 혀와 피와 검(劍)과 필(筆)과 기(機)에서따라 온 것이 아니겠는가? 꿈에서라도 탄식하는 것은 구사회의 혁명이 아니겠는가? 꿈에서라도 그것을 말하는 자는 바로 소년한반도이다. 소년한반도는 단지 지리상의 명사인가? 아니면 정치상의 형상인가? 바로 지구의 동쪽 반구 중 아시아의 중심이 소년한반도이며, 태평양 문호가 소년한반도이거늘, 하물며 이 구사회를 혁명을 도모함에라![30]

일본 친화적이었던 잡지였음에도 발간사에는 '애국'이 9차례나 등장했고 매호 게재된 홍보문구 역시 '애국사상'이 있는 구독자를 요청

---

30 미상, 「취지」, 『소년한반도』 제1호, 1906.11, 1~2쪽.

하고 있었다.[31] 이렇게 보자면, 『소년한반도』의 지식 계몽이 애국운동과 연결되지 않았다기보다 오히려 '그들의 애국적 실천'이었다는 구도가 진상에 가까울 것이다.

게다가 『소년한반도』역시 매호마다 량치차오의 기사를 다양하게 배치하여 활용하는 양상이 나타난다.[32] 전술했듯 이러한 양상은 『서우』뿐 아니라 『조양보』, 『대한자강회월보』등 여타의 매체들에서도 쉽게 확인된다. 이 사실은 위에서 언급한 애국계몽운동의 상대성을 흥미로운 방식으로 재확인시켜준다. 『조양보』, 『대한자강회월보』, 『서우』와 정치색이 다른 『소년한반도』였지만 량치차오라는 재료를 아낌없이 사용했다는 점에서는 전혀 다르지 않았다면, 애초에 이질적인 정치성은 수용 주체의 개입과 재배치를 통해서 구현되는 것이라볼 수 있다. 『소년한반도』는 애국계몽운동 자체가 지식의 변용을 전제로 수행되던 것이었음을 보여주는 사례다.

5. 과도기의 충군애국: 『태극학보』

태극학회는 대한제국기에 가장 오래 지속된 유학생 단체이며 『태

---

31 당대의 친일 역시 한 가지 입장으로 정리될 성격은 아니다. 가령 『소년한반도』의 친일과 일본인이 간행한 국한문체 잡지 『한양보』의 친일은 또 다른 편차를 보인다. 『한양보』의 경우, 대한제국의 미래를 걱정하며 정치적 방향성 및 정책과 관련된 기사를 싣는 것은 마찬가지라도 『소년한반도』와 달리 '애국'이라는 표현은 거의 등장하지 않는다는 사실도 곱씹어볼 만한 지점이다.
32 손성준, 「국한문체 『라란부인전』, 「자유모」에 대하여 – 대한제국기 량치차오 수용의 한단면」, 『사이間SAI』 31, 국제한국문학문화학회, 2021 참조.

극학보』역시 최장기간 발행된 유학생 단체의 기관지이다. 『대한자강회월보』, 『서우』등 일반적인 국내 기관지에는 의무교육의 상소 및 대신 면담 청원 등의 정치활동이 직접적으로 드러나지만, 유학생 단체의 기관지는 그러한 경우가 희소하며, 대학의 강의록들이 발췌 번역되어 수록되는 등 분과학문의 전달 매체로서의 성향이 강하다. 이는 대다수가 '학보'라는 제명을 달고 있는 이유이기도 하다. 초기의 『태극학보』는 유학생 감독으로 파견된 한치유의 한문 논설이 큰 비중을 차지하기도 하였으나, 쥘 베른의 『해저 2만리』나 서구영웅전을 장기 연재하거나 각종 학지(學知)를 꾸준히 소개하면서도 다카야마 조규(高山樗牛)의 『世界文明史』(博文館, 1898)를 추가로 역재(譯載)하는 등[33] 근대적 문예와 학술의 비중이 꾸준했다.

애국 담론의 분석을 위해서는 번역 텍스트뿐 아니라 '저술'로 분류되는 관련 기사까지 함께 볼 필요가 있다. 『태극학보』는 '강단(講壇)'이나 '논단(論壇)'이라는 항목 아래 학생들의 다양한 논설도 게재되었다. 신분 및 정치적 위상에 따른 서열에서 자유롭기에 더 다양한 구성원의 목소리가 반영되는 것도 정치단체나 지역학회와 다른 유학생 잡지의 차별성이다. 『태극학보』에서 예를 찾자면, 최석하(崔錫夏)의 「국가론(國家論)」(『태극학보』제1호)이나 「정부론(政府論)」(『태극학보』제3호) 등이 여기에 해당한다. 이 글들에서 최석하는 다음과 같은 주장을 펼치고 있다.

---

33 김낙영의 역술로 『태극학보』제16호부터 제22호까지 연재되었다.

요컨대 국가는 우리가 조직한 단체다. 즉 우리를 개인적으로 보면 인민이요, 결합적으로 보면 국가니, 이 이치를 미루어 말하면 인민의 이익이 즉 국가이익이요, 인민의 재앙이 즉 국가의 재앙이다. 반대로 말하면 국가의 융성이 즉 인민의 융성이요, 국가의 멸망이 즉 인민의 멸망이다. 그러나 우리가 국가 일을 위하여 생명을 포기하게 될 경우가 있으니 이는 인민의 이해와 국가의 이해가 상반하나 결코 옳은 이치가 아니다. 국가의 존망이 달린 위급한 때를 맞아서 우리가 자기의 생명을 돌아보지 않는 것은 국가의 생명이 즉 자기의 생명인 고로 자기의 일을 위해서 자기의 생명을 거는 것이다.

현재 문명국의 인민은 단지 국가만 알고 자기 몸은 모르는 애국성이 있으므로 아무런 일이 없는 날에는 일심협력하여 정치를 정돈해서 실력을 양성하고 유사시에는 끓는 물이나 뜨거운 불도 무릅쓰고 뛰어들어[赴湯蹈火] 국난에 따라 죽는다. 이와 같아서 국운(國步)을 떨치지 못함이 어찌 있으며 민족이 융성하지 못함이 어찌 있겠는가. 격렬한 경쟁 중에 낀 우리나라 동포는 국가사상을 뇌 속에 함양하여 늙은 남자라도 반드시 국제상 도태하는 이치를 잊지 않으면 진멸의 참화를 면할 수 있고 흥복의 기회를 볼 수 있을 것이다.[34]

대개 국민이 그 국가를 사랑하는 본성은 그 국가가 자기를 보호하기 위하여 존재하는 것을 확신하기 때문이다. 오늘날 전제국 정치를 관찰하니 국가는 인민의 권리를 도외로 둘 뿐 아니라 도리어 인민의 생명재산을 임의로 침해하는 데 조금도 거리낌이 없으니 인민의 관념에 '국가는 우리와 관계가 전혀 없다' 하여 국가와 인민을 다른 것으로 인식한다. 고로 서양 철학에서 말하기를 '전제국에는 군주 한 사람 이외에 애국자가 없다' 하니 지극하구나! 이 말이여! 참으로 금석지론(金石之論)이라 할 것이다.

---

34 최석하, 「국가론」, 『태극학보』 제1호, 1906.8, 신지연·이남면·이태희·임상석·최진호 역, 『완역 태극학보 1』, 보고사, 2021, 51쪽.

비유컨대 우리가 타인에게 사랑을 받고자 하면 자기가 먼저 박애주의를 행해야 결국 타인의 사랑을 받게 될 것이다. 이러한 이치와 같이 정부가 인민에게 애국주의를 교훈하고자 하면 먼저 정부가 인민을 애호하여 사람 사람마다 국가는 즉 자기와 동일물이라고 확신한 연후에 그 주의를 관철할 것이거늘 전제국 정부는 이를 하지 않고 인민에게 애국을 요구하니 이는 타인을 사랑하지 않고 타인에게 사랑을 받고자 하는 자와 어찌 다르겠는가. (중략) 요컨대 문명국 정부는 인민의 복리 도모를 유일한 목적으로 삼아 그 인민을 애호함에 미치지 못할 것만을 오직 두려워하니, 인민의 애국심이 날로 열중하여 정치상으로 관민이 한 몸으로 동심협력하니 그 나라의 문명부강은 바라지 않아도 스스로 도달하게 된다. 그런데 전제국 정부는 사심, 사리로 인민에 대하여 정치를 행함에 인민의 원성은 '이 태양은 언제 없어지는가(是日曷喪)'라는 노랫말을 부르짖으며 관리를 사갈처럼 싫어하고 정부를 원수처럼 본다.[35]

첫 번째 인용문인 「국가론」에서 최석하는 국가와 개인이 운명공동체라는 점을 거듭 주장한다. 근대적 애국 개념의 핵심은 국가를 위해 목숨을 던지는 개인의 선택을 이러한 논리로 정당화하는 데 있다. 두 번째 인용문인 「정부론」에서 '애국'은 모든 문제를 해결할 수 있는 최선의 덕목으로 전제되어 있다. 논자는 왕이 주인이 되는 전제주의를 비판하고 인민이 주인이 되는 국가를 제창하고 있다. 가시적으로 드러내진 않지만 최석하의 주장은 곧 공화정체(政體)의 당위성을 천명하거나 적어도 공화제적인 사유를 보여주는 것이다. 『태극학보』에서 나타나는 왕권 견제의식은 「크롬웰전」, 즉 '국가를 위해 왕을 참수한 서사'를 통해서도 재확인된다.[36] 이처럼 저술과 역술이 하나의 매

---

35 최석하, 「정부론」, 『태극학보』 제3호, 1906.10, 위의 책, 194~195쪽.

체에서 연동되는 양상은 매체에 대한 이해를 심화시켜준다.

「국가론」의 논리나 애국성이 문명국 국민의 보편적 속성이라는 언급, 그리고 「정부론」에서의 군주제 비판 등은 앞서 살펴본 량치차오의 「애국론」을 연상시킨다. 논자인 최석하가 량치차오의 『중국혼』을 연상하는 「조선혼」을 작성하여 『태극학보』 제5호에 게재하기도 한 만큼, 두 사람의 애국론이 유사한 것 역시 우연만은 아닐 것이다.[37] 중국의 언론인 량치차오의 영향이 첨단 학문을 익히기 위해 일본으로 건너간 유학생에게까지 미치고 있던 점은 다시 한번 당대 공론장에서의 량치차오가 지니고 있던 위상을 곱씹게 해준다.

그렇지만 『태극학보』의 전체 차원에서 보자면, 최석하와 같이 '애국'을 국민국가 담론으로 포섭하는 사례만 있던 것은 아니다. 이를테면 『태극학보』의 다음 기사들은 공통적으로 '충군애국'을 긍정적 가치로 전제하고 있었다.

① 혼인은 실로 인생에서 행할 바 첫 번째요 사회를 왕성케 할 큰 장본(張本)이다. 몸은 다르나 마음은 같아지고 성품은 다르나 정은 같아지나니 이 세상에 친밀한 것이 이보다 더한 것이 없는 고로 합하여 한 집안을 만든다. 덕이 있어 조용한 것을 좋아하는 성품은 안에서 집안을 다스리고,

---

지혜롭고 움직이기를 좋아하는 성품은 밖에서 백사를 담당하여, 안과 바깥이 서로 응하며 화목하여 아들이 있고 손자가 있으며 또 이 자손에게 성인의 훈계가 있어 삼강오륜의 도(道)와 충군애국의 정성을 가르칠 것이니, 장래에 가족이 번창함과 다른 날 국가와 사회가 발달됨은 전적으로 자녀를 잘 교육함에 달려있다.[38]

② 유학생 유승흠(柳承欽), 이우진(李雨珍) 양씨는 학생계에 영명이 있더니 지난 10월 27일에 산보차로 혼고쿠(本鄕區) 단고자카(團子坂) 근처에 배회하며 돌아다니다가 한 인형제조점에 들어가 괴이한 인형 하나를 발견했다. 즉 일본의 옛 막부 도쿠가와 9대 시대에 우리나라 선왕이 공납, 내조(來朝)하여 뜰 아래에서 몸을 숙여 예를 표하는 형상으로 제조한 인형이 있었다. 양씨가 충분이 격발하여 그 인형을 분쇄하고자 하다가 그 가게 측에 출장한 순사를 보고 그 상점의 행위가 국제상 교의에 위반이 되니 경찰권으로써 속히 선처함을 청구했는데 그 순사가 칭탄(稱嘆)만 하고 곧 경찰서로 인도하매 양씨가 그 경찰서장에게 "도쿠가와 시대에 우리나라 선왕이 내조한 것은 역사상에도 전무하거늘 한 인형공장이 근거없는 괴괴한 모양을 망령되이 만들어 이웃나라 황실의 존엄을 더럽히되 관청에서 보고도 알지 못하니 어찌 참을 수 있겠습니까. 양국의 돈의를 생각하여 그 인형을 속히 처분하라."고 진언한즉 그 서장이 양씨의 충절을 흠모하고 그 인형의 매매를 금지하고 또 나중에는 이들 괴물을 제조하지 못하게 엄령하였다 한다. 아아, 양씨의 의거여! 참 신민의 도리를 지켰도다. 만약 우리 국민 전체가 이와 같은 의기로 충군애국하면 어찌 외인에게 권리를 빼앗기며 외인에게 모욕을 받겠는가.[39]

38 김낙영, 「여자교육」, 『태극학보』 제1호, 1906.8, 신지연·이남면·이태희·임상석·최진호 역, 『완역 태극학보 1』, 보고사, 2021, 82쪽.
39 「양씨의 의거」, 『태극학보』 제4호, 1906.11, 위의 책, 308~309쪽.

두 인용문의 '충군애국'은 '충군'의 덕목을 본질로 하고 '애국'은 수사적으로만 뒤따르는 형태로 볼 수 있다.[40] 적어도 이 대목들에서 국민국가로의 지향은 드러나지 않으며, 내면화된 '충군'의 가치를 전제로 한 주장과 정보 전달이 이루어질 뿐이다. ①의 '충군애국'은 성인의 도와 함께 언급되었으며, ②의 '충군애국'은 "우리나라 선왕"이 조롱받는 듯한 상황에 대한 '의분'의 맥락에서 나왔다. 즉, 표현은 '충군애국'이지만 후대에 교육해야 할 '충군'의 가치를 천명하거나(①) '충군'의 행위를 실천한 자를 선양한 것(②)인 만큼, 근대적 의미의 '애국'과는 괴리가 있다. 여기서의 '애국'은 곧 '충군'에 포섭되어 있는 것이다.

최신 학문을 배운다는 자각을 지닌 유학생들의 기관지 『태극학보』에 '충군'의 미덕이 꾸준히 언급된다는 사실은 이채롭다. 이미 대한제국 황실에 대한 기대가 꺾이고도 남았을 시점이기도 하고,[41] '애국'의

---

40 그러므로 이 인용문들의 '충군애국'의 실체는 사실 '충군'이다. 즉 한적에서의 '충군애국'과 큰 차이는 없다. 같은 '충군애국'의 기표라 하더라도 '충군'과 '애국'이 병립하는 순간 혹은 우열관계가 역전되는 순간도 포착할 필요가 있을 것이다. 어쨌든 기존의 '충' 개념이 군주라는 객체를 전제하고 있었다면 '애국'에서의 객체는 국가여야 한다. 다시 말해 근대적 애국은 '충'의 방향을 군주에서 국가로 전이한 개념에 가깝다. '충'이 애초에 하나의 가치를 대변하는 낱말이 아니듯, '애국'도 그러하다. 어떤 군주에게 충성하느냐에 따라 실천의 성격이 완전히 달라지듯, 애국이 어떤 국가(정치 이념, 체제, 제도)에 바쳐지느냐에 따라서도 언제든 맹목적 국수주의의 위험은 존재한다. MacIntyre, Alasdair, *Is Patriotism a Virtue?(Lindley Lecture)*, Lawrence: University of Kansas Press, 1984; 안동섭, 「인기 없는 덕목-충(忠), 충성(忠誠), 로열티(loyalty)의 비교를 통해 본 충성의 특징」, 『태동고전연구』 50, 한림대학교 태동고전연구소, 2023, 13쪽에서 재인용.
41 이를테면 정종원은 '평등' 개념에 대한 『독립신문』과 『제국신문』의 통계적 분석에서 "『독립신문』과 『제국신문』의 발간 초기에는 국제적 평등의 주된 대상으로서 황제와 국민이 모두 언급되고 있었다. 그러나 독립협회 운동에 대한 고종의 탄압을 경험한 이후 황제는 탈락되고, 중심점은 국민으로 이동하였다. 평등개념의 내부에서 근대국민국가 형성의 주체를 두고 황제와 국민이 경쟁했고, 마침내는 국민으로 이동하는 양상

기치를 드높이며 국민 창출을 위한 전격적인 계몽운동을 펼치던 시기
였기에 더욱 그러하다. 알고 보면 유학생 잡지의 애국론에서 '충군'의
가치를 강하게 의식하던 모습은 1896년부터 1898년 사이에 간행된
『친목회회보』에서부터 확인되는 것이기도 하다.[42] 하지만 그로부터
10년 후에 창간된『태극학보』에서도 이 흐름이 여전히 이어지고 있다
는 것은 특기할 만하다.

　그런데 다음 인용문은 다소 성격이 다르다.

　　③ 우리가 이 세상에 태어나 해야 할 의무가 아주 많지만 그중에서 가장
중요한 것은 애국의 의무이다. 관계가 가장 친밀하고 계합(契合)이 가장
강고한 것은 우리와 국가의 관계이니 왜일까? 국가는 우리의 생명을 보호
하고 가족과 재산을 보호하며 사회와 자유를 유지하기 위해 성립한 것이
다. 우리가 만일 애국의 정신이 없으면 국가를 보전하기 어렵고, 만일 국
가를 보전하지 못하면 우리가 어찌 이 세상에서 생활하여 행복과 화락(和
樂)이 성취되기를 바랄 수 있을까. 그러므로 <u>이 세상에서 행복한 생활을
성취하기를 바라는 우리는 절대적으로 국가를 위하여 성심으로 헌신할
의무와 충군애족(忠君愛族)의 의무가 있다 하겠다.</u>
　　부모와 자식, 남편과 아내, 형제, 친척, 친구를 친애하고 경신(敬信)하지
않을 수 없을 것이니 이는 다 애국심 한 마디에 포함된 것이다. 이를 미루어
말하면 어떤 사람을 물론하고 그 몸을 스스로 닦은 후에야 그 집안을 가지런
히 할 수 있으며, 한 집안을 가지런히 한 후에야 나라를 다스리기를 기약할
수 있다. 그 한 몸을 닦지 못한 사람이 어찌 그 가(家)를 가지런히 할 방책이

을 보였던 것이다."라고 주장하였다. 정종원,「개항기 한글신문의 평등개념 연구」,『사
학연구』129, 한국사학회, 2018, 378쪽.
42　김소영,「재일조선유학생들의 '국민론'과 '애국론' -『親睦會會報』(1896~1898) 내용 분
석을 중심으로」,『한국민족운동사연구』66, 한국민족운동사학회, 2011, 31쪽.

있으며, 한 집안을 닦지 못하는 사람이 어찌 나라를 다스릴 방책이 있겠는
가. 일의 대소는 비록 다르지만 그 이치는 일반이요, 말의 선후는 순서가
없으나 그 결말은 하나로 돌아가는데 즉 진실한 애국성을 가진 사람에게서
불효를 보지 못했고 부모에게 진실한 효도를 다하는 사람 중 충군하지
않은 사람이 없으니 고로 고어(古語)에 충신은 효자의 가문(門)에서 구하라
함이 실로 천년이 지나도 남을 불후의 명잠(銘箴)이다.[43]

③에서도 '충군'은 두 차례에 걸쳐 직접적으로 언급되지만, ①이나
②에서처럼 주된 덕목으로서의 존재감은 없다. 먼저, 첫 번째 강조 표
기의 '충군'은 '국가'에 대한 의무 뒤에 위치할 뿐 아니라 '애족'과 함
께 결합함으로써 그 독자성이 더 희석된 상태다(A: 절대적으로 국가를
위하여 성심으로 헌신할 의무, B: 충군애족(忠君愛族)의 의무). '애국'의 자리
에 '애족'이 왔다는 것은 '애국'을 '충군'의 보조 수사로부터 독립시켜
야 할 미덕으로 재인식했다는 징표일 수 있다. 두 번째 강조 표기 부
분에 등장하는 '충군' 역시 문제적이다. '애국성'이 먼저 있고, 그 하위
덕목으로 연결된 항목 중 '충군'이 있기 때문이다. 애국성이 있는 모
든 이들이 효를 실천하고 효를 실천하는 모든 이들이 충군을 실천한
다고 말할 뿐, 그 역도 성립한다는 보장은 없다. 다시 말해 충군을
한다고 해서 모두 애국자인 것은 아니라는 뜻이다. 강조의 초점은 단
연 모든 덕목의 공통분모가 되는 애국에 있다. 애국과 충군은 모두
긍정적 미덕으로 제시되어 있지만 엄연히 개별성을 띠고 있으며, 나
아가 후자가 전자의 범주로 예속된 형태로 변주되기도 했다. 이 구도
에서, '愛'가 향하는 대상인 '國'은, 적어도 ③에서는 '忠'이 향하는 대

---

43 이윤주, 「애국의 의무」, 『태극학보』 제5호, 1906.12, 위의 책, 341~342쪽.

상인 '君'보다 더 상위에 놓여있는 것이다. 이처럼 '충군애국'이 담지
하던 '충군' 위주의 질서에는 균열이 가 있었다. 그것은 '충군'의 가치
가 부정된 것이 아니라 관습적으로 수반되던 '애국' 또한 독자적 가치
를 승인받는 과정에 가깝다.

이동초(李東初)가 『태극학보』 제16호(1907.12)에 발표한 「소년국민
의 양성」이라는 기사도 상기 논의의 연장선에서 살펴볼 만하다.

> 사람을 교육함에 있어 성장한 사람을 절대로 교도할 수 없는 바가 아니
> 로되 어린 시절부터 가르침을 베풀고 차례대로 인도함에 감화가 아름다워
> 일은 반만 해도 공은 배가 되는 효과가 있을 것이다. 그런고로 우리나라
> 13도 각 고을, 도시, 동네와 마을에서 하나같이 제창해서 학교를 세우고,
> 학사를 숭상해서 소년국민 양성을 주장하면 <u>장래 한국 국민은 과연 모두
> 문학상 지식이 있음으로 애국충군의 참된 마음이 매우 거세게 펼쳐져 원</u>
> 상을 회복해 안정을 확보하고 융성하게 나아가는 현상을 보기 기대할 수
> 있겠다. 만일 그렇지 않으면 만 가지 말이 헛되고 천 가지 계책이 헛되어
> 서 나라 안에 텅텅 빌 것이 손바닥을 보는 것처럼 분명할 듯 하도다.[44]

일견 낯설어 보이는 '애국충군'에 주목해보자. '애국'과 '충군'이 합
성된 이 표현의 원형은 물론 '충군애국'이다. 충군애국은 『조선왕조실
록』만 해도 1506년부터의 용례가 확인되는바, 장구한 세월 동안 그
표현 그대로 고착되어 있었다. 다시 말해 '충군'의 위치는 늘 '애국'의
앞자리에 놓이는 게 정상이었다.[45] 이처럼, 대한제국기의 국가적 위기

44 석소 이동초, 「소년국민의 양성」, 『태극학보』 제16호, 1907.12, 손성준·이남면·이태희
·최진호 역, 『완역 태극학보 3』, 보고사, 2021, 324쪽.
45 〈한국고전종합DB〉를 기준으로, '충군애국'은 총 232건, '애국충군'은 단 1건이 확인된
다. 후자의 1건도 1917년에 간행된 『의암집(毅菴集)』에 등장한 것일 뿐, 근대 이전에는

와 이에 따른 애국 담론의 전개는 군주를 근간으로 하는 국가관과
이를 떠받치던 언어질서에도 변화를 야기하고 있었다.

한편, 위의 인용문에서 이어지는 다음 내용도 문제적이다.

> 돌아보건대 국민교육이 나라 됨에 영향을 미치는 실례가 여기에 있다.
> 근래 한국과 만주의 넓은 들판 일대의 극열한 러일전쟁에서 미루어 느낀
> 바이다. 그 교전 시 러시아 병졸 중에 시베리아인은 원래 문자 지식을
> 가진 이가 보기 드문지라. 고로 애국성이 본래 없고 인내심이 부실해서
> 국체가 손상되는 것이 고통이 된다는 생각이 결여한 증거인지? 적의 세력
> 의 위협과 압박을 보게 되면 황겁이 우선 나서 어떤 기력과 세찬 기세도
> 갑자기 사라져 버리게 되었는지 "한 사람이 관문을 지키면 만 사람도 뚫지
> 못한다"고 할 정도로 험하고 단단한 남산(南山)의 철망 진을 하루아침에
> 포기하고 하얼빈까지 패주해 동서양 역사상에 하나의 큰 웃음과 수모의
> 현상을 자초해서 남겼다. 반대로 일본 병사는 모두 문자 지식이 있는지라.
> 이로 말미암아 국체를 더럽히고 훼손함이 내 몸을 찢는 것과 같은 고통을
> 느낌이 각각의 뜨거운 뇌 속에서 가득 차서 끓어오름인지? 적을 맞아 위협
> 을 당함에 삶을 구하지 않는 기세와 죽겠다는 마음을 갖고 결사대가 꺼리
> 는 마음 없이 싸워 나가 포문을 향해 달려갔다. 시체가 풀처럼 문드러지되
> 후군이 대신 나가고 또 후군이 대신 나가서 정해진 뜻대로 파괴하고 빼앗
> 기에 이르니 동해변의 한 섬나라가 유럽의 한 강국에게 승리하고 지금까
> 지의 만고의 역사에 빛나는 영예를 쌓게 됨을 세상에 널리 알리게 되었다.
> 이로 말미암아 보더라도 나라의 강함 여부와 진보의 여부는 오로지 국민
> 교육 여하 한 가지에 달려 있다고 한마디로 모두 말할 수 있겠다. 이것이
> 내가 소년국민 양성에 관한 견해를 쉼 없이 말하는 까닭이다.[46]

용례 자체가 존재하지 않았다. 같은 맥락에서, '忠君憂國'(136건), '忠君報國'(18회) 등
'애국'의 자리에는 대체제에 해당하는 표현들도 병존했던바, '충군'과 '애국'의 전통적
인 위상차는 명백한 것이었다.

위 대목에서 이동초는 러일전쟁에서 일본이 승리한 원동력을 국민 교육을 통한 애국심의 학습에서 찾았다. 유학생 단체의 간행물인 『태극학보』에, 성공 사례로서의 일본이 등장하는 것은 이상하지 않다. 다만 『태극학보』라는 단일 매체 내부에서도 일본에 대한 날선 비판과 일본의 행보를 적극적으로 긍정하는 태도가 공존하고 있었다는 점은 지적해두고자 한다. 이로 말미암아, 특정 부분을 놓고 볼 때 『태극학보』에는 매체의 성격이나 발행 공간이 다른 『소년한반도』 같은 매체와의 공통점이 뚜렷이 나타나기도 하는 것이다.

6. 대한제국기 잡지와 애국론의 혼종성

이 글에서 논의한 것은 크게 세 가지로 정리해볼 수 있다.

첫째, 애국 담론은 매체의 정치적 지향과 직결되어 있기도 했지만, 『조양보』나 『태극학보』의 사례에서 확인할 수 있듯 서로 충돌하는 가치관이 하나의 매체 안에서 공존하기도 했다. 이 현상을 통합적으로 사유할 수 있는 새로운 이론적 접근이 필요하다. 분명한 것은 하나의 매체가 하나의 입장을 견지한다는 선입관에서 벗어날 필요가 있다는 사실이다. 아울러, 『태극학보』의 「국가론」이나 「정부론」 같은 기사에서 볼 수 있듯이, 애국 담론은 '애국'을 표제로 달지 않고서도 잡지 곳곳에 등장했다. 매체에 대한 보다 면밀하고 총체적인 분석이 요청되는 이유다.

---

46 석소 이동초, 앞의 책, 324~325쪽.

둘째, 충군이 곧 애국을 의미하던 시대로부터의 이탈은 번역이 앞당겼다. 량치차오가 공화주의적 가치에 몰입하던 시기의 애국론이 여러 형태로 번역되고 변주된 것이 대표적 사례. 번역의 기능 중 하나는 발신자와 수신자 사이의 담론적 시차를 무화(無化)하는 것이다. 시대적 상황에 비추어볼 때 급진적으로 보이는 『조양보』의 「논애국심」 역시 번역을 통해 한국에 유입될 수 있었다. 그러나 『서우』와 『소년한반도』의 량치차오 활용법이 다른 것처럼 동종 텍스트로부터 번역된 애국 역시 하나의 정치적 입장만을 대변하는 것은 아니었다.

셋째, 시간차를 상쇄하는 번역의 역할에도 불구하고 충군의 가치는 여전히 존재감을 뽐내고 있었다. 특히 주요 유학생 잡지 『태극학보』의 기사들이 보여주는바, 1906년 이후의 시점에서도 애국의 의미가 곧 근대 국민국가로의 지향으로서 합의된 것은 아니었다. 다만 충군의 가치가 우선순위에서 내려오고 있던 균열의 흔적 역시 같은 매체에서 확인할 수 있었다.

이상의 논의를 종합해보면 애국론이 다양했다고 말하는 것으로는 충분치 않다. 그것은 애국 대 반애국, 국권 대 민권, 친일 대 반일, 충군 대 공화 등의 대립항들이 상이한 문맥으로 교차하는 지점 속에 혼재되어 있다. 이는 대한제국기 담론장 자체의 과도기적 성격과 그 속에서 개진되던 애국론의 혼종성을 여실히 증명해준다. 앞으로 필자는 저술과 역술의 영역을 망라한 종합적인 매체 연구를 바탕으로, 당대 애국론에 내재된 복수의 정치성 및 '충군'과의 길항을 더욱 본격적으로 분석해보고자 한다. 대한제국기의 담론 지평을 확장하는 이러한 작업이 근대 내셔널리즘의 동아시아적 특수성을 밝힐 단서가 되어주리라 기대한다.

계몽운동기 『조양보(朝陽報)』의 정세인식과 약소국 동맹론

김헌주

1. 머리말

이 글은 계몽운동기 종합잡지인 『조양보(朝陽報)』에 나타난 제국주의 비판 및 저항 담론의 성격을 고찰하는 것을 목적으로 한다.

계몽운동기 관련 연구는 초기에는 문명개화론자들의 '국권회복운동'이라는 틀로 정리되었다. '애국계몽운동'이라는 용어 역시 이러한 관점에서 비롯되었다고 볼 수 있다.[1] 그러나 연구가 심화되면서 계몽운동 내부 세력들 간의 계급 및 지향의 차이가 분석되었고, 일본의 문명개화론자들에게 영향을 받은 계몽운동가들의 한계점에 대한 논의도 이루어졌다.[2] 그리고 국내에 포스트 콜로니얼리즘(Postcolonialism) 관점

---

[1] 대표적으로 이송희, 『대한제국말기 애국계몽학회 연구』, 이화여대 사학과 박사학위논문, 1986; 신용하, 『한국근대사회사상사 연구』, 일조각, 1987; 김항구, 「대한자강회의 자강독립론에 대한 고찰」, 『동서사학』 1, 한국동서사학회, 1995 등의 연구가 있다.

[2] 대표적으로 조동걸, 「한말 계몽주의의 구조와 독립운동상의 위치」, 『한국학논총』 11, 국민대학교 한국학연구소, 1989; 박찬승, 「한말 자강운동론의 각 계열과 그 성격」, 『한

의 연구 경향이 등장하면서 이 시기를 다룬 연구에서 민족주의와 식민주의의 양가성을 지적하는 흐름도 확산화되었다.[3] 이런 연구사적 흐름에서 보면『조양보』를 분석하는 것은 중요한 의미가 있다.『조양보』에서는 상기한 연구사들에서 짚지 못한 다층적 성격의 논의들을 접할 수 있기 때문이다.

『조양보』[4]는 1906년 6월에 창간하였고 정확한 종간 날짜는 알 수 없지만 현존하는 것은 1907년 1월에 발간된 12호가 마지막이다.『조양보』의 필진은 장지연(張志淵)과 윤효정(尹孝定), 그리고 이기(李沂) 등이 있다. 다만 제2호부터는 필진을 밝히지 않고 있고, 2호부터는 대부분 독자 투고와 외국 사상가들의 글을 번역하는 내용이 대부분이라는 점은 감안할 필요가 있다.[5]『조양보』의 발간 목적은 발간 서문에도 나오듯이 신학문과 신지식을 교육하기 위함이었다.[6] 그리고 필진

국사연구』 68, 한국사연구회, 1990; 김도형,『대한제국기의 정치사상 연구』, 지식산업사, 1994; 함동주,「대한자강회의 일본관과 문명론」,『한국동양정치사상사연구』제2권 2호, 한국동양정치사학회, 2003 등의 연구를 들 수 있다.

3   대표적으로 앙드레 슈미드·정여울 역,『제국 그 사이의 한국(1895~1919)』, 휴머니스트, 2007. 계몽운동기에 국한된 연구는 아니지만 한국 근대 사학사를 포스트 콜로니얼리즘 관점에서 해석한 공동연구로 도면회·윤해동 외,『역사학의 세기』, 휴머니스트, 2009도 있다.

4   『조양보』의 서지사항에 대해서는 다양한 연구들이 있지만, 이 글에서는 부산대학교 점필재연구소에서 번역한『완역 조양보 1』에 실려있는 손성준의 해제를 참고했다. 손성준,「해제-지식의 기획과 번역 주체로서의 동아시아 미디어」, 손성준·신지연·이남면·이태희,『완역 조양보 1』, 보고사, 2019, 17~53쪽.

5   손성준의 분석에 의하면『조양보』전체기사는 240개이며, 필자 '미상'인 경우가 197개에 달한다. 그리고 나머지 43개 역시 한시(漢詩) 위주의 〈사조〉란을 빼고 '조양보사'로 기재된 것을 빼면 총 12개만이 필자명을 밝힌 기사라고 볼 수 있다. 위의 책, 해제, 22~23쪽 참조.

6   『조양보』제1호,「조양보 발간 서(序)」(손성준 외 역,『완역 조양보 1』, 보고사, 2019, 57~58쪽).

의 한 사람인 윤효정이 조양보의 독법 18가지를 열거하는데 그 중
첫째는 문명국의 견식을 얻을 수 있다는 내용이고, 둘째는 우국지사
가 함께 읽을 만하다는 내용이며, 셋째는 애국자가 함께 읽을만 하다
는 내용이다. 또한 다섯째는 유자(儒子)들과 함께 읽을만하다고 하고
있고, 일곱째는 새로움을 좋아하는 선비들이 함께 읽을 만하다고 언
급하고 있다.[7]

　이런 특징 때문인지 기존 연구에서도 『조양보』에 대한 연구가 많
이 이루어졌다. 관련 연구는 주로 언론학자나 국문학자들에 의해 이
루어졌다. 우선 『조양보』의 서지적 특징과 영인 분과학문 체계의 형
성 등에 주목한 연구들이 제출되었다.[8] 본 연구와 관련된 제국주의
및 애국 담론과 관련해서는 손성준의 일련의 연구가 주목된다. 손성
준은 『조양보』에 게재된 기사들이 상당수 중역(重譯)의 과정을 거친
번역 텍스트인 것에 주목하여 『조양보』를 '번역 주체'로 설정했다.[9]
이런 문제의식에서 그는 『조양보』가 번역하여 소개한 각종 텍스트에
대한 분석을 실시했다. 먼저 '비스마룩구淸話'란 텍스트가 결국 정치

7　『조양보』 제1호, 「조양보 찬사-독법」(손성준 외 역, 『완역 조양보 1』, 보고사, 2019,
　　59~60쪽).
8　유재천, 『한국 언론과 이데올로기』, 문학과 지성사, 1990; 이유미, 「1900년대 근대적
　　잡지의 출현과 문명 담론-『조양보를 중심으로』」, 『현대소설연구』 26, 한국현대소설학
　　회, 2005; 구장률, 「근대 초기 잡지의 영인 현황과 연구의 필요성」, 『근대서지』 1, 근대
　　서지학회, 2010; 임상석, 「근대계몽기 잡지의 번역과 분과학문의 형성-『조양보』와
　　『대한자강회월보』의 사례」, 『우리어문연구』 50, 우리어문학회, 2014; 전성규, 「근대계
　　몽기 학보 및 자료 연구의 현황과 『조양보』 번역의 시사점」, 『상허학보』 57, 상허학회,
　　2019.
9　손성준, 「지식의 기획과 번역 주체로서의 동아시아 미디어」, 『대동문화연구』 제104집,
　　성균관대학교 대동문화연구원, 2018.

성을 탈각해가는 과정을 분석했으며,[10] 『조양보』와 『서우』에 연재된 「애국정신담」의 수신교과서적 성격과 '개인'으로의 귀결되는 과정도 살폈다.[11] 『조양보』의 '멸국신법론' 번역을 분석하면서 망국 사례들 가운데 자국인 '배신자'들을 서술한 부분에 강조점을 첨가하여 대한 제국기의 친일파 세력을 우회적으로 비판하였다고 지적하였다.[12]

이렇듯 기존 연구에서는 『조양보』의 서지사항과 분과학문의 특징, 번역 주체로서의 특성에 대해서 집중했다. 본 연구에서 주목하는 제 국주의와 애국, 망국 등의 문제에 관해서는 주로 해당 담론의 탈정치 성, 그리고 개인의 '수신'이라는 맥락에 집중했다. 그런 차원에서 국가 혹은 민족 단위의 '운동'이나 저항 담론으로서의 가능성은 상대적으로 낮게 평가한 것으로 보인다.

그런데 전술했듯이 『조양보』는 계몽운동기 다른 텍스트와는 다른 독특한 관점이 있었다. 특히 제국주의에 대한 저항담론으로서의 위치 는 주목할 만하다. 제국주의를 비판하면서도 추종하지 않고, 당대 보 편적이었던 사회진화론적 사유를 완전히 벗어나지 못했지만 사회진 화론에 거리를 둔 논의도 수용한 것이 『조양보』의 특징이다. 더 나아 가서 약소국들이 연대하여 저항하자는 의견도 내고 있다. 이 측면을 본 연구에서 좀 더 상세히 드러내려고 한다.

---

10 손성준, 「번역 서사의 정치성과 탈정치성-『조양보』 연재소설, 「비스마룩구淸話」를 중심으로」, 『상허학보』 37, 상허학회, 2013.

11 손성준, 「수신(修身)과 애국(愛國)-『조양보』와 『서우』의 「애국정신담」 번역」, 『비교문학』 69, 한국비교문학회, 2016.

12 손성준, 「대한제국기의 「멸국신법론」 다중 번역-『조양보』와 『월남망국사』 판본을 중심으로」, 『국제어문』 95, 국제어문학회, 2022.

이러한 문제의식 하에 이 글은 다음과 같이 구성하겠다. 먼저 1장에서는 『조양보』의 서지사항과 지향점을 살펴보고 2장에서는 제국주의에 대한 비판과 동시에 애국론을 성찰하는 논리구조에 대해 분석하겠다. 3장에서는 망국을 논하는 다양한 논의들을 살펴볼 것이며, 마지막으로 4장에서는 망국의 위기에 처한 약소국 동맹의 가능성을 타진했던 『조양보』의 논의를 궁구해보고자 한다.

2. 제국주의 비판과 애국론의 성찰

먼저 『조양보』의 제국주의와 애국론이 어떻게 전개되었는지 살펴보자. 우선 제국주의 비판의 논리는 『조양보』에 면면히 흐르고 있는 흐름이다. '번역 주체'라는 『조양보』의 특성상 제국주의 비판의 논리는 외국 학자의 글을 통해 소개하고 있다. 구체적으로 일본의 사회주의자이자 반제국주의자인 고토쿠 슈스이(幸德秋水)[13]의 논의를 번역하

---

13 고토쿠 슈스이는 1871년 일본 고치 현 출생으로 1887년에 일본의 자유민권운동가인 나카에 초민(中江兆民)의 영향을 받아 자유민권운동에 참여하게 된다. 1890년대부터는 언론인의 길을 걸으면서 사유의 폭을 넓혔고 그 결과, 1890년대 후반부터는 자유민권사상에서 노동문제로 관심을 확대해나갔다. 노동문제에 대한 관심은 사회주의 사상의 수용으로 나타났다. 그는 1899년과 1900년의 각종 저술들을 통해 사회주의 사상을 수용했음을 드러내고 있었다. 그리고 1901년 4월 9일 『萬朝報』에 「나는 사회주의자다(我は社會主義者也)」라는 글을 기고하면서 사회주의자 선언을 했으며, 이 즈음에 『20세기의 괴물 제국주의(二十世紀之怪物 帝國主義)』(1901)라는 책을 저술했던 것이다. 고토쿠 슈스이의 생애와 사상에 대해서는 유병관, 「고토쿠 슈스이(幸德秋水)의 제국주의 비판과 일본 아나키즘의 수용과정」, 『일본연구』 제41호, 한국외국어대학교 일본연구소, 2009; 임경화, 「동아시아 '계급연대론'의 기원 – 고토쿠 슈스이의 직접행동론과 민족문제」, 『인문논총』 66, 서울대학교 인문학연구원, 2011; 임경화 엮고 옮김·박노자 해제, 『나는 사회주의자다 – 동아시아 사회주의의 기원, 고토쿠 슈스이 선집』, 교양인,

는 과정을 거쳐 당대의 제국주의 논리를 비판적으로 서술하고 있다.[14] 고토쿠 슈스이의 「20세기의 제국주의를 논하다(論二十世紀之帝國主義)」라는 제목으로 게재된 이 글의 주요 내용을 통해 『조양보』의 제국주의 비판론을 살펴보자.[15]

"대단히 아름답구나! 소위 제국주의의 유행이여. 기세가 들불과 같아 가까이할 수가 없으니, 세계만방이 모두 그 앞에 무릎 꿇고 엎드려 그것을 찬미하며 그것을 숭배하며 그것을 받드는 도다. 대저 영국이 정부와 재야의 신도를 움직이던 상황과 독일의 호전적인 황제가 그 세력을 진력하여 고취하던 사실을 보라. (…) 저 큰 바다 건너 미국 또한 어쩔 수 없이 그 주의를 따르고 그 방책을 완전히 바꾸었다. 일본에 이르러서는 청일전쟁의 대승 이래로 상화의 열광이 불과 같고 차(茶)와 같으며, 멍에를 벗은 사나운 말과 흡사하다. 대저 국가를 경영하는 목적은 사회의 영원한 진보에 있고, 인류 전반의 복리에 있으나 저들인즉 그렇지 않다. 당장의 경각의 번영과 소수 계급의 권세만을 도모하여 그 국가의 주의는 모르니 금일 국가의 소위 정치가라 자칭하고 제국주의를 신봉하는 자들은 과연 우리의 진보를 꾀하는가. 우리의 복리를 경영하는가.(…) 불행히도 나의 말과 다르다면 제국주의가 발흥하고 유행하는 이유는, 과학적 지식이 아니라 미신이고, 문명적 도덕이 아니라 열광이며, 자유·정의·박애·평등이 아니라

2011, 한국어판 해제 참조.

14 「20세기의 괴물 제국주의」(1901)는 1902년 상해에서 한문으로 번역되고 이 한문본이 다시 한국에서 중역(重譯) 되는 과정을 거쳤다. 이 과정에 대해서는 임상석, 「근대계몽기 국문번역과 동문(同文)의 미디어-20세기의 괴물 제국주의 한·중 번역본 연구」, 『우리문학연구』 43, 우리문학회, 2014를 참조하라.

15 『조양보』에서는 고토쿠 슈스이의 『20세기의 괴물 제국주의(二十世紀之怪物 帝國主義)』(1901)의 내용 중 2~9호를 번역하여 연재했다. 2호에는 「20세기의 제국주의를 논하다(論二十世紀之帝國主義)」, 3~7호는 「애국심을 논함(論愛國心)」, 8~9호는 「군국주의를 논함(論軍國主義)」이라는 제목으로 각각 소개되어 있다.

압제·왜곡·고루·쟁투이니, 이러한 비열함과 악덕이 세계만방을 지배할
뿐 아니라 정신적, 물질적 모든 것을 전염시켜 그 해독이 횡행하는 바
심히 마음이 떨리지 아니하겠는가. 오호라! 제국주의여. 너의 오늘날 유행
하는 세력이 우리 20세기의 천지에 장차 적광정토(寂光淨土)를 실현코자
하는가. 또한 무간의 지옥으로 떨어뜨리고자 하는가.[16]

『조양보』는 이 글을 토대로 당대 제국주의에 대한 전면적인 비판
을 단행했다. 이 글에서는 영국과 독일, 미국의 제국주의를 비판하고
일본 역시 비슷하다고 비판하고 있다. 또한 제국주의를 미신, 열광,
압제·왜곡·고루·쟁투로 표현하면서 근대 과학과 문명, 그리고 자유
와 정의, 박애, 평등의 정신과 상반된다고 지적했다. 더 나아가 세계만
방이 제국주의를 찬미하는 현상, 그리고 제국주의를 신봉하는 것은
사회의 영원한 진보와 인류 전반의 복리와 무관하다고 논하고 있다.
요컨대 『조양보』는 고토쿠 슈스이의 논의를 통해 당대 지성계가 공유
하고 있던 근대적 가치와는 상반된 위치에 제국주의를 위치시키며
제국주의를 비판했던 것이다.

　제국주의에 대한 이와 같은 입장의 연장선상에서 군국주의와 그
세력에 대한 비판도 진행하고 있다. 군비는 외란과 내환을 방어할 뿐
인데 열강이 군비를 확장하기 위해 정력과 재력을 소진하는 것이 매
우 심하다고 하면서 군비확장의 필요성에 의문을 제기했다. 더 나아
가 100년 전 전쟁은 만성 질병인데 반해 최근의 전쟁은 급성 질병이
라고 정의하면서 군국주의는 그 질병의 원인을 배태하는 것이라고

---

16 『조양보』 제2호, 「20세기의 제국주의를 논하다」(손성준 외 역, 『완역 조양보 1』, 보고
　사, 2019, 139~140쪽).

비판하고 있다.[17]

그리고 군국주의 확장의 결과로 나온 전쟁 가능성과 학살의 양상에 대해서도 소개하고 있다. 우선 1906년 5월의 베를린 전보를 인용하여 러일강화조약 이후에 일본과 러시아가 재차 교전할 것이라는 예상을 소개했다. 또한 샌프란시스코 전보를 인용하여 러시아의 유대인 학살이 늘어나고 있다는 점도 언급하고 있다.[18] 더 나아가 당시 일본의 대한제국 침략을 비판하기 위해 미국의 사례를 가져오고 있다. 이것 역시 제국주의적 시각에 대한 근원적인 비판이라고 볼 수 있다.

> 『코리아 리뷰』에 최근 미국에서 돌아온 동지 주필 기자 호머 B. 헐버트라는 사람이 다음과 같은 의미로 장문의 논설을 게재하여 조선에 대한 일본인의 시정을 꾸짖었다. (…) 요사이 또 오사카 신문기자는 경성에 주재한 유력한 한 유럽인을 방문하여, "귀하는 조선인과 아이누인이 매우 비슷한 것이라 생각하지 않는가."라는 기이한 질문을 했다고 한다. 즉 미국인이 아메리카 인디언을 대함과 같이 일본인 간에 조선인을 아이누 인종과 마찬가지로 북방으로 몰아내고자 하는 의식이 잠재되어 있음을 볼 수 있다. 특히 일본인에게 공동의 정의를 존중하는 정신이 없음은 다음 사실에 의거해도 분명할 것이다.[19]

이 글에서는 대한제국 교육고문관이자 고종의 요청으로 헤이그 특

---

17 『조양보』 제8호, 군국주의(軍國主義)를 논함(손성준 외 역, 『완역 조양보 2』, 보고사, 2019, 96~99쪽).

18 『조양보』 제2호, 「제2차 러일전쟁 : 22일, 유대인 학살 : 19일, 유대인의 호소 : 상동」(손성준 외 역, 『완역 조양보 1』, 보고사, 2019, 171~172쪽).

19 『조양보』 제6호, 「미국인의 조선 시정관(施政觀)」(손성준 외 역, 『완역 조양보 1』, 보고사, 2019, 433~434쪽).

사로 참여하는 등 대한제국의 국권회복운동에 깊이 가담한 호머 헐버트(H.B. Hulbert, 1863~1949)의 시각을 통해 일본을 비판하고 있다.[20] 요컨대 헐버트는 미국이 인디언을 배척했던 것처럼 일본인은 아이누족을 몰아냈고, 아이누족과 마찬가지로 조선인도 몰아내려고 하는 것은 공동의 정의를 존중하는 정신이 없는 것이라며 비판하고 있었던 것이다.

더 나아가 일본의 보호국화를 제국주의와 연결하고 있다. 즉, 일본의 한국 보호국화 과정에서 일본이 호의로 조력할 것 같지만 실상은 그렇지 않으며 굶은 호랑이가 남은 고기를 두고 싸우는 것과 같다고 비판했다. 그리고 일본 제국주의는 고대의 왕도정치와 거리가 멀다는 점을 비판하고 있는 한편, 유럽의 사회주의 정당과 중재회의가 바로 고대 왕도정치의 복고적 이상이라고 주장하고 있다.[21]

이렇게 제국주의와 군국주의를 연결하여 비판하던 논의는 '애국'을 비판적으로 성찰하고 재인식하는 단계로 발전하게 된다. 그것은 『조양보』 제3호에 쓴 고토쿠 슈스이의 「애국심을 논함(論愛國心)」에서도 잘 드러난다. 이 글에서는 먼저 "우리 국민을 팽창시키고 우리 판도를 확장하여 대제국을 건설하고 우리 국위를 발양하고 우리 국기를 광영케 함은 이른바 제국주의의 함성이니, 그들이 자기 국가를 사랑하는 마음은 역시 깊다"고 하면서 제국주의와 애국심을 연결키키고 있다. 더 나아가 영국의 남아프리카 침략 사례, 미국의 필리핀 점령, 독일의

---

20 헐버트 관련 연구는 너무 방대해서 여기서 다 소개할 수는 없다. 이 연구와 관련된 헤이그특사 파견 활동과 관련해서는 한철호, 「헐버트의 만국평화회의 활동과 한미관계」, 『한국독립운동사연구』 29, 독립기념관 한국독립운동사연구소, 2007을 참조.

21 『조양보』 제11호, 「복고이상(復古理想)」(손성준 외 역, 『완역 조양보 2』, 보고사, 2019, 342쪽).

자오저우(膠州) 점령과 러시아의 만주 침략과, 프랑스의 파쇼다 공격, 이탈리아와 에티오피아 침략 사례들을 열거하면서 제국주의와 자국에 대한 애국심, 그리고 군국주의가 어떤 관계가 있는지 언급하고 있다. 그리고 제국주의의 잘잘못과 이해득실을 단절하고자 한다면 애국심과 군국주의를 한층 더 조사해서 분명히 밝혀야 한다고 촉구하고 있다.[22]

제5호에서는 애국심의 억압적 측면도 강조하고 있다. 요컨대 국민의 애국심이라는 것은 좋아하는 바를 거스르면 사람의 입에 재갈을 몰리고 생각을 속박하며, 역사에 대한 평론과 성서 연구 및 과학적 기초를 파괴할 수 있다고 전제한다. 이것은 영국 같은 자유의 나라에서도 애국심이 격렬한 시기에는 자유와 혁명을 주창하는 자들이 반역 죄인으로 몰린 사례에서도 드러난다는 것이다.[23] 영국의 사례에 이어서 독일의 애국심에 대해서도 비판적으로 분석하고 있다.

> 일본이 유신 이후로 귀족·군인의 취학자가 생각하길 세계 만국의 애국주의와 제국주의를 모두 기쁘게 갈망하고 우러르나 더욱이 독일의 애국심에 주의를 기울인다. 무릇 독일의 애국심이란 고대 그리스나 로마와 근대 영국에 비하여 과연 미신이 아닌 것이 무엇인가. 과연 허세와 허영을 의심할 바 아닌 것은 무엇인가.(…) 만약 게르만을 통일하는 것이 과연 북부 게르만 나라들의 이익이 되면 그들이 왜 다수가 독일어를 쓰는 오스트리아와 결합하지 않았을까. 그렇지 않은 이유는 비스마르크 일당의 생각이 결코 독일 일반 사람에게 있는 것이 아니라, 또한 공동의 평화와 복리에

---

22 『조양보』 제3호, 「애국심을 논함 일본인 고토쿠 슈스이 씀」(손성준 외 역, 『완역 조양보 1』, 보고사, 2019, 194~196쪽).

23 『조양보』 제5호, 「애국심을 논함(속)」(손성준 외 역, 『완역 조양보 1』, 보고사, 2019, 342~343쪽).

있던 것이 아니라, 다만 프로이센과 다만 자신의 권세와 영광에 있었을
뿐이기 때문이다. 대저 철두철미하고 오직 호전심을 만족시키는 수단을
활용하여 결합·제휴를 구하는 것이 사람의 동물적 본성이니, 슬프도다.[24]

일본이 주의를 기울이고 있는 대상인 독일의 애국심은 고대 그리
스나 로마와 근대 영국에 비하면 미신에 가까우며, 비스마르크 집권
기 집권층이 자신들의 권세와 영광을 위해 호전심을 활용하여 애국심
을 고취시킨 것이라고 비판하고 있는 것이다.

그리고 이러한 비판은 제6호에서도 이어지는데 여기서는 앞의 내
용보다 더 나아간 비판을 하고 있다.

나는 단언컨대 독일의 결합은 정의상의 호의와 동정으로써 성립된 것
이 아니라고 말할 것이니, 그 국민의 쌓인 시체가 산보다 높고 흘린 피가
바다를 이루러, 날짐승과 맹수와 같은 식으로 통일의 사업을 이룬 것은
과연 무엇에서 연유한 것인가. 하나는 저 국민이 적국을 대하는 증오심을
선동함에서 연유하고, 하나는 저 사회가 전승에 대한 허영심에 취함에서
연휴하는 것이니, 세계의 인인(仁人)과 군자가 마음이 애통하고 머리가
아픈 것이 어찌 자연스럽지 않겠는가. (…) 국민이 전쟁의 허영에 취하는
것은 그 명예와 공적을 자랑하는 것에 불과하니, 저들의 정치와 경제와
교육 등 제반 문명의 복리에 이르러서는 누가 있어 능히 연구를 하겠는가.
독일의 철학과 문학은 숭배하지 않고 다만 독일의 소위 애국심만 숭배하
니 우리는 이에 대하여 결코 찬미하지 않을 것이다.[25]

---

24 『조양보』 제5호, 「눈을 돌려 다시 독일을 보다」(손성준 외 역, 『완역 조양보 1』, 보고사,
   2019, 346~347쪽).
25 『조양보』 제6호, 「애국심을 논함(속)」(손성준 외 역, 『완역 조양보 1』, 보고사, 2019,
   408~409쪽).

그 핵심은 독일의 통일에 대한 비판이다. 즉, 독일의 결합은 호의와 동정으로써 성립된 것이 아니며, 국민의 희생을 바탕으로 통일을 이룬 바탕은 결국 국민이 적국을 대하는 증오심을 선동함에서 연유하고, 사회가 전승에 대한 허영심을 고취함에서 연유하는 것이라고 폄하하면서 그 한계점을 논하고 있다. 애국심 관련 논의는 애국심 이후의 대안을 모색하는 단계로 나아간다. 애국심의 한계를 넘어서기 위해서는 사회주의로 나아가야 한다는 것이다. 즉 "그 목적인즉 애국종(愛國宗)과 이른바 애국적 사업을 파괴한 후에야 멈출 것이니, 이는 곧 근대 사회주의라고 하는 것이다."고 하면서 애국 이후의 단계를 사회주의로 설정하고 있다. 아울러 고대의 야만적인 애국주의가 근대의 높고 원대한 문명의 이상으로부터 압박받는 때가 오는데 그것은 현 세기 중엽에 결정된다고 보았다. 그리고 그 행동은 독일의 사회주의가 애국주의에 격렬히 저항하는 것으로 설정하면서 애국주의에 대항하는 담론으로 사회주의를 설정하고 있다.[26] 이 글의 필자가 1901년 4월에 「나는 사회주의자다(我は社會主義者也)」라는 글을 기고하면서 사회주의자 선언을 했던 고토쿠 슈스이라는 점을 감안하면 애국심 이후의 대안을 사회주의로 설정한 것은 자연스러운 것이었다. 물론 당시 고토쿠 슈스이의 '사회주의'는 맑스에 의해 확립된 '과학적 사회주의'라는 개념과는 뚜렷한 차이가 있었다. 예컨대 『20세기의 괴물 제국주의』의 입론은 상술한 바와 같이 사회주의적 지향을 담고있지만 『맹자』에 근거하여 논증을 진행하고 있다는 점에서 과도기적 양상

---

26 『조양보』 제7호, 「애국심을 논함(속)」(손성준 외 역, 『완역 조양보 2』, 보고사, 2019, 29~30쪽).

을 보여주고 있다.[27] 아울러 1903년에 발간한 『사회주의 신수』(社會主義神髓, 朝報社, 1903)에서는 노동계급을 사회주의 혁명의 주체적 존재로 파악하지 않았으며 소수의 지식인들에게 혁명의 실천을 호소하고 있었다.[28]

그런 측면에서 이 글이 『조양보』에 소개된 것은 의미심장하다. 물론 이 글을 번역 소개했다는 것만으로 『조양보』가 사회주의를 대안으로 생각했다고 볼 수는 없다. 다만 대한제국의 공론장에 '사회주의'라는 개념이 본격적으로 논의되던 순간이라는 점에서 중요한 의미가 있다고 하겠다.

3. 망국론의 전개와 분화

제국주의에 대한 비판과 애국론에 대한 성찰이 이뤄지고 있는 한편으로 망국론도 다양하게 전개되고 있었다.

먼저 제8호에 소개된 량치차오의 「멸국신법론」을 살펴보자. 「멸국신법론」은 량치차오가 1901년에 『청의보(淸議報)』에 발표한 논설인데 그 핵심 내용은 필리핀과 인도, 폴란드, 이집트 등을 식민화한 구미 열강의 침략과정이다. 『조양보』는 제8호부터 제11호까지 총 4회동안 이 글을 소개하여 세계 열강의 식민화 전략을 드러내고자 했던 것으로 보인다. 이제 그 내용을 자세히 살펴보자.

---

27 임상석, 앞의 글, 2014, 630~635쪽.
28 임경화, 앞의 글, 2011, 387~389쪽.

　　먼저 이 책의 제목이자 핵심 개념인 신법과 멸국에 대해 "내가 힘써서 이르지 않으면 안 되는 것은 특히 나라를 멸망시키는 신법이라 하는 것이 있다는 것이다."는 문장으로 신법의 중요성을 강조하고 있다. 구체적으로는 서양의 열강 중 신법으로 약소국을 대하는 수가 얼마나 되는지 모르는 정도라고 언급하면서 이집트의 수에즈 운하 개통의 사례를 들고 있다. 즉 물산이 과도하게 넘쳐 금의 가치가 정체된 시점에서 이집트가 외채를 많이 도입했고, 영국과 프랑스는 이집트에 차관을 공여하면서 이집트의 위기를 가속화했다. 이 사례를 통해 차관도입을 통한 망국론의 과정을 설명하고 있다.[29]

　　제10호와 제11호 『멸국신법론(속)』서도 비슷한 사례들을 소개하고 있다. 관련 내용을 살펴보자.

　　(제10호) 최근 일 한두 가지의 예를 들어 각 망국의 전례와 비교하여 말해보겠다. 이집트의 멸망은 국채에서 비롯된 것이 아니었는가. 중국은 광서 4년(지금으로부터 15년 전)부터 독일에서 250만 원을 빌린 것이 시작이었는데 연리가 5.5리였다. (⋯) 30년 후에 중국의 신구 부채의 원금과 이자는 합계 6·70억원 이상에 상당할 것이다. 설령 외환과 내우가 발생하지 않는다 해도 30년 후에 중국이 어떻게 될지 어찌 점칠 수 있으며 또 어찌 30년을 기다릴 필요가 있겠는가. (⋯)[30]

　　(제11호) 수에즈 운하의 주식 증서 과정을 통해, 영국과 이집트의 관계

29　『조양보』 제8호, 「멸국신법론(滅國新法論)」(손성준 외 역, 『완역 조양보 2』, 보고사, 2019, 89~91쪽).

30　『조양보』 제10호, 「멸국신법론(속)」(손성준 외 역, 『완역 조양보 2』, 보고사, 2019, 238~241쪽).

에서 주권이 어떻게 양도되었는가를 살펴보자. 이는 진실로 이른바 화를 직접 초래한 것으로서, 화아은행(華俄銀行)이 관리하는 차관으로 노한(蘆漢) 철로를 부설했을 때 영국이 전력을 다해 막으려 한 이유이다. 또한 회풍은행의 차관으로 우장 철로를 부설했을 때 러시아가 죽음을 불사하고 다툰 이유이다. 이와 같은즉 중국이 철로 하나를 더 늘리면 나라를 망하게 할 원천을 하나 늘리는 것이다."[31]

제10호에서는 이집트의 멸망에서 국채가 결정적인 역할을 했다는 점과 중국이 최근 독일을 비롯한 열강에 과다한 부채를 진 것이 결국 큰 타격으로 올 것이라는 전망을 하고 있다. 제11호에서도 재정권의 양도가 '멸국'과 직결된다는 점을 강조하고 있다.

사실 이 무렵 대한제국은 일본이 강요한 대규모 차관으로 인해 많은 재정적 부담을 안고 있었다. 1905년부터 실시된 일본의 대한제국 화폐정리사업으로 인해 대규모의 화폐정리자금채(貨幣整理資金債)와 1906년 통감부가 설치되고 이른바 '시정개선'에 관한 비용이 추가되면서 이자까지 추가해서 1,300만원의 차관이 발생한 상황이었다.[32] 이런 상황에서 재정권 수호와 차관도입의 위험성을 강조하는 내용을 논설란에 소개하는 의도는 당시 대한제국의 현실을 우회적으로 비판했다는 것을 짐작할 수 있다. 기존 연구에서도 밝혔지만 『조양보』의 「멸국신법론」 번역은 당시 대한제국의 정세에 맞게 취사선택되었고, 필요할 경

---

31 『조양보』 제11호, 「멸국신법론(속)」(손성준 외 역, 『완역 조양보 2』, 보고사, 2019, 315~316쪽).
32 국채보상운동의 전개과정에 대해서는 조항래, 『국채보상운동사』, 아세아문화사, 2007; 김상기, 「한말 국채보상운동의 전개와 이념」, 『충청문화연구』 10, 충남대학교 충청문화연구소, 2013; 한상구, 「1907년 국채보상운동의 전국적 전개양상 연구」, 『인문연구』 75, 영남대학교 인문과학연구소, 2015를 참조.

우 중요한 부분에 방점을 찍으면서 강조했음을 감안하면 이러한 추정은 설득력을 가진다고 볼 수 있다.[33] 한편, 제9호 논설에서는 '멸국'의 다른 방식을 소개하고 있다. 즉 프랑스가 인도를 삼키고자 두 가지 방법을 생각해냈는데 첫째는 원주민에게 유럽식 군사교육을 가르친 후 유럽인에게 통솔을 맡기는 것이며, 둘째는 인도의 군주와 제후, 추장 등을 꼭두각시로 삼아 인도의 주권을 장악하는 것이었다. 그리고 이러한 영국의 수법을 마귀의 마술이라고 비판하면서 군사체제 이식과 협력자 양성이라는 두 가지 멸국의 방법을 논하고 있다.[34]

다만 멸국의 방법과 망국의 위기를 소개만 하는 것이 아니라 이 위기를 우승열패(優勝劣敗)의 관점에서 논하고 있다.

"유럽 이외의 여러 나라와 서로 만날 때에는 항상 권력이 도리가 되니, 이것이 자연 진화의 필연적 법칙이요. 생존경쟁의 굳건한 흐름이다. 무슨 이상한 것이 있으며 무슨 원망할 것이 있겠는가마는, 가장 난감한 것은 들끓는 우승(優勝)의 사람이 위태로운 열패(劣敗)의 나라에 붙는 것이다. 이렇게 멸망이 지척에 온 때에는 무엇으로써 정(情)을 삼으며 무엇으로써 능히 말할 수 있겠는가."[35]

요컨대 제국주의와 식민지배라는 현실을 '자연진화의 필연적 법칙'과 '생존경쟁의 굳건한 흐름'으로 설명하면서 사회진화론적 사유

---

33 손성준, 앞의 논문, 2022, 279~285쪽.

34 『조양보』 제9호, 「멸국신법론(속)」(손성준 외 역, 『완역 조양보 2』, 보고사, 2019, 158~159쪽).

35 『조양보』 제10호, 「멸국신법론(속)」(손성준 외 역, 『완역 조양보 2』, 보고사, 2019, 238~241쪽).

를 그대로 드러내고 있는 점도 있다는 점은 유의할 필요가 있다.[36]

『조양보』는 멸국론을 서구 열강의 사례를 소개하는 것으로 그치는 것이 아니라 일본의 대한제국 보호국화와 연결시키고 있다. 대표적으로 일본의 아리가 나가오의 보호국론에 대한 연재이다.[37] 우선 제9호에서 보호국의 성격은 "보호국 제도와 같은 것은 일시적 권의(權宜)일 따름이니, 강국이 약국을 제어하는 방편에 불과하다. 보호관계자라는 것은 강자의 의사 이외에 표준으로 삼을만한 것이 전혀 없는 까닭에 학술상에 깊이 연구할 여지가 없다."고 하면서 비판적인 입장을 취한다.[38] 이렇게 전제하면서도 10호에 가면 "지금 일본 아리가(有賀) 박사가 『보호국론』을 저술하여 일시에 간행하니 당시에 한국을 도우려는 뜻에서 나온 것은 아니다. 그러나 잘 보면 또한 족히 국제간의 진실의 경우를 연구하는 데 일조가 될 것이다. 그러므로 이제 막 번역하여 실으며 또 그 조약이라 일컫는 글을 아울러 게시하니 여러분은 본 기자의 뜻을 오해하지 마시고 상세히 생각하고 깊게 연구하여 소득이

---

36 본 연구에서는 『조양보』가 제국주의와 애국론을 모두 비판하고 있으며 약소국 동맹론도 제기하고 있다는 점에서 사회진화론적 사유를 강하게 내포하는 당대 다른 텍스트들과는 결이 다른 층위에 있다고 보고 있다. 본 연구에서도 분석하고 있지만, 이런 전제는 타당하다. 다만, 『조양보』 역시 당대의 텍스트였기에 이런 사회진화론적 사유를 완전히 벗어난 것은 아니었다는 점은 짚어둔다.

37 아리가 나가오 조선 보호국론에 대해서는 田中愼一, 「保護國問題 ― 有賀長雄·立作太郎の保護國論爭」, 『社會科學硏究』 28-2, 東京大學社會科學硏究所, 1976; 히라이시 나오아키, 「한국 보호국론의 제 양상(諸樣相)에 대하여」, 『한일공동연구총서』 5, 고려대학교 아세아문제연구소, 2007; 최덕수, 「근대 계몽기 한국과 일본 지식인의 '보호국론' 비교 연구」, 『동북아역사논총』 24, 동북아역사재단, 2009; 유바다, 「1905년 일본의 한국 보호국화 이론 도출에 대한 국제법적 고찰」, 『한국사학보』 85, 고려사학회, 2021을 참조.

38 『조양보』 제9호, 「보호국론」(손성준 외 역, 『완역 조양보 2』, 보고사, 2019, 167~169쪽).

있기를 간절히 바라마지 않는다."[39]고 하면서 보호국론 연구의 필요성을 강조하고 있다.

한편, 제10호 제2절 한일협약의 효력에서는 다음과 같이 을사조약 이전의 한일의정서 체결의 정당성이 언급되어 있다.

> 한일보호를 작년 11월 모일 조약으로 말미암아 비로소 결정한 줄로 아는 것이 이미 큰 착오이다. 러일전쟁을 개전한 당초인 메이지 37년 2월 23일 의정서에 보호 의미의 대체가 이미 결정되어 보호관계에 주안점을 두었으니, 국방 원조와 외교 감독 두 가지 일은 이때에 한국 정부의 승인을 이미 얻었다. 그리고 작년 11월 협약은 러일전쟁의 결과인데, 한층 확실한 보호조건에 지나지 않는 것이다. 37년 2월 23일 의정서는 한일이 상호 타협함에서 나왔고 강압적 수단을 사용하였음은 듣지 못하였다.[40]

즉 1905년 11월 을사조약 이전에 1904년 2월의 한일의정서에서 이미 국방과 외교에서 한국 정부의 승인을 얻었고, 이때부터 보호국화는 진행되었다는 논리이다. 이 논리는 제11호에서도 연결된다. 터키와 튀니지의 관계를 통해 본 주권 양도 조약에 대한 국제법적 무효 사례에 관한 내용이다. 요컨대 국제법에서는 '사정의 강압'과 '육체의 강제'는 분명한 구별이 있는데 '육체의 강제에 의한 조인=무효'이지만 '부득이한 정세적 판단에 의한 조인=유효'이므로 을사조약은 정당하다는 것이다.[41] 『보호국론』의 이와 같은 논리는 비슷한 시기 한국

---

39 『조양보』 제10호, 「보호국론」(손성준 외 역, 『완역 조양보 2』, 보고사, 2019, 234쪽).
40 『조양보』 제10호, 「제2절 한일협약의 효력」(손성준 외 역, 『완역 조양보 2』, 보고사, 2019, 238쪽).
41 『조양보』 제11호, 「보호국론(속)」(손성준 외 역, 『완역 조양보 2』, 보고사, 2019,

언론에 의해 숙명처럼 받아들여지기도 했다. 예컨대 「시일야방성대곡」을 통해 을사조약 강제체결을 강하게 비판했던 『황성신문』은 보호국론에 대하여 안일한 인식을 드러냈다. 즉 보호국과 피보호국의 관계는 고정되지 않고 가변적이므로 상하국민들이 마음을 고쳐먹고 염려하지 말라고 권고했던 것이다.[42]

그러나 『조양보』는 이러한 현실 속에서 국제정세를 수동적으로 인식하는 글들만 게재한 것은 아니었다. 먼저 제9호 「『크로니클』 신문의 「일한관계론」을 읽고」란 글에서는 일본의 대한제국 병합을 비판적으로 인식하고 있다. 즉, "일본이 한국을 합병하는 일에 세계 각국이 과연 『크로니클』 기자가 논평한 바와 같이 그 대담한 조치를 승인할 수 있을까. 혹은 일시 간과하여 일본이 그 행위를 마음대로 하도록 하는 것은, 이런 일이 없으리라 보장하지 못하겠지만, 일본이 이 일로 장래에 영구히 외교상 압박을 받으며 사방의 증오를 초래한다면 소득

311~314쪽). 사실 이 논리는 궤변이다. 당시 상황을 살펴보면 육체적 위해가 없었던 것은 맞다. 1905년 11월 9일에 서울에 온 일본 특명전권대사 이토 히로부미(伊藤博文)는 러일전쟁 이후 한국에 파견되었던 한국주차군사령관 하세가와 요시미치(長谷川好道)를 앞세우고 한국대신들과 고종황제를 압박했다. 고종은 "이 협약의 認許는 곧 망국이다. 짐은 사직에 殉할지언정 결코 認許하지 않겠다"고 거부하자 이토는 직접회담에 간섭했고, 여러 대신들을 협박하여 결국 1905년 11월 17일자로 조인되었기 때문이다. 그런데 직접적 위해만 없었을 뿐, 군대를 앞세운 당시 상황이 강박과 협박이 아니었다고 볼 수는 없기 때문이다. 관련 내용은 윤병석, 「을사5조약의 신고찰」, 『일본의 대한제국 강점』, 까치, 1995; 이태진, 「조약의 명칭을 붙이지 못한 을사보호조약」, 『일본의 대한제국 강점』, 까치, 1995; 강성은, 「1차 사료를 통해서 본 '을사5조약'의 강제 조인 과정」, 『한국병합과 현대─역사적 국제법적 재검토』, 태학사, 2009를 참조. 그리고 이 '강박'의 기준에 관련된 부분은 현재까지도 중요한 논쟁점이 되고 있다. 관련된 논쟁점과 주요 연구들의 동향에 관해서는 도시환, 「을사늑약의 국제법적 문제점에 대한 재조명」, 『국제법학회논총』 제60권 4호(통권 139호), 대한국제법학회, 2015를 참조하라.

42 「論保護國研究問題」, 『황성신문』, 1906.3.15.

이 손실을 보상할 만하겠는가. 지난 날 영국의 강대함으로도 오히려 약소한 이집트를 합병하지 못하고 보호하에 둔 것은 필경 그 외교적 신용이 본국 운명의 영향에 미치는 것이 지대한 까닭이라."고 하면서 일본의 대한제국 병합 가능성 자체를 부정하고 있는 것을 볼 수 있다.[43]

또한 제9호 「곽청(廓淸)의 격문」이란 글을 통해서 대한제국의 오늘날 형세가 흥망의 기로에 서있으니 뜻있는 사람들이 담력을 키우고 눈을 밝게 떠서 급한 일이 달려가서 흥하는 데로 가게해야 한다고 하면서 망국의 위기를 기회로 바꾸자고 촉구하고 있다.[44] 그리고 제11호 논설 「한국을 해하는 것이 곧 한국에 충성하는 것이다」에서는 "나는 국민들을 한국으로 내몰아 격렬하게 반동력을 만들어주는 자는 이토 통감이라고 생각한다. 이를 통해 보면 이토 통감이 어찌 한국 제일의 공신이 아니겠는가. 차라리 일등의 이화장 훈장과 상패를 내려주는 것이 옳을 것이다."고 하면서 대한제국 병합의 최전선에 서있는 이토 히로부미 초대 통감의 침략노선을 저항의 원동력으로 전유하는 논리를 펴고 있다. 더 나아가 "아! 비록 그러나 반동력이라고 한 것은 맹목적인 행동을 말한 것이 아니다. 사람마다 모두 스스로 분발하고 스스로 힘쓰며 자강하고 자립하여 속박을 벗어나고 국권을 만회할 생각을 가지고 마음과 뼈에 새겨 타인의 주권 밑에서 복종하지 않으려는 맹세를 한 뒤에야 이것이 진정 실제적인 반동력이 될 수 있다."고 하면서 국권회복의 구체적인 행동양식까지 언급하고 있다.[45]

---

43 『조양보』 제9호, 「『크로니클』 신문의 「일한관계론」을 읽고」(손성준 외 역, 『완역 조양보 2』, 보고사, 2019, 198~199쪽).

44 『조양보』 제9호, 「곽청(廓淸)의 격문」(손성준 외 역, 『완역 조양보 2』, 보고사, 2019, 224쪽).

결국 살기를 바라는 자는 반드시 죽고 죽기를 기약하는 자는 삶을 얻을 것이라는 내용이 적혀있는 민영환의 유서를 소개하면서 국권회복을 촉구하고 있다.[46]

이렇듯 『조양보』는 구미열강의 세계사적인 식민화 과정과 그 위험성을 강조하면서 동시에 일본의 보호국 논의도 상세히 소개했다. 그리고 이런 다양한 여러 갈래의 논의들은 결국 국권회복론으로 귀결되었다는 점도 짚어두고자 한다.

4. '혁명적' 세계정세 인식과 약소국 동맹론

『조양보』가 일본을 비판하고 국권회복을 강조한 것은 맞지만, 그것이 국내 혹은 동아시아 차원에만 머물렀던 것은 아니다. 『조양보』는 다양한 해외의 소식들을 잘 수집하여 소개하고 있었다. 이것은 『조양보』의 정세 인식과도 밀접한 관련이 있다. 특히 해외잡보에는 제국주의 국가들과 그에 저항하는 피식민 국가들의 '혁명적' 저항에 관한 소식들을 소개하고 있다. 먼저 제11호에서 모로코에 대한 지배권을 행사하려는 프랑스, 스페인, 영국의 소식을 전하고,[47] 제12호에서는 모로코의 저항운동에 대해 소개하고 있다. 아래의 기록을 살펴보자.

---

45 『조양보』 제11호, 「논설 한국을 해하는 것이 곧 한국에 충성하는 것이다」(손성준 외 역, 『완역 조양보 2』, 보고사, 2019, 310~311쪽).

46 『조양보』 제12호, 「충정공 민영환 씨의 유서」(손성준 외 역, 『완역 조양보 2』, 보고사, 2019, 373~374쪽).

47 『조양보』 제11호, 「해외잡보 - 모로코 문제의 재발」,(손성준 외 역, 『완역 조양보 2』, 보고사, 2019, 354쪽).

　　모로코의 적괴 라이스리는 열국에 대하여 공연히 저항하기로 결심하고
프랑스, 스페인 양국 원정대에 도전하여 전쟁 선언에 현혹된 다수의 미신
자를 휘하에 집결하였다. 영·독 양국이 크게 우려하여 프랑스, 스페인
양국과 4국 연합 토벌대를 상륙케 하였는데 열국은 거류민을 보호하기
위하여 군대를 증파하는 중이라 한다.[48]

　'적괴'라는 표현을 쓰고는 있지만 모로코의 독립운동 지도자 라이
스리가 프랑스, 스페인, 영국, 독일 4개국에 저항하는 서사를 잘 드러
내고 있다. 또한 이집트의 이슬람 교도들의 영국 배척 열기가 점차
격해지는 상태이며, 이집트 체류 영국인들이 내란을 두려워한다는 내
용도 소개하고 있다.[49] 또한 미국인 아나키스트들이 이탈리아 사회당
과 왕래하면서 이탈리아와 스페인을 비롯한 유럽 국가들의 군주를
살해하려는 움직임이 있다는 점을 알려주고 있다.[50] 그리고 폴란드 혁
명당원들이 계책을 써서 혁명당원 10명을 탈출시킨 이야기를 소개하
고 있으며,[51] 뉴욕 『트리뷴』의 시각이긴 하지만 러시아의 혁명적 분위
기도 언급하고 있다. 즉, "러시아가 지금 혁명에 침륜(沈淪)하여 그 위
기와 어려움이 막심하다. 도저히 일주일이나 일개월 만에 해결될 만
한 문제가 아니다. 저 프랑스의 혁명과 같은 급류가 미침이 적지 않으

---

48 『조양보』 제12호, 「모로코 적괴(賊魁)의 결심」(손성준 외 역, 『완역 조양보 2』, 보고사,
　　2019, 449쪽).
49 『조양보』 제12호, 「이집트의 영국 배척 열기」(손성준 외 역, 『완역 조양보 2』, 보고사,
　　2019, 447쪽).
50 『조양보』 제11호, 「해외잡보-무정부당의 대음모」(손성준 외 역, 『완역 조양보 2』, 보
　　고사, 2019, 353쪽).
51 『조양보』 제2호, 「폴란드 혁명당의 기이한 계책」(손성준 외 역, 『완역 조양보 1』, 보고
　　사, 2019, 181~182쪽).

니, 혁명이라는 것이 반드시 왕위를 전복한다고 말할 수는 없지만, 역사상에 대개 그러한 것이 있으니 모든 이가 아는 바이다."라고 하면서 러시아 황제정의 붕괴를 언급하고 있다.[52] 또한 헝가리의 독립운동가 베셀리니의 사례를 소개하고 있다. "오스트리아 정부는 베셀리니를 심히 원수 보듯 하여 체포 후 감옥에 가둠으로써 나머지에게 경고하려 하였으나 누르는 힘이 더할수록 솟는 힘도 더욱 비등해져, 백 개의 신당이 강단에서 연설하는 것이 한 개의 신당이 감옥에서 신음하는 것보다 못하였다. 이에 거국적으로 '혁명이다! 혁명이다! 혁명이다!'하는 소리가 산을 흔들며 강과 바다를 삼킬 듯 하였다."고 하면서 헝가리의 혁명적 분위기를 생생하게 소개하고 있었던 것이다.[53]

이렇듯 『조양보』는 혁명적 세계정세를 인식하면서 몇 가지 대안을 제시한다. 우선 눈에 띄는 것은 동양주의 동맹론에 관한 인식이다. 사실, 동아시아 연대론은 그 역사가 오래되었다. 먼저 일본에서 1880년대부터 시작된 아시아연대론이 있다.[54] 이 일본의 아시아연대론에 내재된 전략은 전통적 한중일 관계의 재편을 꾀한 것이다. 이러한 맥락에서 구성된 아시아연대론은 수신사 김기수와 강위 등의 개화지식인들에게 전파되며 조선에도 유입되었다.[55] 그리고 대한제국기에 들

---

52 『조양보』 제5호, 「러시아혁명 뉴욕 『트리뷴』의 소론(所論)」(손성준 외 역, 『완역 조양보 1』, 보고사, 2019, 370~372쪽.

53 『조양보』 제11호, 「코슈트 헝가리 애국자 전 (속)」(손성준 외 역, 『완역 조양보 2』, 보고사, 2019, 335~336쪽).

54 김남은, 「樽井藤吉의 아시아 인식 – 조선인식을 중심으로」, 『외국학연구』 13, 중앙대학교 외국학연구소, 2009, 229쪽.

55 이헌주, 「1880년대 전반 조선개화지식인들의 아시아연대론 인식 연구」, 『동북아역사논총』 12, 동북아역사재단, 2009.

어서면 내부에서 한중일 삼국의 연대에 관한 논의가 대두하였다. 1900년 청국에서 의화단이 북경을 점령한 것을 계기로 이 사건이 한반도의 위기를 초래할 것이라는 문제의식 하에 '同文同種'에 입각한 연대, 즉 한중일 삼국의 연대론(삼국공영론 혹은 삼국제휴론)이 등장했던 것이다.[56] 이런 시대적 상황에서 『조양보』 역시 동양의 연대에 관해 관심을 가졌다. 구체적으로 「반도야화(半島夜話)」란 글을 통해 동양주의 동맹의 논의 과정을 살펴보자.

> 기이한 선비 한 명이 있으니, 평안도 사람이라. (…) 청나라 베이징의 대유학자 우루룬(吳汝倫)과 옌팡(嚴方)을 방문하여 의기와 담론이 서로 투합하여, 한국을 일으킬 수 있는 방도를 함께 논의하면서는 낮은 목소리로 말하며 통음하여 밤은 벌써 삼경인데도 이야기할수록 무르익어갔다. (…) "하늘이 만일 동양을 버리지 않으실 것이라면 황인종의 동맹을 이루어 세계가 이로부터 볼만할 것이 있으리니, 그것이 우리나라에 있다면 남쪽 청나라 민족이 천하의 창도자가 도리 수 있을 것이고, 한국에 있다면 북쪽 한국의 인민이 중흥의 선도자가 될 수 있을 것이다. 그대가 귀국한 뒤에 오직 팔도의 교육을 임무로 삼아 다시 정치에 관여하지 말고 대기만성의 공을 세우는 것을 상책으로 삼으라."고 하니, (…) 주인이 답하기를 "서양 강국에서도 또한 공맹정주(孔孟程朱)의 도리를 배웁니다."고 하니, 손님이 놀라며 묻기를 "서양에 공맹희 학문이 있다는 것을 아직 듣지 못하였거늘, 이런 말로 어찌 사람을 속이십니까?" 하였다. 주인이 답하였다. "공맹의 글은 있지 않지만 공맹의 도리는 존재하니, 세상에 어떤 사람이

---

56 대한제국기 삼국의 연대론(삼국공영론 혹은 삼국제휴론)에 대해서는 김도형, 「대한제국기 계몽주의계열 지식층의 삼국제휴론」, 『한국근현대사연구』 13, 한국근현대사학회, 2000; 김윤희, 「러일대립기(1898~1904) 『皇城新聞』의 이중지향성과 자강론 – 연대와 배제의 접합」, 『한국사학보』 25, 고려사학회, 2006 참조.

덕의(德義)를 망각하고 능히 자립한 자가 있으며, 천하에 어떤 나라가 도덕에 어긋나고 의롭지 않은 인민을 모아서 능히 강성한 것이 있겠소. 서양 여러 나라를 익히 보건대 백성은 염치 있고 공평하고 정직한 관점을 가졌고 선비는 사욕을 극복하고 예의로 돌아가려는 의지를 가져, 승낙한 약속을 소중히 여기고 책임을 숭상하여 선비들이 모두 군자로 자처하니, 이와 같으면 비록 공맹의 글을 읽지 않지만 이들을 능히 공맹의 도리를 지키는 자라 할 것이오."[57]

이렇듯 『조양보』는 서구 열강의 아시아 침략이라는 세계정세에 맞서 인종간의 동맹을 주장하고 있다. 그리고 제3호에 연재된 「반도야화(속)」에서도 유럽의 형세가 안정되기에 앞서서 동양이 연횡하여 도울 계책을 세운다면 서양 세력이 쉽게 침입하지 못하는데, 오늘날 동양 삼국기 국력을 분리하면 서양에 격파될까 두렵다는 인식을 드러내고 있다.[58] 이것은 동양 삼국이 동맹하여야 서양세력의 침입을 막을 수 있으며, 분리되면 서양세력에게 격파된다는 노선의 표현이라고 볼 수 있다.

그런데 제12호에 실린 논설 「망국지사의 동맹」은 『조양보』의 관점이 동아시아에만 머무르지 않고 있음을 드러내고 있다. 또한 제국주의에 대항하는 실천적 방법에 대한 고민도 잘 보여주고 있다. 조금 길지만 이 논설의 주요부분을 소개한다.

"아. 문명이란 것은 부강한 이가 결탁하여 빈약한 이를 능멸함을 말함인가. (…) 오늘의 구미, 영국과 일본 등 각국은 비록 문명의 이상이 없지는

---

57 『조양보』 제1호, 「반도야화」(손성준 외 역, 『완역 조양보 1』, 보고사, 2019, 91~93쪽).
58 『조양보』 제3호, 「반도야화(속)」(손성준 외 역, 『완역 조양보 1』, 보고사, 2019, 229~230쪽).

않지만 그 문명의 이상은 오직 강국끼리만 주고받을 뿐이요, 아시아 민족 대부분과 아프리카 민족과 같은 경우는 문명의 혜택을 누리는 것이 영원히 불가능하니 가히 불쌍한 일이다. 이집트·인도와 영국, 베트남·타이·모로코와 프랑스, 폴란드·유태민족과 러시아, 필리핀·쿠바와 미국, 남서아프리카 식민지와 독일 사이에, 강국의 압박을 입지 않은 경우는 하나도 없다. (…) 20세기 문명사회에서 이러한 현상을 방치하고 돌아보지 않으니, 어찌 기괴한 일이 아닌가. 우리 한국 또한 확실히 이 현상 중 한 덩어리를 면치 못함은 두 말할 필요가 없다.(…)

이에 망국에 다다른 지사(志士)의 동맹이 지금 필요하니, 근래 이집트, 페르시아 원주민은 적에 대한 분노의 기운이 왕성하여 누르려 해도 불가능하다. 쿠바처럼, □로즈고처럼, 다마랄란드처럼 죽기를 각오한 군사가 창을 잡고 강압적인 정부를 향하니, 그 상황이 웅크린 성난 개구리가 적을 노려보는 것과 같다. (…)

다만 몇 개의 망국들 사이에 하나의 혈관을 소통하게 하여 천리의 결의로 사방의 뜻을 모아서, 한편으로는 비격(飛檄)하여 수천만 민중이 오도록 손짓하고, 한편으로는 제의를 통해 세계여론을 일으켜 모든 국제 문제를 정의와 인도에 기초하게 하는 것을 생각해본다. (…) 10여 망국지사가 혈맹을 만들어 이 주장을 세계에 한번 발표하여 열강의 외교계에 큰 문제를 야기하면 저 평화회의 같은 곳은 우리의 요구를 기다리지 않고도 제안을 편성할 것이다.(…)

다행히 세계에 평화운동이 날로 고조되는 흐름이고, 그 계획이 해마다 확대되어 많은 저서와 많은 잡지가 그 주의를 적극 고취하고 있으며, 각국 지식인들이 조직한 평화협회는 이미 서로 연합하여 그 중앙 본부를 스위스 베른(Bern)에 설치하고 또한 각국 국회의원의 동맹 단체가 생겨 저들과 평화회의를 병행하여 이미 지금 개회 후 10회에 이르렀다. (…)

우리가 세계에 공소하려 하는 것은, 10여 국의 패망한 나라로 하여금 지금 갑자기 독립과 지치를 기대하게 하는 것이 아니다. 단지 국제평화동맹 혹은 국제재판소를 성립하여 책임과 권한을 가진 대심판관을 각개 피보호국에 파견하여, 그 보호국과 피보호국 사이에 함께 서서 양자의 갈등과 문제를 조사하여 심판할 자료를 만들고 심판을 공개하는 날이 되면 이 조사의 보고서를 제출하여 세계 각국 신문에 발표하게 하는 것이다. (…)
우리 한국의 모든 군자는 어떠해야 하는가. 만약 뜻을 세워 모임을 조직해 먼저 주창해나가 사방에서 국사(國士)를 함께 움직이도록 유세하면 페르시아, 인도, 모로코, 이집트 각국이 반드시 행동을 같이 하여 호응할 것은 의심의 여지가 없으니, 한 시대의 장대한 계획이다.[59]

『조양보』 마지막호라고 볼 수 있는 제12호에 실린 방대한 분량의 논설 내용을 찬찬히 살펴보도록 하겠다.

먼저 문명을 강대국이 독점하는 것으로 규정하고 있다. 이것은 "문명의 이상은 오직 강국끼리만 주고받을 뿐이요, 아시아 민족 대부분과 아프리카 민족과 같은 경우는 문명의 혜택을 누리는 것이 영원히 불가능"하다는 서술을 통해서도 증명된다. 그리고 이집트·인도와 영국, 베트남·타이·모로코와 프랑스, 폴란드·유태민족과 러시아, 필리핀·쿠바와 미국, 남서아프리카 식민지와 독일 등 피식민 국가와 식민 가해국을 대비시키는 서술을 통해 제국주의 비판을 분명하게 하고 있다.

다음으로는 약소국들의 저항을 강조하고 있다는 점이 특징이다. 이집트, 페르시아, 쿠바 등의 저항의 사례를 열거하면서 "죽기를 각오한 군사가 창을 잡고 강압적인 정부를 향하니, 그 상황이 웅크린 성난 개구리가 적을 노려보는 것과 같다."고 하는 내용을 소개하고 있는데 이 내용들은 더 자세히 짚어볼 필요가 있다.

---

59 『조양보』 제12호, 「논설 망국지사의 동맹」(손성준 외 역, 『완역 조양보 2』, 보고사, 2019, 379~386쪽).

셋째로 망국지사 즉 약소국끼리의 동맹을 강조하고 있다. 즉, "10여 망국지사가 혈맹을 만들어 이 주장을 세계에 한번 발표하여 열강의 외교계에 큰 문제를 야기하면 저 평화회의 같은 곳은 우리의 요구를 기다리지 않고도 제안을 편성할 것이다"고 하면서 저항의 방식으로 망국지사 동맹을 논하고 있다.

마지막으로 그 실천 방안은 "국제평화동맹 혹은 국제재판소를 성립하여 책임과 권한을 가진 대심판관을 각개 피보호국에 파견하여, 그 보호국과 피보호국 사이에 함께 서서 양자의 갈등과 문제를 조사하여 심판할 자료를 만들고 심판을 공개하는 날이 되면 이 조사의 보고서를 제출하여 세계 각국 신문에 발표하게 하는 것"이라고 주장하면서 세계여론과 국제법적 질서를 활용할 것을 주문하고 있다.

요컨대 「망국지사의 동맹」이라는 논설은 제국주의와 문명에 대한 냉철한 비판의식과 현실적인 실천방안까지 제시하는 계기가 되었다는 점에서 중요한 의미가 있다고 볼 수 있을 것이다. 그리고 실천 방안이 '나라잃은 약소국 동맹'이라는 형태로 구체적으로 언급된 점, 그 실천방안으로 국제법과 세계여론을 동시에 움직이는 방식을 권장한 것 역시 주목해야 하는 부분이다.

5. 맺음말

이 글은 계몽운동기 종합잡지인 『조양보(朝陽報)』에 나타난 제국주의 비판 및 저항 담론의 성격을 고찰하기 위해 작성되었다. 전체 내용을 요약하는 것으로 결론을 대신하겠다.

　우선 제국주의에 대한 비판과 동시에 애국론을 성찰하는 논리구조에 대해 분석했다. 『조양보』에서는 영국과 독일, 미국의 제국주의를 비판하고 일본 역시 비슷하다고 비판하면서 제국주의를 신봉하는 것은 사회의 영원한 진보와 인류 전반의 복리와 무관하다고 논하고 있다. 그리고 제국주의와 군국주의를 비판하던 논의는 '애국'을 비판적으로 성찰하고 재인식하는 단계로 발전하게 된 부분도 실증했다. 두 번째로 망국을 논하는 다양한 논의들을 살펴보았다. 영국과 프랑스 등 서구 열강의 세계사적인 식민화 과정과 그 문제점을 강조하면서 동시에 일본의 보호국 논의도 상세히 소개했다. 아울러 이러한 논의들이 결국 국권회복론으로 귀결되었다는 점도 짚었다. 마지막으로 망국의 위기에 처한 현실의 상황을 타개하기 위해 제기된 약소국 동맹론의 논리를 분석했다. 『조양보』에서는 문명을 강대국이 독점하는 것으로 규정하며 제국주의를 비판하면서 약소국들의 저항론을 강조하고 있다. 구체적으로 10여 국의 망국지사가 혈맹을 만들어 이 주장을 세계에 발표하여 열강의 외교계에 크게 문제제기를 하자고 제안하고 있다. 요컨대 제국주의와 문명에 대한 냉철한 비판의식과 현실적인 실천방안까지 제시하는 계기가 되었다는 점에서 중요한 의미가 있다고 볼 수 있을 것이다.

제3부

일상문화의 변용과
서사양식의 재편

포섭되는 사회, 포섭되지 않는 시간
: 구한말과 식민지 초기 음양력 사용에 관한 담론과 충돌

신승엽

1. 들어가며

　　1895년 9월 9일은 조선 사회의 시간 인식과 사용에 있어서 커다란 전환을 예고한 날이었다. 김홍집 내각은 기존 역법을 폐지하고 음력 1895년(개국 504년) 11월 17일을 양력으로 환산해 1896년 1월 1일로 삼는다는 조칙을 내렸다. 이 변화를 반영해 고종은 신년을 이틀 앞두고 독자적 연호인 '건양'(建陽)의 공포를 재가했다. 고도화된 통신 및 교통 수단이 부재했던 당시에 대다수의 조선인은 개력(改曆)에 관한 소식을 곧바로 접하기 어려웠고, 이를 들었던 사람들도 11월의 한가운데 갑작스럽게 찾아온 새해의 의미를 정확히 이해하기란 쉽지 않았다. 특히, 아라비아 숫자에 익숙치 않았던 조선인들에게 양력과 연동해 거의 동일한 시기에 확산된 시, 분, 초는 아주 생소한 시간적 단위였다. 대통력부터 시헌력까지 수 세기에 걸쳐 월의 길이를 달의 삭망(朔望)에 따라 측정했을 뿐 아니라, 음력이 중화 문명 내 공통의 시간 질서로 계승된 점을 고려할 때, 태양력의 도입은 단순한 행정상의 변동을 넘어, 조선의 정치-경제적 활동과 일상의 행동 양식, 나아가 세계에 대한 이해의 근거를 뒤흔들 중대한 사안이었다.

따라서, 19세기 중반 이래 세계적으로 널리 쓰이기 시작한 1일 24시간, 1주 7일, 1년 365일의 조합이 조선인들의 삶에 구체적으로 어떤 영향을 끼쳤는지를 파악하는 것은 우리에게 너무나 익숙해진 근대적 시간 체계를 시대적 구성물로 (재)"역사화"함과 동시에, 더 근본적으로, 근대성의 형성과 작동 방식의 일면을 이해하는 하나의 통로가 될 수 있다. 조선 후기부터 식민 지배 전까지 전통적 시간 체제의 변동을 다룬 대부분의 기존 연구는 서구와 일본에서 유입된 새로운 시간 측정 방식이 어떻게 (또는 어떤 경로로) 조선 사회에 정착하고 보편화되었는지에 주목해왔다.[1] 운행 일정에 맞춰 공간적으로 구획된 시간표를 채택한 철도와 증기선 및 규율 권력을 통해 표준화된 시간을 신체에 각인했던 학교와 공장, 감옥이 주요 탐구 대상이 되었다. 그러나, 이 과정에서 과연 조선인들은 낯선 시간 개념을 어떻게 바라보고 대응했으며, 특히 이를 일찍 수용한 일부 지식인 계층과 다른 보통 사람들의 자세, 그리고 비동시적 시간 제도의 동시성이 빚어낸 여러 담론 간 충돌의 양상은 어땠는지는 상대적으로 밝혀진 바가 적다.

---

1   이창익, 「근대적 시간과 일상의 표준화」, 『역사비평』 59, 역사비평사, 2002, 405~420쪽; 정근식, 「한국의 근대적 시간 체제의 형성과 일상 생활의 변화 1: 대한제국기를 중심으로」, 『사회와역사』 58, 한국사회사학회, 2000, 161~197쪽; 정상우, 「개항 이후 시간 관념의 변화」, 『역사비평』 50, 역사비평사, 2000, 184~199쪽; 정상우, 「'일주일'의 도입 고찰을 위한 시론」, 『문화과학』 44, 문화과학사, 2005, 325~338쪽; 정성희, 「대한제국기 태양력의 시행과 역서의 변화」, 『국사관논총』 103, 국사편찬위원회, 2003, 1~26쪽; 조현범, 「한말 태양력과 요일주기의 도입에 관한 연구」, 『종교연구』 17, 한국종교학회, 1999, 235~254쪽.

 본고는 근대적 시간이 조선에 침투해 식민지기를 거쳐 다니엘 부어스틴의 표현대로 "일상을 다스리는 군주"로 등극하던 상황 가운데 발생한 불협화음, 곧 이질적 시간 질서들의 공존 (혹은 경쟁) 위에 벌어진 논쟁과 갈등을 다룬다.[2] 무엇보다, 이 글은 서로 다른 이념적 신념과 생활 습관을 지닌 조선 관료 및 일반 대중들에게 개력으로 실시된 그레고리력이 시간에 관해 어떠한 관념을 불러왔고, 이와 결부된 정치적 함의는 무엇이었는지를 살핀다. 이 시기에 역법을 둘러싸고 대립된 논의를 규명함으로써 드러나는 점은 오랜 세월 조선인의 삶과 밀접히 연결된 음력이 개력 이후 차츰 비과학적 미신 문화의 일부로 치부되었지만, 지속적으로 (심지어 현재도) 고유한 가치와 쓰임새를 잃지 않았고, 오히려 그 사용자들은 국민-국가, 자본/식민 권력이 내세운 균질화의 담론에 포섭되길 거부했다는 것이다. 과거 동아시아 조공 관계에서 천자의 정통을 상징해 황실이 생산을 독점했고 조선에선 국정과 농경을 위해 조정이 유통/보급을 주도했던 역서의 원리적 근본을 이룬 음력은, 이제 그 특권적 지위를 상실했음에도, 여전히 관혼상제부터 민속 신앙에 이르기까지 조선인들의 시간적 의식 구조의 한 부분을 차지했다.
 개화의 성취가 진보적 역사 발전의 종착지로 여겨진 때, 전복된 역법의 위계와 사회 변화의 문제를 다루는데 있어서 디페쉬 차크라바티의 "역사 1"과 "역사 2"의 구별 및 이 둘의 관계성에 대한 논의는 유용한 개념적 토대를 제공한다. 차크라바티에 따르면, "역사 1"은 자본주의, 국민-국가, 계몽주의를 포함한 인간 사상의 합리화와 발맞춰

2 다니엘 부어스틴, 이성범 역주, 『발견자들 1: 시간, 지구와 바다』, 범양사, 1987, 73쪽.

성립된 세계 구조 내지 제도를 가리킨다. 이는 "선결 조건으로서 자본
그 자체에 의해 규정된 과거"로서, "역사적 지향점은 국제적이며, 구
성으로선 보편적이다."[3] 반면, "역사 2"는 "역사 1"의 일부가 아닌 정
동적(情動的) 차원, 곧 자본의 자기-확장에 구속받지 않고, 오히려 그
것의 선례가 된다. 차크라바티는 "'역사 1'은 '역사 2'에 내재된 수많
은 (저항의) 가능성들을 파괴하며 제거하고자 했지만," "가지각색의 인
간 존재 양식"으로서 "역사 2"는 결코 완전히 함락되지 않는 대신 "자
본의 논리에 끼어들어 균열을 내는" 역사의 잔존물을 남긴다고 봤다.[4]
전-지구적 근대성의 확산 가운데 음력과 이를 바탕으로 하는 의례,
축일, 종교적 관습들은 해리 하루투니언이 말한 "부분적으로 정복되
지 않은 잔여들"로서 언제든지 "현재 속 시간의 불균형"을 만들어낼
수 있다.[5] 이 통합되지 않는 인식과 실천의 공간은, 비록 의도되거나
때론 물리적이지 않더라도, 국민/식민 권력과 자본의 질서를 탈주하
는 잠재력을 가졌으며 근대성이 밟아온 궤적의 이면을 드러낸다.

2. 조선의 역법과 역서, 이를 둘러싼 사회-정치학

중화 문명에 속한 동아시아 왕조들 대다수는 조공 사신을 통해 중

3   Dipesh Chakrabarty, *Provincializing Europe: Postcolonial Thought and Historical Difference*, Princeton: Princeton University Press, 2009, p.50.
4   위의 책, p.64.
5   Harry D. Harootunian, *Marx after Marx: History and Time in the Expansion of Capitalism*, New York: Columbia University Press, 2015, p.28.

국에서 들여온 역법을 사용했다. 명청기의 경우, 천체 현상을 관찰하고 절기의 역법 추산을 책임진 흠천관(欽天官)이 역서를 제작하면, 중국 황실은 북경을 방문한 제후국과 변방 지역의 외교 사절에 해마다 이를 증여했다. 이러한 달력의 배포는 천명을 부여받은 황제가 자신의 절대적 권위를 재현하고, 천자의 지배하에 놓인 모든 공간을 단일한 시간 체제로 통합하는 정치적 함의를 지녔다.[6] 공식적으로 조선은 삼절사(三節使) 중 하나인 정조사(중종 이후로는 동지사(冬至使))가 연말과 연초 사이 중국을 다녀오며 역서를 받아왔다. 한자와 마찬가지로, 대통력과 시헌력을 비롯한 중국력(中國曆)에 대한 조선의 의존은 황실의 명을 따르는 것과 동시에 스스로를 오랑캐와 구별하고 화이사상(華夷思想)을 정체화한 행위였다. 이로써 역서의 수용은 양국 간 책봉－조공 관계 및 동일 문화권 내 유대 질서를 반복적으로 확인하는 상징적 절차이기도 했다.

하지만, 조선 왕실이 역법을 소극적으로 받아쓰기만 했던 것은 아니다. 관상감(觀象監) 천문학자들은 명청 역서를 그대로 사용하거나 복사하는 대신, 이를 참조해 변경된 내용의 달력을 만들어 민간에 판매했다.[7] 여기에는 두 가지 이유가 있었다. 우선, 한양과 북경 사이의 거리가 멀어 육로를 거친 이동은 왕복 3개월 이상 소요됐다. 이 때문에 연말에 중국에서 찍어낸 역서를 사절단이 갖고 돌아오면 이미 해

---

6 JaHyun Kim Haboush, "Contesting Chinese Time, Nationalizing Temporal Space: Temporal Inscription in Late Chosŏn Korea," in Lynn A. Struve(ed.), *Time, Temporality, and Imperial Transition: East Asia from Ming to Qing*, Honolulu: University of Hawaii Press, 2005, p.119.

7 정성희, 「조선 후기 역서의 간행과 반포」, 『조선시대사학보』 23, 조선시대사학보, 2002, 119~129쪽.

가 바뀐 뒤라 이를 재발행하기에는 너무 늦었다. 또한, 양국 간의 지리적 조건-위도, 경도, 지평면 위의 해가 뜨고 지는 각도 등-이 달랐다. 이 차이들은 세월이 흐르면서 우주 현상을 계산하는데 점차 심각한 오류를 일으켰다.[8]

1432년, 세종은 천문을 관측하던 서운관(書雲觀)을 정비하고 구성원을 대폭 증원했으며, 한반도의 계절 변화에 맞는 역서 제작을 명했다. 세종은 "조선이 [명과 떨어져] 바다 밖 변방에 있으면서 모든 중화의 제도를 준수했지만, 오직 천문을 관측하는 일에는 부족함이 있다"고 선언했다.[9] 그는 역서의 유일한 생산자로서 황제가 갖는 양도 불가능한 권리를 인정했지만, 하늘의 움직임을 파악해 정확한 시간을 알고 앞날의 기상학적 사건을 대비하는 것이 모범 문명국으로서 조선이 마땅히 수행해야 할 의무라고 보았다. 이후 정인지(1396~1478)의 주도로 조선의 역법 계발이 시작되었고, 10년의 연구 끝에 1442년과 1444년 각각 『칠정산내편』과 『칠정산외편』이 완성되었다.[10] 이 둘은 북경이 아닌 서울을 기점으로 1년의 날수, 각 행성의 위치, 일(월)식의 발생과 횟수를 밝혀냈다. 중국의 대통력과 시헌력은 천체 현상을 헤아리고 책력을 따지는데 여전히 유효한 기준이었지만, 『조선왕조실록』을 비롯해 17~18세기에 작성된 문서들에 의하면 『칠정산내외편』은 "당력"(唐曆)에 맞선 "향력"(鄕曆)으로 꾸준히 쓰였다.[11]

---

8 김영식, 「조선 후기 역 계산과 역서 간행 작업의 목표-'자국력'인가? 중국 수준 역서인가?」, 『한국과학사학회지』 제39권 제3호, 2017, 407~413쪽.

9 『세종실록』 77권, 세종 19년 4월 15일 갑술 3번째 기사.

10 전용훈, 「과학과 미신의 이중주-전통 시대 최고의 실용서 역서」, 서울대 규장각한국학연구원 편, 『실용서로 읽는 조선』, 글항아리, 2013, 281~282쪽.

당시에 역서는 크게 두 가지 차원으로 이뤄졌다. 첫째는 "시간의 배치"였다. 10진법에 근거한 서양력과 달리, 10간과 12지의 결합으로 이뤄진 60간지의 반복에 따라 음력서는 갑자(甲子)부터 계해(癸亥)년까지 매년 다른 이름을 붙였다. 달에 관해선, 월주(月週)의 길이가 실제 29.53일이었기 때문에 관상감은 1년 중 1월부터 12월까지 각 달이 며칠이며, 어느 달이 길고(30일) 짧은지(29일)를 정했다. 12음달은 총 354일밖에 되지 않아 365일의 양력해와 맞아떨어지지 않았다. 따라서, 이 11일의 차이를 상쇄하고자 19년에 7번씩 윤달이 삽입되었다. 절기(節氣)의 분할도 중요한 쟁점이었다. 절기란 태양의 황경(黃經) – 태양이 춘분점에서 출발해 황도를 이동해가는 각도 – 에 따라 1년을 24등분해 계절을 구체적으로 표현한 것을 뜻한다.[12] 24절기는 다시 12절기와 12중기로 나뉜다. 전자는 "경칩", "곡우", "망종", "백로", "대한"을 포함한 기상학적 국면이나 이와 관련된 농업 활동의 변화를 가리키는 명칭을 지녔다. 후자는 4계절의 시작이나 춘(추)분, 동(하)지 같은 천문학적 지점들을 포함했다. 조선의 관상감 과학자들은 24절기에 해당하는 날짜를 역서에 배정하는 일, 곧 "날짜 매기기"를 했다.

두 번째는 "시간의 해석"이었다. 이는 자연 현상에 대한 실증 분석

---

11 『세조실록』 7권, 세조 3년 3월 22일 을유 3번째 기사; 『세조실록』 7권, 세조 3년 4월 18일 신해 2번째 기사; 『성종실록』 56권, 성종 6년 6월 2일 기묘 7번째 기사; 『영조실록』 22권, 영조 5년 5월 20일 갑자 3번째 기사.

12 춘분점은 태양이 이동하는 가상의 경로인 황도가 천구적도와 교차하는 두 점 중 하나다. 다른 하나는 추분점이다. 춘분점은 태양이 남반구에서 북반구로 이동하면서 적도와 교차하는 지점이고, 반대로 추분점은 북반구에서 남반구로 갈 때 지나는 지점이다. 태양이 춘분점에 있을 때 지구의 북반구는 봄이고, 지구의 남반구는 가을이다. 또한, 태양이 지구를 도는 360도를 24절기로 나누면 1절기는 15도이다. 1년은 365.2425일이므로 각 절기는 대략 15일 간격을 가진다.

에 점성학적 의미를 더하는 일이었다. 모든 날은 각기 고유의 길흉, 즉 어느 날이 운수가 있는지 없는지, 결혼과 장례, 이사와 같은 행사를 벌이는데 적합한지 평가받았다. 이 과정에서 천문학자이자 역학에 정통했던 조선 과학자들은 세계의 공간을 24개 방향으로 구획해 매일 어느 쪽에 천지의 조화와 일월성신의 움직임이 있는지 알려주는 일을 했다. 이러한 "역주 붙이기"는 근대의 1일 24시간 혹은 발터 벤야민이 말한 "텅 빈, 균질적인 시간"과 달리, 시간에 질적, 의미론적 가치를 불어넣어 개별 날짜와 달을 서로 차별화시켰다.[13] 음력서 속 "시간의 이질화"는 과학 실험으로 얻어진 결과가 아니라, 사회 구성원들이 오랜 세월에 걸쳐 공유하고 전승해온 집단의 정서 및 주술-종교적 상상력이 발현된 결과였다. 이 문화적 전통은 특정 활동을 위해 가장 상서로운 때(혹은 조심하고 피할 때)를 제안함으로써 시간에 따른 인간 행위를 목록화하는 데 기여했다.

오늘날에는 누구나 어디서든 달력을 접할 수 있지만, 조선 초까지만 해도 역서를 소유할 수 있는 사람은 극히 소수에 불과했다. 앞서 언급한대로, 관상감은 역서를 팔았지만 아주 적은 양만 시장에 풀려나왔고 이조차도 가격이 지나치게 비싸다보니 찾는 사람이 거의 없었다. 당시 역서는 대부분 왕에게서 상으로 받은 하사품이거나 연말과 연초 문인들 간 인사를 하며 주고 받던 선물에 가까웠다. 그나마 일부는 중앙 정부나 지방 관청에서 소비되었기 때문에 역서는 귀중한 것으로 간주되었고, 이를 필요로 했던 농민들에게 대량으로 전달되기는

---

13 Walter Benjamin, "Theses on the Philosophy of History," in Hannah Arendt(ed.), *Illuminations*, New York: Harcourt Brace and World, 1986, p.261.

어려웠다.

역서의 생산과 유통은 조선 후기 급속히 활발해졌다. 관상감은 역서를 두 종류로 나눠 제작했다. 하나는 이윤 추구가 목적이 아닌 왕실과 국가 기관에 배치하기 위한 것이었다. 반면 전체 물량의 90%에 달하는 역서들이 개인 소비를 위해 저렴한 가격으로 판매되었다.[14] 대략 15세기경 역서는 관상감에서 4천건, 교서관에서 1천건, 총 5천건이 간행되었다. 비교적 저조했던 생산량은 1760년대 20만건을 넘기 시작해 1790년대에 25만건, 1800년대 초에는 무려 35만건으로 급증했다. 이 수치는 조선 전후기를 비교하면 60배 이상 증가한 것이었다. 가구 수에 따른 역서 보급률은 같은 기간 400호당 1건에서 약 6호당 1건으로 크게 높아졌다.[15] 심지어 16세기 초 연산군 시절에는, 비록 일시적이었지만, 처음으로 한글로 번역된 역서가 만들어지기도 했다.[16] 계층이나 지역과 상관없이 차츰 훨씬 많은 사람들이 역서를 접할 수 있게 되었다.

이러한 변화의 이유는 임진왜란과 정묘·병자호란 이후 황폐화되었던 조선의 경제 상황이 회복되고 농산물의 수확량과 인구가 증가 추세로 돌아서면서 제지 산업이 함께 성장하고 종이 공급이 늘어난 사회-경제적 측면도 있지만, 무엇보다 조선 후기 성리학의 심화와 가례의 보편화를 빼놓을 수 없다.[17] 명의 몰락 이후, 조선을 무너진

---

14 김혁, 「역서의 네트워크 - 왕의 시간과 일상 생활」, 『영남학』 18, 경북대학교 영남문화연구원, 2010, 271쪽.

15 위의 글, 259~260쪽.

16 전상운, 『한국과학기술사』, 정음사, 1976, 102쪽.

17 오영교, 『조선 후기 사회사 연구』, 혜안, 2005, 38~41쪽.

중화 문명의 유일한 보루로 여긴 성리학 관료들은 주희(1130~1200)의 사상과 유교 규범을 사회 전반에 널리 퍼뜨리는 일에 힘썼다. 전란 이래 꾸준한 면천(免賤)과 납속(納粟), 농민·상공업 계층의 분화, 공명 첩의 매매로 인한 신분제의 동요는 평민과 천민의 양반 지위 및 유학 문화에 대한 열망을 부추겼다. 국정과 과거제, 교육 과정, 지배 집단의 윤리 의식과 실천의 기초를 이뤘던 성리학은 이 시기에 가족과 일상의 차원에까지 깊게 스며들었다. 17세기 이후 유교 경전 및 『소학』, 『내훈』, 『여교』 같은 아이와 여성을 위해 쓰여진 성리학적 예법 서적들의 소비도 크게 늘었다.[18]

이 가운데 두드러진 점은 제사를 통한 조상 숭배가 중인과 평민 사이에서도 널리 확산되었다는 사실이다. 제사는 자식이 돌아가신 부모를 위해 다할 수 있는 최고의 효행으로 여겨졌을 뿐 아니라, 후대의 안녕과 복을 기원하는 의미를 지녔다. 현대인으로선 제사가 당대 조선 사회에서 얼마나 중요한 의례였는지 상상하기란 쉽지 않다. 이해를 위해 19세기에 작성된 한 기록을 예로 들 수 있다. 1861년 경상도 예천군 대저리 박씨 양반가에서 종살이를 살던 최유언은 6년전 자신의 죽은 아들을 대신해 양자를 들였다. 그는 새 아들에게 모든 재산을 넘겨주고 자기가 죽은 뒤 제사를 지내줄 것을 부탁했다. 최유언은 자신이 노비임에도 자식을 통해 대를 잇고 양반의 풍습을 따르고자 했던 것이다. 이 예화를 통해, "19세기 후반 노 신분에까지 확대 보급된 종법적 가계 계승은 일정 수준의 가정 능력과 경제 의지가 다중의

---

18 정호훈, 『조선의 소학: 주석과 번역』, 소명출판, 2014, 100~128쪽; 서울대학교 규장각 한국학연구원, 『조선 여성의 일생』, 글항아리, 2010, 214~243쪽.

하층민에게까지 일상화된 현실을 전제"하고 있음을 추정할 수 있다.[19] 유교 문화의 보급과 더불어 제사는 대다수 조선인들의 삶의 일부이자 "친족 체계에서 가장 친밀한 의례상 표현"이 되었다.[20]

역서의 광범위한 유통은 유교 사상을 구현하는 한 방식이 된 제사의 보편화와 분리될 수 없었다. 가정에서 지켜야 할 예법을 집대성한 주희의 『가례』에 따르면, 제사의 종류는 거의 20가지에 달했다. 그 중엔 기일(忌日) 제사와 같이 조상이 돌아가신 날이나 연시제처럼 정월 초하룻날로 날짜가 고정된 경우도 있었지만, 대부분은 1년에 한 번, 소위 "길한" 날을 택해서 드리도록 되어 있었다. 예를 들어, 묘제(5대조 이상의 조상들에 대한 제사)는 주로 음력 10월 중 "가장 좋은 영혼들"이 많이 모이는 날에 올려야 했다. 이제(부모를 위한 특별 제사)는 매년 9월 중에 거행되었는데, 그 이유는 9월이 수확의 계절이기 때문이었다. 사시제(고조부모 이하의 조상들을 위한 합동 제사)는 사계절의 중달, 즉 음력으로 2, 5, 8, 11월 중 한 번씩 가장 상서로운 날에 치러졌다. 이러한 길흉의 때를 가늠하는 일은 천문-점성학자들의 전문적인 영역에 속했다. 일반인이 여러 제사들을 위한 정확한 하루를 정하는 일은 결코 쉽지 않았기 때문에 그들은 역서에 의존할 수밖에 없었다. 앞서 설명했듯, 역서는 1년 중 하루하루가 갖는 서로 다른 의미와 정보를 담았고, 길일(吉日)과 흉일(凶日)이 언제인지를 알려주었다. 따라서, 제사가 조선 후기 일반의 관습으로 뿌리내리면서 시간을 해석하

---

19 이영훈, 「조선 후기 이래 소농 사회의 전개와 의의」, 『역사와현실』 45, 한국역사연구회, 2002, 22~23쪽.

20 Martina Deuchler, *The Confucian Transformation of Korea: A Study of Society and Ideology*, Cambridge, MA: Harvard University Press, 1992, p.8.

는 역서의 고유한 기능은 더욱 긴요해졌고, 이는 곧 수요의 증대로 이어졌다. 비록 역서의 내용 자체는 성리학 규범이나 이념을 담고 있지 않았으나(오히려 이와 대립되는 측면마저 있었음에도), 유교 의례의 정착과 함께, 전용훈의 지적대로, 그것은 조선 후기 실용서 중 최고의 책으로 자리잡았다.[21]

3. 불협화음을 내는 시간: 구한말 태양력 도입과 역법을 둘러싼 논쟁

달의 삭망과 무관하게 지구가 태양 주위를 1년간 공전하는 주기를 기준으로 만들어진 태양력은 B.C. 18세기경 이집트에서 기원했다. 고대 이집트인들은 1년 365일을 12개월로 나눠 각 달을 30일, 마지막 달은 35일로 정하는 달력을 사용했다. B.C. 48년 알렉산드리아를 정복한 로마의 장군 율리우스 카이사르(B.C.100~44)는 이집트의 태양력이 계절과 일치하는 점에 매료되어 2년 뒤 로마의 음력 폼필리우스력 대신 자신의 이름을 딴 율리우스력을 도입했다. 율리우스력은 1년을 365일 6시간으로 산정했는데, 이 계산은 실제 태양과 지구의 1년 운행보다 11분 14초, 즉 128년마다 1일이 더 길다는 문제가 있었다. 1582년까지 9.8일의 오차가 누적되자, 교황 그레고리 13세(1573~1585)는 10월 4일 목요일 다음날을 15일로 바꾸고, 1년을 365.2425일로 계산해 4년에 1일 대신 400년에 97일의 윤일을 넣는 개력을 시행했다.[22]

---

21 전용훈, 앞의 책, 270쪽.

스페인과 포르투갈, 네덜란드를 중심으로 절대 왕정 시기 서구 국가들이 동남아시아에 진출하고 아메리카에 식민지를 건설하면서 그레고리력은 유럽 너머에서도 쓰이기 시작했다. 임마누엘 월러스틴이 "장기 16세기"로 부르는 유럽 상업 자본주의 확장의 시대에 중상주의 정책에 힘입은 대항해 원정을 통해 신항로와 신대륙이 개척되었고 지중해와 대서양은 하나의 세계로 차츰 연결되었다.[23] 서로 다른 역법을 고수하던 서구의 상인과 노동자들, 식민지 원주민들은 시간 차이로 인해 원거리 무역에서 발생하는 불필요한 비용과 사고를 줄이고자 더 정밀하고 신뢰할만한 시간 측정법에 의존하게 되었다. 따라서, 하루를 24시간의 표준화된 단위로 분할하고 변화의 흐름이 일정한 기계적 시계 시간과 함께 지리상 위도와 경도에 따라 상대적으로 편차가 큰 음력 대신 계절 변화를 예측하기 쉬운 그레고리력이 그 자리를 차지했다.[24]

양력이 서구 자본주의 경제의 전-지구적 팽창에 발맞춰 "근대적" 시간의 중심으로 영향력을 넓혀가던 때, 비서구 시간 체제에 대한 고정된 이해와 편견은 이 과정을 더욱 촉진시켰다. 19세기 말 조선을 방문했던 서구의 여행자, 무역업자, 언론인, 선교사도 예외는 아니었다. 이들이 남긴 여러 자료에서 빈번히 등장하는 표현은 조선 사람들

---

22 외르크 뤼프케, 『시간과 권력의 역사』, 알마, 2011, 272~279쪽.

23 Immanuel Wallerstein, *The Modern World-System I: Capitalist Agriculture and the Origins of the European World-Economy in the Sixteenth Century*, Berkeley: University of California Press, 2011, pp.67~68.

24 Harry J. Birx, *Encyclopedia of Time: Science, Philosophy, Theology, and Culture*, SAGE Publications, 2009, p.136.

은 정확한 시간에 대한 감각이 전혀 없거나 비과학적인 시간 측정
방식을 고수하고 대다수가 자연의 변천에 몸을 맡길 뿐이라는 것이었
다. 예를 들어, 1883년 수행원으로 보빙사에 참여했던 퍼시벌 로웰
(1855~1916)은 5년 뒤 발간한 자신의 책 『조선: 고요한 아침의 나라』
에서 조선인(또는 아시아인)이 서양인과 비교해 지극히 열등한 시간 관
념을 갖고 있다고 단언했다. 로웰은 이렇게 적었다 : "시간은 순전히
서양의 필수품이다 … [조선 사람들은] 서로 만날 일이 없고, 만날 때도
시간을 엄수하지 않는다 … 이런 습성은 처음에 나를 너무 당황시켰다
… 조선에선 '일찍' 혹은 '정시'라는 개념이 없어 보인다."[25] 낯선 이방
땅에 적응하기 힘들었던 로웰의 상황은 충분히 짐작할 수 있지만, 그
의 이러한 인식은-특히 그의 저서가 미국에서 판매되고 조선에 대해
특정한 여론 형성에 영향을 끼칠 수 있었음을 고려하면-조르다노 난
니가 말하듯, "서구가 스스로를 시간에 민감한 문명으로 상정"한 반
면, 비서구는 시간과 무관한 사회라는 이분법을 재현했다.[26] 이제 시
간이란 문명의 위계를 구분하는 하나의 잣대이자 담론적 기준으로
작동하게 되었다.

조선의 개항과 근대적 조약 체결을 통한 국제 사회로의 진출은 이
세계 체제를 주도하는 서구 열강의 시간 질서에 편입되는 것을 뜻했
다. 1876년 이전에도 중국을 거쳐 들어온 "서학"은 이미 조선의 기존
역법 체계에 균열을 내기 시작했다. 비록 소수에 불과했지만, 로마

---

25 Percival Lowell, *Chosŏn, the Land of the Morning Calm: A Sketch of Korea*, Boston : Ticknor and Company, 1888, p.377.

26 Giordano Nanni, *The Colonisation of Time: Ritual, Routine and Resistance in the British Empire*, Manchester : Manchester University Press, 2012, p.2.

가톨릭을 신봉하던 일부 남인 계열의 유학자들은 18세기 말부터 그레고리력을 받아들였다. 양력의 개념을 명확히 알지 못했던 이들은 일요일 대신 7로 끝나는 날짜에 예배를 드리거나 시헌력의 28개 별자리의 변화하는 위치를 7로 나눠 주일을 섬기기도 했지만, 조선 당국의 극심한 천주교 탄압을 피해 교회력의 일정에 맞춰 각종 절기 행사-사순절, 고난 주간, 추수감사절, 대림절, 성탄절 등-를 따랐다.[27] 개력 전부터 그레고리력은 외교 업무나 한일 간 통신선의 왕래에서도 쓰였다. 1888년 8월, 조선이 일본 체신청과 전보에 관해 맺은 약정서의 제7항은 다음과 같이 공식 서류상 날짜 표기를 규정했다: "조선과 일본 사이에 교환하는 세계 각국의 전보 및 그와 관련된 문서에 기재하는 월, 일은 모두 양력을 사용한다. 이 점에 대해 두 나라 위원들은 각 정부의 위임을 받아 상호 서명하고 도장을 찍어 신원을 밝힌다."[28] 제국주의 열기가 한창 달아오르던 이 시기에, 알렉시스 더든이 지적하듯, 세계 내 "합법적인 것이 무엇인지는 정치적으로 힘 있는 자들이 결정했으며, 이들은 권력과 이익을 유지하고자 그 합법성을 보호하는 데 앞장섰다."[29] 그레고리력이 국제적 표준으로 채택되어 조선을 비롯한 비서구의 역법을 점차 위협할 수 있던 것은 양력 자체가 갖는 상대적 엄밀성을 넘어, 이 "정치적으로 힘 있는 자들"이 그렇지 못한 집단과 공유할 하나의 통일된 규칙으로 등장했기 때문이었다.

---

27 방상근, 「'첨례표'를 통해 본 조선 후기 천주교 신자들의 신앙 생활」, 『교회사연구』 42, 한국교회사연구소, 2013, 55~91쪽.

28 『고종실록』 25권, 고종 25년 8월 18일 정유 4번째 기사.

29 Alexis Dudden, *Japan's Colonization of Korea: Discourse and Power*, Honolulu: University of Hawaii Press, 2005, p.8.

을미개혁의 일환으로 실시된 개력은 그레고리력을 모든 관공서의 공식 역법으로 선포했고, 음력은 문서 작성 시 필요한 경우에만 보조 수단으로 쓸 수 있었다. 당연히 관보는 양력으로 발행되었으며, 일요일은 휴일로 지정되었다. 이 과정에서 을미사변 후 실질적으로 정무에 관여할 수 없었던 고종의 의견은 묵살되었다. 김홍집 내각과 주한 일본공사로 새로 부임한 고무라 주타로(1855~1911)는 왕실 내 선왕을 기리는 제사마저 음력의 사용을 금지했다. 1896년 2월 러시아 공사관으로 피신한 고종은 갑오개혁의 주요 인물을 파면함과 동시에 음력에 따른 왕실 전통 의례의 복원을 명령했다. 고종은 다음과 같은 입장을 밝혔다: "우리나라에서 제사를 올리는 일은 더없이 엄하고 공경스러운데 [갑오] 내각의 반역자들이 … [역법을] 제멋대로 [바꾼 일은] 너무나 통탄스럽다 … 이제부터 종묘와 전궁, 각 능원에서 지내는 제사는 일체 옛 법대로 하며 모두 옛 역서의 날짜대로 지키라."[30] 대외 관계상 그레고리력의 도입을 취소하지는 못했지만, 왕실 내 음력으로의 회기는 조선 사회에서 두 역법의 불편한 공존을 예고했다.

역법의 이중화는 개력을 지지하고 반대하는 양측 모두로부터 거친 반대에 부딪혔다. 아관파천 당시 새 내각을 구성한 신료들은 고종에게 수 차례 상소를 올려 양력의 철폐를 강력히 요구했다. 이들의 탄원은 1897년 2월 고종의 환국 이후로도 계속되었다. 대한제국 출범 두 달 뒤, 중추원 2등 의관으로 근무하던 지석영(1855~1935)은 아래와 같이 소청했다.

---

30 『고종실록』 34권, 고종 33년 7월 24일 양력 1번째 기사.

　우리나라에는 … 정월이 두 개이니, 어떻게 한 나라에 정월을 두 번
치를 수 있습니까? … 양력의 이용은 지난 수년 동안 외국과의 교제와
국내의 예산 배정에 있어서 이미 관습이 되어 바꾸기가 어렵게 되었기
때문입니까? 평년을 12달로 나누고 윤달이 있는 경우 13달로 계산해서
각 처에 예산을 배정하면 털끝만치도 문제가 없습니다. 외교 문건에서는
큰 글자로 음력을 쓰고 옆에 양력 몇 월 몇 일이라고 적으면 혼란이 없을
것입니다. 무엇을 위해 양력을 쓰고 정월을 하나로 정하지 않음으로써
나라의 체모를 손상시키고 민심을 현혹하는 것입니까? 신은 실로 부끄럽
습니다 … 왕께서는 양력을 폐지하시고 전적으로 음력만을 쓰게 해서 나
라의 위신을 높이시기 바랍니다.[31]

　지석영은 음양력의 동시 사용은 새해의 시작을 양분하고 민심을
어지럽힐 우려가 있으므로 반드시 양력을 철회해 혼란을 막아야 한다
고 보았다. 그의 구체적인 제안은 대외 문서의 경우, 음력일을 큰 글
자로 쓰는 대신 양력 날짜를 그 옆에 보조로 적고, 정부 예산의 배분
은 평년엔 12개월, 윤년은 13개월로 나눠 실행하자는 것이었다. 흥미
로운 부분은 지석영은 1880년대 초 수신사를 따라 일본을 방문했을
당시 배운 두묘 제조와 저장 방식을 활용해 조선에 서양식 우두 접종
법을 보급했는데, 역법에 관해서만은 철저히 기존 제도를 고수했다는
점이다. 그에게 서양과 일본을 따라 음력을 버리는 일은 나라의 위신
을 떨어뜨릴 만큼 중대한 문제였다.
　지석영보다 1년 앞서 학부대신 신기선(1851~1909)도 개력을 비판
하며 조선이 음력으로 돌아갈 것을 주장했다. 고종과 마찬가지로 그

---

31 『고종실록』 36권, 고종 34년 12월 21일 양력 3번째 기사.

는 역법을 바꾼 이들을 역적으로 몰아세웠다.

> 머리를 깎고 양복을 입는 것은 야만이 되는 시초이고, 한자 대신 한글을
> 쓰는 것은 옳지 않으며, 외국의 양력을 받아들여 청 황제께서 주신 달력을
> 폐하는 것은 도리가 아니다 … 얼마 전 조정의 역적들이 한 이러한 짓들은
> … 사람을 짐승으로 만들고 후손을 망하게 한다.[32]

신기선은 외국에서 들어온 각종 문물이 조선을 병들게 하고 유교
예법을 망가뜨린다고 믿었기 때문에 갑오년 이래 진행되어온 급격한
정치-사회적 개혁에 대해 극히 부정적인 태도를 취했다. 단발에 이은
서양식 의복의 착용, 한글 전용, 특히 양력 전환은 고유한 질서를 헤치는
심각한 위협일 뿐 아니라, 심지어 사람을 짐승으로 만드는 야만의 길이
었다. 오랑캐로 여겨졌던 만주족이 세운 청이라 해도 여전히 중국은
신기선 같은 성리학 관료들에게 동아시아 문명이 기원한 지리적 장소
였다. 이 전통 규범의 경계를 벗어나는 행위는 결코 용납될 수 없었다.
　개혁에 동참하거나 옹호했던 자들은 신기선의 상소에 항의했다.
특히, 유길준(1856~1914), 윤치호(1856~1945), 이상재(1850~1927)를 비
롯해 갑오 내각의 후원을 받던 『독립신문』의 필진은 신기선의 발언을
보도한 당일 기사 바로 아래에 이를 반박하는 논설을 게재했다.

> [우리 편집부는] 학부대신 신기선 씨가 올린 상소문을 읽었다 … [우리
> 는] 그의 주장을 올바로 반박해서 조선이 독립국이 되는 데 [기여할 것이
> 다. [우선] 세종대왕이 만든 한글은 한문보다 더 좋고 편리하다. 우리나라

---

32 『독립신문』, 1896.6.4.

에 좋은 것이 있으면 그것을 쓰는 것이 옳지 [남의 문자를 쓰는 것은] 우리의 왕을 위하는 것도, 조선 사람을 위하는 것도 아니다. 신기선은 조선 사람이 중국으로부터 받은 음력을 써야 한다고 했다. 그가 청의 황제를 그렇게 섬기고 싶다면 거기로 가서 그의 신하가 되는 편이 낫지 대군주 폐하의 신하가 되어선 안 된다.[33]

같은 신문 지면상에서 역법을 둘러싸고 둘로 나뉜 조선 지식인들은 완전히 상반된 입장이었다. 문명-개화의 개념이 점차 새롭게 정의되어 가던 20세기의 전환기에 이들의 논쟁은 단지 음양력 중 기술적으로 어느 달력을 따르는 편이 더 이로운가를 넘어 근대 세계로 편입된 조선이 무엇을 지향하고 어떤 사회를 이룰 것인지에 관한 이념적 차원의 문제와 연결되었다. 여기에는 분명히 자주국을 향한 개화 세력의 열망이 내재했다. 이들은 지난 수 세기 동안 조공국으로 조선이 중국과 황실을 사대했던 역사를 청산하고, 이를 위해 한문과 음력 같은 생활 속 기초적인 부분부터 개선해 나갈 것을 주문했다. 지석영과 신기선을 포함한 유학자들이 시대착오적 인물로 격하된 시점은 특권적 위치에서 오랜 세월 조선에 막대한 영향력을 행사하던 중국이 과거의 패권을 잃고, 서구와 일본이 강자로 부상하던 시대의 상황과 일치했다. 1899년 6월 『독립신문』의 기자는 다음과 같이 감탄했다: "조선이 개항한 지 벌써 10여 년이 지났다 … 이제야 비로소 … 우리는 서구의 문화와 법률을 귀로 듣고 눈으로 볼 수 있게 되었다."[34] 하지만, 청의 (문자와) 역법 체계로부터의 독립이 자주국을 향한 조선의 첫걸

---

33 위의 신문.
34 『독립신문』, 1899.6.5.

음이라면, 어떻게 서양의 제도와 문물, 특히 유럽과 일본이 앞세우던 양력의 도입이 열강의 틈바구니에서 이 쉽지 않은 목표의 성취를 보장할 수 있는지에 대해선 아무도 의문을 제기하지 않았다.

주요 독자층과 정치적 성향의 차이를 막론하고 거의 모든 언론이 날마다 인간과 사회의 발전에 관한 논설을 게재하며, 간단한 생활 소품부터 획기적인 농업 기술에 이르기까지 오래된 것은 모조리 버려지거나 바뀔 대상으로 여겨지던 변화의 광풍 속에서 양력은 계몽 지식인들의 심상 내에 굳건히 자리잡았다. 유학자 계층이 주로 읽던『황성신문』마저 "서양의 유명한 발명과 진보는 모두 옛 것을 버리고 새 것을 좇음에서 나온 것"이라고 인정할 정도였다.[35] 무엇보다, 병들고 나약한 청을 전쟁에서 이기고 "유럽과 미국으로부터 명성과 능력을 인정받은 일본"이 아시아의 맹주로 떠오르면서 개혁을 향한 조선 개화주의자들의 열망은 한층 더 달아올랐다.[36] 이들이 보기에 양력에 기반한 시간의 일원화는 일본의 놀라운 성장을 뒷받침한 여러 요인 중 빼놓을 수 없는 점이었다. 『제국신문』은 이렇게 적었다: "일본은 … 전국이 양력으로 통일되어 모두가 이를 따른다 … 조선 사람들도 어서 옛 풍속을 버리고 날마다 이를 써야 일본과 같이 이익을 얻을 것이다 … 빠르게 변혁하는 세상을 알고 좇기 힘쓰는 자는 일본처럼 흥왕하나 구습을 버리지 못하는 자는 청국 같이 쇠락할 것이다."[37] 동아시아의 권력 질서가 전복되어버린 지정학적 맥락 가운데 음양력은 각각 특정

---

35 『황성신문』, 1898.10.12.
36 『황성신문』, 1906.9.27.
37 『제국신문』, 1903.1.26.

국가 및 이미지와 결부되었다.

이분화된 담론의 구도 안에서 태양력의 상대적 우위를 논하고 개력의 정당함을 논하는 글은 1890~1900년대 꾸준히 이어졌다. 주장하는 성도나 어조의 차이에도 불구하고, 당시 신문들은 공통적으로 양력이 편리하고 정확하며 보편적이라는 점을 강조했다. 즉, 음력과 달리 양력은 지역과 기후에 영향을 받지 않을뿐더러 이미 전세계에서 사용되고 있기 때문에 조선이 국제 교류에 뒤처지지 않기 위해선 하루속히 양력의 완전한 보급을 이뤄야 한다는 논리였다. 『제국신문』의 한 논설은 다음과 같았다: "양력은 각국이 다 준행하므로 통상을 위해 이롭다 … 지금 세계에서 외국과 화의를 힘쓰는 나라는 불가분 이를 따라야 편하다 … [반면] 음력이 절후에 맞는다는 이야기는 잘못되었다. 음력은 애초 청나라를 중심으로 만들어졌다. [음력이] 우리나라에 전혀 맞지 않는 것은 아니다. 하지만, 북극은 1년 내내 날씨가 추운 겨울이라 겨우 여섯 달만 낮에 해가 뜨고 반년은 밤이다. 이런 곳에서 음력이 이치에 맞는다고 할 수 있는가? … 위도에 따라 기후가 다르므로 음력이 어디서나 맞는 건 아니다."[38] 이 글의 지적대로 음력의 한계는 분명했다. 음력은 달의 움직임을 관측하는 장소와 위치에 따라 날과 월의 변동이 발생했다. 그러나, 양력의 경우, 큰 달(31일)과 작은 달(30일)이 처음에는 교대로 배치되었지만 로마의 카이사르나 아우구스투스가 자신의 생일을 기념하고자 7월과 8월을 임의로 늘리는 바람에 2월은 28일 혹은 29일에 그치게 되었다. 태양의 이동 거리와 속도가 일정함에도 양력은 천체의 운행을 제대로 반영하지 않았던 반면, 음력은 자연과 시간 사이

---

38 『제국신문』, 1903.2.10.

의 격차를 줄이기 위해 부단히 연구한 결과물이었다. 예를 들어, 200년 경 전후로 완성되어 1년을 365.2462일로 측정한 유홍(129~210)의 건상력(乾象曆)부터 실제 1년 365.2422일을 밝혀낸 시헌력에 이르기까지 음력의 개발은 100여 차례 가까이 이뤄졌다. 필요와 상황에 따라 음양력을 상호보완적으로 쓰기보다 양력의 일방적 우위를 내세운 주장은 "정확한" 사실에 근거했다고 보기 어려웠다.

음력에 대한 비판은 최종적으로 그것이 지닌 "비과학적" 속성, 계몽의 근간이 되는 이성 및 합리성에 반하는 "미신"과 밀접히 연관되어 있다는 점으로 진화했다. 양력과 마찬가지로 시간의 한 기록 방식이지만, 음력은 결국 길흉화복을 따지고 미래의 운명을 점치는 일에 쓰여왔다는 점에 비난의 화살이 꽂혔다. 음력은 아무런 근거 없이 무속적 믿음에 기반해 무지몽매한 사람들의 사고와 행동에 제약을 가하는 해로운 유물로 전락했다. 이미 고정화된 구식과 신식의 개념적 틀 위에 양력과 음력에는 과학 대 비과학, 현실 대 비현실, 심지어 선과 악의 구조가 덧붙여졌다. 『황성신문』의 한 기자는 음력이 "제사, 혼인, 외출 등을 위한 운수 좋은 날을 따지는 데 동원되지만, 그 출처가 불명확"하고, "사람의 삶과 관계되는 길흉이란 반드시 하늘의 뜻에 달린 것이 아니므로 신경 쓰지 말아야 한다"고 적었다.[39] 미신의 원천이자 신뢰할 수 없는 시간으로서 음력의 점성술과의 연루는 조선의 문명화를 가로막는 주범이었다.

---

39 『황성신문』, 1899.8.29.

음력은 절후의 이르고 늦음 및 한 달의 길고 짧음을 알기 어려울 뿐
아니라 귀신을 위해 만들어진 것이다. 이 귀력을 맹신하면 일상 생활을
하는 데 구애되지 않을 수 없으니, 앉고 일어서고 눕는 모든 일에서 자유
를 막는 속박이라는 생각이 들게 된다. [음력에 의하면] 흙일에는 출타하
거나 제사를 지내고 방아를 찧고 벼슬길에 오르는 일 등 허다한 경우가
부적합하다고 한다 … 인간의 어리석음이 이 지경에 이르렀으니 가정과
국가의 패망을 누구에게 한탄하겠는가? 오늘날 세계의 여러 나라를 관찰
하면 음력을 사용하는 나라는 하나도 없고 모두 문명을 이뤄 부강하다.
우리 조선은 매사에 흉한 것을 피하고 길한 것을 추구하는데도 왜 이토록
빈약한가? 한마디로 요약해서, 모든 동포가 음력에 대한 믿음을 버리면
조선에도 희망이 있을 것이다.[40]

보안회, 공진회, 대한자강회 등 1900년대 초 애국계몽운동을 이끌
던 각종 단체와 학회도 빠지지 않고 다룬 주제 중 하나는 개력이었다.
이들은 공통적으로 교육을 진작하고 식산흥업을 이뤄 점차 고조되는
식민화의 위협에 맞서 조선의 독립을 지키고자 힘썼고, 이로써 역법
의 문제는 국권 회복과 민족 자립의 차원에서 다뤄지는 경우가 많았
다. 대한협회는 1905년 러일전쟁 이후에도 여전히 일본이 동양을 서
양의 침략으로부터 보호하고 선진 문화를 전수해주고 있다는 낙관적
사고를 이어갔지만, 역시 실력양성론을 내세우며 조선인은 정치, 교
육, 산업의 지식을 쌓아 국력을 증진시키고 각자가 문명인의 자격을
갖춰야 한다고 보았다. 이 점에서 "미신"은 가장 우선적으로 척결되
어야 할 구습이었고, 그 이론적 원리를 제공하는 음력은 "귀력", 곧

---

40 『대한협회회보』 제1권 5호, 1908.8.

"귀신의 역법"에 불과했다. 앞서 말했듯, 하루하루가 텅 빈, 균질적인 일정의 반복이 아니라 음력은 "역주 붙이기"를 통해 각각의 날에 전부 개별적인 의미를 부여했고, 연신방위지도(年神方位之圖)를 그려 한 해 동안 동서남북 24방위에 배치된 서로 다른 신들이 인간 행위의 길흉을 점지했다. 이 세계관 내에서 개인의 자유롭고 주체적인 의지는 당연히 일정 부분 제약을 받았고, 누구나 역법이 규정한 행동 규범에 구속되어 의사 결정을 내릴 가능성이 컸다.

그럼에도 한편으로는, 이창익이 지적하듯, 천문학적 관찰과 점성학적 해석이 결합된 이중 구조를 가진 음력을 통째로 비과학적이고 부정확하다고 매도하는 것은 이 둘의 구별 없이 그 안에 담긴 우주와 천체에 대한 일차적 분석 및 그 해석이 오랜 세월 인간의 삶과 밀접하게 연관되어 발전해 온 문화 양식을 함께 버리는 결과로 이어질 수 있었다.[41] 무한 경쟁과 우승 열패의 강박이 지구 전체를 뒤덮은 위기 가운데 생존을 위한 방도를 모색하는 과정은 불가피하게 폭력적인 형태를 띠었다. 탈근대주의적 관점에서 모든 전통이 복원할만한 고귀한 가치를 가진 동등한 대상으로 보고 혹세무민의 신앙이 조선 사회에 남긴 심각한 폐해마저 긍정하는 것은 지양해야지만, 분명한 점은 개화 세력도 조선인의 집단적 상상력으로 자리 잡은 역서의 주술-종교적 힘 - 신화, 전설, 민담이 허구임에도 전승된 경험으로써 이를 믿는 자들에게 끼친 현실 속 영향력 - 을 꺾을 수 없었다는 사실이다. 특히, 관혼상제의 관습이 지속되는 한, 이와 분리될 수 없는 음력은

---

41 이창익, 『조선 후기 역서의 우주론적 복합성에 대한 연구: 역법과 역주의 관계를 중심으로』, 서울대 박사학위논문, 2005, 9~14쪽.

끝없는 철폐의 요구와 공격에 주변화될지라도 사라질 수는 없었다.

4. 식민화된 시간과 그 바깥의 시간: 표준시, 조선민력, 그리고 이중과세

그레고리력이 도입된 지 15년도 더 지난 때, 구한말 조선에선 여전히 음력이 주를 이뤘고, 사람들은 양력의 존재조차 모르는 경우가 많았다. 이들은 수백 년 넘게 별 탈 없이 써오던 음력을 굳이 버릴 이유를 찾지 못했을 뿐 아니라 세시풍속과 맞지 않다는 점 때문에 양력을 기피했다. 당시 신문의 기사에서 이런 상황을 엿볼 수 있다. 1901년 『황성신문』은 현 시국을 논하는 글에서 쉽게 바뀌지 않는 역법 체계를 두고 정부의 대책을 촉구했다. "[갑오년 이래] 양력을 쓰는 것이 합법적인 표준이다. 그러나, 공문서와 외국과의 교섭에서만 이를 사용하고, 왕실 의례의 날짜를 정하거나 일생 생활에서 늘 음력으로 기록됨이 태반이다."[42] 5년 뒤에도, 신문은 같은 문제를 지적하고 나섰다. "공적인 장부와 관문서에는 모두 양력이 쓰이고 있으나, 국경일에도 사람들이 양력을 쓰는가? 그들이 [가내] 제사에서도 양력을 쓰는가? 지금도 시골 마을이나 여염집에서는 양력 1월 1일에 대해 전혀 모르는 자가 많다고 한다."[43] 고종과 조정부터 개력에 부정적인 입장을 취했고, 정책 홍보의 수단이 제한적이었던 시대상을 고려하더라도, 사

---

42 『황성신문』, 1901.4.22.
43 『황성신문』, 1906.12.31.

람들의 양력에 대한 무지는 단순히 이를 듣거나 배우지 못했기 때문
만은 아니었다.

느슨하고 이원화된 시간 질서에 대한 단속은 일제의 식민화 작업
이 박차를 가하면서 1900년대 후반부터 본격화되었다. 비록 본고가
상세히 다루지는 않지만, 태양력을 비롯해 일주일과 1일 24시간제의
확산에는 개항 이후 전국적으로 설립되고 운영된 철도, 우편, 서구식
학교와 병원 같은 근대 시설의 역할이 지대했다.[44] 그럼에도, 통감부
의 압력으로 대한제국이 1908년 4월 런던 그리니치 평균 시간에 기반
한 127.5도의 국제 표준시를 조선에 적용하기 전까지 한반도는 지역
에 따라 시차가 존재했다. 예를 들어, 경부선과 경의선은 도쿄 표준시
에 따라 운행되었지만, 평양과 부산 간에는 몇 분에서 몇십 분 정도의
오차가 있었다. 순종은 같은 해 2월 칙령 제5호, "대한국 표준 시간에
관한 안건"을 재가해 반포했고, 두 달 뒤 조선의 공식 시간은 중국과
일본 사이의 위도상 위치를 반영해 베이징보다 30분 빨리, 도쿄보다
30분 늦게 설정되었다.[45] 그러나, 1910년 8월 한일병합으로 대한제국
이 주권을 완전히 상실한 후, 1912년 1월 1일부터 한반도 전체는 135
도의 일본과 동일한 시간대로 편입되었다.[46]

일제의 통제는 매년 관상국이 발행하던 역서의 구성과 내용에서도
나타났다. 1907년 12월, 통감부는 갑오개혁 당시 관상감 대신 설치된
관상소(觀象所)를 폐쇄하고, 이를 측후소(測候所)로 개명한 뒤, 와다 유

---

44 정상우, 「개항 이후 시간 관념의 변화」, 『역사비평』 50, 역사비평사, 2000, 184~199쪽.
45 『순종실록』 2권 순종 1년 2월 7일 양력 2번째 기사.
46 정근식, 「한국의 근대적 시간 체제의 형성과 일상 생활의 변화 1」, 『사회와역사』 58,
    한국사회학회, 2000, 193~194쪽.

지(1859~1918), 세키구치 리키치(1886~1951)와 같은 일본인 학자들에게 실질적인 운영을 맡겼다. 이들은 1880~90년대 유럽에서 기상학과 천문학을 전공하고 일본 내무성에서 근무했는데, 와다는 1904년 인천관측소장으로 일하던 중 발탁되었다.[47] 식민 당국의 개입으로 1909~10년에는 명시력(1898년 시헌력에서 개칭됨)이 아닌 『대한융희3년력』과 『대한융희4년력』이 발간되었다. 이 역서들은 시헌력서와 달리 책의 각 장을 위아래로 이등분해 태양력으로 계산된 달력을 상위에 놓고, 음력 일과 월은 하위에 배치해 부차적인 기능만 담당하도록 했다. 나아가, 조선의 역대 선왕들의 기일과 축일은 모두 삭제되었고, 대한제국의 새 기념일이 기록되었다.[48] 일제는 조선 통치를 시작한 이듬해인 1911년 융희력을 없애고 중일전쟁에 돌입하기 전 1936년까지 매년 "조선민력"(朝鮮民曆)을 간행했다. 와다와 세키구치가 민력의 편찬을 담당했고, 시간 측정은 조선총독부 산하의 인천기상관측소에서 이뤄졌다.

조선민력은 『대한융희3년력』과 『대한융희4년력』의 형식을 거의 그대로 이어받았지만, 본격적인 지배 아래 놓인 식민지 조선의 역법인 만큼 몇 가지 다른 점을 지녔다. 우선, 민력은 일본 천황의 연호를 채택했다. 1911년 1월 배포된 첫 조선민력에서 당해는 고종이나 순종 재위의 "광무" 또는 "융희"가 아니라 "메이지 44년"으로 표기되었다. 또한, 24절기가 시헌력(명시력)에도 포함되었지만 각 달에 배정되지는

47 전용훈, 「전통적 역산천문학의 단절과 근대천문학의 유입」, 『한국문화』 59, 서울대학교 규장각한국학연구원, 2008, 44~48쪽.
48 정성희, 「대한제국기 태양력의 시행과 역서의 변화」, 『국사관논총』 103, 국사편찬위원회, 2003, 3~8쪽.

않았던 반면, 민력은 1월부터 12월까지 모든 달이 각 2개씩 절기를 나눠가졌다. 더 눈에 띄는 점은『대한융희3년력』과『대한융희4년력』 에 담겼던 대한제국의 8개 공휴일은 모두 사라지고, 그 자리를 10개 의 일본 축제일-사방배(1월 1일), 원시제(1월 3일), 기원절(2월 11일), 춘이황령제(3월 21일), 신무천황제(4월 3일), 명치천황제(7월 30일), 천 장절(8월 31일), 추이황령제(9월 24일), 신상제(10월 17일), 신상제(11월 23일)-이 차지했다. 이로써 식민 권력은 조선의 달력을 양력 중심의 새 역서로 대체하고 열도와 동일한 휴일을 강제함으로써 "내지"와 "외지" 사이의 시간적 동시성을 수립했다. 앞서 언급했듯, 서구 자본 주의 세력이 팽창 과정에서 거래 지역과의 시차를 최소화해 인력과 물자의 원활한 유통을 도모했던 것처럼 표준시부터 국경일과 역법에 이르기까지 일본과 조선의 시간 일원화는 제국의 정치적 포섭과 경제 적 통합을 위해 빠질 수 없는 절차였다.

여기서 특기할 점은 민력은 그 자체로서 사고파는 거래 물품이자 식민 당국의 이윤 추구의 재화가 되었다는 사실이다. 총독부는 제작 과 생산을 감독하며 용산인쇄국을 통해 1910년 9월 이듬해 민력 24만 부를 최초로 찍어냈다.[49] 당국은 중개상을 전국에서 모집한 뒤, 이들 과 판매 계약을 맺었다. 1912년의 경우, 심사를 거쳐 "서울 28명, 인 천, 대구, 부산, 목포, 개성, 진남포, 의주, 원산은 각 20명, 평양 5명, 해주, 함흥은 각 3명, 기타 부도는 각 1명"이 선발되었다.[50] 총독부 기 관지『매일신보』의 보도에 따르면, 각 판매원은 최소 1000부의 판권

49 『황성신문』, 1910.9.10.
50 『매일신보』, 1912.7.26.

을 가졌고, 대금 총액의 10분의 1을 보증금으로 납입했다. 만약 두 사람 이상이 협업하는 경우, 대표자 한 명의 이름으로 출원 등록이 가능했다. 중개인들은 민력 1부당 2전 5리에 사서 소비자들에게 4리에 팔도록 허용되었다.[51] 1920년대 초부터 민력은 단순히 달력을 넘어 생활에 유익한 정보를 담은 종합 안내서로 발전했다. 민력 끝부분에는 나이 계산표, 일본과 조선의 지역별 면적, 인구, 제국 지도가 함께 실렸고, 1920년대 말부터 일본 모든 현의 기후, 도량형표, 벼농사 일정, 세금 납기일 목록 등이 추가되어 많은 사람들에게 더 매력적인 상품으로 다가왔다.

총독부의 적극적인 판매와 홍보에도 불구하고, 일방적인 민력의 보급은 조선인들에게 오히려 혼란을 불러일으켰다. 1910년 전까지만 해도 개력은 이뤄졌으나 실제 역서는 여전히 음력 위주였고, 공문서와 외교 업무가 아니고선 일반인이 굳이 음양력을 함께 쓸 일이 많지는 않았다. 1918년 말 『매일신보』의 기자는 다음과 같이 민력이 초래한 혼동에 대해 지적했다.

조선민력에는 10월이 크게 되고 지나 책력과 기타 날마다 쓰는 일력에는 모두 10월이 작게 되어 양력 이튿날이 그믐이라 하는 사람도 있고 사흘째 날이 그믐이라 하는 사람도 있어 장사하는 사람들 사이에는 날짜를 두고 다투는 일이 많다 … 여염집에서도 제사와 생일에 관해서 삭망 같은 것을 언제 지내야 옳은지를 몰라 걱정하는 사람까지 있어 [민력은] 조선 사람들 사이에서 지금의 큰 문제가 되었다.[52]

51 『매일신보』, 1913.9.16.
52 『매일신보』, 1918.12.4.

위 기사에서 알 수 있듯, 사람들이 가장 어려움을 느낀 부분은 역법에 따라 달의 길이가 다른 점이었다. 민력에 의하면 10월은 30일까지였지만 대다수의 조선인은 29일을 그믐날로 알고 있었다. 비록 하루나 이틀일지라도 사업에 종사하는 이들에게 이 차이는 충분히 심각한사안이 될 수 있었다. 10월 30일과 11월 1일 중 어느 날이 생일이될지는 역법의 종류에 따라 달라졌다. 무엇보다, 제사를 지내는 데음양오행에 맞춰 매일 다르게 결정되는 운세만큼 중요한 고려 사항은없었으므로, 민력은 "지금의 큰 문제"가 되었다. 1920년대에 들어서도 혼란스러운 상태가 크게 나아지지 않자『매일신보』는 몇 차례에걸쳐 민력의 원리를 설명하기도 했다.

> 주의! 만세력과 조선민력, 날짜 차이가 하루를 넘는 시간 계산의 문제다. 음력으로 이번 달은 민력이 만세력보다 하루가 느리므로 일반 사람들은 어느 것이 옳은 것인지 헷갈려 한다. 한 시골 마을에서 장이 서는 날이틀려 큰 싸움이 일어나고, 어떤 사람은 생일을 두 번 치르고, 어느 먼서기는 이웃의 혼인 잔치에 초대받고서 기다리다 가보니 그 전날에 벌써 결혼식이 끝났다고 해 크게 실망했다고 한다.[53]

현대를 사는 우리로선 위와 같은 상황이 쉽게 이해되지 않고, 얼핏우스운 촌극처럼 보이기도 한다. 하지만, 비균질적이고 이중화된 역법의 세계를 처음 맞이한 당시 조선인들에게 삶의 현장에서 무엇을신뢰할만한 시간의 기준으로 삼아야 하는지가 불분명한 순간은 언제나 논란과 갈등으로 이어질 수 있었다. 이 때문에 장날이 달라 싸움이

---

53 『매일신보』, 1924.3.21.

벌어지기도 하고, 누군가는 생일을 두 번 치렀으며, 결혼식 날짜를 착각하는 일도 흔히 발생했다. 식민 권력의 지지를 등에 업고 제국의 자본주의 상품으로 등장한 민력이었지만, 피식민지인으로부터 합의나 동의를 얻지 못한 이상, 음양력의 불편한 공존은 통합을 향해 가는 길에서 벌어지는 자연스러운 현상이라기보다, 오히려 강제된 힘과 역사의 관성이 맞부딪친 눈에 보이지 않는 투쟁에 가까웠다.

　1910년대에 총독부와 『매일신보』가 앞다퉈 조선민력의 보급과 음력 철폐를 이끌었다면, 문화 통치 기간에 들어서는 여러 식민지 지식인들이 이에 참여하기 시작했다. 이들은 『조선일보』와 『동아일보』를 통해 역법 통일의 당위와 필요성을 설명하거나 양력 사용에 스스로 앞장서기도 했다. 이 중 대표적인 단체가 조선어, 문학, 역사를 연구하고, 이를 가르치기 위해 1918년 최남선(1890~1957), 오세창(1864~1953), 박승빈(1880~1943) 주도로 결성된 계명구락부였다.[54] 설립 초기 한국어 사전의 편찬 사업에 몰두하고, 대구에서 벌어진 물산장려운동에 동참했던 계명구락부는 1928년 1월 정기 총회에서 앞으로의 모든 모임과 활동을 양력으로 정한다는 결의안을 채택했다. 이후 계명구락부의 출판물에서 음력은 자취를 감췄고, 정월 행사도 양력으로만 열리게 되었다.[55] 그러나, 총독부와 언론, 일부 조선인 지도자들의 끝없는 노력에도 음력의 사멸은 요원했고, 이들이 한목소리로 음력을 공격하고 반대하는 기사가 끊이지 않았다는 사실은 거꾸로 음력이 가진 끈질긴 생명력을 반증하는 것이기도 했다.

54　신석호, 『한국현대사: 신생활 100년, 1863~1945』, 신구문화사, 1980, 402~403쪽.
55　정근식, 「시간 체제와 식민지적 근대성」, 『문화과학』 41, 문화과학사, 2005, 153쪽.

음력의 생존은 개력 이후 논란이 되어 온 "이중과세"-한 번은 양력, 또 한 번은 음력으로 설을 쇠는 것-의 문제와도 연결되었다. 1920년대 이중과세는 신문과 잡지가 개선해야 할 당시 조선 문화로 빈번히 다룬 주제였다. 음력 자체를 당장 없애기 힘들다면, 이에 기반한 새해맞이의 풍습부터 바꿔보자는 것이 이들의 의도였다. 1월 1일은 물론, 2월의 한가운데서도 며칠씩 쉬는 조선인과 그들의 가정을 비판하는 기사가 매년 초 쏟아졌고, "조선의 큰 골칫덩이", "인습에 걸린 제도", "커다란 폐습" 같은 표현은 상투어처럼 등장했다.[56]

이중과세의 폐해, 월급쟁이가 먼저 고치자! 연말이 가까워졌다. 월급을 타는 각 가정에선 적게나마 상여금이 들어와 이것도 사고 저것도 장만하는 풍경이 벌어진다. 그러나, 남들은 그 상여금으로 1년에 한 번 맞는 설에 상을 차리는데, 이중과세를 하는 조선 사람들은 상여금은 상여금대로 아무렇게나 써버리고 구력 섣달 그믐이 되면 또다시 새 상을 차리니 가장의 고통은 거듭된다. 따라서, 이중과세를 하지 맙시다! 세계에 공통되는 양력 과세를 합시다! 이를 목이 아프도록 부르짖은 지 근 10년이 되었는데도, 각 가정에서는 양력은 양력대로, 음력은 음력대로 1년에 두 번씩 새해를 지내게 되어 형편이 넉넉지 못한 조선 사람의 살림살이는 더한 고통을 느끼게 되는 것이다.[57]

위 인용문에서도 나타나듯, 이중과세의 폐단을 지적하는 여러 기사나 논설의 주요 논리는 두 번의 설이 가계 경제에 재정적 부담을 가중시킨다는 것이었다. 1년에 한 번만 해도 될 일을 모두가 두 번씩

56 『매일신보』, 1926.1.1.
57 『매일신보』, 1924.3.21.

치르게 되면서 쓸데없는 비용이 늘고 조선인의 허례허식만 부추긴다
는 주장이었다. 물론, 양력설을 처음 쇠기 시작한 1890년대 중반부터
이후 1920년대까지 이중과세에 대한 언론과 정부의 입장이 일관되게
부정적이었던 것은 아니다. 예를 들어, 『독립신문』은 철저히 양력 옹
호론을 내세우면서도 이중과세를 "새로운 마음으로 남들보다 두 배
나 독실하게 충군 애국하고 … 내치와 외교를 두 배나 튼실히 할 수
있는" 기회로 여기기도 했다.[58] 반면 자본의 논리가 뿌리내리기 시작
한 식민지기에 이중과세에 대한 입장은 완전히 달라졌고, 당국은 이
를 법으로 금지해 처벌의 이유까지 두지는 않았지만, 여전히 문화와
의식 개선의 일환으로 삼았다. 하지만, 자본주의 지배의 경계선상 혹
은 그 바깥에서 포섭되지 않는 시간의 영역으로 머물던 음력이 사라
지지 않는 한, 이중과세가 하루아침 사이에 멈춰질 리는 만무했다.

　식민지 자료에서 발견되는 음력 관습에 관해 한 가지 눈길을 끄는
점은 단지 예부터 전해져 왔기 때문에 긴 세월이 주는 무게에 눌려
양력이 조선인의 평범한 삶의 자리를 일찍 얻지 못했던 것은 아니라
는 사실이다. 개화 세력을 비롯해 일부 지식인들이 적극 나서 개력을
주창했던 것과 마찬가지로 식민지 주체로서 다수의 조선 사람들도
나름의 이유와 의식을 갖고 양력을 거부했다. 가장 뚜렷한 사유 중
하나는 이들이 양력을 "왜력(倭曆)", 곧 일본인들이 지키는 역법으로
보았고, 신정은 일본인의 설로 받아들였기 때문이다. 계명구락부 임
원이던 박승빈은 1927년 12월 잡지 『별건곤』에서 조선인이 음력을
고수하는 원인을 아래와 같이 설명했다.

---

58 『독립신문』, 1899.2.15.

오늘날 양력을 잘 지키자는 말은 너무나 당연하고 시대에 뒤쳐진 구호처럼 들린다. 그러나, 우리나라 사람들은 그것조차 잘 실행을 못한다. 가정이나 기타 무식 계급에선 양력설은 왜설이고 음력설은 조선설이라고 믿는다. 그들은 조선 사람으로서 왜설은 명절로 여길 수가 없다며 맹목적으로 반대한다. 이런 자들은 말할 필요도 없을뿐더러, 소위 지식인들도 글로는 양력이 옳다고 떠들면서 실제로는 가정에서 이를 지키지 않으니 이 얼마나 모순되었는가? 더구나 언론 기관이나 청년 단체에서 양력설에는 아무 일도 안 하다가 음력설이 되면 윷놀이, 연날리기와 같은 대회를 주최하는 것을 보면 참으로 통탄할 일이다. 우리가 형식적으로나마 양력을 실행한 지 벌써 몇 해가 되었나? … 과거는 어찌 됐든 내년부터는 양력을 반드시 지켰으면 좋겠다.[59]

양력을 따르자는 말은 지난 30년 넘게 언론과 각종 애국 단체가 외쳐왔기 때문에 그가 보기에 시대에 뒤떨어진 구호로 들렸다. 그럼에도 일반인을 비롯해 지식인 계층 역시 겉으로는 양력을 외쳐도 가정과 사회에서 실제 행동으로 옮기지 않았던 것은 음력은 조선력, 양력은 왜력이라는 구별 때문이었다. 당연히 이중과세는 고쳐지지 않았고, 음력설이 새해의 시작으로 여겨졌다. 이러한 대중 인식은 다른 자료에서도 발견된다. 1923년 초, 윤치호(1865~1945)는 자신의 일기에 "서울에서 양력설을 쇠는 조선인 가정은 하나도 없다고 해도 과언이 아니다. 일본인들이 양력설을 쇠기 때문에 조선인은 더욱 음력설을 쇠는 것 같다"라고 적었다.[60] 이 경향은 시간이 지나도 크게 변하지

---

59 『매일신보』, 1924.3.21.

60 윤치호, 『윤치호일기 제10권 (국역 윤치호 영문 일기 9)』, 한국사료총서, 국사편찬위원회, 1968, 1932.2.15.

않았는데, 윤치호는 1930년대에도 이 문제를 여러 차례 다뤘다.

　오늘은 임신년 음력 1월 1일이다. 시골 지역의 사람들은 말할 것도 없이, 서울의 조선인들은 이 날을 새해의 첫 날로 지킨다. 사람들에게 두 번의 신년 의식을 치르지 말도록 하는 강연과 결의안이 아무런 소용이 없다. 조선인들에게 있어서 이 옛 관습은 민족적 혹은 인종적 의식일 뿐만 아니라, 십 수 세기 동안의 습성이다. 그들은 양력설을 일본인들의 설로 생각한다. 일본인들이 공직의 90%를 차지하고 있지만 조선인들은 공식적인 일본의 양력설을 지킬 하등의 이유를 지니고 있지 않다. 모든 방면에서 조선인들의 발탁과 이익을 배제한 일본인들은 의도적, 비의도적 차별 정책과 실천을 통해 두 민족을 분리하는 간격을 계속적으로 확장시키고 있다.[61]

　이중과세를 막으려는 당국과 민간 지도층의 시도가 번번이 실패했던 것은 조선 사람들에게 음력은 수 세기 동안 고수해온 과거로부터의 유산이자, 윗글에서 윤치호가 밝히듯, 식민 지배하에서 그들이 받아온 불이익과 배제에 분노한 심리가 투영된 결과였다. 일본인이 거의 모든 권좌를 독점하고 조선인은 인종적 하위 계급에 놓인 환경 가운데 통제를 목표로 한 역법과 명절의 통일은 피식민지인의 반발을 피할 수 없었다. 윤치호는 이를 정확히 파악했다. 한두 해 전, 그는 이미 이렇게 썼다. "조선인은 국가의 공식 달력이 양력이란 사실을 무시하고 있다. 조선인은 일본 지배에 대한 암묵적 저항의 형태로 거의 무의식적으로 이처럼 행동한다."[62] 완고하고 변화를 거부하는 조선

61　위의 책, 1932.2.6.
62　윤치호, 『윤치호일기 제9권 (국역 윤치호 영문 일기 8)』, 한국사료총서, 국사편찬위원회, 1968, 1930.1.30.

인의 입장은 식민화로 이미 포섭된 사회에서 끝까지 포섭되지 않는 시간의 힘, 곧 규율 권력을 붕괴시킬 정도의 직접적이고 폭력적이며 중대한 위협은 아니더라도, 제임스 스콧이 말한 "다리 끌기, 시치미떼기, 포기, 거짓 순응, 절도, 연기된 무지, 중상 모략, 태업"과 같은 익명성 뒤에서 행해지는 약자의 무기이자 하부 정치의 재현이었다.[63]

1990년말 2000년대 초반까지도 한국 정부는 거의 해마다 음력과 이중과세 폐지 운동을 벌였다. 100년 전과 크게 다를 바 없이, 언론에서는 음력의 단점과 설을 두 번 쇠는 문화가 가져오는 경제적 손실 및 부담을 논하는 글이 이어졌다. 하지만, 음력 관습이 오늘까지도 계속되고 있다는 점을 고려할 때, 구한말부터 식민지 시기 조선인의 역법에 관한 일상 속 불복종은 지배 권력, 나아가 제국의 통치와 세계 자본주의의 자기-재생산을 뒤엎는 수준의 도전으로까지 진화할 순 없었을지라도, 서론에서 언급했던 "역사 1"에 결코 완전히 잠식되지 않는 "역사 2"의 존재, 곧 이질적 시간 체제로서의 음력이 "역사 1"의 바깥에서 균열을 낼 가능성이자, 그것의 절대적 보편성에 이의를 제기하는 "역사 2"의 한 구체적인 사례였음을 보여준다.

5. 나가며

19세기 말 20세기 초 중화 문명을 넘어 근대 국민-국가와 자본주

---

63 James C. Scott, *Weapons of the Weak: Everyday Forms of Peasant Resistance*, New Haven and London: Yale University Press, 1985, p.xvi.

의 체제, 제국의 질서로 편입된 조선에서 시간 관념과 실천은 그 자체로 빈틈없이 조여지고 재구성되었을 뿐 아니라 통치성의 구현을 위해 유순한 주체 생산에 동원된 사회-정치 권력의 매개로 작동했다. 이는 전근대 왕조가 시간을 규정되지 않은 자연발생적 상태로 두어 사회적 혼란을 방치하거나 통제 수단으로 삼지 않았다는 뜻이 아니다. 일찍이 기원전 2세기경 로마에선 농민 반란을 사전에 방지하고자 장날과 민회가 겹치는 날이 없도록 날의 주기를 마음대로 바꾼 달력이 명문화되었다.[64] 동양에서도 최초로 진나라 26년경 황권의 강화를 위한 단일 역법이 만들어져 쓰이기 시작했다.[65] 다만, 이러한 권력과 역법의 끈끈한 유대 속에서도 시간을 측정하는 방식은 나라와 지역, 계층에 따라 제각각이었고, 시간 개념도 계절과 밤낮의 길이, 자연의 변화에 맞춰 유동적이었다. 철도와 증기선 같은 근대적 발명품 및 학교와 군대, 감옥을 비롯한 감시의 공간이 도입한 시간표, 위도와 경도에 따른 표준시의 적용 등은 과거의 느슨하고 헐거운 시간 질서가 일반적이던 각 사회와 개인들을 통합된 체계 내로 묶어내는데 일조했다. 약속을 정시에 엄수하는 일부터 음양력 중 어떤 달력을 쓸지, 언제 일을 하고 어느 날에 쉴 수 있는지까지 사소한 일상의 품행은 더는 자율이 아닌 신체의 교정과 관리의 대상이었다. 식민 지배의 강화, 시민적 계몽, 생산 이윤의 극대화 등 통치성의 목표가 무엇이든 규율 권력이 주체를 규범으로서의 시간에 밀착시켰다면, 시간은 이 규율 권력의 작동을 매개하는 역할을 감당하게 되었다.

---

64 외르크 뤼프케, 위의 책, 201~204쪽.
65 정성희, 『조선시대 우주관과 역법의 이해』, 지식산업사, 2005, 111쪽.

그러나, 본고에서 주장하고 드러낸 바와 같이, 국민－국가/제국과 자본주의 세계의 확대 과정 가운데 이 전환을 지탱하는 권력 및 이상의 경계 밖에 남아 여전히 불협화음을 내는 시간이 지금까지도 존속해왔음은 우리에게 근대성의 보편화 경향이 결코 순탄하거나 일방향적이지 않다는 점을 시사한다. 물론, 음력의 잔존이 (혹은 과거의 유산으로서 어떤 것이 되었든) 완전히 정복되지 않는 영역은 내버려 두면서, 순간마다 상황에 맞춰 스스로의 내연과 외연을 끊임없이 확장해온 "역사 1"의 유연함을 오히려 조명할 수도 있다. 하지만, 침식될지라도 영원히 사라지길 거부하는 음력과 이에 기반한 문화－종교적 사상, 의례, 풍습은 "가지각색의 인간 존재 양식"으로서 이를 고수하는 사회의 가치와 정체성을 재현하는 "역사 2"의 가능성이 된다. 이 가능성은 언제나 체제 안팎에서 획일과 반지성을 거스르는 다양성의 원천으로 남아있다.

근대계몽기 학술지에 나타난 기독교 문화수용

오지석·이지성

1. 근대계몽기 학술지에 관심을 두는 이유

'근대 전환기와 기독교'라는 화두는 아직도 한국 사회에서는 뜨거운 감자와 같다. 왜냐하면 이 주제는 몇 년 전 "국정교과서" 논란의 한 축이 되는 화두였고 우리의 근대 전환기를 어떻게 규정하고 이해할 것인가라는 근본적인 물음과 그 궤를 같이하기 때문이다. 이 연구는 '근대계몽기 학술지' 속에서 등장하는 '기독교·문화·과학'이라는 화두를 풀어내기 위한 첫걸음이라 할 수 있다.

여기서 연구의 대상으로 삼은 것은 근대 전환기의 잡지인『대조선 독립협회보(大朝鮮獨立協會報)』[1], 『태극학보(太極學報)』[2], 『서우(西友)』[3],

1 『대조선독립협회보』는 1896년 11월 30일 제1호를 발행한 독립협회 기관지로 1897년 8월 15일 제18호로 종간된 것으로 추정된다.(최덕교 편저, 『한국잡지백년』 제1권, 현암사, 2004, 28쪽)

2 『태극학보(太極學報)』는 일본 유학생 단체 '태극학회'의 기관지로, 일본 유학생들의 두 번째 잡지이다. 장응진이 편집 겸 발행인을 맡았다. 1906년 8월 창간호를 발행한 이래 1908년 12월 통권 27호를 내고 종간했다. 태극학회는 주로 관서지방(황해도, 평안도)에서 온 유학생들의 단체이다. 정확한 '연혁' 정리되어 있지 않다. 구한말 근대계

『조양보(朝陽報)』[4], 『소년한반도(少年韓半島)』[5] 등이고 구체적으로 기독
교 관련 인물들의 투고 내용과 기독교 관련 기사이다. 또 다른 연구
대상은 1899~1904년 한성감옥서(漢城監獄署) 수감자들 가운데 기독
교로 개종한 인물들과 일본 유학생들 사이의 인적 네트워크이다. 따

몽기에 발행된 학술지 가운데 27호까지 속간된 최장수 잡지이다. 김기태, 『한국근대잡
지창간호연구』, 학연문화사, 2022, 63쪽; 최덕교 편저, 『한국잡지백년』 권1, 현암사,
2004, 174쪽.

3 『서우(西友)』는 1906년 10월 서울에서 평안도 및 황해도 출신 지식인들이 모여 조직한
구국 계몽단체 서우학회 기관지로 1906년 12월 1일 창간호를 발행한 후 1908년 5월
통권 17호까지 발행된 잡지이다. 서우학회는 우리나라 최초의 학회였다. 서우학회의
창립 발기인은 박은식을 비롯하여 김달하, 김명준 등 12인이었다. 서우학회는 1908년
1월 한북흥학회와 통합하여 '서북학회'로 이름을 바꾸고 1908년 6월부터 『서북학회월
보』를 발행하였다. 김기태, 위의 책, 73쪽; 최덕교, 위의 책, 96쪽.

4 『조양보(朝陽報)』는 1906년 6월 25일 창간된 우리나라 최초의 종합지 성격을 띤 잡지
이다. 장지연이 국민들에게 지식을 보급하고 국내외 정세를 보도하기 위해 창간하였
다. 조양보의 특징은 일반적으로 회원들을 두루 갖춘 단체를 기반으로 한 여타의 학술
지에 비해 『조양보』는 그 기반이 뚜렷하지 않다는 것이 특징이다. 다른 신문에 실렸던
글이나 외국의 글을 번역 소개한 것이 적지 않아 집필자가 많지는 않았던 것으로 보인
다. 김기태, 같은 책, 56~57쪽; 최기태, 같은 책, 149쪽.

5 『소년한반도(少年韓半島)』는 1906년 11월부터 1907년 4월까지 총 6개호가 간행되었
다. 손성준의 「해제-대한제국기 잡지의 정치성과 애국운동의 접변: 『소년한반도』를
중심으로」에서 잡지와 관련된 주석은 직접 인용하였음을 밝힌다.
"이 잡지는 량치차오가 『청의보』에 발표한 「소년중국설」에서 영감을 받아 '소년한반
도'라는 작명을 한 것으로 추측할 수 있다. '소년한반도'의 '소년'은 국가의 현 단계를
뜻하는 것으로 볼 수 있다. 『소년한반도』 창간 「축사」에 "오늘에 소년한반도 잡지를
축하하고 미래에 장년한반도 잡지를 다시 축하"한다는 대목은 앞서 말한 량치차오의
「소년중국설」의 한 구절을 떠올리게 한다. "완전히 성립하는 것은 장년의 일이다. 완전
한 성립에 이르지 못하고 점차 완전으로 가는 것은 소년의 일이다. 그러므로 나는
한마디로 말한다. 유럽 열방의 오늘은 장년국, 우리 중국의 오늘은 소년국이다. '소년중
국설'이 소년을 향한 발화가 아니듯, '소년한반도' 역시 부단히 성장해야 할 대한제국
과 그 국민 전체를 상징하고 있다." 「손정준, 해제: 대한제국기잡지의 정치성과 애국운
동의 접변-「소년한반도」를 중심으로」, 권정원·신재식·신지연·전민경·최진호 역,
『완역 소년한반도』, 보고사, 2021, 23~24쪽.

라서 이 연구의 목적은 근대계몽기 학술지 속의 기독교 문화 수용과 기독교 인적 네트워크 형성 양상을 살펴보는 데 있다. 따라서 이 연구의 목적은 근대계몽기 학술지 속의 기독교 문화 수용과 기독교 인적 네트워크 형성 양상을 살펴보는 데 있다.

이와 관련된 선행연구로는 근대계몽기 학술지의 특징 가운데 하나로 삼은 해외 유학생들의 문화 활동을 다룬 김영민[6]의 연구와 서북인 중심의 근대계몽기 지식인의 네트워크를 다룬 연구들로 전은경[7], 전성규·허예슬·이여진·최장락[8]의 연구가 있으며, 재일본 조선인 유학생 단체와 재일조선기독교청년회의 관계를 다룬 전성규[9]의 연구가 있다. 그리고 1899~1904년 한성감옥서 수감자들의 기독교 입교 관련 연구로 김일환[10], 최연정[11], 홍승표[12] 등의 연구가 있다.

여기서는 선행연구에서 다루지 않은 구한말 및 근대계몽기 학술지 기독교인들 필자들과 게재 글을 살펴보면서 기독교 인적 네트워크와

6　김영민, 「근대적 유학제도의 확립과 해외 유학생의 문학·문화 활동 연구」, 『현대문학의 연구』 32, 2007, 297~338쪽.

7　전은경, 「근대계몽기 서북지역 잡지의 편집 기획과 유학생 잡지의 상관관계 – '문학' 개념의 수용 양상을 중심으로」, 『국어국문학』 183, 2018, 231~270쪽.

8　전성규·허예슬·이여진·최장락, 「근대 계몽기 지식인 단체 네트워크 분석」, 『상허학보』 65, 상허학회, 2022, 185~240쪽.

9　전성규, 「근대 지식인 단체 네트워크(2) – 『동인학보』, 『태극학보』, 『공수학보』, 『낙동친목회학보』, 『대한학회월보』, 『대한흥학보』, 『학계보』, 『학지광』 등 재일조선인유학생 단체 회보(1906~1919)를 중심으로」, 『한국근대문학연구』 23-2, 2022, 109~141쪽.

10　김일환, 『1899~1904년 한성감옥서 수감자들의 기독교 입교에 관한 연구』, 북랩, 2023.

11　최연정, 「종교체험의 사회화: 구한말 한성감옥의 옥중 개종 체험 사례를 중심으로」, 『인문과학연구논총』 44(4), 2023, 155~176쪽.

12　홍승표, 「[기독교와 출판, 그 만남과 동행의 여정] 서린동 한성 감옥에서의 옥중도서실과 집단개종」, 『새가정』 69, 새가정사, 2017, 53~57쪽.

당대의 '기독교 문화' 수용의 모습을 살펴봄으로써 서양 문화와 사상의 수용, 변용이라는 근대 전환기 문화의 메타모포스의 특징[13]을 설명하고자 한다.

2. 구한말 및 근대계몽기 학술지의 기독교 인적 네트워크

여기서 주목하고 있는 시기는 개화기 이후 1910년 한일병탄 전까지다. 우리는 이 시기를 모두 아우를 수 있는 용어를 정립하는 데 어려움을 겪고 있다. 이를테면 이 시기를 개화기, 구한말, 근대계몽기, 근대전환기, 대한제국과 통감부 시대라고 부른다.

이 시기는 조선의 지배층이 해금에서 개항으로 대외 정책을 변경하면서 중국이나 일본을 거치지 않은 서양의 문화와 문명이 한반도에 직접 유입되었고, 지식인들이 직접 해외로 유학을 떠나기도 하였다.

더 이상 고립되어 있지 않은 한반도에는 신·구 관료층, 유림층, 일반 민중층, 기독교로 개종한 일부 지식인과 일본 유학생들이 학회 및 협회를 구성[14]하며, 실용 위주의 잡지보다 기울어진 나라를 바로 세우고자 자주독립을 외치며 잡지를 창간하고 발행하였다.

---

13 윤영실, 「근대전환기 문화(고유문화/외래문화)의 메타모포시스와 식민지 근대-임화의 『개설신문학사』를 중심으로」, 윤영실 외 지음, 『근대전환기 문화들의 조우와 메타모포시스』(메타모포시스 인문학총서 9), 보고사, 2021에 메타모포시스에 대한 이해가 나와 있다.

14 김영민, 「근대적 유학제도의 확립과 해외 유학생의 문학·문화 활동 연구」, 『현대문학의 연구』 32, 2007, 297~338쪽; 전은경, 「근대계몽기 서북지역 잡지의 편집 기획과 유학생 잡지의 상관관계-'문학' 개념의 수용 양상을 중심으로」, 『국어국문학』 183, 2018.6, 231~270쪽.

　서양 개신교 선교사들은 1884년을 기점으로 한반도에 들어와 선교 활동을 시작했다. 그들은 조선의 지배계층과 교류했으며, 1892년『코리안리포지토리(The Korean Repository)』를 발행하면서 타자의 시선으로 본 '조선'에 대한 많은 연구 성과를 드러냈고, 이는 한국학의 출발이라 할 정도로 서양의 지적 네트워크에 '한국'을 소개했다. 그들이 중심이 되어서 1887년 2월에는『대한크리스도인회보』를 1898년 1월에는『협성회보』를 배재학당을 중심으로 발행하여 기독교 지식인 네트워크를 형성하였다. 여기서 주목하고자 하는 것은 한국인 기독교 네트워크이다. 필자는 위에서 언급한 잡지 발행과 집필에 관여한 서재필이 주도한 대한독립협회, 한성감옥소에서 기독교로 개종한 인사들과 동경 유학생 단체인 '태극학회'와 재동경대한기독교청년회(YMCA)를 기독교 지식인 네트워크의 출발점이라고 보았다.

　이제 대한독립협회의 회보인『대조선독립협회회보』[15]의 필자 가운데 기독교 인사[16]를 살펴보면 서재필, 안명선(안국선) 등의 한국 기독교인과 한국 주재 선교사 찰스 빈톤과 중국에서 활동한 선교사 맥고완, 존 프라이어, 티모시 리처드 등이다. 이들은 가톨릭 전통이 아니라 개신교 전통을 따른다는 특징이 있다. 여기서 눈에 띄는 점은 과학·기술 지식에 대해 능통했던 존 프라이어의 글이 다수 수록되어 있다는 것이다.『대조선독립협회보』에서는 기독교 지식인 네트워크가 분명하지는 않지만 기독교인들이 필진으로 선정되거나 선교사들의 글

15　『대조선독립협회보』는 1896년 11월 30일 제1호를 발행한 독립협회 기관지로 1897년 8월 15일 제18호로 종간된 것으로 추정된다.(최덕교 편저,『한국잡지백년』제1권, 현암사, 2004, 28쪽)

16　발간 후 기독교 개종자 포함.

이 번역되었다는 점에서 그 가능성을 말할 수 있다.

이 글에서 가장 주목한 것은 전성규가 연구한 것처럼 '재동경대한기독교청년회'를 네트워크에 실질적인 연결성을 부여하며 유학생 사회의 역사를 형성한 네트워크 너머의 힘이이다.[17] 재동경대한기독교청년회는 1906년 11월 5일 간다구(神田區) 미도시로초(美土代町) 일본기독교청년회 건물에서 시작되었다. 1907년 8월 간다구 오가와마치(小川町) 2정목 7번지로 이전한다.[18] 태극학회·낙동친목회 등 여러 단체는 재동경대한기독교청년회 건물을 각종 회의를 하기 위해 빈번하게 사용하였고,[19] 태극학회 산하의 태극학교, 동인학회 산하의 동인학교 등도 연합하여 세운 청년학원의 학교 건물로도 사용되었다.[20] 그 후 1914년 9월 간다구 니시오가와마치 2정목 5번지 2층 양옥 회관을 건축한다.[21] 재동경대한

---

17 전성규, 앞의 글, 129쪽.

18 김일환, 앞의 책, 229쪽.

19 「잡록」, 『태극학보』 제13호, 1907.9.24; 태극학회, 『완역 태극학보』 3, 손성준·이남면·이태희·이진호 역, 보고사, 2020, 159~160쪽.

20 김일환, 앞의 책, 229쪽.

21 김일환, 앞의 책, 같은 쪽. 1907년 7월 24일 발행한 『태극학보』 제12호 「잡찬」에는 "대한기독교청년회에서 지금까지는 도쿄기독교청년회를 빌려 모이더니 이달 초순부터 간다구 니시오가와마치(西小川町) 2정목 5번지의 집 하나를 빌려 옮겨 모인다고 한다"라는 기사가 있다. 손성준·이남면·이태희·이진호 역, 앞의 책, 82쪽.
"1906년 봄 질레트 총무가 도쿄를 방문했을 때 244명의 한국유학생들이 모여 와서 환영회를 열어 주었다. 질레트 총무는 이 사실을 즉시 '중국 한국 및 홍콩 YMCA 전체위원회'에 보고하여 협조해 줄 것을 약속받고 돌아왔다. 때마침 서울의 YMCA 한인 총무 김정식이 총무자리를 그만두게 되어 즉시 도쿄에 파송되었다. 김정식이 도쿄에 도착한 것은 1906년 8월, 고오지마찌구에 있는 우리 한국공사관에서 준비를 하고 간다미도시로쪼에 있는 일본인 도쿄YMCA의 방 하나를 빌어 쓰다가 1906년에는 니시오까오쬬 니쬬메(西小川町2 丁目) 8번지에다 회관을 정하고 사업을 시작했다." 송건호, 「제1편 민족수난기의 YMCA운동」, 대한 YMCA 연맹 엮음, 『韓國YMCA運動史』(1895~1985), 路出版, 1986, 29~30쪽.

기독교청년회는 '네트워크 너머의 힘'이라고 평할 수 있는데 이와 관련된 인물은 김정식과 장응진, 문일평, 최광옥 등이다. 특히 김정식은 1902년 6월 유성준, 이상재, 이승인, 이원긍, 홍재기 등과 함께 유길준 쿠데타 모의 사건 혐의자로 체포되 한성감옥서에 수감된다.[22] 그는 감옥서에서 존 번연의 『천로역정』을 읽고 기독교로 개종한 후 1904년 3월 출옥 후 곧바로 연동교회에 출석하면서 1904년 10월 23일 게일목사에게 세례를 받았다.[23] 그는 연동교회 내의 기독교 교육 및 학교 교육에 참여하였고, 1904년 후반기 황성기독청년회 한국인 수석 간사가 되면서 황성기독청년회와 선교사 게일의 지원을 받은 국민교육회를 통한 교육운동에도 참여했다.[24] 또한 1906년 8월에는 동경대한기독교청년회 설립을 위해 일본으로 건너가 1916년 귀국하기 전까지 총무로 활동하면서 당시 일본 유학생들에게 많은 영향을 주었다.[25] 김정식은 기독교인뿐만 아니라 모든 유학생을 상대하였다. 그는 태극학회와도 밀접하게 관계를 맺으며 당시 조선인 유학생들을 포함한 청년들에게 기독교 신앙을 소개하기도 하였다.[26] 그는 당시 유학생 80퍼센트 정도에게 먼저 동경대한기독교청년회에서 처음 1년 동안 일본어를 배우게 하였고, 일요일 오후에는 예배와 성경공부에 참석하도록 권면하였다. 일요일 예배와 성경공부에는 평균 유학생 81명 정도가 참석했다.[27] 그는

22 김일환, 앞의 책, 221쪽.
23 김일환, 앞의 책, 226쪽.
24 김일환, 앞의 책, 227쪽.
25 김일환, 앞의 책, 211쪽.
26 김정식, 「去驕說(거교설)」, 『태극학보』 5, 1906.12, 15~17쪽; 신지연·이남면·이태희·최진호 역, 『완역 태극학보』 1, 보고사, 2020, 338~341쪽. 이것은 김정식이 연설하고 김낙영이 필기한 것이다.

동경대한기독교청년회 주변에 교회를 설립하고자 심혈을 기울였다. 왜냐하면 유학생들을 위한 교회의 설립이 중요하다고 보았기 때문이다. 김정식은 1908년 정익로가 『국한문옥편』을 발행하기 위해 일본에 머무르자 10여 명의 유학생들과 의논하여 회관이 아닌 별도의 교회를 설립하기로 하고 대한예수교장로회에 목사 파견을 요청했다. 대한예수교장로회에서는 1909년 9월 3일 한석진 목사를 일본 동경으로 파송하였고 한석진 목사는 1개월 동안 교회를 조직하여 영수에 김정식, 조만식, 오순형을 세우고 집사로 김현수, 장원용, 백남훈, 장혜순 등을 임명했다.[28] 이 유학생 교회는 1912년 장로회와 감리회의 협정체결로 '연합예수교회(Union Christian Church)'가 되었다.[29]

일본 YMCA협동간사였던 선교사 클린턴은 1909년 1월 기록에서 "동경에는 학생 세 개 단체가 있고 각각 건전한 월간지들을 발행하고

---

27 전택부, 『한국기독교청년회운동사』, 홍성사, 2017, 158쪽.

28 김일환, 앞의 책, 233쪽; 동경 유학생 교회 설립과 재일 조선인 선교에 대한 연구로는 이상훈, 「재일대한기독교회에서 한국교회 파견목사의 지위 변천과정」, 『한국기독교와 역사』 42, 한국기독교역사연구소, 2015, 85~116쪽; 이상훈, 「초기 재일조선인 선교에 대한 재고찰 : 미국 선교단체의 역할을 중심으로」, 『한국기독교와 역사』 47, 한국기독교 역사연구소, 2017, 269~299쪽; 김민섭, 「1910년대 후반 기독교 담론 형성과 '기독청년'의 탄생-동경 조선기독교청년회를 중심으로」, 『한국기독교와 역사』 38, 한국기독교역사연구소, 2013 등이 있다.
"1907년에는 400명 또는 500명의 유학생 중 163명이 기독교신자가 되었으며 그 학생들의 질로 보나 역량으로 보나 이 사업의 하나가 되었다. 그 회관에는 교실, 성경연구실, 독서실, 운동실 등을 차려놓고 다양한 사업을 시작했다. … 그(김정식 총무)의 독실한 신앙심, 그의 당당하고 여유있는 마음자세, 그의 기독교적인 생활태도는 학생들의 존경의 대상이 되었다. 이와 같이 기독교신자가 갑자기 늘어났기 때문에 학생교회를 창설해야 한다는 소리가 높아지게 되었다. 이러한 여론이 국내교회에 반영되어 결국 1909년 평양에서 열린 예수교장로회 제3회 장로회총회는 결의로써 한석진(韓錫晉) 목사를 도쿄에 파송하게 되었다." 송건호, 앞의 글, 31쪽.

29 『예수교장로회죠선총회뎨일회회록』, 1912, 12~13쪽.

있는데 이 단체들이 진심으로 기독교청년회와 협력하고 있다."라고 쓰고 있다.[30] 이만큼 대한기독교청년회 회관은 유학생 사회의 교류 중심지였고 기독교청년회는 이를 위한 여러 자원을 제공함으로써 유학생 사회를 흡수하였다.[31] 유학생 단체는 기본적으로 대한제국에서 일본으로 건너온 유학생들이 유학생활에 잘 적응할 수 있도록 돕는 데에 활동의 목적을 두고 있었고 재동경대한기독청년회를 통해 인적 네트워크를 확보할 수 있었기 때문에 유학생 단체의 협력관계는 점점 더 가속화되었다. 재동경대한기독청년회가 일본기독청년회와 선교사나 지역 교회 목사의 도움으로 지역사회의 폭넓은 네트워크를 확보하고 활용하였다고 볼 수 있다.[32]

조선 유학생단체와 기독교청년회의 관계는 1909년 1월 대한흥학회가 설립되면서 더욱 긴밀해진다. 유동식은 유학생 단체들이 오가와 마치의 재동경기독교청년회관에서 서로 교류하는 가운데 유학생들이 대한흥학회를 결성하고 하나로 통합하게 되었다고 한다.[33] 이것을 통해 보면 태극학회 및 대한학회, 공수학회 등을 비롯한 기존 유학생단체가 대한흥학회로 통합되는 데에 기독교청년회가 매개가 되었고 역할을 하였다는 것을 알 수 있다. 유동식이 인용한 황성 기독교청년회

---

30 일본 YMCA동맹, 『개척자』(*The Pioneer*), 1901.1. 유동식, 『소금 유동식 전집』 6, 한들, 2009, 100쪽에서 재인용.

31 전성규, 앞의 글, 130쪽.

32 전성규, 앞의 글, 130쪽.
　　『태극학보』 제2호 「회원소식」, "본 회원 김영재(金英哉)씨는 중앙회당 목사 신학박사 히라이와 츠네호(平巖恒保)씨의 주선으로 치가사키(茅崎) 난고의원에 의술연구생이 되어 지난 15일 오전 8시 반에 신바시(新橋) 발 열차로 해당 자소로 향했다."

33 유동식, 앞의 책, 101쪽.

에 파견 나와 있던 질레트 선교사의 글「동경에 있는 한국 학생들의 기독교 활동에 관한 몇 가지 사실」에서 당시의 대한흥학회 상황을 알 수 있다.

> 종교집회는 일요일 밤마다 열렸는데, 평균 81명의 유학생이 모였고, 일반유학생 단체인 대한흥학회는 매주 토요일에 모였다. … (당시) 509명의 유학생 가운데 213명이 기독교 신자가 되었으며, 대한흥학회의 회장, 부회장, 『대한흥학보』의 주필 등이 모두 크리스천이었다.[34]

대한흥학회와 대한기독교청년회의 관계에 대해 유동식의 견해가 더 견고해지려면 전성규의 지적처럼 재동경대한기독교청년회 회원과 재일본유학생단체 회원 사이 비교 검토가 필요하다.[35] 재동경유학생 학우회에서 발간한 『학지광』의 소식란[36]은 재동경조선기독교청년회의 다양한 기독교 관련 행사를 전하고 있었고, 재동경조선기독교청년회 부회장에는 이광수, 간사에 백남훈, 종교부 위원 겸 서기로 전영택 등이 있었기 때문에 일본 내무성은 『학지광』을 조선기독교청년회의 기관지로 착각하기도 하였다.[37] 조선 유학생 단체가 내외부 사정으로 회의 해산과 성립을 반복하는 가운데서도 기독교청년회는 일관되게 단체를 유지하였다.[38] 이는 근대계몽기 학술지의 인적 네트워크가 형

---

34 P.L. Gillet, "Some Facts Regarding Christian Works among Korean Students in Tokyo", 1909; 유동식, 앞의 책, 101쪽에서 재인용.

35 전성규, 앞의 글, 131쪽.

36 전성규, 앞의 글, 132쪽.

37 김영민, 『1910년대 일본 유학생 잡지 연구』, 소명, 2019, 73쪽.

38 전성규, 앞의 글, 132쪽.

성되는 이유가 될 수 있음을 보여준다.

김정식에게 영향을 받고 활동한 장응진(張膺震, 1890~1950)[39] 또한

39　장응진에 대한 선행연구로는 다음과 같은 것들이 있다. 지덕상, 「백악춘사의 개화기문
학적 위치」, 『국어교육』 46, 1983, 181~199쪽; 한점돌, 「백악춘사 장응진론」, 『사회과
학연구』 3, 호서대학교 사회과학연구소, 1984, 33~50쪽; 김윤재, 「백악춘사 장응진 연
구」, 『민족문학사연구』 12, 민족문학사학회·민족문학연구소, 1998, 17~202쪽; 하태석,
「白岳春史 張膺震의 소설에 나타난 계몽사상의 성격 - 계몽기 지식인의 기독교 수용의
한 양상」, 『우리문학연구』 14, 우리문학회, 2001, 321~340쪽; 조현욱, 「안악지방에서의
애국계몽운동 - 안악면학회와 서북학회 활동을 중심으로」, 『한국민족운동사연구』 28,
한국민족운동사학회, 2001, 29~76쪽; 조남현, 「논설가, 이야기꾼, 투사를 거쳐 교육자
로(장응진론)」, 『한국현대작가의 시야』, 문학수첩, 2005, 116~152쪽; 이유미, 「1900년
대 지식인의 현실인식과 글쓰기 방식의 상관성 연구 - 1900년대 잡지 소재 단편서사를
중심으로」, 『현대소설연구』 27, 한국현대소설학회, 2005, 137~159쪽; 김영민, 「근대적
유학제도의 확립과 해외 유학생의 문학, 문화 활동 연구」, 『현대문화의 연구』 32, 한국
문학연구학회, 2007, 297~338쪽; 조상우, 「「경성백인백색」에 드러난 애국계몽기 시대
상과 작가층」, 조경덕, 「구한말 소설에 나타난 기독교의 의미 - 1907년에 발표된 소설
을 중심으로」, 『우리어문연구』 34, 우리어문학회, 2009, 559~585쪽; 구장률, 「근대지식
의 수용과 문학의 위치 - 1900년대 후반 일본유학생들의 문학관을 중심으로」, 『대동문
화연구』 67, 대동문화연구원, 2009, 327~363쪽; 최자석, 「장응진 소설의 성경 모티프
연구 - 일본 유학시절 작품을 대상으로」, 『동북아문화연구』 22, 동북아시아문화학회,
2010, 21~36쪽; 윤경로, 「105인 사건 피의자들의 사건 이후 행적에 관한 소고 - 친일로
경도된 9인을 대상으로」, 『한국기독교와 역사』 36, 한국기독교역사연구소, 2012,
91~152쪽; 조형래, 「경찰과 감옥, 과학과 종교 사이 - 장응진의 소설과 논설을 중심으
로」, 『한국학연구』 36, 인하대학교 한국학연구고수, 2015, 289~314쪽; 전은경, 「『태극학
보』의 표제 기획과 소설 개념의 정립 과정」, 『국어국문학』 17, 국어국문학회, 171,
605~638쪽; 조형래, 「학업면려와 방탕무뢰의 토포그래피 - 1900년대 학회지에 나타난
도쿄 유학생의 여가와 일상생활을 중심으로」, 『동악어문학』 66, 동악어문학회, 2016,
125~134쪽; 이은선, 「개화기 소설에 나타난 국사범(國事犯)의 형성과 정치적 무의식」,
『한국문학연구』 57, 동국대학교 한국문학연구소, 2018, 215~242쪽; 최진호, 「『태극학
보』와 계몽의 문제 - 장응진의 『태극학보』 기고문을 중심으로」, 『사이間SAI』 27, 국제
한국문학문화학회, 2019, 59~82쪽; 전은경, 「『태극학보』의 몽유록계 서사와 근대문학
으로서의 가능성」, 『어문론총』 89, 한국문학언어학회, 2021, 281~313쪽; 안수강, 「일제
강점기 YMCA의 노선과 현재적 함의 고찰: 기관지 『青春』(1921~1940)을 중심으로」,
『신학과 실천』 79, 한국실천신학회, 2022, 631~667쪽; 권정희, 「'고백' 없는 '고백' 담론
- 한일 근대 '고백'의 문화 연구」, 『사이間SAI』 34, 국제한국문학문화학회, 2023,
187~222쪽.

근대계몽기 학술지 기독교인 네트워크에서 중요한 자리를 차지한다. 1905년 일본으로 건너간 문일평(文一平, 1888~1936)은 장응진에 대해 이렇게 언급하고 있다.

> 내가 동경에 건너가기는 18세 되던 해이었는데 때는 바로 일로풍운(日露風雲)이 반도를 거쳐서 만주의 산하를 뒤덮었던 1905년 봄이다. …나는 이렇게 말을 모르기 때문에 어학부터 먼저 준비하려는 결심하에 청강을 아주 그만두고 청산학원(靑山學院)을 떠나 말 배울 곳을 찾아서 本鄕區 日勝館이란 하숙으로 옮겨갔다. 이때 나는 日勝館에서 최광옥(崔光玉, 1879~1910)씨와 한방에 同留하면서 가르침을 받았고 그 이웃방에는 장응진(張膺震)씨가 기숙하고 있었는데 崔氏는 正則學校에서 영어와 수리를 전공하였으며 張氏는 東京物理學校에서 역시 수리를 전공하였던 것이다.[40]

장응진은 1905년 가을학기에 최광옥[41]과 함께 동경고등사범학교에 입학하며 함께 활동하였다. 그는 최광옥 함께 동경고등사범학교를 다니면서 관서지방 유학생 중심의 태극학회 활동을 하였는데 최광옥은 신병으로 학업을 중단하고 1906년 7월 귀국[42]하였지만 장응진은 학회에서 발기인으로 참여하고 1906년에는 초대 회장으로 선출되었고, 『태극학보』의 편집 겸 발행인이었으며, 1907년에는 평의원으로 활동하였

---

40 문일평, 「나의 半生」, 『호암전집』 제3권, 조광사, 1939; 영인본, 민속원, 1982, 489~490쪽.

41 최광옥(崔光玉, 1879~1910)은 기독교인이며 1904년 숭실중학을 제1회로 졸업한 후 일본으로 유학갔다. 그리고 동경에서 태극학회의 총무원으로 활동하다가 신병으로 귀국후 교육구국사업과 계몽운동에 헌신하였다. 『태극학보』 제1호 회원소식 "본회 총무원 최광옥씨는 창회 이래로 회무를 확장하기 위하여 매일 마음을 졸이더니 병환이 발생하여 지난 7월 16일에 본 회원 김상은, 박영로, 김홍랑 씨 3인과 동반 귀국하였다." 신지연·이남면·이태희·최진호 역, 앞의 책, 95쪽.

42 최이권 편술, 『崔光玉약전과 유저문제－부 증언사편』, 동아출판사, 1977, 6~8쪽.

다. 그는 태극학회의 학술지인『태극학보』에 1906년에서 1907년 사이
에 학술적인 글 11편을 발표하고, 번역·정리한 글 3편, 수필 '해수욕장
의 하루' 등 2편, 소설 '다정다한(多情多恨)' 등 4편, 총 20편을 연재하였
다.[43] 장응진의 소설은 기독교적 배경을 하고 있으며, 객관적 시각으로

---

43 김성학,『서구교육학 도입의 기원과 전개』, 문음사, 1996, 43쪽.
    장응진이『태극학회』게재한 글을 표로 정리하면 아래와 같다. 굵은 글씨는 기독교
    관련 글이다.

유형	번호	저자	제목	표제	게재호(날짜)
논설	1	회원 장응진	우리나라 교육계의 현상을 관찰하고 보통교육의 급선무를 논하다	강단	제1호 (1906.08.24)
	2	편집인 장응진	공기설(空氣說)	학원	제1~2호 (1906.09.24.)
	3	편집인 장응진	화산설(火山說)	학원	제2호 (1906.09.24.)
	4	편집인 장응진	인생의 의무	강단	제2호 (1906.09.24.)
	5	편집인 장응진	우리나라 국민교육의 진흥책	강단	제3호 (1906.10.24.)
	6	편집인 장응진	진화학상 생존경쟁의 법칙	강단·학원	제4호 (1906.11.24.)
	7	편집인 장응진	과학론(科學論)	강단·학원	제5호 (1906.12.24.)
	8	편집인 장응진	사회아(社會我)	강단·학원	제7호 (1907.02.24.)
	9	장응진	심리학의 측면에서 관찰한 언어	강단·학원	제9호 (1907.02.24.)
	10	白岳 장응진	양심론(良心論)	논단	제12호 (1907.07.24.)
	11	장응진	교수와 교과에 대하여	강단·학원	제13호~15호 (1907.09~11)
소설·수필	1	白岳生	**해수욕장의 하루**	학원	제2호 (1906.09.24.)
	2	白岳春史	**다정다한(多情多恨)**	강단·학원	제6~7호 (1907.01~02)

기독교를 이해하려는 당시 지식인사회의 일면을 살펴볼 수 있다.

3. 근대 계몽기 학술지 속의 기독교 문화 수용

앞서 구한말 및 근대계몽기 학술지의 기독교 인적 네트워크 출발과 형성 과정을 이 시기의 모든 학술지를 대상으로 하지 않고 비교적 접근하기 쉬운 『대조선독립협회보(大朝鮮獨立協會報)』와 『태극학회보(太極學會報)』를 중심으로 살펴보았다.

여기서는 『대조선독립협회보(大朝鮮獨立協會報)』, 『태극학회보(太極學會報)』, 『서우(西友)』, 『조양보(朝陽報)』, 『소년한반도(少年韓半島)』에 나타난 기독교 문화 수용을 소개하며 그 의의를 찾아보겠다.

	3	白岳春史	춘몽(春夢)	강단·학원	제8호 (1907.03.24.)
	4	白岳子 장응진	희망의 서광	논단	제11호 (1907.06.24.)
	5	白岳春史	월하(月下)의 자유(自由)	문예	제13호 (1907.09.24.)
	6	白岳春史	마굴(魔窟)	문예	제16회 (1907.12.24.)
번역·정리	1	인도국 신사 보-스씨, 본국신사 윤치호씨 번역, 白岳子 필기	인도의 기독교 세력	연설	제10호 (1907.05.24.)
	2	미국 예일대학 학사 인도순행초부 에듸쉬으쓰 씨, 김규식 번역,	修身의 필요	연설	제10호 (1907.05.24.)
	3	白岳子 필기	노동과 인생 : 강도양천 선생의 절필-『中央公論』에 실린 글	논단	제14~15호 (1907.10~11)

먼저 살펴볼 것은 『대조선독립협회회보』(1896.11.30. 창간)에 나타
나는 기독교 문화와의 만남이다. 그 가운데 『대조선독립협회회보』의
특징은 서양 과학·기술에 대한 소개이다. 그 가운데서도 많이 소개된
것은 중국 주재 선교사 존 프라이어의 『격치휘편(格致彙編)』[44]이다. 존
프라이어는 영국출신의 선교사이자 과학 전파자이며 서양 서적의 번
역자로서 문화전달자이다. 그는 『격치휘편』을 발간하고, 서양 과학지
식을 중국 교육 현장에서 사용될 수 있도록 익지서회와 협력하여 『격
치수지(格致須知)』[45] 편찬에 공들였다. 프라이어는 과학지식의 보급 현
장에서 종교와 과학을 철저히 분리하려고 하였다. 하지만 그는 자연
현상을 해석할 때 신학의 목적론을 사용했다. 우리는 그의 다른 글인
『천문수지』에서도 그 흔적을 다음과 같이 발견할 수 있다.

일월성신이 적소에 안배된 것을 볼 수 있는데, 주재자의 경영이 없으면
어찌 이와 같을 수 있겠는가? … 우주는 지극히 큰 이상 이런 우주와 비교
하면 지구는 오히려 하나의 먼지에도 미치지 못할 뿐이다. 사람을 미루어
보면 반드시 더욱더 작다는 것을 알 것이다. 이 때문에 혹자는 말하기를
사람은 매우 작은 존재로 하나님이 어떻게 알아 다스리는가? 그러나 아직
도 사람보다 작은 것이 있음을 알지 못하니, 마치 흐린 물 한 방울에 무수
한 미생물이 있는데 정밀한 현미경으로도 분별하기 어렵다. 또한 절대로
분별할 수 없는 것이 있는데 그 또한 각기 지체구복(肢體口腹)이 있어

---

44 『격치휘편』은 1876년 2월에 창간된 중문 과학잡지인데, 창간될 때 영문명은 *The
Chinese Sientific Magazin* 이었는데 1877년 *The Chinese Scientific and Industrial
Magazine*으로 변경된다. 이것은 마틴과 에드킨스 등 선교사들이 중국에 유용한 지식을
전파하는 학회를 조직해 편집한 『중서문견록(中西聞見錄)』의 연장선에 있다.
45 『격치수지』 시리즈는 주로 초학자들의 입문서로 서회의 추천을 받아 교회학교에서
사용되었다.

음식을 먹으며 생활할 수 있다. 모두 하나님의 뜻이 그 안에 존재하니 하물며 미생물인 인간보다 심히 큰 것이겠는가?[46]

『대조선독립협회회보』 제3호(1896.12.31.)에서는 『격치휘편』를 다루는 자세가 잘 드러난다. 그러면 근대계몽기 학술지인 『대조선독립협회회보』에서 차용한 『격치휘편』을 본격적으로 읽어보자. 제3호 (1896.12.31.) "『격치휘편』을 읽고(讀格致彙編)"는 청의 석학인 서수(徐壽)가 쓴 '격치휘편序'에 한문으로 부가한 것이다. 여기서는 권정원 외 번역의 도움[47]을 통해 읽어보자.

영국인 존 프라이어(John Fryer, 傅蘭雅)는 서기 1876년경 – 우리나라 개국 485년 – 에 청나라 상하이에서 매월 한 권씩 책을 출간하니 이를 『격치휘편』이라 명명하였다. 이 서적은 격치사물의 이용후생에 대해 두루 자세히 써 놓았다. 군자들이 상해 등지에서 사소한 액수로 그 전질을 구매하여 한 번 대강 보기를 간절히 바라니, 이 책이 일용사물에 보탬이 되기 때문이다. 이에 특별히 그 요긴하고 유익한 곳을 간택하여 이 회보 중에 기재하지만 식견이 부족한 탓으로 전하고자 하는 내용을 충분히 전하지는 못할 따름이다. 이 책의 서문은 청나라 석학인 서수가 지었는데, 그 서적의 요지를 다 아우를 만하다.[48]

치지격물의 학문이란 곧 수신·제가·치국·평천하(修齊治平)의 초급 공

---

46 胡思庸, 「西方傳敎士與晚淸的格致學」, 『近代史硏究』, 1985年 6期, 149쪽; 설충수, 「존 프라이어(John Fryer) 연구」, 『한국교회사학회지』 56, 한국교회사학회, 2020, 186~187 쪽에서 재인용.

47 권정원·이강석·전미경·정문채·최진호 역, 『완역 대조선독립협회회보』, 보고사, 2023, 78~83쪽.

48 권정원·이강석·전미경·정문채·최진호 역, 앞의 책, 78쪽.

부이다. 이는 주자의 이른바 '내 지식을 미뤄 지극히 해서 아는 바가 다하지 않음이 없고자 하는 것이다. 사물의 이치를 끝까지 연구하여 이르지 않음이 없고자 하는 것이다'라는 것이다.[49] (중략) 존 프라이어 선생은 영국의 박식한 학자이다. 그는 중국에 와서 유학한 지 10여 년 만에 중국의 언어와 문자를 통달하더니, 특별히 서양 문자로 된 격치학 관련 서적 중에 중국인에게 유익한 내용을 간택하여 중국어로 번역하고 매월 1권씩 출간하였다. (중략) 이른바 격치학 중에 중국인에게 유익하여 실용에 시행토록 할 만한 것으로 말하자면, 천문(天文)·지리(地理)·산수(算數)·기하(幾何)·역예(力藝)·제기(製器)·화학(化學)·지학(地學)·금광(金礦)·무비(武備) 등이 그 주류이고, 그 나머지 예술도 복잡하여 필설로 다 서술하기 어려울 정도인데, 그 정수를 구하고자 하면 각기 참고할 전문 서적이 있다. 최근 수년간 상해 제조국에서 서양 서적을 새로 번역하니 격치학 부문에 대해 두루 다 갖추었다고 일컬을 만하다.[50] (중략) 그래서 존 선생이 늘 말하기를 '중국이 이 기서(奇書)를 얻는다면 격치학이 필시 성행할 것이다. 더구나 중국은 지역이 광대하고 인구가 조밀하여 인재가 번갈아 흥기하니, 학문을 좋아하는 선비가 그 서적을 다 읽을 것임에는 그다지 크게 염려하지 않는다. 다만 우려하는 바는 먼 변방 지역일 경우 서적 구매가 어렵다는 것이다. (중략) 옛적 서광계가 일찍이 서유(西儒)를 칭찬하기를 '교만하지 않고 인색하지 않으며 온화하고 친근하며 또 흥미진진하게 후학을 잘 인도한다'고 하였는데, 이제 존 선생의 생각을 보니 그 또한 옛 서유에 실로 버금간다. 이 서적의 명칭을 휘편이라 하였는데, 이는 곧 서구의 서적과 근사의 신문 중에 격치학과 유관한 내용이 있는지 검토하여 주야의 노고를 사양하지 않고 요지를 간택하고 번역하여 휘집(彙集)으로 편성한 것이다. 중국인으로 하여금 이 서적을 돌려보게 하여 이로부터 문경(門逕)이 점차 넓혀져서 개총(開聰)이 더욱 지혜로워지면 그러한 연후에 날이 쌓여 공적이 되고 작은 것이 쌓여 가득해질 것이니,

---

49 권정원·이강석·전미경·정문채·최진호 역, 앞의 책, 78쪽.
50 권정원·이강석·전미경·정문채·최진호 역, 앞의 책, 79쪽.

달로 헤아리면 부족하더라도 해로 헤아리면 넉넉해질 것이다. 그 요령을
얻어서 거듭 전질(全帙)에 전력하여 그 지극함에 나아가 활연히 소득이
있기를 바라나리, 민생의 일용의 일에 대해 조치함에 도리가 있고 실시함에
방도가 있게 될 것이다. 이것이 곧 이른바 실용에 보탬이 되는 효험이다.
이에 대략 서술함이 이와 같다. 설촌(雪村) 서수(徐壽)가 서문을 지었다.[51]

제3호에는 프라이어와 맥고완[52]의 글이 있고 그 외 연재된 것을 살
펴보면 제4호 "격치약론(格致略論) - 안개·구름·이슬을 논하다", 제6
호 "격치론(전호 연속) - 설빙 및 동빙의 이치에 대한 이야기, 바람에
대한 이론", 제8호 "인분오류설(人分五類說)", "기기사(氣機師) 와트",
제9호 "와트와 증기기관에 대한 전기(전호 연속)" 등등이 있다. 이를
표로 정리하면 다음과 같다.

〈표 2〉『대조선독립협회회보』에 수록된 『격치휘편』기사

번호	수록권호 및 수록일자	필자	제목	수록 면
1	제03호 1896.12.31.	프라이어	"독(讀)격치휘편(格致彙編)" 『격치휘편』을 읽다	1~4
2	제03호 1896.12.31.	맥고완	"有益之樹易地遷栽" 유익한 나무는 다른 지역에 옮겨 심자	4~6
3	제03호 1896.12.31.	?	"向日葵之用" 향일규의 사용처	6~7
4	제03호 1896.12.31.	?	"城市多種樹木之益" 도시에 수목을 많이 심는 이점	7~8
5	제04호 1897. 1.15.	프라이어	"格致略論" 前號의 續이라 (論霧雲露) 격치약론(전호 연속) - 안개·구름·이슬을 논하다	2~5
6	제04호 1897. 1.15.	프라이어	"水論" 미완(未完) "물이야기"	5~6

---

51 권정원·이강석·전미경·정문채·최진호 역, 앞의 책, 82~83쪽.
52 맥고완(瑪高溫, Daniel Jorome MacGowan, 1814~1893).

7	제06호 1897.02.15.	프라이어	"格致論" 4號의 續이라 (氷雪及凍氷理의 論) 빙설 및 동빙의 이치에 대한 이야기	1~2
8	제06호 1897.02.15.	프라이어	"風論" 바람에 대한 이론	3~4
9	제07호 1897.02.28.	프라이어	"동방각국(東方各國)이 서양의 공예(西國工藝)를 모방(模倣)하는 것에 대한 총설(總說)이라" (前號格致論續이라)	1~6
10	제08호 1897.03.15.	프라이어	"人分五類說" 인분오류설	1~6
11	제08호 1897.03.15.	프라이어	"汽機師 瓦特傳" 기기사 와트	6~11
12	제09호 1897.03.31.	프라이어	"論電與雷"(未完) 번개와 천둥을 논하다	1~5
13	제09호 1897.03.31.	프라이어	"地球人數漸多應說法 以添食糧論" 지구의 인구가 점차 증가하니 마땅히 법을 신설하여 식량을 늘리자는 의론	5~8
14	제09호 1897.03.31.	프라이어	"瓦特汽機傳"(前號의 續이라) 와트와 증기기관에 대한 전기	8~11
15	제10호 1897.04.15.	프라이어	"紡織機器說" 방직기계에 대한 설	1~4
16	제10호 1897.04.15.	프라이어	"礦學論" 광학론	4~8
17	제10호 1897.04.15.	프라이어	"金礦" 금광	8~9
18	제11호 1897.04.30.	프라이어	"電氣學功效說－附牛皮鍊熟法" 전기학의 효과에 대한 설－소가죽을 무두질하는 방법을 부기함	2~5
19	제11호 1897.04.30.	프라이어	"打作機器圖說" 쌀을 도정하는 기기의 그림과 설명	5~10
20	제11호 1897.04.30.	프라이어	"광학론(礦學論)" 금광(金礦) (前號의 續이라)	10~15
21	제11호 1897.04.30.	프라이어	"은광(銀礦)"(以下 次號)	15~16
22	제12호 1897.05.15.	프라이어	"대포와 철갑론(大礮與鐵甲論)"	1~3
23	제12호 1897.05.15.	프라이어	"영국 왕실론(英國王室論)"	3~6
24	제12호 1897.05.15.	프라이어	"은광론(銀礦論)"	6~11
25	제12호 1897.05.15.	프라이어	"동광론(銅礦論)"	11~13
26	제12호 1897.05.15.	프라이어	"생기설(生氣說)"	13~16
27	제12호 1897.05.15.	프라이어	"인진을 논하다(論燐論)－화학편(化學編)"	16~20
28	제13호 1897.05.31.	프라이어	"동광론(銅礦論)"(前號의 續이라)	9~13
29	제14호 1897.06.15.	프라이어	"철광론(鐵礦論)"	8~13
30	제14호 1897.06.15.	프라이어	"西國富戶利民說" 서양 부호가 백성을 이롭게 한다는 설	13~15
31	제15호 1897.06.30.	프라이어	"西法有益於民論"	1~2

			서양의 법이 인민들에게 유익하다는 의론	
32	제15호 1897.06.30.	프라이어	"철광론(鐵礦論)" (前號의 續이라)	8~10
33	제16호 1897.07.15.	프라이어	"創造鐵路宜先使民人感知利益說" 철로를 처음으로 만들 적에는 마땅히 먼저 민간인이 모두 그 이익을 알도록 해야 한다는 설	9~11
34	제17호 1897.07.31.	프라이어	"環遊地球雜記" 지구를 주유한 것에 관한 잡기	1~8
35	제17호 1897.07.31.	프라이어	"로마의 전설(羅馬傳說)"	8~9
36	제17호 1897.07.31.	프라이어	"지리 초광(地理初桄)" "제1장 지형 및 조성 방법에 대하여 논하다 (第一章 論地形及造法)", "제2장 지각에 대하여 논함(論地殼)", "제3장 지형에 대해 논함(論地形)"	9~14
37	제18호 1897.08.15.		"探地名人傳略" 새로운 땅을 탐사한 저명한 인물들에 관한 약전: 제임스 쿡 전기(高克傳), 마젠란 전기(麥折倫傳), 존 프랭크린 전기(富蘭克令傳), 몽고 파크 전기(蒙哥巴克傳), 데이비드 리빙스턴(立恒士敦傳)	3~8
38	제18호 1897.08.15.		"쇄설(瑣說)" "고금의 기이한 기억력에 관한 설(古今奇記說)", "구름이 상승하여 비를 내리게 하는 현상에 관한 설(騰雲致雨說)", "날아다니는 먼지가 태양의 빛을 나타낸다(飛塵現日光)", "미국 및 일본에서 두려워할 만한 사물에 관한 문제(美國及日本에 恐할만한 物의 問題)", "술을 먹지 않고 끊는 효험이 있는 처방(禁酒妙方)"	8~12

『대조선독립협회회보』에서 인용된 프라이어의 『격치휘편』을 분석하면 『격취휘편』에 대한 전반적 설명, 서양 과학으로 설명하는 격치론, 영국왕실에 관한 이야기, 정치론, 서양법, 로마 이야기, 과학인물전, 기억력에 관한 이야기, 금주하는 방법 등이다.

『대조선독립협회회보』가 발간되던 시기에는 이미 기독교는 서양문명의 상징 또는 근대화에 대한 갈망의 통로로 여겨졌고 서양 선교사를 통한 기독교적 접근은 과학 문명 전파라 할 수 있다. 『대조선독립협회회보』에서는 서양 문화와 문물의 이식이 잘 드러난다고 할 수 있다.

『태극학보』에서 살펴볼 수 있는 기독교 관련 기사들은 정빈의 글과 장응진의 소설, 그리고 김정식의 설교, 인도국 신사 보-스씨의 연설, 쓰나시마 료센(綱島梁川)의 논설 등이다.

우리는 일반 학술지인 『태극학보』에서 그 당대 지식인사회의 기독교 수용과 변용의 모습을 살펴볼 수 있는데 그것은 일방적 이식·수용에서 점차 벗어나려고 노력하면서 주체적인 수용뿐만 아니라 나름대로 변용을 시도하고 있는 일면이 보인다고 말할 수 있다.

정빈이 1906년 제4호 강단/학원에 기고한 "면면(面面) 그리스도"를 들여다보자.[53] 정빈은 동양선교회 소속 성서학원을 졸업한 후 1907년 귀국 서울 종로에 복음전도관을 세우면서 기독교대한성결교회의 출발을 알렸다. 그의 설교 "면면 그리스도"는 '그리스도는 구속(救贖)의 주'와 '그리스도는 참자유'라는 것이다. 여기서 '구속'과 '참자유'라는 기독교의 기본 교리와 그에 따른 기독교 문화의 특성을 드러내고 있다. 그 당시 정빈의 활동은 또 '잡보(雜報)'에 나타나있다. 다음 기사에서 정빈의 역할과 태극학회 구성원의 기독교에 대한 관심을 읽을 수 있다. "본회 여러 회원이 기독교를 연구하기 위하여 성서학원에서 성서 전공하시는 정빈씨께 매 일요총회일에 30분씩 설교하기를 촉탁했다."[54]

『태극학보』의 기사 가운데 당시 일본 유학생들에게 큰 영향을 준

---

53 신지연·이남면·이태희·최진호 역, 앞의 책, 292~295쪽.
54 신지연·이남면·이태희·최진호 역, 앞의 책, 309쪽.

김정식의 설교뿐만 아니라 그를 모델로 삼아 장응진이 쓴 '사실소설 다정다한'을 주목할 수 있다.

김정식의 설교 "거교설(去驕說)"[55]은 '교오(驕傲)'에 대한 것인데 김낙영이 필기하여 『태극학보』 제5호 강단/학원에 게재되었다.

장응진은 백악춘사(白岳春史)라는 필명으로 당시 동경대한기독교청년회 총무인 김정식을 모델로 삼아 '사실소설 다정다한(多情多恨)'[56]을 『태극학보』 제6호(1907.1.24.)와 제7호(1907.2.24.) 축사/사조에 발표한다. 그 내용을 살펴보면 제6호(1-4)에서는 김정식이 1898년 11월 독립협회의 시위와 관련하여 징계받고 1899년 2월 22일 경무청 경무관에서 면직되고, 1899년 3월 10일 개항장이 개설된 목포 무안항 경무관으로 임명되었지만 오래 근무하지 못하고 5월 18일에 의원 면직당하고 유길준 쿠데타 모의 사건에 연루되어 국사범으로 체포된 것까지의 내용이고, 제7호(5-7)에서는 김정식이 이원긍, 이상재, 이승인, 홍재기, 유성준 등과 함께 경위원에 체포되어 있다가 평리원(平理院)으로 이송하여 감옥서에 수감[57]되고 한성감옥서에서의 생활 그 가운데 1903년 1월 개설된 감옥서적실에서 여러 가지 책 대출을 통해 기독교와 만남을 이야기한다. 김정식은 한성감옥서 서적실에서 1903년 1월 『유몽천자』를 대출하기 시작으로 해서 1904년 3월까지 전체 60회 39권을 대출하였다. 그는 주로 기독교 서적을 많이 읽었고 특히 한문 『신약전서(新約全書)』, 한글 『신약젼셔』 한글 『텬로력뎡』을 여러

55 신지연·이남면·이태희·최진호 역, 앞의 책, 338~341쪽.
56 신지연·이남면·이태희·최진호 역, 앞의 책, 80~87쪽; 151~156쪽.
57 김일환, 앞의 책, 220~221쪽.

번 읽었다. 달리 말해 김정식에게는 존 번연의 『천로역정』과 『신약전서』가 서양 문화와 기독교를 이해하는 매개가 되었다는 점을 밝히고 있다. 장응진은 옥중 생활에서의 독서를 이렇게 기술하고 있다.

> 이처럼 옥중 생활로 1년을 지낸 후에 이 뜻있는 무리는 옥관(獄官)의 후의로 5·6인이 한 방에 모이고 신체를 자유로 움직이게 되니 천조(千釣: 1조는 30근)의 무거운 짐을 벗어놓고 자유의 몸이 된 이후로는 항상 5~6인이 모여앉아 고담(古談), 소화(笑話)와 신문 등으로 무료한 세월을 보내며 혹 재미있는 책자를 구하면 옥중의 소일거리가 될까 하였더니, 하루는 같은 시기 옥중에서 징역하는 모 지사의 인연으로 예수교책 수 백 부를 들여왔단 말을 듣고 무료한 나머지 소설 보는 셈으로 혹 세상 근심을 잊을까 하여 친근한 부탁으로 『천로역정』 한 권을 구해오니, 이는 영국인 존 버니언이 눈먼 여식을 데리고 12년간 옥중에서 고생하며 저작한 것이었다. 선생은 같은 처지에 대해 동정의 눈물을 금치 못하여 밤낮 쉬지 않고 꾸준히 읽으니[58]

김정식은 옥중에서 신앙을 체험하고 개종하게 되었다. 그의 신앙 체험과 개종 이야기는 성서공회에 보낸 편지[59]와 1937년 5월 『성서조

---

58 신지연·이남면·이태희·최진호 역, 앞의 책, 152쪽.
59 숭실대학교 한국기독교박물관 학예팀 편, 『共嘯散吟 월남 이상재 선생 옥사기록(獄舍記錄)』, 숭실대학교 한국기독교박물관, 2012, 38~41쪽.
　　장응진의 "사실소설 다정다한(多情多恨)"의 내용을 입증해주는 것이 이상재·이원긍·홍재기 등과 같이 성서공회에 보낸 편지인 〈上同 三醒 金貞植 : 성서공회에 보내는 편지 삼성 김정식〉이다. 그 내용을 잠시 보면 다음과 같다.
　　"상제께서 불쌍히 여기시어 정동 성서공회를 통해 신학문의 서적 수백 종류를 구입하여 도와주었으니, 상제의 뜻을 준행하여 뭇 죄수들을 부지런히 가르쳐서 선한 길로 이끌어 들이려는 것이다. 나 역시 갖추어 읽으며 소일하다가 『천로역정』 한 권의 책을 읽게 되었는데, 이는 200여 년 전 영구의 요한 번연이 12년 동안 옥중에서 저술한 것이다. … 요한 번연이 진리를 알고 믿으며 실천하고 지켰다는 것과 그가 상제의 참 종이요, 예수의 신도임을 알 수 있다. 요한 번연이 고통을 달게 여기고 화를 즐거워

선(聖書朝鮮)』100호 "신앙의 동기"에서 만날 수 있다. 그는 한성감옥
서에서의 신앙 체험을 증언한 기록 동경조선기독교청년회 총무로 일
하던 1912년 10월 12일 작성하였고, 그것을 『성서조선』100호에 "신
앙의 동기"로 소개하고 있다.

『태극학보』에 나타난 기독교 문화에 대한 기사는 장응진이 관여
되어 있다. 1907년 5월 24일 발행한 『태극학보』 제10호 연설 인도국
신사 보-스씨의 "인도의 기독교 세력"도 그의 흔적을 살필 수 있다.
이 연설을 윤치호가 번역하고 필명 백악자(白岳子)인 장응진이 필기하
였다. 여기서 다루는 기독교는 가톨릭이 아니라 프로테스탄트라는 것
이다. 따라서 일본 동경 유학생들은 천주교와 다른 예수교를 기독교
로 이해했다고 추측할 수 있다.

장응진은 한국인 저술뿐만 아니라 일본의 기독교 사상가인 쓰나시
마 료센(綱島梁川, 1873~1907)[60]의 글 '노동과 인생'을 번역하여 『태극
학보』 제14호(1907.10.24.)과 제15호(1907.11.24.)에 게재하였다.

───

한다는 것의 본래 의도가 어떠한 것인지 알고자 하여 나는 『신약성서』를 두세 번 읽었
는데, 비록 그 오묘한 뜻은 상세히 알지 못했지만 마음에 남몰래 느낀 바가 있었으니
이를 간략하게 말한다. … 총괄하건대, 스스로 반평생을 돌아보니 하늘을 배반하고
도에서 멀리 떠나 그 죄가 참으로 면하기 힘든데, 설령 이 몸이 옥중에 들어가지 않았다
면 복음을 반드시 듣기는 보장하기 어려웠을 것이다. 그렇다면 자기를 팔기를 물건처
럼 하는 사람을 원망할 필요가 없고, 또한 감사하다고 말하지 않을 수 없다. 돌이켜
생각하니 자신의 마음이 어떻게 바뀔지 스스로 알지 못해도 사상은 전일과 조금 달라
지니 『성경』에서 사람을 깨닫게 함이 이와 같다. 출옥하는 날 이 마음이 어떻게 바뀔지
모르지만 현재의 생각은 옛날과 전혀 다르다는 것을 나는 스스로 인증한다."
60 쓰나시마 료센(1873~1907)은 기독교인이며 일본 명치 시대를 대표하는 사상가, 작가,
   윤리학자이다. 이 글은 백악춘사가 료센이 병석에서 초안을 잡고 집필하는 도중에
   10년 동안 앓아서 나머지 전편을 다 완성하지 못하고 1907년 9월 14일에 세상을 떠나
   서 『중앙공론(中央公論)』에 실린 글을 두 차례 걸쳐 번역하고 『태극학보』 제14호와
   제15호에 실은 것이다.

1907년 10월 24일 발행된『태극학보』제14호와 1907년 11월 24일 발행 제15호 "논단"에는 쓰나시마 료센(綱島梁川)의 '노동과 인생'이라는 글을 백악춘사 장응진이 번역하여 게재하였다. 이 글은 구세군 창시자 윌리엄 부스의 "노동하고 그 위에 노동하고 또다시 한번 노동하라"[61]는 말로 시작해서 "신앙은 우리의 전 인격을 근저에서 충동케 하는 힘이요 동작이다. 형식과 의문의 외적 동작은 우리로 하여금 하나님의 은총에 관여하게 할 수 없다. 오직 신앙만이 능히 하나님의 은총에 관여할 수 있게 함은 무엇 때문인가. 신앙은 영혼의 위대한 동작인 까닭이다"[62]라며 끝난다. 장응진 뿐만아니라 동경 유학생들의 기독교관을 형성하는 데 일본 사상가들의 영향도 있었음을 상징적으로 보여주는 것이라고 할 수 있다.

『태극학보』에 나타난 기독교 문화수용 모습은 장응진의 관점에서 동경 유학생 가운데 기독교지도자, 개종한 지식인, 기독교계 인사, 재동경한국기독교청년회 중심의 활동과 일본인, 외국인의 기독교에 대한 이해하고 전개하는 양상이라 할 수 있다.

『조양보』에서는 기독교 관련 기사는 서양교육사와 관련있다. 『조양보』는 장지연이 국민들에게 지식을 보급하고 국내외 정세를 보도하기 위해 창간하였고, 주요필진이 대한자강회 및 황성신문 계열의 인사들이어서 문명에 관한 특정 관점을 공유하고 있다는 특징을 보이고 있다. 『조양보』는 번역에 대해 "과거를 해석하는 것, 근대를 번역해 들여오는 것, 해석하고 번역한 것들을 가공하여 사회에 전달하는

---

61 손성준·이남면·이태희·이진호 역, 앞의 책, 167쪽.
62 손성준·이남면·이태희·이진호 역, 앞의 책, 247쪽.

것, 여론으로부터 합의괸 담론을 제시하는 것, 앞선 상황들이 서로 영향을 미쳐 다른 양상으로 발전해 가는 것"[63]으로 이해했다. 『조양보』에서 볼 수 있는 기독교 관련 기사는 서양 교육사 가운데 1906년 9월 25일 발행된 『조양보』 제7호 "교육" 서양교육사 제3장 예수교와 교육의 관계, 제4장 중세 유럽의 교육과 1906년 11월 25일 제10호 "교육" 서양교육사 (속) 문학이 유럽 북부에 미친 영향. 1906년 12월 10일 제11호 "교육" 서양교육사 (속) 종교개혁과 관련됨, 등이 있다.

『소년한반도』에는 마티 노블의 『ᄋ모권면(兒母勸勉)』(*AN ADDRESS TO MOTHER ON THE CARE OF CHILDREN*, 1902)이 이응종(李膺鍾)의 이름으로 총 6회 연재되었다. 이응종은 기호흥학회 회원이기도 하였다. 『아모권면』과 관련된 선행연구는 조선혜의 『매티 노블의 선교생활, 1892~1934』(한국기독교역사연구소, 2020) 제3장 선교활동 4. 여성계몽과 기독교 가정 세우기 1) 『아모권면』의 저술과 보급과 서신혜의 「마티 노블의 『ᄋ모권면(兒母勸勉)』과 그 영향력」과 「1910년대 이전의 아동 위상 제고(提高)활동」(『온지논총』 55, 2018)과 "한글과 조선예수교서회의 여성 아동 도서"(『기독교사상』, 2021.10.) 그리고 손성준의 "해제 대한제국기 잡지의 정치성과 애국운동의 접변: 『소년한반도』를 중심으로"(『완역 소년한반도』, 보고사, 2021)가 있다.

손성준은 『소년한반도』 내에 소년 내지 청년을 향한 직접적인 발화의 예로 「아모권면」을 본다. 그러면서 영아 양육을 전담하는 부녀자를 위한 코너였으며 이 지면은 대부분 수유, 이유식, 수면, 감기 등

---

63 전성규, 「근대계몽기 학보 및 자료 연구의 현황과 『조양보』 번역의 시사점」, 『상허학보』 57, 2019, 상허학회, 448쪽.

가정용 기초 의학이 내용을 소개하고 있다고 정리한다.[64]

『ᄋ모권면(兒母勸勉)』은 총 19면에 '모든 ᄋ희 어머니를 권면홈, 음식 먹이는 법, 몸 간슈ᄒᆞᄂᆞᆫ 법, 병 다스리는 법'이라는 소제목을 두어 서술했다. 조선혜의 연구에 따르면 이 책은 1906년에 간행된 것이 아니라 『신학월보』 1902년 8월호에 성서공회 출판 『ᄋ모권면』의 첫 광고가 실리고 1903년 8월부터는 『신학월보』 광고에 'ᄋ'가 '아'로 바뀌었다. 적어도 세 번의 판형 수정이 있었던 것 같다. 1901~1902년 사이의 초판본, 1903년의 맞춤법 수정본, 그리고 1906년 재간행본 등 세 종류가 있는 것 같다. 현존하는 것은 성서공회본이 아니라 조선예수회에서 1906년 초판본으로 낸 것부터 이후 다시 찍어 낸 것들만 국립중앙도서관, 장로회신학대학교 도서관, 숭실대학교 한국기독교박물관, 대한기독교서회 전국 여러 도서관·박물관에 남아 있다. 이 책은 발간 당시부터 상당히 중요하게 다루어지며 널리 보급되었던 것 같다. 『신학월보』 1903년 5월 기사에 가을 사경회에 참석하는 평신도 여성들을 향한 광고에는 그들이 미리 '공부할 것, 외울 것, 볼 것'이 제시되었다. 『ᄋ모권면』은 '볼 것'으로 제시되었다.[65] 뿐만 아니라 1912년 6월에 발행된 *Korea Mission Field*의 "Mother's Meetings"에는 정기적인 학부모 모임에서도 『아모권면』을 정규교재로 사용되고 있음을 밝히고 있다. 또한 1905년 출간된 의료선교사 샤록스(A. M. Sharrocks, 謝樂秀)의 『모태위생』에서도 자궁론, 월경론, 잉태론, 해산론, 산후론 등으로 나누어 기술된

---

64 손성준, 「해제 대한제국기 잡지의 정치성과 애국운동의 접변: 『소년한반도』를 중심으로」, 권정원·신재식·신지연·전민경·최진호 역, 『완역 소년한반도』, 보고사, 2021, 22쪽.
65 조선혜, 『매티 노블의 선교생활, 1892~1934』, 한국기독교역사연구소, 2020, 146~147쪽.

의학 관련 서적인데 책 마무리에 "아기 기르는 방법은 아모권면이라는 책을 사보시오"[66]라고 『아모권면』을 언급하고 있다.

『아모권면』은 당시 육아법의 대표적 저서로 알려졌을 뿐만 아니라 그 내용이 1906년 11월 창간되어 1907년 4월 통권 제6호로 종간된 『소년한반도』에 그 내용이 연재되었는데 완전하게 다 연재된 것이 아니라 제6호의 내용은 '병 다스리는 법' 가운데 감기병과 복통병까지만 연재되어 있다. 『아모권면』과 『소년한반도』에 연재된 것을 비교하면 다음과 같다.

〈표 3〉 매티 윌콕스 노블의 『아모권면』과 『소년한반도』의 「아모권면」 비교

번호	내용	『소년한반도』 수록 권수 / 일자 / 쪽수	『아모권면』 쪽수
1	'모든 으히 어머니를 권면홈'	제1호 / 1906.11.1. / 78~80	1~3쪽 3줄까지
2	'모든 으히 어머니를 권면홈' 과 '음식 먹이는 법'	제2호 / 1906.12.1. / 140~141	3쪽 3줄부터 5쪽 8줄까지
3	'몸 간슈ᄒᆞᄂᆞᆫ 법'의 일부	제3호 / 1907.01.	5쪽 9줄부터 8쪽 5줄까지
4	'몸 간슈ᄒᆞᄂᆞᆫ 법' 계속	제4호 / 1907.02.	8쪽 6줄부터 10쪽 7줄까지
5	'몸 간슈ᄒᆞᄂᆞᆫ 법' 계속 (내용 일부누락)	제5호 / 1907.03.	10쪽 8줄부터 11쪽 14줄, 12쪽 4줄 아래부분부터 11줄 첫 글자까지
6	'몸 간슈ᄒᆞᄂᆞᆫ 법' 나머지부분, '병 다스리는 법'의 '감기병' 과 '복통병'	제6호 / 1907.04.	12쪽 11줄 둘째 글자부터 14쪽 생략된 부분 ('셜샤병', '음심에 체ᄒᆞᄂᆞᆫ 증', '열병', '데인 것', '목병', '니 알는 병과 귀 알는 병', '안력 주족ᄒᆞᆫ대', '슈죡이나 몸이 언대'까지)

* 권정원·신재식·신지연·전민경·최진호 역, 『완역 소년한반도』, 보고사, 2021를 저본으로 쪽수를 기록하였다.

---

66 샤락슈, 『태모위생』, 감리교출판사, 1905, 22쪽.

『소년한반도』에『아모권면』이 끝까지 다 연재되지 못한 이유는 알 수 없다. 아마도『소년한반도』의 종간과 연관이 있을 것 같다. 당시의 기독교계 잡지에는 단행본으로 되어 있는 글들이 여러 차례에 걸쳐 연재되기도 하였다. 이런 시대상이『소년한반도』와『아모권면』사이에도 반영된 것이라고 추측할 수 있다.

이『아모권면』에서 매티는 출산과 육아를 위한 위생을 언급하기 이전에 기독교 신앙 안에서 삶의 의미부터 논한다. "대개 하나님께서 조성하야 내신 바 중에 데일 귀한 것은 사람이라 사람을 자기 모양으로 내시고 복을 만히 베프시는 지라 … 세상에 사는 것은 영원한 세상에 드러감을 위하야 배우는 학당이니라"[67]라고 기독교의 세계관을 투영하고 있다.

매티 노블의『아모권면』을『소년한반도』에 연속 연재한 이유는 이 시기 산모와 태아, 영아에 관련한 관심이 많았기 때문일 것이다.

4. 근대계몽기 학술지와 기독교문화 수용연구의 심화를 위하여

이 글은 '근대계몽기 학술지' 속에서 '기독교'라는 화두를 풀어내기 위한 첫걸음이다. 이를 위해 근대계몽기 학술지와 기독교 인적 네트워크의 관계와 기독교 문화의 관계를 살펴보았다.

근대계몽기 학술지와 기독교 인적 네트워크의 관계에서 전성규의 연구「근대 지식인 단체 네트워크(2) -『동인학보』,『태극학보』,『공수

---

67 매티 노블,『아모권면』, 대한예수교서회, 1906, 1쪽.

학보』,『낙동친목회학보』,『대한학회월보』,『대한흥학보』,『학계보』,
『학지광』 등 재일조선인유학생 단체 회보(1906~1919)를 중심으로」의
도움을 받아 시도할 수 있었다. 특히『태극학보』와 재동경대한기독교
청년회의 관계에서 기독교 인적 네트워크의 가능성을 보았으며, 향후
연구를 통해 보완해 나갈 것이다. 그리고 근대계몽기 학술지와 기독
교 문화의 관계에서는『대조선독립협회회보』에 연재된 중국 주재 선
교사 존 프라이어의『격치휘편(格致彙編)』을 통해 19세기 서구의 가치
관과 과학과 종교 관계 설정의 문제를 살펴 볼 수 있었고『태극학보』
에서는 정빈, 김정식, 장응진, 일본인 학자 쓰나시마 료센(綱島梁川)
등의 글에서 기독교의 다양한 모습을 볼 수 있었다.『조양보』에서는
기독교 관련 기사는 서양교육사와 관련 있다.『소년한반도』에서는 여
성 선교사 매티 노블의『아모권면』을 거의 다 그대로 연재한 모습에
서 당시 인민들이 기독교에 바라는 바를 볼 수 있었다.

　이 연구의 의의는 다음과 같이 정리할 수 있다. 구한말 및 근대
계몽 시기는 조선의 지배층이 대외 정책을 해금에서 개항으로 바꾸면
서 서양에 대한 문화와 지식을 더 이상 중국이나 일본을 거치지 않은
서양인을 통해 직접 문화와 문명에 대한 갈증과 정보가 유입되었고,
지식인들이 직접 해외로 유학을 떠나기도 하였다. 다시 말해 한반도
는 더 이상 고립되어 있지 않았다. 근대전환기로 불리는 이 시기의
신·구 관료층, 유림층, 일반 민중층, 기독교로 개종한 일부 지식인과
일본 유학생들은 학회 및 협회를 구성하며, 실용 위주의 잡지보다 기
울어진 나라를 바로 세우고자 자주독립을 외치며 잡지를 창간하고
발행하였다. 서양 개신교 선교사들은 1884년을 기점으로 한반도에
들어와 선교활동을 시작했다. 그들은 조선의 지배계층과 교류했으며,

기독교 지식인 네트워크를 형성하였다. 한국인 지식인 사회는 기독교로의 개종과 일본 유학을 통해 학술지 발간을 매개로 한 지식인네트워크를 형성하고 근대계몽기의 서양 문화와 지식을 전달하고자 하였다. 이 시기의 잡지들은 기독교 선교 관련 잡지와는 다른 차원에서 기독교를 문화적 이해하고자 한 시도를 드러낸다. 이것은 전통사회에서 근대사회로의 이행과 문화의 메타모포시스의 이식, 적극적 수용, 변용이라는 양상을 잘 설명한다.

　근대계몽기 학술지를 모두 섭렵한 것은 아니지만 『대조선독립협회보』, 『태극학회보』, 『서우』, 『조양보』, 『소년한반도』를 보다 세밀하게 읽기를 통해 기독교 관련 기사에 대해 분석하면 근대전환기와 기독교라는 화두에 좀 더 다가설 수 있을 것이다. 재동경대한기독교청년회(YMCA)의 인적 네트워크에 대한 심도있는 연구와 그들의 문헌 속의 기독교 사회윤리사상을 다음 과제로 남기기로 하자.

장응진의 문학적 글쓰기와 '서사 양식'의 실험

천춘화

1. 서론

장응진(張膺震, 1880~1950)[1]에 관한 기록은 1920년대 『별건곤』에 발표된 그의 두 편의 회고록을 통해 확인이 가능하다. 「二十年前 韓國學界 이약이」[2]에 따르면 장응진의 고향은 황해도 장연(長連)이고 16세까지 고향에서 한문을 수학한 것으로 되어있다. 광무원년인 1897년 18세의 나이에 부친의 권유로 서울로 올라와 한성영어학교에 입학하였고 학교에 들어가면서 머리를 깎았다. 한성영어학교 시절 학교 대표의 한 사람으로 만민공동회(萬民共同會)에 참석하였고[3] 결국 이 사건

---

[1] 장응진의 출생연도는 1880년 또는 1890년으로 언급되고 있는데 1890년은 정확하지 않은 것으로 보인다. 광무원년인 1897년이 18세 되던 해였다고 했으니 1880년이 옳을 것이다. 만약 1890년생일 경우 영어학교 입학 나이가 8세가 되고 미국으로 건너갈 때의 나이가 13~14세이니 두 경우 모두 홀로 움직이기에는 현실적으로는 너무 어린 나이이다.

[2] 장응진, 「二十年前 韓國學界 이약이, 내가 入學試驗 치르던 때, 中學도 師範도 내가 처음 點心갑 타가며 學校에 다녔소」, 『별건곤』 제5호, 1927.3.

[3] 장응진, 「나의 젊엇든 時節 第一痛快하엿던 일」, 『별건곤』 제21호, 1929.6. 장응진은 이 글에서 '十九歲때에 獨立協會에서 한 개 평민의 신분으로 감히 十部大臣을 罵倒하

에 휘말려 도피하다시피 일본 유학길에 오른다. 1900년 조선인으로 서는 처음으로 순천중학교(順天中學校)에 입학하였고, 순천중학교 재학시절 관비유학생으로 선발되어 1902년에 졸업하였다.[4] 조선인으로 는 첫 사람이었다고 알려진다.

장응진은 졸업 후 조선으로 돌아오지 않고 미국으로 건너가 로스앤젤레스에서 약 18개월간 머물다 1905년 러일전쟁 중 일본으로 돌아온다.[5] 로스앤젤레스에서 장응진은 "농사도 지어 보고 딸기도 따보고 스쿨뽀이 노릇도"[6] 하면서 고생이 많았다고 회고하고 있다. 그러다 러일전쟁 소식이 전해지자 일본으로 돌아와 고등사범학교(高等師範學校) 수리과(數理科)에 입학하였고 1909년 졸업하였다.

일본 유학시절인 1906년 9월 장응진은 일본 유학생 단체인 태극학회의 초대 회장으로 선출되었고 기관지『태극학보』의 편집 겸 발행인으로 추대되어『태극학보』를 제19호(1908.3)[7]까지 발행하였다. 그러나『태극학보』에서의 장응진의 활동은 제16호까지만 확인된다. 제16호에 소설「마굴」을 발표한 것을 끝으로 더 이상 글을 신고 있지 않으며

든 일'을 인생에서 가장 통쾌하였던 일로 기억하고 있다.

4 순천중학교 졸업자 명단에 장응진의 이름이 올라있다.「주일공사가 보내온 일본유학생 현황에 대한 조회」,『照會 第十一號』, 1902.6.20.

5 당시의 미국행에 대해 장응진은 "그때 나는 조선에 오면 할 일도 업고 또한 日本 유학생이라면 미워도 하고 잡아죽이기도 한다기에 朝鮮 올 생각을 그만두고 米國으로 갈 생각을 두고 본집에 전후 사실을 드러 편지햇더니 맛츰 이백원을 붓처주면서 가서 성공만 해가지고 오라 하얏습듸다."라고 기록하고 있다.(장응진,「二十年前 韓國學界 이약이, 내가 入學試驗 치르던 때, 中學도 師範도 내가 처음 點心갑 타가며 學校에 다녓소」, 18쪽.)

6 위의 글, 18쪽.

7 기존 연구에서는 제16호 또는 제18호까지 장응진이 편집 겸 발행인을 맡았다고 쓰고 있으나 필자가 확인한 바에 의하면 제19호까지 장응진이 맡고 있었다.

제17~19호는 편집 겸 발행인으로 이름만 올리고 있다. 제20호부터 편집 겸 발행인이 김낙영(金洛泳)으로 교체되는데, 이는 장응진이 태극학회를 떠났기 때문인 것으로 알려진다. 당시 일본 내 유학생 사회는 지역별 단위로 결성된 소규모 단체들로 나뉘어 있었고 이는 지역감정에 기반한 유학생 단체 사이의 파벌현상을 격화시켰다. 이를 타개하기 위해 유학생회 통합 운동이 추진되었고, 최초로 결성된 연합회가 1908년 2월에 결성된 대한학회였다. 그런데 가장 큰 규모의 유학생 단체였던 태극학회는 이 통합과정에 가담하지 않았고, 결국 통합 운동에 적극적으로 관여했던 장응진이 태극학회를 떠나는 것으로 일단락되었다.[8] 『태극학보』 외에 장응진의 이름이 확인되는 것은 두 군데이다. 하나는 『대한유학생회학보』 제1호(1907.3.) 평의원 명단이고 다른 하나는 『대한흥학보』 제2호(1909.4.)의 회원 명단이다.

1909년 졸업한 장응진은 안창호의 초청으로 평양 대성학교 교사로 취임한다. 당시 안창호가 장응진을 초빙하기 위해 경비 300엔을 먼저 송금했다는 일화[9]는 반복적으로 회자되는 이야기이다. 대성학교 시절 장응진은 청년학우회 조직 활동에 참여한다. 1909년 8월, 안창호의 발의로 결성된 청년학우회는 신민회의 합법적인 외곽단체였고 외적으로는 비정치적인 인격수양단체를 표방하였으나 실질적으로는 무실역행(務實力行)을 기반으로 하고 국권회복을 목적으로 하는 구국청년단체였던 것이다. 장응진은 대성학교 총교사(大成學校 總教師)의 신분

---

8 장응진이 태극학회를 떠난 경위에 대해서는 김윤재, 「白岳春史 장응진 연구」, 『민족문학사연구』 12, 민족문학사학회, 1998에서 자세히 기술됨.

9 Japan Chronicle 특파원, 윤경로 옮김, 『105인 사건 공판 참관기』, 한국기독교역사연구소, 2001, 115쪽.

으로 발기인 12인 중 한 사람으로 이름을 올리고 있었다.[10] 그러다 1911년 105인 사건으로 체포되어 일 년여 영어생활을 하다가 1913년 석방되었다.

105인 사건 이후, 장응진은 서울로 올라와 휘문고보에 취직하였고, 교무주임 직에 있다가 1924년 학내 분규 사건 때 사직하고 물러난 것으로 알려진다. 그 후의 장응진의 행적에 대해서는 잘 알려지지 않고 있지만 필자의 단편적인 조사에 의하면 장응진은 1925년에 조선공립여자고등보통학교 교유로 임명되었고[11] 조선어사전편찬회의 발기인[12]으로 참석하였으며 잡지『서광(曙光)』의 편집을 맡았던 사실이 확인된다. 그 외 1920년 6월에는 사학(私學) 관계자들을 중심으로 결성된 조선교육회(朝鮮教育會)에 관계하였고 1922년 11월에는 조선민립대학 설립 기성준비회에도 참여하였으며 보성전문학교 강사 및 교원으로 근무하는 등 1920년대에는 교육계 일선을 떠나지 않았던 사실이 윤경로[13], 조남현[14] 등의 글에서 공통으로 확인되었다. 이에서 알 수 있듯이 1920년대까지도 장응진은 교육 일선에서 활약하면서 적극적인 사회활동을 하고 있었다. 그러다 1931년 조선총독부 학무국 시학관으로 자리를 옮겨 앉으면서 관료의 길을 걷기 시작하였고 식민지

10 국사편찬위원회 편, 『한민족독립운동사2: 국권수호운동Ⅱ』, 국사편찬위원회, 1987, 687쪽.
11 『조선총독부 관보』제3841호, 1925.6.6.
12 「朝鮮語辭典編纂會議 發起總會를 朝鮮教育協會에서 열고」, 『동아일보』, 1929.11.2.
13 윤경로, 「105인 사건 피의자들의 사건 이후 행적에 관한 소고 – 친일로 경도된 9인을 대상으로」, 『한국기독교와 역사』 36, 한국기독교역사학회, 2012.
14 조남현, 「논설가, 이야기꾼, 투사를 거쳐 교육자로 – 장응진론」, 『한국현대작가의 시야』, 문학수첩, 2005.

말기에는 여러 편의 시국협력적인 글들을 발표한 것이 확인되어 친일 인물명단에 이름을 올렸다.[15] 하지만 그의 친일과 전향 경위 등에 대해서는 아직 밝혀진 바가 없으며 이에 대해서는 앞으로 진일보의 논의가 필요한 상황이다. 해방 후 장응진은 다시 휘문고보 교장으로 취임하였고 한국전쟁이 한창이던 1950년 8월 피난지 부산의 임시학교에서 과로로 사망한 것으로 알려진다.

살펴본 바와 같이 장응진은 일본과 미국을 유학한 이력을 가지고 있는, 개화기에 있어서는 흔치 않은 고학력의 엘리트였고 교육, 구국(救國)에도 적극적인 인물이었다. 『태극학보』 편집 겸 발행인으로 있으면서 다수의 논설과 수필, 소설을 발표하였고, 논설은 '장응진'이란 실명으로 소설이나 수필은 '백악춘사(白岳春史)', '백악자(白岳子)', '백악(白岳)' 등의 이름으로 발표하였다. 『태극학보』에 발표한 그의 소설로는 「다정다한(多情多恨)」(1907.1~2.), 「춘몽(春夢)」(1907.3.), 「월하의 자백(月下의 自白)」(1907.9.), 「마굴(魔窟)」(1907.12.) 등 네 편이 있다.

지금까지의 장응진에 대한 연구는 그의 행적에 대한 보완과 고증 그리고 작품에 대한 연구로 구분이 가능하다. 지덕상에 의해 백악춘사(白岳春史)가 장응진이라는 사실이 밝혀졌고[16], 송민호[17], 한점돌[18] 등에 의해 초창기 연구가 이루어졌다. 이어 1998년 김윤재[19]에 이르러 장응

---

15 식민지말기의 장응진의 시국 협조적인 이력에 대해서는 윤경로, 앞의 글, 128~130쪽에서 상세히 기술.

16 지덕상, 「백악춘사의 개화기 문학적 위치」, 『국어교육』 46, 한국어교육학회, 1983.

17 송민호, 『한국개화기소설의 사적 연구』, 일지사, 1975, 39쪽.

18 한점돌, 「백악춘사 장응진론」, 『사회과학연구』 3, 호서대 사회과학연구소, 1984.

19 김윤재, 「백악춘사 장응진 연구」, 『민족문학사연구』 12, 민족문학사학회, 1998.

진의 일부 행적이 다수 보완되면서 논의가 한층 진전되었다. 장응진의 작품에 대해서는 주로 기독교와의 연관성 속에서 논의가 이루어졌다. 기독교의 수용 양상, 기독교의 의미, 성경 모티프 등에 주목한 연구들이 대표적이다.[20] 최근에는 이러한 논의에서 벗어나 장응진의 일부 논설과 소설을 함께 놓고 사상적 지평을 탐구하는 논의가 이루어지고 있다.[21]

본고는 이러한 앞선 연구자들의 연구 성과를 이어 받으면서 장응진의 문학적 글쓰기 전반에 대해 고찰하고자 한다. 특히 장응진은 많지 않은 네 편의 작품을 발표하면서 네 편 모두 각기 다른 '서사 양식'을 실험하고 있는 것이 특징이다. 본고는 이러한 현상에 주목하여 우선 2장에서는 『태극학보』를 중심으로 한 장응진의 문필활동을 통시적으로 살펴보고, 3장에서는 장응진 소설의 '서사 양식'에 주목하여 그의 소설들이 근대소설 장르의 확립 과정에서 보여준 실험적 측면을 논구할 것이다. 마지막으로 4장에서는 이러한 장응진의 글쓰기를 문학사적인 맥락에서 살펴봐야하는 의미와 필요성을 강조할 것이다. 이러한 작업은 개화기 단형서사 양식의 확립 과정에서 중요한 역할을 했던 장응진의 문학사적 위상을 새롭게 평가할 수 있는 계기가 될 것이며 나아가 장응진을 개화기 신문학 작가의 한 사람으로 명명할

---

20 하태석, 「백악춘사 장응진의 소설에 나타난 계몽사상의 성격-계몽기 지식인의 기독교 수용의 한 양상」, 『우리문학연구』 14, 우리문학회, 2001; 조경덕, 「구한말 소설에 나타난 기독교의 의미-1907년에 발표된 소설을 중심으로」, 『우리어문연구』 34, 우리어문학회, 2009; 최호석, 「장응진 소설의 성경 모티프 연구-일본 유학 시절 작품을 중심으로」, 『동북아문화연구』 22, 동북아시아문화학회, 2010.

21 조형래, 「경찰과 감옥, 과학과 종교 사이-장응진의 소설과 논설을 중심으로」, 『한국학연구』 36, 인하대학교 한국학연구소, 2015; 최진호, 「『태극학보』와 계몽의 문제-장응진의 『태극학보』 기고문을 중심으로」, 『사이間SAI』 27, 국제한국문학문화학회, 2019.

수 있는 가능성을 열어주는 하나의 계기가 될 것이다.

2. 『태극학보』와 장응진의 문필활동

앞에서 살펴본 바와 같이 장응진은 초기 일본 유학생 세대 중의 한 사람이었고, 그중에서도 미국 유학을 경험한 드문 고학력의 엘리트였다. 그의 본격적인 문필활동은 태극학회 초대 회장으로 선출되어 기관지 『태극학보』의 편집 겸 발행을 맡으면서부터 시작되었다.

장응진은 『태극학보』에 적지 않은 글을 발표하였다. 『태극학보』 제1호부터 제16호에 이르기까지 그는 한 호도 거르지 않고 꾸준히 글을 발표하였고, 『태극학보』 제2호의 경우는 「空氣說」, 「人生의 義務」, 「火山說」 그리고 「해수욕장의 하루」까지 총 네 편의 글을 게재하기도 했다. 1906년 8월부터 1907년 12월까지 약 1년 6개월 사이 장응진은 『태극학보』에 총 20여 편의 글을 발표하였고, 이 글들은 다시 논설, 소설, 번역[22]으로 구분이 가능하다. 이중 논설의 경우는 다시 교육, 과학, 사회 등의 카테고리로 분류가 가능한데 구체적인 목록을 유형별로 정리하면 아래 표와 같다.

---

22 「인도의 기독교 세력」과 「修身의 필요」는 1907년 4월 2일과 8일, 양일에 걸쳐 도쿄 칸다구(神田區) 和强樂堂에서 있었던 인도인 보스와 인도순행총무 에듸쉬우쓰의 연설을 장응진이 정리하여 실은 글이고 「노동과 인생」은 『中央公論』에 발표한 쓰나시마 료센(綱島梁川)의 글을 장응진이 번역한 것이다. 세 편의 글은 비록 장응진이 직접 집필한 것은 아니지만 모두 번역된 글들이며 동시에 기독교와 관련된 글이라는 공통점을 가진다. 이는 아마도 기독교 신자였던 장응진의 개인적인 이력과 무관하지 않은 것으로 추정된다.

유형	열번	저자	표제	제목	『태극학보』(날짜)
논설	1	회원 장응진	강단	우리나라 교육계의 현상을 관찰하고 보통교육의 급선무를 논하다	제1호(1906.8.)
	2	편집인 장응진	강단	우리나라 국민교육의 진흥책	제3호(1906.10.)
	3	장응진	강단·학원	교수와 교과에 대하여	제13~15호(1907.9~11.)
	4	편집인 장응진	학원	공기설(空氣說)	제1~2호(1906.8~9.)
	5	편집인 장응진	학원	화산설(火山說)	제2호(1906.9.)
	6	편집인 장응진	강단·학원	과학론(科學論)	제5호(1906.12.)
	7	편집인 장응진	강단	인생의 의무	제2호(1906.9.)
	8	편집인 장응진	강단·학원	진화학상 생존경쟁의 법칙	제4호(1906.11.)
	9	편집인 장응진	강단·학원	사회아(社會我)를 논함	제7호(1907.2.)
	10	장응진	강단·학원	심리학의 측면에서 관찰한 언어	제9호(1907.4.)
	11	白岳 장응진	논단	양심론(良心論)	제12호(1907.7.)
소설·수필	1	白岳生	학원	해수욕장의 하루	제2호(1906.11.)
	2	白岳子 장응진	논단	희망의 서광	제11호(1907.6)
	3	白岳春史	강단·학원	다정다한(多情多恨)	제6~7호(1907.1~2.)
	4	白岳春史	강단·학원	춘몽(春夢)	제8호(1907.3.)
	5	白岳春夫	문예	月下의 自白	제13호(1907.9.)
	6	白岳春史	문예	마굴(魔窟)	제16호(1907.12.)
번역·정리	1	인도국 신사 보-스 씨, 본국 신사 윤치호 씨 번역, 白岳子 필기	연설	인도의 기독교 세력	제10호(1907.5.)
	2	미국 예일대학 학사 인도순행총부 에듸쉬으쓰 씨, 김규식 번역, 白岳子 필기	연설	修身의 필요	제10호(1907.5.)
	3	白岳春史	논단	노동과 인생: 網島梁川 선생의 絶筆-『中央公論』에 실린 글	제14~15호 (1907.10~11.)

표에서 제시한 바와 같이 논설이 가장 많으며 논설은 다시 교육, 과학, 사회 분야로 구분된다. 이중 교육 분야의 글은 세 편이다. 장응

진이 가장 처음으로 『태극학보』에 발표한 글인 「우리나라 교육계의
현상을 관찰하고 보통교육의 급선무를 논하다」는 국력의 기본은 국
민 정신의 건강에 있으며 국민 정신의 건강은 교육을 통해 만들어진
다는 점을 강조하고 있다. 교육이 국가의 근본임을 강조하고 있는 이
글 이후 발표한 두 편의 글에서는 교육학의 구체적인 분야를 소상하
게 정리 소개하고 있다. 특히 세 번째 글 「교수와 교과에 대하여」는
『태극학보』 13호에서 15호까지 세 호에 나누어 연재되었을 만큼 편
폭이 긴 본격적인 글이었다. 앞서 간단하게 언급하였다시피 장응진의
이력에서 가장 주목되는 것은 교육자로서의 이력이다. 105인 사건으
로 체포되었다가 출옥 후 서울로 올라왔고 휘문고보 교직 생활을 시
작으로 1920년대 내내 교육관련 사업에 종사해왔다. 이러한 교육자
로서의 이력은 그의 글에도 영향을 미치게 되는데, 그중 한 편이 여성
교육을 적극적으로 강조한 「諸 名士의 朝鮮 女子解放觀」이다. 이 글
에서도 장응진은 여성의 교육문제를 우선적으로 해결하는 것이 여성
문제 해결의 급선무임을 강조한다.[23] 이는 여성의 사회적 지위 개선이
나 여성이 갖추어야 할 덕목 등의 측면에서 이 문제에 접근한 기타
참여자들의 입장과는 대조를 이룬다. 장응진에게 있어서 교육은 그의
전공이었고 평생의 직업이기도 했다. 기타의 논설들에서도 그는 교육
을 통한 계몽을 주된 논조로 삼으면서 교육의 중요성을 강조하고 있
다. 『태극학보』의 교육관련 논설들은 그의 교육에 대한 기본적인 입
장을 잘 드러내는 글이라고 할 수 있다.

---

23 장응진, 「諸 名士의 朝鮮 女子解放觀 – 먼저 敎育問題를 解決함이 急務」, 『개벽』 제4호,
  1920.9, 29쪽.

교육 다음으로 눈에 띄는 것은 과학 관련 짧은 단편들이다. 「공기설」, 「화산설」, 「과학론」 등과 같은 글들을 1호부터 5호에 걸쳐 발표하고 있는데, 이 글들은 대체로 일반적인 과학 상식을 소개하는 데에 그치고 있는 단편적인 기록들이다. 과학 관련 주제는 교육 분야와는 다르다. 장응진이 과학에 특별한 관심이 있어서라기보다는 『태극학보』 편집 취지에 부응한 결과였을 것으로 추정한다. 도쿄고등사범학교 수리과에서 공부하면서 수학, 물리, 윤리 등 과목을 이수한 장응진은 이 코너의 짧은 토픽을 작성할 충분한 능력을 가지고 있었고, 이는 동시에 "우리 동포 국민의 지식을 계발하는 데에 조금이라고 조력하고자 하는"[24] 『태극학보』의 발간 취지에도 부합하였기 때문일 것이다. 과학상식란의 글들은 단순한 잡지 편성의 수요에 의해 작성된 글일 것이라는 추정은 장응진이 『태극학보』 제5호의 「과학론」을 끝으로 더 이상 과학 관련 글을 게재하지 않은 데에서도 확인이 가능하다.

반면에 사회학 관련 글들은 앞선 교육이나 과학 관련 글과는 다르게 장응진의 본격적인 글쓰기 영역이라고 할 수 있다. 교육학이나 과학 지식은 장응진의 전공 영역의 발휘라고 한다면 사회학 관련 글들은 당시 그의 지적 편력과 사유의 지평을 알아볼 수 있는 단서들이기도 하다. 논설의 세 번째 부류는 범박하게 사회학이라고 구분하고 있지만 자세히 들여다보면 다시 진화학, 심리학, 윤리학 세 부분으로 세분이 가능하다. 진화론은 당시 개화기 지식인들 사이에서 광범위하게 수용되었던 신지식의 한 분야였고 그들의 중요한 지적 토대가 되

---

24 신지연·이남면·이태희·임상석·최진호 역, 「『태극학보』의 발간 서(序)」, 『완역 태극학보 1』, 보고사, 2020, 32쪽.

었다는 점은 주지의 사실이다. 장응진 역시 예외는 아니었다. '사회아'
의 형성과정이나 '양심론'에서 장응진은 생성·발전·변화·형성의 과
정을 은연중에 강조하면서 어떻게 최종적인 '사회아'를 만들어내고
'양심'을 형성하기에 이르는지를 논구하고 있다. 그러나 「진화학상 생
존경쟁의 법칙」에서는 신체적, 지능적으로 약세에 있는 사람들의 예
를 들면서 인간사회에서 진화론의 문제를 제기한다. 그는 동물세계의
양육강식, 적자생존의 법칙을 그대로 인간사회에 적용할 수 없음을
언급하면서 자연스럽게 사회가 갖추어야 할 경쟁력의 문제를 이끌어
낸다. 그가 보기에 한 나라의 경쟁력은 국민의 사회적 도덕 수준과
그 나라의 정치, 법률, 군사, 교육 등의 발달 수준과 직결되는 것이었
다. 이러한 주장은 장응진의 계몽적인 태도와 중요하게 연관되어 있
기도 하다.[25]

개인과 사회에 대한 관계적 사유는 장응진의 기타의 논설들에서도
지속적으로 드러난다. 「인생의 의무」, 「사회아(我)를 논함」, 「양심론」
등의 글들은 사회적 구성원인 한 개인의 삶을 논하고 있다는 점에서
공통점을 지니며 이러한 관심사는 논설에 머무르지 않고 소설에서도
계속 이어지고 있음을 확인할 수 있다. 후술하겠지만 금전을 위해 살
인을 저지르는 「마굴」이나 자신의 죄행을 고백하는 「월하의 자백」 등
의 소설은 '양심'의 문제를 직접적으로 작품화하고 있다고 해도 과언
이 아니며, 한 유학생의 내적 고민을 드러내고 있는 「춘몽」은 개인의
내면에 주목한 작품으로서 '사회아'의 문제와도 긴밀하게 관련되는

---

25 장응진의 계몽적 태도에 대해서는 최진호, 「『태극학보』와 계몽의 문제-장응진의 『태극
학보』 기고문을 중심으로」(『사이間SAI』 27, 국제한국문학문화학회, 2019)를 참조 바람.

작품이다. 이처럼 장응진의 문학은 그의 논설과도 긴밀하게 연관되어 있지만 그의 작품에서 더욱 주목되는 부분은 '서사 양식'의 문제이다. 장응진은 단 네 편의 작품을 남기고 있지만 그는 이 네 편의 작품에 각기 다른 '서사 양식'을 도입하고 있다. 이는 적어도 글쓰기에 대한 장응진의 관심을 보여주는 지점이며 나아가 이러한 장응진의 '서사 양식'의 실험이 가지는 의미는 자세한 논구가 필요한 부분이다.

3. 문학적 글쓰기와 '서사 양식'의 실험

강조하였듯이 『태극학보』를 중심으로 한 장응진의 문필활동 중에서 가장 주목되는 부분은 그의 문학적 글쓰기 양상이다. 장응진은 『태극학보』에 두 편의 수필[26]과 네 편의 소설을 발표하였다. 첫 번째 소설인 「다정다한」은 사실소설(寫實小說)이라는 이름으로 발표되었고 두 번째 작품 「춘몽」은 몽유록의 양식을 차용하고 있으며 「월하의 자백」은 한 노인의 고백록이며 마지막 작품 「마굴」은 살인사건을 소재로

---

26 본고는 「해수욕장의 하루」와 「희망의 서광」을 수필로 분류하였다. 이 두 편의 글은 거의 언급되지 않고 있는 수필들이다. 백악생(白岳生)이라는 필명으로 발표된 「해수욕의 하루」는 "8월 19일(맑음)"이라는 부제를 달고 있다. 이에서도 알 수 있듯이 이 글은 일기체 형식의 글이며 태극학회 회원들이 해수욕 나들이를 한 하루를 기록한 가벼운 수필이다. 반면에 「희망의 서광」은 다소 음미가 필요해 보이는 글이다. 『태극학보』 11호에 발표된 이 글은 청년들을 고무격려하는 글이다. "근래 우리 국민들 가운데 절망의 소리가 점점 높아지고 특히 우리 청년들 가운데 절망병에 걸려 자포자기하는 자가 도처에 있다고 하니 과연 정말인가"라는 물음을 제기하면서 청년들을 향한 발화식으로 구성된 이 글은 눈앞의 오늘을 열심히 살아가야 하는 이치를 설명하면서 청년들을 격려하고 있다. 1907년 6월의 시점에 왜 이토록 '희망'을 강조했는가 하는 문제는 진일보의 논의가 필요한 부분이다.

한 공안류소설[27]의 한 유형이다. 간단한 언급에서도 알 수 있듯이 네 편 모두 독특한 특징을 가지고 있으면서 서로 다른 '서사 양식'에 도전하고 있다. 그리고 이 네 편의 소설은 다시 두 부류로 구분이 가능하다. 하나는 실존 인물이나 사건을 소재로 하고 있는 「다정다한」과 「마굴」이며 다른 하나는 개인의 내면에 주목한 「춘몽」과 「월하의 자백」이다.

장응진의 처녀작인 「다정다한」은 '사실소설(寫實小說)'이라는 이름으로 발표되었다. 무엇보다 '사실소설'이라고 장르를 명시하고 있는 점에 주목할 필요가 있다. 「다정다한」이 연재되었던 1907년 1월~2월의 시점에서 '사실소설'이란 명칭은 조선에서는 생경한 이름이다. 그렇지만 '사실(寫實)'이란 한자에서 어렵지 않게 추측할 수 있듯이, 이 작품은 있는 그대로를 사실적으로 기록한 소설이라는 것을 말해준다.

'사실소설'이라는 표제가 말해주듯이 「다정다한」은 삼성 김정식을 모델로 한 소설이다. 장응진이 김정식을 모델로 소설을 쓸 수 있었던 것은 김정식과의 친분 덕분이다. 김정식은 1906년 8월 황성기독교청년회의 수석 간사로 임명되어 동경에 있는 재일본대한기독교청년회에 파견되어 초대총무로 활약하였고, 그곳에서 당시 태극학회의 초대 회장이었고 역시 기독교 신자였던 장응진과 친분을 맺었던 것이다.[28] 이러한 친분을 토대로 작성된 소설 「다정다한」은 김정식의 이력을 거의 그대로 기록하고 있다. 한성부 경무청 경무관으로 있다가 목포 경

---

27 「마굴」은 조남현(조남현, 앞의 글, 152쪽)에 의해 '공안류소설'로, 김윤재(김윤재, 앞의 글, 190쪽)에 의해 '개화기 최초의 추리 소설'로 평가된바 있다.

28 김윤재, 앞의 글.

무관으로 좌천되고 다시 한성감옥에 수감, 그리고 옥중에서 『천로역정』을 읽고 기독교에 입교하는 과정 등은 김정식의 이력과 완전히 일치한다.[29] 「다정다한」은 이러한 사실을 기반으로 출옥하기까지의 김정식의 일대기를 소설로 구성하였고 거기에 소설적 수사를 덧붙여 작품을 구성하고 있다. 이를 테면 감옥 내 열악한 환경이나 『천로역정』을 읽고 기독교에 귀의하게 되는 과정 또는 김정식의 미신 타파 활동 등이다. 소설은 삼성 선생의 신앙심이 날로 깊어가고, 기도하고 찬미하며 세월을 보냈더니 무죄 석방되었고 출옥 후에도 전도 사업에 열심히 종사하고 있다고 마무리된다.

이러한 결말 처리에 앞서 작가는 짧은 이야기 한 토막을 삽입하고 있다. 미국의 한 가난한 집안의 가장이 서부로 품팔이를 가고 그의 아내가 아이를 데리고 남편을 찾아가는 과정에 윤선에서 화재가 일어나 어머니가 아이를 살리기 위해 희생한다는 짧은 에피소드이다. 작품 속에서 삼성 선생은 이 이야기에 감격하여 눈물을 흘리면서 이야기 속 어머니의 희생을 "인류의 죄를 대속하여 십자가 위에 이슬로 사라져간 예수와 같이"[30]라고 비유한다. 이 에피소드는 보는 바와 같이 예수의 희생을 설명하기 위한 하나의 설정이자 삼성 선생이 기독교에 더욱 심취하는 하나의 계기를 설정하기 위해 삽입된 것이다. 그러나 이 이야기는 전후의 서사적 맥락과 어울리지 못하면서 오히려 작품 속에서 유표하게 돌출되고 있다. 작가의 의도는 분명하나 그 의

---

29 김일환, 「김정식(金貞植)의 옥중 기독교 입교와 출옥 후 활동」, 『한국기독교와 역사』 57, 한국기독교역사연구소, 2022.

30 白岳春史, 「다정다한」, 『완역 태극학보 2』, 155쪽.

도와는 무관하게 예기의 효과를 달성하지 못하고 있었던 것이다. 첫 창작에서의 작가의 미숙함이라고 하겠다.

그렇다면 지식인의 기독교 귀의라는 측면에서 '사실소설'이라는 표제를 다시 한번 생각해 볼 필요가 있다. '사실소설'이라는 표제가 강조하고자 했던 것은 '사실성'일 것이며 여기서의 '사실성'은 지식인 의 기독교 귀의 사건이다. 김정식의 기독교 귀의를 감안할 때 장응진 의 첫 작품 「다정다한」은 지식인의 기독교 귀의를 선전하는 측면이 없지 않다. 말하자면 여기서의 '소설'은 사실을 포장하기 위한 하나의 양식이었던 셈이다. 그리고 첫 글쓰기의 미숙함이 기존의 스토리 전 개와는 개연성이 떨어지는 에피소드의 삽입으로 드러났던 것이다.

반면에 또 다른 실제 사건을 기반으로 하는 작품 「마굴」은 「다정다 한」보다는 서사적 구성에서의 완성도가 높은 작품이다. 「마굴」은 장 응진의 고향에서 발생했던 사건을 토대로 작성된 작품이라고 알려진 다. 신장손이라는 인물이 매부 이서방을 살해하고 그 사건을 누이에 게 뒤집어씌운 것을 윤군수가 지략으로 진상을 밝혀내는 과정을 구체 적이고 설득력 있게 구성하고 있다. 이 작품의 중요한 특징이라면 장 소와 인물들이 상당히 상세하고 구체적으로 설명되고 있는 점이다. 작품은 첫 머리에 "지방은 황해도 장연군 동면 화천동이요 때는 광무 5년 봄 3월이라"라고 시간과 장소를 구체적으로 제시하고 있으며 등 장인물에 대해서도 소상하게 설명을 덧붙이고 있다. 이서방은 은율군 북면에 거주하고 있는 이름이 알려지지 않은 토반 이생원의 3대 독자 인데 이 이생원이라는 사람은 원래 재령군 토반으로 재산도 상당하고 선조 이래로 가문의 명성도 조금 있었던 집안의 사람이었으나 갑오개 혁 이전, 황주 병사와 악한 관리의 토색질에 집안이 몰락한 사람이었

다. 그 와중에 겨우 얻은 자식이 3대 독자인 이생원이었고 3대 독자임
을 감안하여 일찍 성혼을 시켰던 것이나 애석하게도 13세의 나이에
살해되고 만 것이다. 작품은 윤군수의 지략으로 결국은 신장손 일가
가 모의하여 이서방을 살해하였다는 사실을 밝혀내고 신장손은 이생
원의 손에 살해되는 것으로 마무리된다.

　앞선「다정다한」이 김정식이라는 인물을 토대로 작품을 구성하였
다면「마굴」은 살인사건을 토대로 작품을 구성하고 있다. 말하자면
두 작품 모두 '모델소설'이라고 할 수 있다. 작품 구성에 있어서「다정
다한」은 표제 없이 1~7로 구성되어있는 반면에「마굴」은 1~6으로 구
성되어있고 장마다 표제[31]를 붙이고 있다. 정형식의 한문 표제는 漢文
小說에서 보이는 회장체(回章體)를 드러낸 것이라 하여 소설적인 후퇴
라는 비판을 받기도 하였지만[32] 서사적 구성에 있어서는 기승전결이
분명한 완성도 높은 작품이다. 문체에 있어서「다정다한」은 '~더라'
체였지만「마굴」은 '~더라'체와 '~다'체가 함께 쓰이면서 문체적인 변
화를 보여주기도 했다. 무엇보다도 이 두 작품은 '사실(寫實)'적인 글
쓰기를 적극적으로 실천한 작품들이었다는 점이다.

　다음의 두 작품은「춘몽」과「월하의 자백」이다.「춘몽」은 제목에
서도 알 수 있듯이 꿈을 모티프로 한 작품이다. "돌아왔네, 돌아왔네,
陽春이 돌아왔네"로 시작하고 있는 이 작품은 동경 유학생인 주인공
이 춘기시험을 마치고 산책을 나가는 장면에서 시작된다. 주위의 경

31　1. 新郎縊死楊柳無情 洞民驚起平和自破; 2. 尹守明治吏民安堵 正犯未出申家緊獄; 3. 悲運透身獨子唯喜 生員非神人事莫測; 4. 妙策案出惣角捉至 酷刑嚴下申哥自服; 5. 良心呵責後悔莫及 天道無偏法網難挑; 6. 妖氣跌扈天人公憤 罪惡滅亡未路可憐.
32　지덕상, 앞의 글, 196쪽.

치가 묘사되다가 어느 순간 몽환적인 환경에 처하게 되고 작품의 말
미에 이르러서야 "깜짝 놀라 깨어보니 밤하늘은 고요한데 등불 하나
는 작은 빛을 네 벽에 비추고, 몸은 도쿄의 벽촌 방 한 칸 차가운 이불
속에 누워있는데"라고 적고 있다. 만약 이러한 언급이 없었다면 이
작품은 꿈이었다는 것을 독자들이 인지할 수 없을 정도다.

몽유록계 서사물은 흔히 '입몽(현실)-몽유(꿈)-각몽(현실)'의 구성
을 취하는 것이 일반적이며 보통은 몽유를 통해 몽유자가 현실에서
이루지 못한 욕망이나 고민을 해결하는 것이 통상적이다. 그러나 「춘
몽」의 경우는 이러한 몽유록의 기존 양식을 엄격하게 따르고 있지는
않다. 입몽의 순간이 불분명하게 처리되어 있고 몽유 부분은 작품의
말미에 이르러서야 비로소 인지할 수 있게 처리되어있다. 또한 몽유
록의 경우는 꿈에 역사적 영웅이나 현자를 만나 대화를 통해 의문이
나 고민을 해결하는 것이 통상적이지만 「춘몽」은 그렇지 않다.[33] 고민
을 드러내는 방식이 상당히 독특하게 그려지고 있다.

동경 유학생인 주인공은 작품 속에서 근본적인 질문들을 늘어놓는
다. "사람은 어디에서 와서 어디로 가는가", "사람은 어떤 물건이며
나는 어떤 물건인가?" 이와 같은 아주 근본적인 철학적 질문과 함께
'죽음', '비애', '번민', '고통' 등을 나열하며 인생을 어떻게 살아가야
하는지에 대해 생각한다. 이런 생각에 빠져있는 주인공의 귀에 악마
의 속삭임이 들려오고 악마의 유혹이 시작된다.

---

33 「춘몽」의 몽유록적 특징에 대해서는 전은경의 「『태극학보』의 몽유록계 서사와 근대문
학으로서의 가능성」, 『어문론총』 89, 한국문학언어학회, 2021에서 자세히 논의함.

악마가 분투하는 소리만 이따금 귓불을 때린다. (…중략…) "쾌락하라, 육신의 쾌락을 구하라. 이 세상의 쾌락을 쾌락할 뿐이다." 아아 쾌락! 쾌락은 내 평생 바라는 바이다. 미의미식(美衣美食)과 미색미주(美色美酒)와 온갖 세간의 쾌락을 모르는 것은 아니나, 자못 이로써 나의 한 조각 영심(靈心)을 만족하게 위로하지 못할 것은 어찌할까? (…중략…) "용기를 내라 그렇지 않으면 악마의 굴에 떨어질 것이다." 아아, 용기! 용기는 내 평생 주장하는 바이지만, 원천이 있는 용기가…? (…중략…) "활동하라. 활동은 너의 생명이다. 세계는 활동하는 자의 무대이다." 아아 활동! 활동은 내가 일생 갈망하는 바이지만 위로가 있는 활동을…? (…중략…) "신앙하라, 신앙하는 자는 행복하다." 아아 신앙! 신앙은 내 일생의 소망이지만 정(情)에서 나온 신앙보다 내 이성을 만족시키는 신앙이 있으면…?[34]

인생을 살아감에 있어서 중요한 것은 '쾌락', '용기', '활동', '신앙'이었고 악마의 속삼임은 이 네 가지를 적극적으로 실천하도록 종용한다. 그러나 주인공은 이러한 악마의 속삭임을 반복적으로 물리치면서 본인이 원하는 '쾌락', '용기', '활동', '신앙'에 대한 기준을 어필한다. '쾌락'은 '나'의 마음을 만족시키지 못하고, '용기'는 원천이 있는 용기여야 하며, '활동'은 위로가 있는 활동이어야 하고, '신앙'은 이성을 만족시키는 신앙이어야 함을 강조하고 있다. 이 부분을 두고 「춘몽」을 '일인칭 독백체'[35] 또는 '대화를 통한 고백 서사'[36]라고 분석하기도 하였다. 그러나 본고는 이 부분이 내면의 드러냄이라는 데에 더 주목하고자 한다. 이 부분은 주인공이 제시하고 있는 "아아, 사람은 어떤

---

34 白岳春史, 「춘몽」, 『완역 태극학보 2』, 209~210쪽.
35 김윤재, 앞의 글, 195쪽.
36 전은경, 앞의 글, 302쪽.

물건이며, 나는 어떤 물건인가? 지상에서 포복(匍匐)하는 한 마리의 벌레인가, 우주의 근원과 관련한 하나의 신령한 샘인가?"[37]에 대한 대답으로 제시된 부분이기 때문이다. 인간의 존재에 대한 근원적인 질문과 관련되어 있는 이 부분은 주인공의 내적 고민임과 동시에 그러한 고민의 외적 표출이라는 점에 의의가 있다.

　이러한 고백을 통한 내면 서사는 「월하의 자백」에서도 확인된다. 「월하의 자백」은 한 노인의 기도이고 스스로 저지른 죄에 대한 자아고백이기도 하다. 작품의 앞뒤에 노인에 대한 짧은 묘사가 3인칭으로 진행되고, 그 사이에 노인 자신의 고백이 길게 삽입되어 있는 구조이다. 대신 노인의 고백 부분은 일인칭으로 기록되고 있다. "나는 본시 반도국 귀족 문중의 외아들로 발이 흙에 닿지 않고 금의옥식(錦衣玉食)으로 생장하여"[38]와 같이 노인의 출신부터 시작하여 그가 걸어온 관료의 길, 그가 저지른 학정 등이 길게 서술되고 있다. 그러나 노인의 학정은 결국 민요를 일으키고 민요를 피한 피난길에서 노인은 불의의 사고로 아들을 잃고 만다. 난민이 던진 돌에 열두 살 난 아들이 맞아죽은 것이다. 노인은 아들의 복수를 위해 난민들을 찾아내 때려죽이고 유배를 보내고 징역살이를 시킨다. 그리고는 종일토록 주색에 빠져 살면서 사치스러운 일상을 보낸다. 노인의 이러한 삶의 태도를 감내할 수 없었던 부인 역시 우물에 뛰어들어 스스로 생을 마감한다.

---

37 白岳春史, 「춘몽」, 209쪽.
38 白岳春夫, 「月下의 自白」, 『완역 태극학보 3』, 137.

아아! 제행무상(諸行無常)한 내 지나간 세상이여!

내가 지금까지 세상의 공안(公眼)으로부터 숨어 피하고 도리어 양심의 가책을 이기지 못하여 항상 나 홀로 부끄러워하고 나 홀로 근심하던 허다만 비밀이, 이것이 도리어 내 마음을 스스로 속이고 내 몸을 자멸하게 한 것이었구나![39]

부인의 죽음 앞에서 그제야 노인은 회개한다. 크게 뉘우치고 자신의 죄를 속죄하는 의미로 강물에 뛰어들어 스스로 생을 마감한다. 인용문은 이러한 노인의 뉘우침이 드러난 부분이다. 내면 심리를 통해 드러나는 이 부분은 노인의 직접적인 고백과는 다르다. 특히 이 작품은 노인의 일대기나 그가 살아온 삶에 대한 기록보다 그의 회개와 참회에 초점이 맞춰져있다는 데에 주목할 필요가 있다. 「춘몽」이 어떻게 살 것인가를 생각하는 젊은 유학생의 존재론적 고민에 대한 주목이었다면 「월하의 자백」은 자신이 저지른 죄에 대한 고백과 참회가 중심에 놓인 작품이다. 무엇보다도 이 두 작품에서 주목되는 부분은 바로 인물의 내면에 대한 주목과 그 내면을 적극적으로 드러내고 있는 부분이다.

이처럼 장응진의 네 작품은 두 부류로 구분이 가능하다. 「다정다한」과 「마굴」은 실제 인물이나 사건을 모델로 하여 사실적인 기록에 초점을 맞춘 작품이었고, 「춘몽」과 「월하의 자백」은 존재론적 고민과 참회에 대한 내적 심리를 적극적으로 표면화한 작품이라고 할 수 있다. 이로부터 알 수 있는바 장응진의 소설은 두 가지 특징을 가지고

[39] 白岳春夫, 「月下의 自白」, 『완역 태극학보』 3, 136~137쪽.

있다. 하나는 사실에 바탕한 글쓰기라나는 점이다. '사시소설'이라는 타이틀에서도 알 수 있듯이 그의 소설은 허구나 우화, 풍자 등과 같은 요소들보다는 경험적인 사건이나 인물에 바탕한 사실적인 글쓰기로부터 시작되고 있었다. 다른 하나는 개인의 내면에 대한 주목이다. 유학생의 존재론적 고민이나 노인의 참회에 대한 내면 심리를 작품 속에 적극적으로 드러낸 점이다. 물론 완벽한 1인칭이나 완벽한 내면 심리의 재현이라고 할 수는 없지만 이러한 특징은 문학사적으로는 시기적으로 앞서있는 부분이었다. 그렇다면 이러한 내면 서사가 지니는 의미는 무엇인가에 대해 살펴볼 필요가 있다.

4. 장응진의 문학적 글쓰기의 의미

장응진의 논설들을 살펴보면 그의 문학적 관심의 근원지를 확인할 수 있다. 그의 논설 「인생의 의무」와 「사회아(我)를 논함」은 개인으로서의 한 인간의 존재에 대한 고찰이라는 점에서 공통점을 지닌다. 「인생의 의무」는 개인은 사회를 떠나서 존재할 수 없는 하나의 개체임을 지적하면서 공존하는 사회에서 마땅한 의무를 다하는 것이 '인생의 의무'임을 명시한다. 그가 제시하고 있는 인생의 의무는 '한 집안에 대한 의무', '국가에 대한 의무', '사회에 대한 의무'로 구분되며 이러한 의무를 다할 때에야 비로소 의미 있는 인생을 살아갈 수 있다고 쓰고 있다. 한편 「사회아(我)를 논함」에서는 '자아'와 '타아'를 구분하고 있다. 인간이 태어나서부터 성인에 이르기까지 '자아'와 '타아'가 어떻게 내외적으로 서로 작용하면서 하나의 성숙한 '사회아(我)'를 형성하여 가는지를 상당히 논리적으로 설득력 있게 정리한 글이다. 이에서 확인할 수 있듯이 사회적 존재로서의 한 개인에 대한 성찰은 그의 논설에서 이미 드러나고 있었고 이러한 성찰이 소설에도 이어지고 있었던 것이다.

「양심론」은 또 다른 점에서 소설과의 연속성을 보여주는 논설이다. 이 글은 양심의 형성에 관한 세 가지 주장을 일일이 나열해가면서 양심이라는 것은 궁극적으로 사회에서 양성되는 것임을 강조한다. 따라서 "양심은 마음[心]의 한 방면이니 전체 의식이 도덕적으로 활동할 때에 표현되는 상태"[40]라는 정의를 내리면서 다음과 같이 글을 마무리하고 있다.

> 오늘날 "세도(世道)는 은미(隱微)하고 인심(人心)은 위태하다"고 할 수 있지만, 악이 사라지고 선이 이기는 것은 틀림없이 정해진 이치이다. 우리가 어떤 방면에 어떤 활동을 시도하더라도 자기 양심의 지휘만 듣고 따르면 설사 이것이 일반사회의 공공선에 부합하지 못한다고 하더라도 그다지 멀지 않다고 할 것이다.[41]

인심이 위태한 세상에서 악은 사라지고 선은 반드시 이긴다는 세계관은 그의 소설에서도 반복적으로 증명된다. 「월하의 자백」의 주인공은 자신이 저지른 죄에 대한 양심의 가책을 못 이겨 결국 스스로 목숨을 끊는 것으로 속죄를 대신한다. 「마굴」에서 어린 신랑을 살해한 신장손은 결국 법적 제재를 받게 되지만 종국에는 이서방 부친의

40　白岳 張膺震, 「良心論」, 『완역 태극학보』 3, 26쪽.
41　위의 글, 28~29쪽.

손에 죽는다. 이렇게 악은 사라지고 반면에 선은 부각된다. 「마굴」에
등장하는 능력있고 해외 사정에도 밝은 개명한 관리 윤군수가 그 한
예이다. 이러한 설정은 다소 비약적일 수는 있겠지만 한말의 탐관오
리와 비리로 넘쳐나던 관리 사회를 향한 은유로 읽을 수도 있다. 이처
럼 장응진 소설이 드러내는 주제적인 측면은 당시의 작가의 관심사
그리고 사회적인 현실과도 긴밀하게 연관되어 있었다. 그리고 이러한
연관성은 주제뿐만 아니라 서사적 양식에 있어서도 마찬가지였다.

　장응진이 「다정다한」을 발표한 1907년의 1~2월은 소설이라는 개
념이 막 생겨나기 시작하던 시기이다. 근대적 인쇄매체에서 '소설'이
라는 말이 봇물처럼 쓰이기 시작하는 것은 1906년부터이다. 1906년
『대한매일신보』, 『황성신문』, 『제국신문』, 『만세보』, 『경향신문』 등에
서 '소설'이라는 표지를 붙이기 시작하였고 비슷한 시기에 창간된 『조
양보』, 『대한자강회월보』, 『소년한반도』 등에도 소설란이 마련되었
다. 그리고 처음으로 국내에 소설란이 등장한 것은 1897년의 『한성신
보』에서였다.[42] 물론 소설이라는 이름이 낯설고 생경한 것은 아니었지
만 소설이라는 이름 앞에 붙여진 '사실(寫實)'이란 수식어에 주목할
필요가 있다. 그리고 장응진은 특히 이 사실적인 글쓰기에 진지했음
을 확인할 수 있었다.

　'사실소설' 「다정다한」은 1907년에 발표되었고 당시 장응진은 일
본에서 유학중이었다. 1907년은 일본문학사에서 특히 중요하게 기억
되는 한 해이다. 일본 자연주의문학의 대표작인 다야마 가타이(田山花

42　김재영, 「근대계몽기 소설 개념의 변화」, 『한국 근대 서사양식의 발생 및 전개와 매체
　　의 역할』, 소명출판, 2005, 38쪽.

袋)의 「이불」(1907)이 발표되었고, 이는 일본 고백체 문학의 등장을 알리는 사건으로 기사화되면서 온 문단이 들썩였기 때문이다. 당시 일본에서 유학중이던 장응진이 이 문학사적인 사건을 어떻게 바라보고 있었는지에 대해서는 확인할 길이 없다. 그러나 장응진의 「월하의 자백」을 일본 문단과의 연관성에서 고찰한 권정희[43]의 논의는 이 가능성에 큰 힘을 보태고 있다. 장응진 소설의 고백적인 특징은 물론 '사실소설'이라는 명칭의 용례까지도 자연주의문학과의 관련성을 가능하게 하기 때문이다.

　장응진은 단 네 편의 작품을 발표하였지만 작품마다 다른 형식의 글쓰기 양식을 선보였고 이는 문학적 글쓰기에 대한 그의 고민과 노력 그리고 실험을 충분히 보여주었다고 할 수 있다. 장응진의 이러한 문학적 글쓰기는 『태극학보』「문예」란의 출현에도 어느 정도 영향을 미쳤을 것으로 추정된다. 손성준에 따르면 '문예'라는 어휘가 매체의 고정 표제어가 된 것은 『태극학보』의 사례가 한국 최초이며 『태극학보』에서 「문예」란이 표제로 출현한 것은 제12호부터였다.[44] 이에 비해 장응진은 『태극학보』 제2호에 수필 「해수욕장의 하루」를 발표한 것을 시작으로 꾸준히 문학 작품을 발표했다. 이에서 알 수 있듯이 장응진의 문학적 글쓰기는 『태극학보』에서도 앞서 있었던 것이다. 무엇보다도 그의 소설이 보여준 진보적인 측면은 양식적인 부분에 있었다.

　근대 초기 소설의 형성 과정을 보여주는 가장 대표적인 두 개의

43　권정희, 「'고백' 없는 '고백'담론-한일 근대 '고백'의 문화 연구」, 『사이間SAI』 34, 국제한국문학문화학회, 2023.

44　손성준, 「『태극학보』 '문예'란의 출현 배경과 그 성격」, 『사이間SAI』 27, 국제한국문학문화학회, 2019, 20쪽.

특징은 종결어미의 변화와 고백체 형식의 등장이다. 종결어미가 '-더라'체에서 '-다'체로 변화하는 것이 문체적인 측면에서의 가장 혁신적인 변화였다면 그에 못지않은 것이 바로 고백을 통한 내면 서사의 등장이다. 우리 소설사에서 내면이 등장하기 시작한 것은 『대한흥학보』에 게재된 몽몽(夢夢)의 「요조오한(四疊半)」(8호, 1909)이 최초이며 그 후 소설 안에 내면이 전면적으로 등장하게 되는 것은 『학지광』, 『청춘』에 와서라고 알려졌다.[45] 또한 인간 내면에 대한 관심은 1910년대 소설의 근대적 성격으로 거론되는 가장 중요한 요소 중 하나였고 내면은 근대소설의 대표적인 변별항목으로서 근대소설 형성기에 소설의 양식적 전환을 측정하는 하나의 기준점이기도 했다.[46] 이러한 맥락에서 보면 장응진 소설의 내면에 대한 주목이 지니는 소설사적 의미는 아무리 강조하여도 지나치지 않다고 하겠다.

개화기 문학의 수립 과정에서 장응진이 보여준 단형서사 양식의 실험은 평가받아 마땅한 것이다. 그는 기존의 몽유록 양식을 차용하면서도 그것을 그대로 수용하지 않았고 거기에 '내면 서사'라는 근대적인 서사 양식을 도입시키는 방식으로 양식적인 비틀기를 진행하였다. 또한 유원표의 「몽견제갈량」(1908), 신채호의 「꿈하늘」(1910), 박은식의 「몽배금태조」(1911) 등 한국 현대문학사의 대표적인 몽유록이 1910년을 전후로 해서야 등장한 것에 비해 장응진의 「춘몽」은 1907년에 발표되었다는 점에서 시기적으로 앞서 있었다. 무엇보다도

---

45 양문규, 「1910년대 잡지와 근대단편소설의 형성」, 『한국 근대 서사양식의 발생 및 전개와 매체의 역할』, 소명출판, 2005, 175~177쪽.

46 박헌호, 「한국 근대소설과 내면의 서사」, 『식민지근대성과 소설의 양식』, 소명출판, 2003, 13쪽.

몽유록과 내면의 주목이라는 근대적인 양식을 접목시킨 서사물이라는 데에 중요한 의미를 지닌다. 이러한 도전은 개화기 초창기 단형서사물이 소설로 발전하는 데에 한 걸음 더 가까이 갔음을 말해주는 징표이기도 하다. 근대적인 글쓰기의 최초의 산물로 평가되는 신소설의 전성기가 이인직, 이해조, 최찬식, 김교제 등을 필두로 하는 개화기의 전문적인 신소설 작가층의 형성을 알리는 1910년대임을 감안하면 문학 양식의 근대적 변혁 과정에서 장응진의 소설이 점하는 위치는 주목할 만하다 하겠다.

5. 결론

이상 살펴보았듯이 장응진은 한말 미국과 일본 유학을 경험한 대표적인 고학력 엘리트였고 교육사업과 구국활동에도 적극적인 인물이었다. 그리고 일본 유학생 사회에서는 대선배 격의 인물이었고, 이러한 장응진의 위상은 다음과 같은 회고록에서 확인이 가능하다.

> 李光洙: 정말 活字化하여 보기는 그 뒤 「大韓興學報」라 하여 東京留學生들 손으로 發生하든 月報가 잇엇는대 그것을 마터 編輯하기는 그때 東京高等師範을 다니든 張膺震氏가 하고 잇섯서요. 그래서 「大韓興學報」에 글을 내고 십허서 「가버린-」무에라고 한 小說 한 篇을 썻지요.
>
> 梁白華: 네 나도 한번 본 듯한 記憶이 나요. 가버린 무에라고 하여 시앗보고 - 博川松林 한가가 엇저고 엇저고한 內容의 小說이엇지요.
>
> 李光洙: 용케 기억해 주심니다. 올해요. 內容이 그러햇지요. 넘우 오래여서 인제는 題目조차 다 이젓군요. 그 小說을 한 편 써서 張膺震氏

집으로 수차 차저 갓다가 참아 「이게 내가 쓴 小說이요」하고 내어
놀 勇氣가 업서 그양 도로 가저오고 또 도로 가져오군 하엿지요.
여러번 이러다가 마즈막엔 놀러간 모양으로 그 집으로 차저갓다
가 이저버린 체하고 슬며시 原稿를 책상우에 놋코 왓지요. 그랫
더니 그 뒤에 보니 活字가 되어 雜志에 실렷겟지요. 대단히 愉快하
엿서요.

金岸曙: 그때가 李寶鏡時代이엿습니다 그려.[47]

인용문은 춘원 이광수의 문단생활 20년을 기념하기 위하여 이광
수, 양백화, 박종화, 김동인, 김안서, 김동환 등이 모인 좌담회 자리에
서 오갔던 대화의 일부이다. 이광수가 본인의 작품을『대한흥학보』에
발표하던 때의 이 이야기에서 우리는 당시 편집을 맡고 있었던 사람
이 장응진이었다는 사실을 알 수 있다. 더불어 이광수는 장응진을 자
주 찾아갔고, 자신의 작품을 장응진에게 보여주고 그의 인정을 받고
자 했다는 사실도 확인할 수 있다. 1909년 1월 유학생 통합학회인
대한흥학회가 결성되면서 장응진이『태극학보』를 떠나 그곳으로 옮
겨 앉았던 것으로 추정된다. 무엇보다도 당시의 유학생사회에서 장응
진은 대선배였고 이광수, 최남선 등도 그와 교류하면서 그에게 글을
써서 보이고 그의 인정을 받고자 했다는 사실을 확인할 수 있다.

이러한 장응진의 문필활동은 일본 유학시절인 1906년 태극학회 초
대회장으로 선출되어 기관지『태극학보』의 편집 겸 발행인으로 활동
하면서부터 시작되었다. 1906년부터 1907년 12월까지 약 18개월 동

---

47 「春園文壇生活 20年을 機會로 한『文壇回顧』座談會」,『삼천리』제6권 제11호, 1934.11,
239~240쪽.

안 장응진은 논설, 소설, 번역을 포함한 20여 편의 글을 『태극학보』에 발표하였고 그중에서도 본고는 그의 문학 작품에 주목하였다.

장응진이 『태극학보』에 발표한 작품은 '사실소설' 「다정다한」, 몽유록 형식의 「춘몽」, 고백소설 「월하의 자백」과 공안류소설 「마굴」이다. 많지 않은 네 편에 그치지만 이 네 편의 작품은 각기 다른 '서서 양식'을 선보이고 있어 흥미롭다. '사실소설'이란 타이틀을 달고 발표된 「다정다한」은 삼성 김정식을 모델로 한 소설이었고 같은 맥락에서 「마굴」은 살인사건을 재구성한 작품이었다. 이에서 알 수 있듯이 장응진의 글쓰기의 시작은 허구나 풍자, 우화와 같은 요소들보다는 경험적인 사건이나 인물에 바탕한 사실적인 글쓰기였다는 것을 알 수 있다. 한편 「춘몽」과 「월하의 자백」은 개인의 내면에 대한 주목이라는 점에서 공통점을 지닌다. 유학생의 존재론적 고민을 토로한 「춘몽」이나 노인의 참회에 초점을 맞춘 「월하의 자백」은 특히 개인의 내면에 집중하고 있어 주목을 요하는 작품들이다. 물론 완벽한 1인칭이나 완벽한 내면 묘사를 선보이고 있지는 못하지만 이러한 특징은 개화기 소설 장르의 확립 과정에서 중요한 의미를 지닌다.

언급하였듯이 근대 초기 소설의 형성 과정을 보여주는 가장 대표적인 두 개의 특징은 종결어미의 변화와 고백체 형식의 등장이다. 종결어미가 '-더라'체에서 '-다'체로 변화하는 것이 문체적인 측면에서의 가장 혁신적인 변화였다면 그에 못지않은 것이 바로 고백을 통한 내면 서사의 등장이었다. 내면 서사는 1910년대 소설의 근대적 성격으로 거론되는 가장 중요한 요소 중 하나였고, 소설의 양식적 전환을 측정하는 중요한 기준점으로 평가되었던 한 요소였다. 이러한 맥락에서 보면 장응진의 소설(1907)은 시기적으로 앞서 있었고 몽유록과 내

면의 주목이라는 근대적인 양식을 접목시킨 「춘몽」은 개화기 단형서
사물이 소설로 발전하는 데에 한 걸음 더 가까이 갔음을 말해주는
징표이기도 하다. 이 뿐만 아니라 근대적인 글쓰기의 최초의 산물로
평가되는 신소설의 본격적인 성립이 이인직, 이해조, 최찬식, 김교제
를 필두로 하는 신소설 작가층이 형성되었던 1910년대라는 점을 감
안할 때 문학 양식의 근대적 변혁 과정에서 장응진의 소설이 점하는
위치는 주목할 만하다 하겠다.

장응진 소설의 이러한 특징은 그의 개인에 대한 관심과 불가분의
관계를 가진다. 사회적 개인에 대한 관심은 그의 논설에서부터 시작
되었으며 이러한 관심사가 소설적 소재와 형식에 반영된 것이었다.
무엇보다도 글쓰기 양식의 문제와 당시 일본 문단에서 크게 유행되기
시작하였던 자연주의문학과의 관련성은 간과할 수 없는 부분이다. 또
한 내면에 대한 주목은 기독교인으로서의 장응진의 개인적인 이력과
'기도'라는 형식과 불가분의 관계를 가진다는 점은 앞으로 진일보로
논의기 필요한 부분이다. 본고는 장응진의 이러한 '서사 양식'의 실험
이 개화기 문학의 수립 과정에서 상당히 앞서있었다는 점을 강조하고
자 했으며 개화기 단형 서사의 확립 과정에서 그의 문학이 차지하는
위상은 마땅한 평가를 받아야 함을 강조하고자 했다.

참고문헌

제1부 앎의 배치 전환과 상식(common sense)의 재구성

지도시각화 기술 기반 재일본 조선 유학생 사회 타임라인 [전성규]

[1차 자료]

대조선유학생친목회, 『친목회회보』, 1895.11.30.~1898.4.9.

태극학회, 『태극학보』, 1906.8.24.~1909.11.24.

공수학회, 『공수학보』, 1907.1.31.~1908.3.20.

대한유학생회, 『대한유학생회학보』, 1907.3.2.~1907.5.26.

동인학회, 『동인학보』, 1907.6.30.

낙동친목회, 『낙동친목회학보』, 1907.10.28.~1908.1.30.

대한학회, 『대한학회월보』, 1908.2.25.~1908.11.25.

대한흥학회, 『대한흥학보』, 1909.3.20.~1910.5.20.

재동경조선유학생친목회, 『학계보』, 1912.3.28.

[2차 자료]

• 학술지

강소영, 「식민지 문학과 동경(東京)-박태원의 「반년간」을 중심으로」, 『일본언
　　어문화』 19, 한국일본언어문화학회, 2011.

권은, 「한국 근대소설에 타나난 동경(東京)의 공간적 특성과 재현 양상 연구」,
　　『우리어문연구』 57, 우리어문학회, 2017.

김기승, 「조소앙의 사상적 변천 과정-청년기 수학 과정을 중심으로」, 『한국사학
　　보』 3·4, 고려사학회, 1998.

박찬승, 「1890년대 후반 관비유학생의 도일유학」, 『한일공동연구총서』 2, 고려
　　대학교 아세아문제연구원, 2000.

서승희, 「도쿄라는 거울-이광수의 『동경잡신(東京雜信)』(1916)에 나타난 도쿄
　　표상과 자기 인식」, 『어문논집』 38, 이화어문학회, 2016.

손성준,「『태극학보』의 "역사담" 번역과 그 정치적 지향 - 개신교와 『태극학보』
　　의 연관성 시론」,『한국문학연구』 61, 한국문학연구소, 2019.

우미영,「同度의 욕망과 東京이라는 장소(Topos) - 1905~1920년대 초반 동경
　　유학생의 기록을 중심으로」,『정신문화연구』 30, 한국학중앙연구원, 2007.

이경수,「1910~20년대 재일본조선유학생 친목회지에 나타난 신여성 담론 -『학지
　　광』과 『여자계』를 중심으로」,『한국학연구』 31, 고려대 한국학연구소, 2009.

이계형,「1904~1910년 대한제국 관비 일본유학생의 성격 변화」,『한국독립운동
　　사연구』 31, 한국독립운동사연구소, 2008.

전성규·허예슬·이여진·최장락,「근대 계몽기 지식인 단체 네트워크 분석 - 학회
　　보 및 협회보(1906~1910)를 중심으로」,『상허학보』 65, 상허학회, 2022.

전성규,「근대 지식인 단체 네트워크(2) -『동인학보』,『태극학보』,『공수학보』,
　　『낙동친목회학보』,『대한학회월보』,『대한흥학보』,『학계보』,『학지광』 등
　　재일조선인유학생 단체 회보(1906~1919)를 중심으로」,『한국근대문학연구』
　　23, 한국근대문학회, 2022.

_____,「지도 시각화 기술 기반 재일본 조선 유학생 사회 타임라인(1) - 대조선
　　일본유학생친목회 발간 『친목회회보』(1896)를 중심으로」,『동방학지』 205,
　　연세대학교 국학연구원, 2023.

정종현, 미즈노 나오키(水野直樹),「일본제국대학의 조선유학생 연구(1) - 경도
　　제국대학 조선유학생의 현황, 사회경제적 출신 배경, 졸업 후 경력을 중심으
　　로」,『대동문화연구』 80, 성균관대학교대동문화연구원, 2012.

정한나,「재일본 조선인 잡지의 초국적 연대담론과 수사학 - 기독교, 사회주의,
　　아시아연대」, 연세대학교 국어국문학과 박사학위논문, 2020.

최호석,「장응진 소설의 성경 모티프 연구 - 일본 유학 시절 작품을 대상으로」,
　　『동북아 문화 연구』 1, 동북아시아문화학회, 2010.

허병식,「장소로서의 동경(東京) - 1930년대 식민지 조선작가의 동경표상」,『한
　　국문학연구』 38, 한국문학연구소, 2010.

황호덕,「근대한문, 東亞同盟과 혁명의 문자 -『판보이쩌우자서전(潘佩珠年表)』
　　으로 본 아시아혁명의 원천들」,『대동문화연구』 104, 2018.

오노 야스테루(小野容照),「1910년대 전반 재일유학생의 민족운동 - 在東京朝鮮
　　留學生親睦會」,『숭실사학』 27, 숭실사학회, 2011.

高田幸男,「中華留日基督教青年会について一同会『会務報告』を中心に一」,『明大

アジア史論集』23, 明治大学東洋史談話会」, 2021.

• 단행본
최린, 「자서전」, 『한국사상강좌』 4, 일신사, 1962.
백남훈, 『나의 일생』, 신현실사, 1973.
삼균학회, 『素昻先生文集』 하권, 횃불사, 1979.
국사편찬위원회 편, 『要視察韓國人擧動』 3, 국사편찬위원회, 2001.
최덕교, 『한국잡지백년』 1, 현암사, 2004.
고토쿠 슈스이(幸德秋水), 임경화 역, 『나는 사회주의자이다 – 동아시아 사회주
　　의의 기원, 고토쿠 슈스이 선집』, 교양인, 2011.
유동식, 『소금 유동식 전집6: 교회사』, 한들, 2009.
김용태 외 역, 『판 보이 쩌우 자서전』, 소명, 2022.

• 인터넷 자료
https://umedia.lib.umn.edu/

근대전환기 사회문화의 변동과 학술운동 [윤영실]

[기본자료]
『서우』, 『서북학회월보』, 『황성신문』, 『대한매일신보』 등.
권정원·신재식·임상석·최진호 역, 『완역 한양보』, 보고사, 2021.
＿＿＿＿＿＿＿＿＿＿＿＿＿ 역, 『완역 서우』 1-3, 보고사, 2021.
손성준 외 역, 『완역 조양보』 1-2, 보고사, 2019.
안수길, 「꿰매 입은 양복바지」(『안수길전집』 2), 글누림, 2011.
＿＿＿, 『북간도』(『안수길전집』 5), 글누림, 2011.
＿＿＿, 『통로』(『안수길전집』 8), 글누림, 2011.
＿＿＿, 『성천강』(『안수길전집』 13), 글누림, 2011.
＿＿＿, 「망향기」(『안수길 전집』 16), 글누림, 2011.
이강석 외, 『원문교감 조양보』 1-2, 보고사, 2019.

[논문]

강명숙, 「일제시대 제1차 조선교육령 제정과 학제 개편」, 『한국교육사학』 31(1), 한국교육사학회, 2009, 7~34쪽.

강진호, 「근대 초기의 풍속과 민족주의적 열정 - 『성천강』(안수길)론」, 『현대소설연구』 48, 한국현대소설학회, 2011, 171~196쪽.

공미희, 「근대 부산에 침투한 일본어업자의 실태분석」, 『일본어문학』 91, 일본어문학회, 2020, 313~347쪽.

권영신, 「한말 서우학회의 사회교육 활동에 관한 연구」, 성균관대학교 박사학위논문, 2006.

김종욱, 「관북지역과 변경의 상상력」, 『안수길 전집』 8, 글누림, 2011.

_____, 「김남천의 『대하』에 나타난 개화풍경」, 『국어국문학』 147, 국어국문학회, 2007, 103~124쪽.

김혜정, 「재정고문 메가타 다네타로(目賀田種太郎)의 한국재정 인식과 재정정리(1904~1907)」, 『석당논총』 86, 동아대 석당학술원, 2023, 5~45쪽.

김희호·이정수, 「1865~1910년 국제 금본위제도와 근대 조선의 화폐량 추정」, 『역사와 경계』 108, 부산경남사학회, 2018, 219~268쪽.

나카바야시 히로카즈(仲林裕員), 「식민교육의 '첨병'의 우울함 - 통감부시기 보통학교 일본인 교원과 한국사회, 그리고 식민당국」, 『한국교육사학』 4(3), 한국교육사학회, 2022, 151~175쪽.

손성준, 「대한제국기의 「멸국신법론」 다중 번역」 - 『조양보』와 『월남망국사』 판본을 중심으로」, 『국제어문』 95, 국제어문학회, 2022, 275~310쪽.

양성현, 「조선 후기 산학서에 수록된 망해도술(望海島術)의 내용 분석 및 수학교육적 활용 방안」, 『수학교육학연구』 28(1), 대한수학교육학회, 2018, 49~73쪽.

이근우, 「명치시대 일본의 조선 바다 조사」, 『수산경영론집』 43(3), 한국수산경영학회, 2012, 1~22쪽.

이영학, 「개항기 일본 정부의 조선 연해 수산업 조사」, 『역사와 현실』 129, 한국역사연구회, 2023, 263~307쪽.

이윤상, 「대한제국기 내장원경 이용익의 활동과 경제에 대한 인식」, 『역사문화연구』 77, 한국외대 역사문화연구소, 2021, 37~82쪽.

이정윤, 「19세기 말~20세기 초 대러시아 소 수출과 유통구조의 변화」, 『한국사연구』 189, 한국사연구회, 2020, 227~259쪽.

임호석, 「대한제국의 백동화 발행과 식산흥업 정책」, 연세대 석사학위논문, 2021.

장윤걸, 「조선 동북부 생우 무역 환경의 변화」, 『한국근현대사연구』 86, 한국근현대사학회, 2018, 7~40쪽.

조현욱, 「서북학회 길주지회의 조직과 활동」, 『문명연지』 3(2), 한국문명학회, 2002, 133~160쪽.

_____, 「서북학회 의주지회의 교육진흥운동」, 『경기사학』 5, 경기사학회, 2001, 307~333쪽.

_____, 「서북학회의 관서지방 지회와 지교」, 『한국민족운동사연구』 24, 한국민족운동사학회, 2000, 123~188쪽.

_____, 「안악지방에서의 애국계몽운동 – 안악면학회와 서북학회 활동을 중심으로」, 『한국민족운동사연구』 28, 한국민족운동사학회, 2001, 29~76쪽.

_____, 「오산학교와 서북학회 정주지회」, 『문명연지』 3(1), 한국문명학회, 2002, 37~62쪽.

_____, 「한북흥학회의 조직과 활동」, 『한국독립운동사연구』 18, 한국독립운동사연구소, 2002, 59~101쪽.

최경호, 「안수길론 – 「통로」, 『성천강』을 중심으로」, 『한국어문연구』 2, 계명어문학회, 1986, 145~172쪽.

한동민, 「백용성의 만주 대각교 농장과 함양 화과원」, 『大覺思想』 28, 대각사상연구원, 2017, 77~127쪽.

[단행본]

국사편찬위원회, https://db.history.go.kr/id/sa_028r_0050_0030_0020

김윤식, 『면양행견일기(沔陽行遣日記)』, 1893.2.18.

김윤식, 『안수길 연구』, 정음사, 1986.

미야지마 히로시, 노영구 역, 『양반』, 너머북스, 2014.

박주대, 『나암수록(羅巖隨錄)』, 1893.2.

이재운, 안대회 역, 『해동화식전』, 휴머니스트, 2019.

임상석, 『20세기 국한문체의 형성과정』, 지식산업사, 2008.

임화, 「개설신문학사」, 임규찬 외 편, 『임화문학예술전집 2: 문학사』, 소명출판, 2009.

최봉길, 『세장년록(歲藏年錄)』(동학농민혁명사료총서 2권), 1894.2.20~22.

한국은행, 「(고대부터 대한제국 시대까지) 한국의 화폐」, 한국은행, 2006.

『국역 윤치호 일기』, 1902.5.7.

內部警務局長 松井茂, 「高秘發第二四九號」, 1909.9.21, 『統監府文書』 8, 국사편찬
　　위원회, https://db.history.go.kr/item/level.do?levelId=jh_098_0080_0400

Levine, Michael G., "The Sense of an Unding: Kafka, Ovid, and the Misfits
　　of Metamorphosis", *Franz Kafka's The Metamorphosis*(new edition), ed. by
　　Herold Bloom, N.Y.:Infobase Publishing, 2008.

과학 지식을 "국민의 지식"으로 [오선실]

[기본자료]

『태극학보』 1~5호, 신지연·이남면·이태희·임상석·최진호, 『완역 태극학보
　　1』, 보고사, 2020.

『태극학보』 6~11호, 신지연·이남면·이태희·최진호, 『완역 태극학보 2』, 보고
　　사, 2020.

『태극학보』 12~16호, 손성준·이남면·이태희·최진호, 『완역 태극학보 3』, 보고
　　사, 2020.

『태극학보』 17~21호, 권정원·신재식·유석환·이영준, 『완역 태극학보 4』, 보고
　　사, 2020.

『태극학보』 22~26호, 손성준·신재식·유석환·이영준, 『완역 태극학보 5』, 보고
　　사, 2020.

[논문]

김성근, 「일본의 메이지 사상계와 '과학'이라는 용어의 성립과정」, 『한국과학사
　　학회지』 25-2, 한국과학사학회, 2003.

김연희, 『한역 근대 과학기술서와 대한제국의 과학-근대 과학으로의 여정』,
　　서울, 혜안, 2019.

김현주, 「계몽기 문화 개념의 운동성과 사회운동」, 『개념과 소통』 15, 한림과학
　　원, 2015.

노연숙, 「1900년대 과학 담론과 과학 소설의 양상 고찰」, 『한국현대문학연구』 37, 한국현대문학회, 2012.

박정심, 「태극학보의 '문명' 인식에 관한 연구」, 『한국철학논집』 79, 한국철학사연구회, 2023.

박종석, 「개화기 화학교과서의 분석을 통한 화학교육의 특성 연구」, 『대한화학회지』 48-4, 대한화학회, 2004.

박종석, 정병훈, 「개화기 과학 교육자의 배경과 역할」, 『한국과학교육학회지』 20-3, 한국과학교육학회, 2000.

안남일, 「1910년 이전의 재일본 한국유학생 잡지 연구」, 『한국학연구』 58, 고려대학교 한국학연구소, 2016.

오지석, 「근대전환기 기독교 학교 과학교과서 이해 - 평양 숭실대학교의 과학교과서를 중심으로」, 『인문사회21』 12-1, 2021.

이면우, 「근대 교육기(1876~1910) 학회지를 통한 과학교육의 전개」, 『한국지구과학회지』 22, 2001.

손성준, 「『태극학보』의 역사담 번역과 그 정치적 지향 - 개신교와 『태극학보』의 연관성 시론」, 『한국문학연구』 61, 동국대학교 한국문학연구소, 2019.

전성규, 「근대 지식인 단체 네트워크(2) - 동인학보, 태극학보, 공수학보, 낙동친목회학보, 대한학회월보, 대한흥학보, 학계보, 학지광 등 재일조선인유학생 단체 회보(1906~1919)를 중심으로」, 『한국근대문학연구』 46, 한국근대문학회, 2022.

전성규, 김병준, 「디지털인문학 방법론을 통한 『서북학회월보』와 『태극학보』의 담론적 상관관계 연구」, 『개념과 소통』 23, 한림과학원, 2019.

전성규, 허예슬, 이여진, 최장락, 「근대 계몽이 지식인 단체 네트워크 분석 - 학회보 및 협회보(1906~1910)를 중심으로」, 『상허학보』 65, 상허학회, 2022.

전은경, 「근대계몽기 독자와의 상호소통적 글쓰기와 '서사' 양식의 실험 - 『태극학보』를 중심으로」, 『대동문화연구』 91, 대동문화연구원, 2015.

조형래, 「학회지의 사이언스 - 사이언스를 중심으로 한 개화기 근대 학문체계의 정초에 관하여」, 『한국문학연구』 42, 한국문학연구소, 2012.

제2부   제국주의적 세계질서와 대항적 앎의 생성

『태서신사』의 국제정치론과 신법론 [정종원]

[1차 자료]

『독립신문』, 『제국신문』, 『황성신문』.

김구, 『백범일지』, 나남, 2002.

허재영 주해, 『태서신사 언역본 주해』, 경진출판, 2015.

Robert Mackenzie, *The 19th Century: A History*, London, THOMAS NELSON
    AND SONS, 1891.

馬懇西(英) 著, 李提摩太(英) 譯, 『泰西新史』, 學部編輯局, 1897.

[2차 자료]

박찬승, 『한국근대정치사상사 연구』, 역사비평사, 1992.

왕현종, 『한국 근대국가의 형성과 갑오개혁』, 역사비평사, 2003.

차하순, 『서양사학의 수용과 발전』, 나남, 1988.

한철호, 『친미개화파연구』, 국학자료원, 1998.

Casper Sylvest, *British liberal internationalism*, 1880-1930, Manchester,
    Manchester University Press, 2009.

Frank Ninkovich, *Global Dawn - the cultural foundation of american inter-
    nationalism*, 1865~1890, Massachusetts, Harvard university press, 2009.

Mark Mazower, *Governing the world*, The Penguin Press, 2013.

김현숙, 「문명담론과 독립협회의 정치체제, 그리고 러젠드르의 전제론」, 『한국
    사학보』 66, 2017.

노관범, 「1875~1904 년 박은식의 주자학 이해와 교육자강론」, 『한국사론』 43,
    2000.

_____, 「대한제국기 朴殷植과 張志淵의 自强思想 연구」, 서울대학교 박사학위
    논문, 2007.

문일웅,「만민공동회 시기 협성회의 노선 분화와『제국신문』의 창간」,『역사와 현실』83, 2012.

이나미,「『독립신문』에 나타난 자유주의 사상에 관한 연구」, 고려대학교 박사학위논문, 2000.

유수진,「대한제국기『태서신사』편찬 과정과 영향 연구」, 고려대학교 석사학위논문, 2011.

정종원,「개화기 언론의 세계관과 국제정세 인식」, 한양대학교 박사학위논문, 2022.

_____,「『만국략사(萬國略史)』에 나타난 일본의존적 세계인식」,『한국근현대사연구』103, 2022.

_____,「『독립신문』의 국제정치론 연구 - 19세기 자유주의적 국제주의의 영향을 중심으로」,『한국사연구』202, 2023.

최혜주,「백범 김구의 신민회 시기의 교육사상과 교육운동」,『백범과 민족운동 연구』5, 2007.

허재영,「광학회 서목과『태서신사남요』를 통해 본 근대 지식 수용과 의미」,『독서연구』35호, 2015.

Duncan Bell, "Victorian Visions of Global Order: an introduction", *Victorian Visions of Global Order*, Cambridge University Press, 2007.

대한제국기 잡지로 보는 애국론의 갈래들 [손성준]

[기본자료]

『조양보』,『태극학보』,『서우』,『대한자강회월보』,『한양보』,『소년한반도』등 대한제국기 신문·잡지 자료.

권정원·신재식·신지연·전민경·최진호 역,『완역 소년한반도』, 보고사, 2021.

권정원·신재식·신지연·최진호 역,『완역 서우 1』, 보고사, 2021.

권정원·신재식·장미나·최진호 역,『완역 서우 2』, 보고사, 2021.

손성준·신재식·유석환·임상석 역,『완역 서우 3』, 보고사, 2021.

손성준·신지연·이남면·이태희 역,『완역 조양보 1』, 보고사, 2019.

손성준·신지연·이남면·이태희 역,『완역 조양보 2』, 보고사, 2019.

신지연·이남면·이태희·임상석·최진호 역, 『완역 태극학보 1』, 보고사, 2020.

신지연·이남면·이태희·최진호 역, 『완역 태극학보 2』, 보고사, 2020.

손성준·이남면·이태희·최진호 역, 『완역 태극학보 3』, 보고사, 2020.

권정원·신재식·유석환·이영준 역, 『완역 태극학보 4』, 보고사, 2020.

손성준·신재식·유석환·이영준 역, 『완역 태극학보 5』, 보고사, 2020.

[논문]

김소영, 「재일조선유학생들의 '국민론'과 '애국론'-『親睦會會報』(1896~1898)
내용 분석을 중심으로」, 『한국민족운동사연구』 66, 한국민족운동사학회,
2011.

_____, 「한말 지식인들의 '애국론'과 민족주의」, 『개념과 소통』 16, 한림대학교
한림과학원, 2015.

배항섭, 「한국 근대사 이해의 글로벌한 전환과 식민주의 비판-기후변동과 역사
연구의 새로운 방향 모색」, 『역사비평』 145, 역사비평사, 2023.

서여명, 「중국을 매개로 한 애국계몽서사 연구-1905~1910년의 번역작품을 중
심으로」, 인하대학교 박사학위논문, 2010.

성현자, 「愛國啓蒙文學에 미친 晩淸文學의 影響」, 『개신어문학회』 5·6, 개신어
문학회, 1988.

손성준, 「근대 동아시아의 애국 담론과 『애국정신담』」, 『개념과 소통』 16, 한림
대학교 한림과학원, 2015.

_____, 「국한문체 『라란부인전』, 「자유모」에 대하여-대한제국기 량치차오 수
용의 한 단면」, 『사이間SAI』 31, 국제한국문학문화학회, 2021.

_____, 「대한제국기 잡지의 정치성과 애국운동의 접변-『소년한반도』를 중심
으로」, 『한국근대문학연구』 42, 한국근대문학회, 2020.

_____, 「대한제국기의 「멸국신법론」 다중 번역-『조양보』와 『월남망국사』 판
본을 중심으로」, 『국제어문』 95, 국제어문학회, 2022.

_____, 「『태극학보』의 〈역사담〉 번역과 그 정치적 지향-개신교와 『태극학보』
의 연관성 시론」, 『한국문학연구』 61, 동국대학교 한국문학연구소, 2019.

안동섭, 「인기 없는 덕목-충(忠), 충성(忠誠), 로열티(loyalty)의 비교를 통해 본
충성의 특징」, 『태동고전연구』 50, 한림대학교 태동고전연구소, 2023.

우림걸, 「20세기초 梁啓超 애국계몽사상의 한국적 수용-愛國思想과 新民思想

을 중심으로」,『중한인문과학연구회 국제학술대회 자료집』, 2002.

우림걸,「20세기초 梁啓超 애국계몽사상의 한국적 수용 – 愛國思想과 新民思想을 중심으로」,『중한인문과학연구회 국제학술대회 자료집』, 2002.

윤소영,「한말기 조선의 일본 근대화 논리의 수용 – '和魂'論과 '國魂'論의 비교를 통하여」,『한국근현대사연구』 29, 한국근현대사학회, 2004.

이송희,「한말 서북학회의 애국계몽운동(상)」,『한국학보』 31, 일지사, 1983.

_____,「한말 서북학회의 애국계몽운동(하)」,『한국학보』 32, 일지사, 1983.

이즈하라 마사오,「메이지 일본에 있어서의 '애국심'론의 형성과 전개」,『한국문화』 41, 서울대학교 규장각한국학연구원, 2008.

이헌미,「민주주의와 내셔널리즘의 내적 긴장 – 애국계몽운동 재고 시론」,『한국문화』 41, 서울대학교 규장각한국학연구원, 2008.

임상석,「장지연의 「自强主義」와 『新民說』 – 차용으로 이루어진 자강」,『동양한문학연구』 65, 동양한문학회, 2023.

_____,「『조양보(朝陽報)』와 『신민설(新民說)』 – 「인인당주의어권리사상(人人當主義於權利思想)」의 역술과 이념의 모색」,『한국문학연구』 73, 동국대학교 한국문학연구소, 2023.

정종원,「개항기 한글신문의 평등개념 연구」,『사학연구』 129, 한국사학회, 2018.

조상우,「애국계몽기 한문소설 〈魚福孫傳〉 연구」,『국문학논총』 18, 단국대학교 국어국문학과, 2002.

표언복,「양계초와 대한제국기 애국계몽문학」,『어문연구』 44, 어문연구학회, 2004.

[단행본]

김영작,『한말 내셔널리즘 – 사상과 현실』(개정증보판), 백산서당, 2006.

박노자,『우승열패의 신화』, 한겨레신문사, 2005.

박찬승,『민족·민족주의』, 소화, 2010.

손성준,『중역(重譯)한 영웅 – 근대전환기 한국의 서구영웅전 수용』, 소명출판, 2023.

시오카와 노부아키, 송석원 역,「제1장 개념과 용어법 – 정리의 한 시도」,『민족과 네이션 – 내셔널리즘이라는 난제』, 이담북스, 2015.

신용하,『한말 애국계몽운동의 사회사』, 나남출판, 2004.

안자산, 최원식 역, 『조선문학사』, 을유문화사, 1984.

앙드레 슈미드, 정여울 역, 『제국 그 사이의 한국 1895~1919』, 휴머니스트, 2007.

요시자와 세이치로, 정지호 역, 『애국주의의 형성-내셔널리즘으로 본 근대 중국』, 논형, 2006.

정치학대사전편찬위원회, 『21세기 정치학대사전』, 아카데미아리서치, 2002.

한홍구, 『도전과 응전의 한국민족주의』, 도서출판 옥당, 2015.

계몽운동기 『조양보(朝陽報)』의 정세인식과 약소국 동맹론 [김헌주]

[기본자료]

손성준·신지연·이남면·이태희, 『완역 조양보 1』, 보고사, 2019.

_____, 『완역 조양보 2』, 보고사, 2019.

『大韓每日申報』.

『황성신문』.

[논문]

강성은, 「1차 사료를 통해서 본 '을사5조약'의 강제 조인 과정」, 『한국병합과 현대-역사적 국제법적 재검토』, 태학사, 2009.

고병권, 오선민, 「내셔널리즘 이전의 인터내셔널-「월남망국사」의 조선어 번역에 대하여」, 『한국근대문학연구』 21, 한국근대문학회, 2010.

구장률, 「근대 초기 잡지의 영인 현황과 연구의 필요성」, 『근대서지』 1, 근대서지학회, 2010.

김남은, 「樽井藤吉의 아시아 인식-조선인식을 중심으로」, 『외국학연구』 13, 중앙대학교 외국학연구소, 2009.

김도형, 「대한제국기 계몽주의계열 지식층의 삼국제휴론」, 『한국근현대사연구』 13, 한국근현대사학회, 2000.

김명섭, 「조소앙의 아나키즘 수용과 반제 아시아 연대활동」, 『동양학』 84, 단국대학교 동양학연구원, 2021.

김상기, 「한말 국채보상운동의 전개와 이념」, 『충청문화연구』 10, 충남대학교 충청문화연구소, 2013.

김윤희, 「러일대립기(1898~1904)『皇城新聞』의 이중지향성과 자강론-연대와 배제의 접합」, 『한국사학보』 25, 고려사학회, 2006.

김항구, 「대한자강회의 자강독립론에 대한 고찰」, 『동서사학』 1, 한국동서사학회, 1995.

도시환, 「을사늑약의 국제법적 문제점에 대한 재조명」, 『국제법학회논총』 제60권 4호(통권 139호), 대한국제법학회, 2015.

박찬승, 「한말 자강운동론의 각 계열과 그 성격」, 『한국사연구』 68, 한국사연구회, 1990.

손성준, 「대한제국기의 「멸국신법론」 다중 번역 - 『조양보』와 『월남망국사』 판본을 중심으로」, 『국제어문』 95, 국제어문학회. 2022.

_____, 「번역 서사의 정치성과 탈정치성 - 『조양보』 연재소설 「비스마룩구淸話」를 중심으로」, 『상허학보』 37, 상허학회, 2013.

_____, 「수신(修身)과 애국(愛國) - 『조양보』와 『서우』의 「애국정신담」 번역」, 『비교문학』 69, 한국비교문학회, 2016.

_____, 「지식의 기획과 번역 주체로서의 동아시아 미디어」, 『대동문화연구』 제104집, 성균관대학교 대동문화연구원, 2018.

유바다, 「1905년 일본의 한국 보호국화 이론 도출에 대한 국제법적 고찰」, 『한국사학보』 85, 고려사학회, 2021.

유병관, 「고토쿠 슈스이(幸德秋水)의 제국주의 비판과 일본 아나키즘의 수용과정」, 『일본연구』 제41호, 한국외국어대학교 일본연구소, 2009.

윤병석, 「을사5조약의 신고찰」, 『일본의 대한제국 강점』, 까치, 1995.

이유미, 「1900년대 근대적 잡지의 출현과 문명 담론 - 『조양보를 중심으로』」, 『현대소설연구』 26, 한국현대소설학회, 2005.

이태진, 「조약의 명칭을 붙이지 못한 을사보호조약」, 『일본의 대한제국 강점』, 까치, 1995.

이헌주, 「1880년대 전반 조선개화지식인들의 아시아연대론 인식 연구」, 『동북아역사논총』 12, 동북아역사재단, 2009.

임경화, 「동아시아 '계급연대론'의 기원 - 고토쿠 슈스이의 직접행동론과 민족문제」, 『인문논총』 66, 서울대학교 인문학연구원, 2011.

임상석, 「근대계몽기 국문번역과 동문(同文)의 미디어 - 20세기의 괴물 제국주의 한·중 번역본 연구」, 『우리문학연구』 43, 우리문학회, 2014.

임상석, 「근대계몽기 잡지의 번역과 분과학문의 형성 - 『조양보』와 『대한자강회월보』의 사례」, 『우리어문연구』 50, 우리어문학회, 2014.

전성규, 「근대계몽기 학보 및 자료 연구의 현황과 『조양보』 번역의 시사점」, 『상허학보』 57, 상허학회, 2019.

田中愼一, 「保護國問題-有賀長雄·立作太郎の保護國論爭」, 『社會科學硏究』 28-2, 東京大學社會科學硏究所, 1976.

조동걸, 「한말 계몽주의의 구조와 독립운동상의 위치」, 『한국학논총』 11, 국민대학교 한국학연구소, 1989.

최덕수, 「근대 계몽기 한국과 일본 지식인의 '보호국론' 비교 연구」, 『동북아역사논총』 24, 동북아역사재단, 2009.

한상구, 「1907년 국채보상운동의 전국적 전개양상 연구」, 『인문연구』 75, 영남대학교 인문과학연구소, 2015.

한철호, 「헐버트의 만국평화회의 활동과 한미관계」, 『한국독립운동사연구』 29, 독립기념관 한국독립운동사연구소, 2007.

함동주, 「대한자강회의 일본관과 문명론」, 『한국동양정치사상사연구』 제2권 2호, 한국동양정치사학회, 2003.

황호덕, 「근대 한문, 東亞同盟과 혁명의 문자-『판보이쩌우자서전(潘佩珠年表)』으로 본 아시아혁명의 원천」, 『대동문화연구』 104, 성균관대학교 대동문화연구원, 2018.

히라이시 나오아키, 「한국 보호국론의 제 양상(諸樣相)에 대하여」, 『한일공동연구총서』 5, 고려대학교 아세아문제연구소, 2007.

[단행본]
김도형, 『대한제국기의 정치사상 연구』, 지식산업사, 1994.

도면회·윤해동 외, 『역사학의 세기』, 휴머니스트, 2009.

신용하, 『한국근대사회사상사 연구』, 일조각, 1987.

앙드레 슈미드·정여울 역, 『제국 그 사이의 한국(1895~1919)』, 휴머니스트, 2007.

유재천, 『한국 언론과 이데올로기』, 문학과 지성사, 1990.

이송희, 『대한제국말기 애국계몽학회 연구』, 이화여대 사학과 박사학위논문, 1986.

임경화 엮고 옮김·박노자 해제, 『나는 사회주의자다-동아시아 사회주의의 기원, 고토쿠 슈스이 선집』, 교양인, 2011.

조항래, 『국채보상운동사』, 아세아문화사, 2007.

일상문화의 변용과 서사양식의 재편

포섭되는 사회, 포섭되지 않는 시간 [신승엽]

[1차 사료]

『대한협회회보』.

『독립신문』.

『매일신보』.

『조선왕조실록』.

『제국신문』.

『황성신문』.

[영문 자료]

Alexis Dudden, *Japan's Colonization of Korea: Discourse and Power*, Honolulu: University of Hawaii Press, 2005, p.8.

Dipesh Chakrabarty, *Provincializing Europe: Postcolonial Thought and Historical Difference*, Princeton: Princeton University Press, 2009.

Giordano Nanni, *The Colonisation of Time: Ritual, Routine and Resistance in the British Empire*, Manchester: Manchester University Press, 2012.

Harry J. Birx, *Encyclopedia of Time: Science, Philosophy, Theology, and Culture*, SAGE Publications, 2009.

Harry D. Harootunian, *Marx after Marx: History and Time in the Expansion of Capitalism*, New York: Columbia University Press, 2015.

Immanuel Wallerstein, *The Modern World-System I: Capitalist Agriculture and the Origins of the European World-Economy in the Sixteenth Century*, Berkeley: University of California Press, 2011.

JaHyun Kim Haboush, "Contesting Chinese Time, Nationalizing Temporal

Space: Temporal Inscription in Late Chosŏn Korea," in Lynn A. Struve(ed.), *Time, Temporality, and Imperial Transition: East Asia from Ming to Qing*, Honolulu: University of Hawaii Press, 2005.

James C. Scott, *Weapons of the Weak: Everyday Forms of Peasant Resistance*, New Haven and London: Yale University Press, 1985, p.xvi.

Martina Deuchler, *The Confucian Transformation of Korea: A Study of Society and Ideology*, Cambridge, MA: Harvard University Press, 1992.

Percival Lowell, *Chosŏn, the Land of the Morning Calm: A Sketch of Korea.* Boston: Ticknor and Company, 1888.

Walter Benjamin, "Theses on the Philosophy of History," in Hannah Arendt(ed.), *Illuminations*, New York: Harcourt Brace and World, 1986.

[국문 자료]

김영식, 「조선 후기 역 계산과 역서 간행 작업의 목표 - '자국력'인가? 중국 수준 역서인가?」, 『한국과학사학회지』 제39권 제3호, 2017, 405~434쪽.

김혁, 「역서의 네트워크 - 왕의 시간과 일상 생활」, 『영남학』 18, 경북대학교 영남문화연구원, 2010, 249~291쪽.

다니엘 부어스틴, 이성범 역주, 『발견자들 1: 시간, 지구와 바다』, 범양사, 1987.

방상근, 「'첨례표'를 통해 본 조선 후기 천주교 신자들의 신앙 생활」, 『교회사연구』 42, 한국교회사연구소, 2013, 55~91쪽.

신석호, 『한국현대사: 신생활 100년, 1863~1945』, 신구문화사, 1980.

오영교, 『조선 후기 사회사 연구』, 혜안, 2005.

윤치호, 『윤치호일기 제9권 (국역 윤치호 영문 일기 8)』, 한국사료총서, 국사편찬위원회, 1968.

_____, 『윤치호일기 제10권 (국역 윤치호 영문 일기 9)』, 한국사료총서, 국사편찬위원회, 1968.

외르크 뤼프케, 『시간과 권력의 역사』, 알마, 2011.

이영훈, 『조선 후기 이래 소농 사회의 전개와 의의』, 『역사와현실』 45, 한국역사연구회, 2002, 3~38쪽.

이창익, 『조선 후기 역서의 우주론적 복합성에 대한 연구: 역법과 역주의 관계를 중심으로』, 서울대학교 박사학위논문, 2005.

전상운, 『한국과학기술사』, 정음사, 1976.

전용훈, 「전통적 역산천문학의 단절과 근대천문학의 유입」, 『한국문화』 59, 서울 대학교 규장각한국학연구원, 2008, 37~64쪽.

_____, 「과학과 미신의 이중주－전통 시대 최고의 실용서 역서」, 서울대학교 규장각한국학연구원 편, 『실용서로 읽는 조선』, 글항아리, 2013, 269~298쪽.

정근식, 「한국의 근대적 시간 체제의 형성과 일상 생활의 변화 1」, 『사회와역사』 58, 한국사회사학회, 2000, 161~197쪽.

_____, 「시간 체제와 식민지적 근대성」, 『문화과학』 41, 문화과학사, 2005, 146~169쪽.

정상우, 「개항 이후 시간 관념의 변화」, 『역사비평』 50, 역사비평사, 2000, 184~199쪽.

정성희, 「조선 후기 역서의 간행과 반포」, 『조선시대사학보』 23, 조선시대사학 보, 2002, 117~146쪽.

_____, 「대한제국기 태양력의 시행과 역서의 변화」, 『국사관논총』 103, 국사편 찬위원회, 2003, 1~26쪽.

_____, 『조선시대 우주관과 역법의 이해』, 지식산업사, 2005.

정호훈, 『조선의 소학: 주석과 번역』, 소명출판, 2014.

한희숙, 「여학교는 없었다, 그러나 교육은 중요했다」, 서울대학교 규장각한국학 연구원 편, 『조선 여성의 일생』, 글항아리, 2010, 214~243쪽.

근대계몽기 학술지에 나타난 기독교 문화수용 [오지석·이지성]

[원전]
샤락슈, 『태모위생』, 감리교출판사, 1905.
매티 노블, 『아모권면』, 대한예수회서회, 1906.

[번역서]
권정원·이강석·전미경·정문채·최진호 역, 『완역 대조선독립협회회보』, 보고 사, 2023.

권정원·신재식·신지연·전민경·최진호 역, 『완역 소년한반도』, 보고사, 2021.

손성준·신지연·이남면·이태희 역, 『완역 조양보』 1, 보고사, 2019.

손성준·신지연·이남면·이태희 역, 『완역 조양보』 2, 보고사, 2019.

태극학회, 신지연·이남면·이태희·최진호 역, 『완역 태극학보』 1, 보고사, 2020.

태극학회, 신지연·이남면·이태희·최진호 역, 『완역 태극학보』 2, 보고사, 2020.

태극학회, 손성준·이남면·이태희·이진호 역, 『완역 태극학보』 3, 보고사, 2020.

[논저]

김성학, 『서구교육학 도입의 기원과 전개』, 문음사, 1996.

김민섭, 「1910년대 후반 기독교 담론 형성과 '기독청년'의 탄생 - 동경 조선기독 교청년회를 중심으로」, 『한국기독교와 역사』 38, 한국기독교역사연구소, 2013.

김영민, 「근대적 유학제도의 확립과 해외 유학생의 문학·문화 활동 연구」, 『현 대문학의 연구』 32, 2007.

_____, 『1910년대 일본 유학생 잡지 연구』, 소명, 2019.

김윤재, 「백악춘사 장응진 연구」, 『민족문학사연구』 12, 민족문학사학회, 1998.

김일환, 『1899~1904년 한성감옥서 수감자들의 기독교 입교에 관한 연구』, 북랩, 2023.

대한 YMCA 연맹 엮음, 『韓國YMCA運動史』(1895~1985), 路出版, 1986.

문일평, 『호암전집』 제3권, 조광사, 1939; 영인본, 민속원, 1982.

설충수, 「존 프라이어(John Fryer) 연구」, 『한국교회사학회지』 56, 한국교회사학 회, 2020.

숭실대학교 한국기독교박물관 학예팀 편, 『共嘯散吟 월남 이상재 선생 옥사기록 (獄舍記錄)』, 숭실대학교 한국기독교박물관, 2012.

유동식, 『소금 유동식 전집』 6, 한들, 2009.

이상훈, 「재일대한기독교회에서 한국교회 파견목사의 지위 변천과정」, 『한국기 독교와 역사』 42, 한국기독교역사연구소, 2015.

_____, 「초기 재일조선인 선교에 대한 재고찰: 미국 선교단체의 역할을 중심으 로」, 『한국기독교와 역사』 47, 한국기독교역사연구소, 2017.

전성규, 「근대 지식인 단체 네트워크(2) - 『동인학보』, 『태극학보』, 『공수학보』, 『낙동친목회학보』, 『대한학회월보』, 『대한흥학보』, 『학계보』, 『학지광』 등 재일조선인유학생 단체 회보(1906~1919)를 중심으로」, 『한국근대문학연 구』 23-2, 2022.

전성규·허예슬·이여진·최장락, 「근대 계몽기 지식인 단체 네트워크 분석」, 『상
　　허학보』 65, 상허학회, 2022.
전은경, 「근대계몽기 서북지역 잡지의 편집 기획과 유학생 잡지의 상관관계-'문
　　학' 개념의 수용 양상을 중심으로」, 『국어국문학』 183, 2018.
전택부, 『한국기독교청년회운동사』, 홍성사, 2017.
조경덕, 「구한말 소설에 나타난 기독교의 의미: 1907년에 발표된 소설을 중심으
　　로」, 『우리어문연구』 34, 우리어문학회, 2009.
조선혜, 『매티 노블의 선교생활, 1892~1934』 한국기독교역사연구소, 2020.
최연정, 「종교체험의 사회화: 구한말 한성감옥의 옥중 개종 체험 사례를 중심으
　　로」, 『인문과학연구논총』 44-4, 2023.
최이권 편술, 『崔光玉약전과 유저문제-부 증언사편』, 동아출판사, 1977.
최호석, 「장응진 소설의 성경 모티프 연구: 일본 유학 시절 작품을 대상으로」,
　　『동북아문화연구』 22, 동북아시아문화학회, 2010.
하태석, 「백악춘사 張膺震의 소설에 나타난 계몽사상적 성격: 계몽기 지식인의
　　기독교 수용의 한 양상」, 『우리문학연구』 14, 우리문학회, 2001.
한점돌, 「백악춘사 장응진론」, 『사회과학연구』 3, 호서대학교 사회과학연구소,
　　1984.
홍승표, 「[기독교와 출판, 그 만남과 동행의 여정] 서린동 한성감옥에서의 옥중
　　도서실과 집단개종」, 『새가정』 69, 새가정사, 2017.

장응진의 문학적 글쓰기와 '서사 양식'의 실험 [천춘화]

[기본자료]

『완역 태극학보』 1~5, 보고사, 2020.

[논문]

권정희, 「'고백' 없는 '고백'담론: 한일 근대 '고백'의 문화 연구」, 『사이間SAI』
　　34, 국제한국문학문화학회, 2023.
김윤재, 「白岳春史 張膺震 硏究」, 『민족문학사연구』 12, 민족문학사학회, 1998.
윤경로, 「105인 사건 피의자들의 사건 이후 행적에 관한 소고」, 『한국기독교와
　　역사』 36, 한국기독교역사학회, 2012.

전은경, 「『태극학보』의 표제 기획과 소설 개념의 정립 과정」, 『국어국문학』 171, 국어국문학회, 2015.

_____, 「『태극학보』의 몽유록계 서사와 근대문학으로서의 가능성」, 『어문논총』 89, 한국문학언어학회, 2021.

조경덕, 「구한말 소설에 나타난 기독교의 의미: 1907년에 발표된 소설을 중심으로」, 『우리어문연구』 34, 우리어문학회, 2009.

조남현, 「논설가, 이야기꾼, 투사를 거쳐 교육자로: 장응진론」, 『한국현대작가의 시야』, 문학수첩, 2005.

조형래, 「경찰과 감옥, 과학과 종교 사이: 장응진의 소설과 논설을 중심으로」, 『한국학연구』 36, 인하대학교 한국학연구소, 2015.

지덕상, 「백악춘사의 개화기 문학적 위치」, 『국어교육』 46, 한국어교육학회, 1983.

최호석, 「장응진 소설의 성경 모티프 연구: 일본 유학 시절 작품을 대상으로」, 『동북아문화연구』 22, 동북아시아문화학회, 2010.

하태석, 「白岳春史 張膺震의 소설에 나타난 계몽사상적 성격: 계몽기 지식인의 기독교 수용의 한 양상」, 『우리문학연구』 14, 우리문학회, 2001.

한점돌, 「白岳春史 張膺震論」, 『사회과학연구』 3, 호서대학교 사회과학연구소, 1984.

[단행본]

권영민, 『한국현대문학사』 1, 민음사, 2002.

_____, 『서사양식과 담론의 근대성』, 서울대학교 출판부, 1999.

조남현, 『한국현대작가의 시야』, 문학수첩, 2005.

임화 지음, 김외곤 엮음, 『임화전집2: 문학사』, 박이정, 2001.

Japan Chronicle 특파원, 윤경로 옮김, 『105인 사건 공판 참관기』, 한국기독교역사연구소, 2001.

초출일람

지도시각화 기술 기반 재일본 조선 유학생 사회 타임라인 [전성규]
전성규, 「지도시각화 기술 기반 재일본 조선 유학생 사회 타임라인」(2), 『상허학보』
70, 상허학회, 2024.2.

근대전환기 사회문화의 변동과 학술운동 [윤영실]
윤영실, 「안수길의 『통로』, 『성천강』 연작으로 읽는 근대전환기 사회문화: 『서우』,
『서북학회월보』와 겹쳐읽기를 통해서」, 『현대소설연구』 93, 한국현대소설학회, 2024.3.

과학 지식을 "국민의 지식"으로 [오선실]
오선실, 「과학 지식을 "국민의 지식"으로 : 『태극학보』의 과학기사 생산과 지식 가공
을 중심으로」, 『한국기독교문화연구』, 숭실대학교 한국기독교문화연구원, 2023.12.

『태서신사』의 국제정치론과 신법론 [정종원]
정종원, 「『태서신사』의 국제정치론과 신법론」, 『상허학보』 70, 상허학회, 2024.2.

대한제국기 잡지로 보는 애국론의 갈래들 [손성준]
손성준, 「대한제국기 잡지와 애국론의 혼종성」, 『상허학보』 70, 상허학회, 2024.2.

계몽운동기 『조양보(朝陽報)』의 정세인식과 약소국 동맹론 [김헌주]
김헌주, 「계몽운동기 제국주의 비판과 약소국 동맹론: 『조양보(朝陽報)』를 중심으로」,
『상허학보』 70, 상허학회, 2024.2.

포섭되는 사회, 포섭되지 않는 시간 [신승엽]
신승엽(Seungyop Shin), "Mediating the New World: Modern Time and Social Change
in Late Chosŏn and Colonial Korea," diss. University of Wisonsin-Madison, 2020.

근대계몽기 학술지에 나타난 기독교 문화수용 [오지석·이지성]
오지석·이지성, 「근대계몽기 학술지에 나타난 기독교 문화수용」, 『기독교사회윤리』
58, 한국기독교사회윤리학회, 2024.

장응진의 문학적 글쓰기와 '서사 양식'의 실험 [천춘화]
천춘화, 「장응진의 문학적 글쓰기와 '서사 양식'의 실험」, 『상허학보』 70, 상허학회,
2024.2.

찾아보기

저자 소개

전성규(全誠奎, Jeon, Seong-kyu)
성균관대학교 비교문화연구소 연구교수

윤영실(尹寧實, Youn, Young-shil)
숭실대학교 한국기독교문화연구원 HK교수

오선실(吳先室, Oh, Sun-sil)
숭실대학교 한국기독교문화연구원 HK연구교수

정종원(丁鍾源, Jung, Jong-won)
한양대학교 BK21연구팀 연구조교수

손성준(孫成俊, Son, Sung-jun)
성균관대학교 동아시아학술원 교수

김헌주(金憲柱, Kim, Hun-joo)
한밭대학교 인문교양학부 교수

신승엽(申承燁, Shin, Seung-yop)
국민대학교 교양대학 교수

오지석(吳知錫, Oh, Jie-seok)
숭실대학교 한국기독교문화연구원 HK교수

이지성(李智星, Lee, Jie-seong)
루터대학교 디아코니아 교양대학 교수

천춘화(千春花, Qian, Chun-hua)
숭실대학교 한국기독교문화연구원 HK연구교수

숭실대HK+ 메타모포시스 인문학총서 16

근대전환기 지식-권력장의 재편과 문화의 변용

2024년 4월 30일 1판 1쇄 펴냄

지은이 윤영실 외
발행인 김흥국
발행처 보고사

책임편집 이경민
표지디자인 김규범

등록 1990년 12월 13일 제6-0429호
주소 경기도 파주시 회동길 337-15 보고사
전화 031-955-9797(대표), 02-922-5120~1(편집), 02-922-2246(영업)
팩스 02-922-6990
메일 kanapub3@naver.com / bogosabooks@naver.com
http://www.bogosabooks.co.kr

ISBN 979-11-6587-724-8 94300
      979-11-6587-140-6 (세트)
ⓒ 윤영실 외, 2024

정가 28,000원